«Ernst Toller ist zu einem Kronzeugen des 20. Jahrhunderts geworden: das Exempel eines gerechten Menschenlebens... Toller wollte die proletarische Kunst, aber er überschätzte den Proletarier nicht. Er hat sich ihm, wenn es not tat, entgegengestellt – in der angeregten Zeit der Räterepublik und auf dem Theater... Toller hat aus dem, was er sah, die Konsequenzen gezogen. In der Politik: Er rettete 1919 Geiseln vor seinen eigenen Leuten und versuchte die Beschießung Dachaus durch die Räte-Armee zu verhindern. In seinen Stücken: In ‹Masse-Mensch› weist Sonja einen Funktionär zurück, der sie aus dem Gefängnis befreien will. Sie will nicht, daß ihretwegen ein Wächter niedergeschlagen wird. In den ‹Maschinenstürmern› wird Jimmy Corbett, der zur Vernunft mahnt, von seinen tollwütigen Kameraden erschlagen. Er hat nicht auf einen Bettler gehört, der ihm deutlich genug ausgemalt hat, was ihn erwartete. In ‹Hinkemann› endlich versagt alle Dialektik vor der dumpfen Not des entmannten Kraftmenschen. So wollte Toller den Sozialismus: einschließlich der Freiheit und der Rangordnung der menschlichen Begabungen. Das bewahrte ihn davor, sich enger mit den Kommunisten zu verbünden, als es der Zwang des Augenblicks verlangte... Das Buch läßt von den bekannteren Stücken ‹Hoppla, wir leben!›, ‹Feuer aus den Kesseln› und den ‹Entfesselten Wotan› aus. Das ist zu vertreten. Zu lesen gibt man uns ‹Die Wandlung›, ‹Masse-Mensch›, ‹Die Maschinenstürmer› und ‹Hinkemann›. Diese Schauspiele sind – wie auch die Lyrik – Illustrationen zum Leben des Ernst Toller und darum wert, daß man sie kennt» (Jost Nolte in «Die Welt»).

Ernst Toller wurde am 1. Dezember 1893 in Samotschin (Bezirk Bromberg) als Sohn eines Kaufmanns geboren. Er studierte Jura in Grenoble, ging als Freiwilliger in den Ersten Weltkrieg und wurde 1916 nach einer schweren Krankheit entlassen. Er nahm sein Studium an den Universitäten München und Heidelberg wieder auf und war eine Zeitlang Schüler Max Webers. Nach der Revolution von 1918 wurde er Vorsitzender der Unabhängigen Sozialistischen Partei in München und trat 1919 in die Regierung der Räterepublik ein. Ein Standgericht verurteilte ihn zu fünf Jahren Festung. Nach seiner Entlassung lebte er als freier Schriftsteller in Berlin. Als 1933 der Nationalsozialismus zur Macht kam, emigrierte er über die Schweiz, Frankreich und England in die USA, wo er in schweren Verhältnissen lebte und am 22. Mai 1939 in einem New Yorker Hotel Selbstmord beging. Toller war eine vielseitige literarische Begabung; Drama, Gedicht und erzählende Prosa waren ihm gleichermaßen geläufig. Der größte Erfolg aber war zu Lebzeiten des Dichters seinen zahlreichen Dramen beschieden; sie waren die Bühnensensationen des Expressionismus, von den berühmtesten Regisseuren inszeniert.

Als rororo-Taschenbuch erschien ferner seine fragmentarische Autobiographie «Eine Jugend in Deutschland» (Nr. 4178), die ebenso aufschlußreich ist für das Verständnis des Autors wie für eine ganze unselige und folgenschwere Epoche.

Ernst Toller

Prosa
Briefe
Dramen
Gedichte

Mit einem
Vorwort von
Kurt Hiller

rororo

Rowohlt

Veröffentlicht im Rowohlt Taschenbuch Verlag GmbH,
Reinbek bei Hamburg, Oktober 1979
Mit Genehmigung von Herrn Sidney Kaufmann, 14 Fairway Close,
Forest Hills, N. Y.

Umschlagentwurf Werner Rebhuhn
(Fotos: Süddeutscher Verlag, München)
Gesamtherstellung Clausen & Bosse, Leck
Printed in Germany
680-ISBN 3 499 14417 4

VORWORT

«Tatsächlich hat deshalb zu allen Zeiten der aggressive Mensch, als der Stärkere, Mutigere, Vornehmere, auch das *freiere* Auge, das *bessere* Gewissen auf seiner Seite gehabt ...»

Friedrich Nietzsche
‹Zur Genealogie der Moral› (1887) II/11

I

Unter allen Unfug-Sätzen, die zirkulieren – gibt es da einen noch dümmeren als den vom angeblichen Widerstreit des Dichterischen und des Politischen? Dichtertum, das aus seinen Stoffen die Problematik des Inter=Ichlichen, die Konflikte im Koexistieren von Mensch und Mensch, Gruppe und Gruppe, Staat und Staat ausschaltet, ist ja doch mit seiner Solipsistik ein höchst dürftiges, dünnes, fragwürdiges Dichtertum, und eine Politik wiederum jenseits der geistigen Dinge taugt selbst in besseren Fällen nahezu nichts. Homer – die ‹Ilias› enthält fast ausschließlich Politik, mit dem Zorn des Peliden Achilleus über seinen Oberkönig Agamemnon beginnt sie. Die berühmten griechischen Tragiker: nichts als Politik, den Euripides eingerechnet, trotz seines (von den Muckern bekrittelten) Hochgehalts an Psychologie. Dante klügelt den Feinden seiner Partei, als fanatischer Ghibelline, die fürchterlichsten Höllenstrafen aus ... und noch vielen andern, die er, immer aus politischem Grunde, für Verbrecher hält. Zieht man dieses moralische Motiv von der ‹Göttlichen Komödie› ab, was bleibt dann übrig? Lyrik bestimmt nicht; noch apolitische Philosopheme. Shakespeare – natürlich sind hier nicht seine vielleicht charmanten, sicher wertarmen, von unsern konservativen Schöngeistern, gewissen zirkushaften Regisseuren und dem Typ des büchersammelnden Industriesnobs albern emporgelobten Possen gemeint; aber was ist ‹Der Sturm› anderes als ein politisches Zauberdrama, ‹Der Kaufmann von Venedig› anderes als eine politische Auseinandersetzung (ambivalent oder «dialektisch» genug), selbst der ‹Hamlet› doch neben einem philosophicum ein politicum, und sind etwa die Königsdramen unpolitisch? Sein ‹Coriolan› steht in der Geschichte der Dichtkunst neben Henrik Ibsens ‹Volksfeind› als glorioser dramatischer Ausdruck des ewigen und, wie es scheint, chancenlosen Kampfs des Typus Aristos wider die Mittelmäßigkeit oder den Zarismus der Zahl (alias: «Demokratie») – eines Kampfes, in dem zum Beispiel auch Sokrates unterlag: dessen Tragödie bislang nicht geschrieben worden ist. Und der angeblich antipolitische Goethe? Faust, erst Ontolog, dann Erotiker, wird zuletzt Aktivist: «solch ein Gewimmel möcht' ich sehn, auf freiem Grund mit freiem Volke stehn»; ja, hat nicht schon Egmonts wuchtender Appell «und wie das Meer durch eure Dämme bricht, so brecht, so reißt den Wall der Tyrannei zusammen und schwemmt ersäufend sie von ihrem Grunde, den sie sich anmaßt, weg» fast von Toller sein können? Und stammt das zeusfeindliche Trotzlied des Prometheus von keinem Revolutionär? Unnötig, den Autor des ‹Don Carlos›, ‹Wallenstein›, ‹Tell›, des Demetriusfragments, des ‹Lieds an die Freude› in diesem Zusammenhange zu nennen, oder Molière oder Heine oder Tolstoi oder Shaw oder Heinrich Mann; selbst Stefan George, wiewohl noch nicht in seinen Anfängen, ist ja ausgesprochen politisch — wobei unerörtert bleiben darf, ob die Richtung seiner Politik uns gefällt und ob der Grad ihrer Klarheit uns ausreicht. Sein Denkertum, vielleicht, kann durch die Substanz seiner Politik in Frage gestellt sein, durch das Fakt seiner Politizität sein Dichtertum niemals. Denn die Archetypen des «Dichters», seit Homer, sind (wie gezeigt) erzpolitisch, und diese Tatsache wiegt schwerer als Mallarmé mit Valéry multipliziert und in die Proustsche Potenz (oder Impotenz?) erhoben, samt jenem austrodeutschen Schein-Parnaß, auf dem zum Beispiel unser angehimmelter Stundenbüchler ächzte: «Selig sind, die niemals sich entfernten und still im Regen standen ohne Dach.»

Und am andern Ende der Linie, die hier gezogen ward, sei un-übersehen, was für ein mächtiger Künstler des Worts etwa der Staatsmann Caesar war oder Deutschlands Churchill war (1815–1898) oder Englands noch unter uns weilender Bismarck bleibt oder der Chinese Mao. Es ist gut, geschmackvoll zu sein; es ist gut, alexandrinerhaft selbst über wenig Wissenswertes viel zu wissen; es ist gut, jenseits alles Ethos Privaterlebnisse oder -erfindnisse prickelnd formulieren zu können; kein Wort hier gegen Ästheten — solange sie unterlassen, den Präzeptor zu spielen, solange sie so bescheiden sind wie die Entwerfer von Tapeten- oder Krawattenmustern: denen es ja in der Regel nicht beikommt, als Genies mit der Miene metaphysischer Diktatoren einherzuspazieren und über kämpferische, destruktiv-konstruktive, messianische, «politische» Naturen tieftuend die Nase zu rümpfen. Macht ein Ästhet das, dann gehört er objektiv zur Fünften Kolonne des internationalen Konservativismus oder Idiotismus (Endeffekt: Vernichtung der Menschheit durch die Wasserstoffbombe) und verdient keine Schonung. Ihn für einen gefährlichen Schädling zu halten, kann nur dem erlassen werden, der ihn mit zureichendem Grunde für lächerlich hält.

Mögen die Denkenden, unvermeidlicherweise uneins in vielem, einig nachgerade in dem einen werden, daß «Tendenz» zwar mitnichten ein Wortwerk zur Dichtung macht, aber erst recht nicht ein Dichtwerk daran hindert, eines zu sein, und daß, wer immer noch lehrt, das Politische sei ein dem Poetischen fremdes Element, kein Weiser, sondern ein Affe ist.

II

Der Dichter-Denker-Kämpfer Ernst Toller (1893 bis 1939), dessen verehrungswürdiger Person dieser Band gewidmet wird und dessen vermutlich wertvollste Werke darin gesammelt sind, soll ganz gewiß nicht durch Vergleichung mit den gewaltigen Griechen, mit Dante oder Shakespeare, mit Goethe oder Schiller geschädigt werden; gerade wer sein Freund und Verehrer ist, wird das Augenmaß bewahren. Die großen Namen wurden nur herangezogen, um die typologische Kategorie zu bezeichnen, der er angehört. Es gibt keine edlere. Zu den einzelnen Werken mag Kritik sich verschiedentlich stellen. Ich begriffe, wenn etwa ‹Masse-Mensch› (einer seiner stärksten Erfolge) als zu ekstatisch-verschwommen abgelehnt würde – ein Verdikt, das übrigens die etwas ältere ‹Wandlung› keineswegs träfe; ich verstünde, wenn gegen die (dabei theaterhandwerklich hervorragend aufgebauten) ‹Maschinenstürmer› eingewandt würde, die exzessiv infame Menschenschinderei durch den Kapitalismus vor anderthalb Jahrhunderten, die Toller dort durchaus wahrheitsvoll gestaltet, sei ihrem Grad nach von dem Status, den die Arbeiterbewegung sich inzwischen immerhin erkämpft habe, derart kraß verschieden, daß diesem Stück etwas Antiquarisch-Panoptikummäßiges anhafte – allerdings würde dem entgegengehalten werden müssen, daß darin doch auch, höchst aktuell und paradigmatisch, die brennpunkthaft-wichtige Figur des John Wible wirkt, eines sturen Ultralinken und zugleich vom Klassenfeind gekauften Provokateurs! Der ‹Hinkemann›, die Tragödie dessen, der im Kriege durch einen Schuß das Geschlecht verlor, stellt gewiß einen nicht eben häufigen Einzelfall dar; aber woraus anders als aus Einzelfällen setzt die abscheuliche Phänomenologie des Krieges sich denn zusammen (und nicht des Krieges nur); schließlich führte der Dichter den Sonderfall Hinkemann doch als repräsentierend für den gesamten Wahnsinn des Krieges und seiner Folgen auf die Bretter.

Im Vorwort zur englischen Ausgabe seiner gesammelten Dramen (‹Seven Plays›, bei John Lane, London 1935) sagt Toller: «Die in diesem Band gesammelten Stücke sind soziale Schauspiele und Tragödien. Vom Leid der Menschen zeugen sie, von sinnvollen und vergeblichen Kämpfen, dieses Leid zu überwinden. Denn nur das sinnlose Leid, das aus der Unvernunft der Menschen, aus unzähligen Gesellschaftssystemen herrührt, ist überwindbar. Es bleibt ein Rest notwendigen einsamen Leides, das Leben und Tod dem Menschen setzen, und nur dieser Rest ist sinnvoll, ist notwendig, ist das tragische Element des Lebens und seiner Gestaltung: der Kunst.» Diese Diagnose des Wesens seiner Dramatik ist nicht nur authentisch; sie wird hier auch aus dem zweiten Grunde zitiert, weil sie eine Eigenschaft dieses Dichters zeigt, die glücklicheren Poeten meist fehlt: seine Philosophizität. Wenige Jahre später schrieb Heinrich Mann: «Damit ein Talent sich vollenden kann, muß es Partei ergriffen haben – die richtige Partei, die des menschlichen Glückes.» Obwohl da wirklich nicht vom Treiben der Funktionäre die Rede ist oder von der Demagogie der Plakate, wagt die den Bildungsbetrieb bei uns noch immer fast unbeschränkt beherrschende Clique der Produzenten des mythologischmetaphyselnden Schlicks, Schlamms, Mulms und Mystes, solche Bekenntnisse als «platten Rationalismus» zu diffamieren, ohne daß wer einschritte. Jenen Industriebaronen, deren Kontrolle beinah unser gesamtes Kulturleben untersteht und die sich für geistnah halten, weil sie eine mondäne, viertel-intellektuelle Eleganz prästieren (mit Kirchelei oder ohne), paßt freilich ein ultraplatter Irrationalismus, der auf Sozialkonservativität, auf Unterdrückung alles Mißliebigen und auf Fortsetzung des Zeitalters der Kriege hinausläuft, weit besser in den Kram.

Toller wurde, noch während der fünf Jahre, die er auf Festung saß (1919–1924), durch seine Dramen berühmt, und in den Jahren seiner Freiheit, die sich anschlossen, erlaubte sein beträchtlicher internationaler Erfolg ihm einen Lebensstil «auf den Höhen der Menschheit». Um so grauenhafter wurde später der Absturz ... Man spielte ihn nicht mehr; man kannte ihn nicht mehr; genauer: die newyorkische Snobswelt kannte ihn Ende der dreißiger Jahre zwar noch als irgendwie pikante Prominenz aus Deutschland, mit der sie sich gelegentlich wie mit einer Reiherfeder schmückte; aber entglitten war ihr, wer oder was er eigentlich sei. Kurt Pinthus (New York) teilt das Grauenhafte mit: Toller habe ihm mehrfach die Geschichte erzählt, wie eine amerikanische Dame ihm zu Ehren eine party gegeben und, als sie ihn vorstellte, ihm zugeflüstert habe: «Was ist doch gleich Ihre Tätigkeit, Herr Toller?» Der Dramatiker selber mithin als Hauptfigur einer wedekindhaft-tragischen Szene!

Bei aller Ehrerbietung vor den Dramen darf man vielleicht sagen, daß seine oberste Bedeutung woanders lag. Erstens in seiner Haltung als Handelnder, in der Ungebrochenheit und Unbrechbarkeit seines denkerischen und politischen Charakters, eines wahrhaft vornehmen, mit ausgesprochenen Sympathien nach gewissen (und sei es verfemten) Seiten hin, doch mit totaler Unabhängigkeit nach sämtlichen Seiten hin und allezeit wacher Kritik nach sämtlichen Seiten hin. Sein Ideal war nicht, ein Mann zwischen den Stühlen zu sein; aber er scheute sich nicht, es zu sein; und er ist es gewesen. Woraus die niedrigen Angriffe und Verleumdungen sich erklären, denen nicht nur der Lebende ausgesetzt war, sondern zuweilen noch bis in die jüngste Zeit der längst Tote.

Zweitens. Toller figuriert nicht auf der literatur-amtlichen Liste der Lyriker. Dieses Schicksal teilt er mit begnadeten Gedichtverfassern wie Nietzsche, wie Kerr, wie Karl Kraus und noch anderen, die das Unglück hatten, gleich ihm, Denkende zu sein. Welch ein Kruppzeug von Quallhirnen, von Stümpern, von Stotterern, von leeren aber komplizierten Wichtigtuern figuriert auf jener Liste! Wirrnis, formungsunfähige Eruptivität und insbesondere spießbürgerlich-bornierte Epigonenlangweiligkeit sind erlaubt, Gedanklichkeit nicht. Wer ein Gehirn hat und von ihm Gebrauch zu machen pflegt, ist damit allein bereits als Unlyriker erwiesen und gerichtet. Da Tumbheit ein unentbehrliches Ingrediens wahrer Lyrik bildet, bedeutet Philosophizität an sich schon ein lyrisches handicap. Demgegenüber gestehe ich, daß Tollers Gedichtreihe ‹Das Schwalbenbuch› mich immer wieder erschüttert hat, daß ich sie für ein Juwel deutscher Lyrik halte, und wenn ich mich frage, warum, dann vielleicht deshalb, weil diese Verse, fern den Schulen, tief genug für den Anspruchsvollen, schlicht genug für die Schlichten, menschenhaft trotz der vollkommenen Form, dichterisch trotz (oder wegen?) des politischen Hintergrundes, ein in jeglicher Dimension Reifes und, vertraut mit allen Verwicklungen, auf neue Art Einfaches sind.

Das Oratorium ‹Weltliche Passion›, zum Gedenken der beiden Märtyrer des Anfangs: Karl Liebknecht, Rosa Luxemburg, welches zuerst von Klaus Mann im Dezemberheft 1934 seiner Zeitschrift ‹Die Sammlung›, Amsterdam, gedruckt wurde (fraglos der besten Zeitschrift der ganzen Exil-Epoche, daher schon nach zwei, drei Jahren eingegangen) ... diese Chordichtung darf möglicherweise als ranggleich mit dem ‹Schwalbenbuch› gelten. Und gewiß noch manches lyrische Einzelstück.

Aber sein Hauptwerk, glaube ich, ist seine Selbstbiographie. Aus jeder Pore dieses lebendigen Dokuments der herbe Duft der Wahrheit; dazu Weisheiten, sozialphilosophische, polito-theoretische, die schlechthin beglücken; mir zumindest ging es so. Das Werk kam gleichfalls in Holland heraus, 1933.

III

Endlich, endlich erscheint diese ‹Jugend in Deutschland›, nach welcher in Deutschland 28 Jahre lang kein Hahn gekräht hat, nun in Deutschland. Vielmehr: Ein Hahn krähte doch danach, im deutschen Osten vor zwei Jahren, aber er krähte falsch. Der dort erschienene Tollerband bringt aus der Selbstbiographie etliche zur Not als kommunistoid deutbare Fragmente; die Kapitel, die jedem Kommunisten sauer schmecken müssen, werden restlos fortgeschwiegen. Man versteht das; verzeihen kann man es nicht.

Tollers Prosa ist von solcher Luzidität, daß Kommentarworte zu dem, was nun gleich folgen wird, sich erübrigen. Mir liegt jedoch am Herzen, einige Stellen hervorzuheben.

Als der Kriegsfreiwillige, schwer erkrankt, von der Front zurückkehrt, Heidelberger und Münchener Student wird und mit Freunden einen leicht rebellischen, eigentlich harm-armen, etwas lyrisch europäisierenden Kultur-Aufruf (immerhin mitten während des Krieges) erläßt – der alte Astronom Wilhelm Foerster (der Vater) und Albert Einstein stimmten zu, und wer beschimpfte den Freundeskreis, den Kampfbund als «würdelose Pazifisten»? Demokratische Professoren der Universität. Es dürfte 1916 gewesen sein; siebzehn Jahre später ermächtigte diese Intellektuellensorte, von antinazistischen Wählern gewählt, im Reichstag Hitler und dessen Komplicen zu dem, was folgte.

Herrlicher Hieb auf das Dada-Pack, das damals anfing: «Ich bemitleide jene Verkümmerten, die aus Freude an der ‹Bewegung› abwechselnd futuristische Kabaretts und Revolution fordern.»

Während seiner Haft im Militärgefängnis (eben wegen jenes Bundes): «Unvernunft und Blindheit beherrschen die Völker, und die Völker dulden ihre Herrschaft, weil sie dem Geist, der Vernunft mißtrauen, die das chaotisch Planlose dämmen und ordnen und schöpferisch formen könnten.» Völliger Einklang mit Kants Fluch wider die Misologen; und erster Demo-Kritizismus, erster Zweifel am Fetischismus vor Masse und Zahl.

Toller war Jude, wie Tucholsky. Beide, klar!, hatten im Deutschland jener Ära zu leiden darunter. Aber keinen von beiden machte das unkritisch gegenüber einem peinlichen Typ Jude, dem, der sich schwarzweiß-rot an die Macht heranschmiß. Toller, mitten in der Hitlerzeit, gibt der Wahrheit die Ehre und berichtet aus seiner Militärgefängnisperiode während des Weltkriegs I den Vorfall: «Mittags kommt der Arzt, ein Jude. Er untersucht mich, man müsse alle Pazifisten an die Wand stellen, sagt er, dann verschreibt er Aspirin und verweigert dem Fiebernden eine zweite Decke.» Der Typus begegnet ihm abermals.

Man versäume auch nicht, die Stelle sorgfältig zu studieren, durch die bewiesen wird, was für ein überlebensgroßer politischer Kretin der berühmte Psychiater Professor Kräpelin war.

Man übersehe auch nicht den Passus, wo berichtet wird, wie kurz vor der Revolution «die rechtssozialistischen Abgeordneten» mit dem Reichskanzler Prinz Max von Baden «über die Rettung der Hohenzollern-Monarchie verhandeln». (Scheidemann übrigens tat das nicht, F. Ebert tat es.)

«Die deutsche Revolution fand ein unwissendes Volk, eine Führerschicht bürokratischer Biedermänner. Das Volk ... es wußte, was es nicht wollte, aber es wußte nicht, was es wollte.»

Der Rätekongreß Mitte Dezember 1918 in Berlin «verzichtet freiwillig auf die Macht, das unverhoffte Geschenk der Revolution, die Räte danken ab, sie überlassen das Schicksal der Republik dem Zufallsergebnis fragwürdiger Wahlen des unaufgeklärten Volks ... Die Republik hat sich selbst das Todesurteil gesprochen.»

Die Tragigroteske der Bayerischen Räterepublik —: Toller, nach Kurt Eisners feige-dummer Ermordung durch den klerikal-monarchistischen Schnösel Graf Arco-Valley, Vorsitzender der Unabhängigen Sozialdemokraten Bayerns geworden, macht den dilettantischen Rummel weniger aus staatsrechtlicher Überzeugung als aus proletarischer Solidarität, aus sozialistischem Pflichtbewußtsein mit. Vom ersten Tage der Räteherrschaft an kritisiert er in den Memoiren das Verhalten der Kommunisten. Seine Kritik ist nie Gemeinplatz, sie ist allemal konkret-fundiert. Das darf man nicht überlesen. Sein Satz «Diese Räterepublik ist ein tollkühner Handstreich verzweifelter Arbeitermassen, die verlorene deutsche Revolution zu retten» und sein Wort von der «Verschwommenheit der deutschen Revolution» stehn zueinander nicht etwa in Widerspruch.

Man beachte Tollers tätiges Nein zu den Geiselerschießungen, im Luitpoldgymnasium, die durch die Kommunisten teils vorgenommen teils vorbereitet waren. «Wann werden die Menschen aufhören, einander zu jagen, zu quälen, zu martern, zu morden!» Nirgends so deutlich wie an dieser Stelle zeigt sich die wechselseitige Ergänzung des zugunsten Unterdrückter revolutionären Aktivisten und des (jenseits aller Mythologie) Religiösen, des Humanitärs; beide Seelen in derselben Brust; zugleich die Tragik dieses Zugleich, welcher in der Wirklichkeit nicht ausgewichen werden kann.

Man lasse die Einschaltung nicht aus: «Am unduldsamsten sind gewisse byzantinische Intellektuelle, sie vergötzen den Proletarier, sie treiben einen förmlichen Kult mit ihm und lehren ihn die Verachtung der anderen Intellektuellen. Sie ahmen Formen proletarischen Lebens nach, die der Arbeiter nur aus Not angenommen hat...»

Wenige Monate vor seiner Entlassung aus Niederschönenfeld (keinen Tag Gnade; am 16. Juli 1924): «Hitler ist wegen Hochverrats angeklagt, man merkt deutlich, daß die republikanischen Richter mit ihm sympathisieren.» Leben sie noch? Wurden sie inzwischen Oberlandesgerichtspräsidenten, Bürgermeister, Staatssekretäre, beziehen sie heute Ministerpensionen? Toller zitiert im gleichen Zusammenhang ein Lied völkischer Studenten, das sehr reale Folgen hatte:

Auch Rathenau, der Walther,
Erreicht kein hohes Alter,
Knallt ab den Walther Rathenau,
Die gottverdammte Judensau!

Leben dessen überlebende Mörder eigentlich zurückgezogen in Bescheidenheit und Zerknirschung? Oder geben sie allen Pöbelinstinkten schmeichelnd mondän-frivol-antiwestlich-nationalbolschewistisch an und produzieren Bestseller?

Die Gipfelstelle der ‹Jugend in Deutschland› bedeutet mir aber jene, wo der Autor von der «Rangverschiedenheit der Menschen» spricht, für welche Arbeiter und Bauern oft feineren Instinkt hätten als der Bürger, und dann fortfährt: «Gewiß, der Sozialismus wird auf einer Ebene Gleichheit kennen: jeder wird das gleiche Recht auf Nahrung, Wohnung, Bildung haben. Aber auf anderer Ebene wird gerade der Sozialismus eine gestufte Rangordnung schaffen. Menschen, die fähig sind, politische, soziale und kulturelle Reiche zu verwalten, werden eine Aristokratie nicht der Geburt, sondern des Geistes, der Leistung, der

Bewährung bilden. Mit höheren Pflichten berufen, nicht mit materiellen Vorrechten ausgestattet.» Als ich diese Zeilen vor rund zwanzig Jahren im Londoner Exil zum ersten Male las, nicht lange nach Tollers Tode – ich schäme mich nicht, zu bekennen, daß ich da weinte.

IV

Die Selbstbiographie, ein Fragment, endet mit Tollers Entlassung aus fünfjähriger Festungshaft, Juli 1924. Über die knapp drei Jahrfünfte, die ihm noch gegönnt waren, gibt es keine Aufzeichnungen. Ich empfehle Doktoranden in deutscher Literargeschichte, statt auf das verstaubte, spinnwebüberwachsene Zeugs, das ihre Professoren ihnen als Dissertationsstoff anzubieten pflegen (einzig Erforschung des uns nichts Angehenden ist ja wahre Wissenschaft), sich einmal auf diese fünfzehn Jahre zu stürzen. Leicht wird die Bearbeitung nicht sein; die Zeugnisse widersprechen einander zu oft. Nichtmal wie er starb wissen wir; während am 23. Mai 1939 Londons ‹News Chronicle› aus New York meldete, er sei im vierzehnten Stockwerk seines Hotels am Fenster erhängt aufgefunden worden, erzählt uns sein Ost-Herausgeber Bodo Uhse, der ihn noch wenige Tage vor seinem Freitod in New York gesehen und gesprochen haben will, er hätte «sich an der Brause seines Badezimmers erhängt». So habe es in der New Yorker Presse gestanden. Vielleicht zutreffenderweise. Aber was die Londoner schrieb, scheint mir glaubhafter. Schon allein deshalb, weil Herrn Uhses Traktat von Unwahrheiten geradezu strotzt. So behauptet er beispielsweise, als auf den Höhen des Priesterwaldes, beim Anblick im Tode verkrampfter Leichen deutscher und französischer Soldaten, aus dem Kriegsfreiwilligen Toller der Kriegsgegner Toller wurde, sei dieser «achtzehn Jahre alt» gewesen. Tatsächlich war Toller, als sein Kriegs-«Erlebnis» begann, einundzwanzigeinhalb (sein achtzehnter Geburtstag fand 1911 statt). Ferner erzählt uns Herr Uhse, Tollers Freund und Verleger Landshoff habe in New York «auf die Nachricht von Tollers Scheiden eine Überdosis Schlafmittel genommen»; «wachsgelb lag er in den Kissen und rollte mit den Augen». Tatsächlich war Landshoff an einer Hummernvergiftung erkrankt. Melodramatische Erfindungen sind unwürdig! Es stimmt schließlich, daß in der zweiten Augusthälfte 1934 ein Schriftstellerkongreß in Moskau tagte, an dem auch Toller, als Gast, aktiv teilnahm. Er sprach in der Diskussion generell sympathisierende und zugleich kritische Worte, etwa: «Es ist wichtig, Künstlern, die furchtlos gegen den Faschismus kämpfen, die Türen weit zu öffnen, selbst dann, wenn ihre Werke nicht alle ideologischen Forderungen erfüllen, die ihr stellt.» Er trat also, vor Augen das Zielbild eines geschlossenen, überparteilichen Gesamtkampfs wider die Barbarei, jenem dummen, verbissenen, blutig-brutalen Dogmatikertum entgegen, das zwei Jahre später in den berüchtigten «Moskauer Prozessen» seine welthistorische Orgie zu feiern begann, um wenig später das Bündnis mit jenem Satan einzugehen, den es doch niederzuzwingen galt. (Den Stalin-Hitler-Pakt hat Toller nicht mehr erlebt.) Während des spanischen Bürgerkriegs hat er, genau wie während der Münchener Räterepublik, aus gesamtlinker Solidarität sich diesem Dogmatikertum gegenüber, das er verwarf, loyal verhalten. Spinnt Herr Uhse aus solchem Tatbestand den Satz «Er besucht die Sowjetunion, der er dann in Wort und Tat sein ganzes Leben hindurch verbunden bleiben wird», so fälscht er Geschichte. Der Mißbrauch eines unabhängigen Mannes zur Reklame für den eigenen Parteiladen ist um so widerlicher, je unflätiger die eigene Partei ihn bei anderer Gelegenheit verleumdet und beschimpft hat. Man schlage die gelogenen Sachen nach, die die Berliner ‹Linkskurve› im Dezember 1929 auf Grund der verdrehenden Meldung eines Blattes in USA über Toller behauptet hat, seine bündige Widerlegung des Unfugs in der ‹Weltbühne› Nr. 1 des Jahres 1930 und die Flegelei, mit der im Februar 1930 die ‹Linkskurve› auf seine Richtigstellung reagiert hat:

«Für unsere Einschätzung Tollers spielt das Angeführte fast gar keine Rolle. Hauptsache ist, daß wir alles, was ihm der amerikanische Lügewacker in den Mund legte, Toller ebenso seiner Vergangenheit wie seiner Gegenwart nach tatsächlich zutrauen.»

Aus dieser perfiden Einstellung heraus wurden später, in der Emigration, charaktervolle, todanständig-hitlergegnerische, aber dem stalinistischen Klüngel unbequeme, weil kritische Exilgenossen bei den Polizeien der Gastländer als «Gestapo-Agenten» verleumdet; es war, mitten während des Weltkriegs, eine Kette von Mordversuchen. Wen die kommunistische Clique nicht mochte, den bezichtigte sie der schmutzigsten Dinge, weil sie ihm diese angeblich «zutraute». Ob er sie tatsächlich begangen hatte, war ihr uninteressant.

Natürlich logen und lügen die Rechten über Toller nicht minder als die Ultralinken. Allenaselang liest man noch jetzt in ihrer Presse von dem «Kommunisten» Toller. Diese Leute werfen den kommunismuskritischen freiheitlichen Linkssozialisten mit dem Kommunisten in einen Topf, teilweise vielleicht aus Unwissenheit und Denkschwäche, teilweise fraglos aus bösem Willen. Die lügnerisch-primitive, geflissentlich vereinfachende Art der Verdächtigung ist allemal die bequemste (man braucht sich da nicht in geistige Unkosten zu stürzen), und fast stets zieht sie.

Wie bemerkt, wir wissen über Tollers äußeres Leben, 1924–1939, nicht zuviel. Bis zum Ausbruch der Gesindelherrschaft: Erfolge, Glanz, Gloria, bei allem nie die geringste Konzession an die herrschenden Mächte (den liberalen Feuilletonismus inbegriffen); kein Wiedereintritt in die USPD, welche nach ihrer Einschmelzung in die Mehrheitssozialdemokratie, 1922, durch einen kümmerlichen Rest unter Dr. Theodor Liebknecht, dem kleinen Träger eines großen Namens, auf dem Papier noch existent war; dafür 1929 Beitritt zur ‹Gruppe Revolutionärer Pazifisten›, wo dieser bisweilen wegen seiner Weltläufigkeit fälschlich als «eitel» oder «hochmütig» Gekennzeichnete auf eine zwar unvereinsmeierische, aber in der Sache sehr kameradschaftliche Art mit den Helene Stöcker, Alfons Goldschmidt, Tucholsky, Walter Mehring, Hiller und vielen Jüngeren zusammenarbeitete, durchweg und bis Schluß konfliktlos. Dann Flucht nach England, später Amerika. Leidenschaftliche Aktivität für die spanische Republik. Flammende, dennoch ratio-kräftige Reden contra diabolum auf mehreren PEN-Kongressen; die berühmteste schon 1933 zu Dubrownik (Ragusa). Der deutsche, also hitlerdeutsche PEN war durch einen Fritz Otto Busch, einen Hanns Martin Elster, einen Dr. Edgar von Schmidt-Pauli vertreten, welche schon am ersten Tage türmten, als von britischer Seite gewisse Fragen über die Bücherverbrennung und den Ausschluß bedeutender Mitglieder an sie gerichtet worden waren. (Sekretär des deutschen PEN war damals der rechtens berüchtigte Johann von Leers, eine Art Freisler oder Heydrich in der ideologischen Sparte, welcher, irre ich nicht, noch heute die Stirn hat, in Ägypten herumzuwesen.) Am zweiten Tage, die Absenz der Nazi-Delegierten bedauernd, sprach Toller. Wer glaube, daß neben der Gewalt auch moralische Gesetze das Leben regieren, dürfe nicht schweigen. «Die Herren des deutschen PEN-Klubs haben sich gestern dagegen gewehrt, daß im PEN-Klub politische Fragen erörtert werden. Wenn sie Schriftsteller aus Gesinnungsgründen ausschließen, sind sie es, die Politik in den PEN-Klub tragen.» Präziser kann niemand einen Heuchlerklüngel überführen! «Man wird mir in Deutschland vorwerfen, daß ich gegen Deutschland gesprochen habe. Das ist nicht wahr. Ich wende mich gegen die Methoden der Männer, die heute Deutschland regieren, die aber keine Legitimation besitzen, sich und Deutschland gleichzusetzen.» Er war unter den Vertriebenen der erste, der dies aussprach, so wie er auch später von jenen Antinazis im Exil sich schärfstens abhob, die den Satz lehrten, Nazi und Deutscher sei ein und dasselbe. Keine Sekunde seines Lebens war Toller Foersteraner. Sein Urteil war nie ressentimental, nie vermuckert, nie verdrängerhaft-paradox, nie mystisch, nie hysterisch, immer durchdacht, echt, gerecht. «Täuschen wir uns nicht, die Stimme des Geistes, die Stimme der Humanität wird von den Mächtigen nur dann beachtet, wenn sie als Fassade dient für politische Zwecke»: auch das sprach er in Ragusa aus. Über die inneren Stritte der Emigration hinweg äußerte er hier wie später auf Tagungen in Paris, in New York als unbeauftragter, doch befugter Sprecher für Alle das jeweils Wesentliche und Gemeingültige. Hätte er sich am Leben erhalten — er würde möglicherweise heute in Deutschland als oberste, nehruhafte Autorität der «heimatlosen Linken» nicht nur, sondern der gesamten Trägerschaft des Fortschrittsgedankens und Fortschrittswillens — sozial, kulturell, verfassungspolitisch, außenpolitisch — und als Brücke zwischen West und Ost wirken; noch fehlt sie uns. Ich weiß sehr wohl, daß der berühmte Soziologe Max Weber, dessen Schüler Toller gewesen war, und der sich in Tollers Hochverratsprozeß als Zeuge anständig für ihn eingesetzt hat, immerhin damals das Wort aussprach, Gott habe in seinem Zorn Toller zum Politiker geschaffen. Das ist typisch gelehrtenhaft-kontragenial und beweist allerhand für den (trotz allem) Professoralismus Max Webers, aber nicht das geringste gegen Toller. Man kann sich vorstellen, daß Max Weber Gleiches mit gleich benevolenter Überlegenheit über Nehru geäußert haben würde, solange dieser verfolgt und erfolglos war, oder über sagen wir Nietzsche: Gott habe ihn in seinem Zorn zum Philosophen geschaffen. Man erinnere sich der Urteile zeitgenössischer Bildungshäuptlinge über Goethe!

Kaum wer hat Toller besser gekannt als Ernst Niekisch, welcher eine lange Reihe von Monaten sein Stubennachbar und Vertrauter auf der Festung Niederschönenfeld war. Niekisch beschreibt ihn in seinem Buche ‹Gewagtes Leben› (1958): «Ernst Toller war ein schlanker, schöner Mann von mittlerer Größe. Seine Bewegungen waren voll Grazie. Aus seinem wohlgebildeten Gesicht glühten zwei tiefdunkle, mandelförmige Augen. Das schwarze, stahlblau schimmernde Haar verlieh in Verbindung mit der gelblichen Hautfarbe, der edlen Stirn und der wohlgestalteten Nase dem Gesicht einen wirkungsvoll fremdartigen Reiz. Er hatte eine dunkle und melodiöse Stimme, die voll ausklang, wenn er, ein bezaubernder Apoll, auf dem Rednerpult stand. Im Gespräch wußte er durch seinen Charme zu bestricken. Er hatte schauspielerisches Talent, liebte das große Pathos, die eindrucksvolle Geste und neigte dazu, sich stets, wenn auch in durchaus geschmackvoller Weise, in Szene zu setzen. Menschliche Not, menschliches Elend ergriffen ihn, wo sie ihm begegneten; sein Herz war leicht zu rühren, und bereitwillig half er, wo er Gutes stiften konnte. Er glaubte an das Gute im Menschen. Es war nicht zu vermeiden, daß seine großzügige Gebefreudigkeit nicht selten schnöde mißbraucht wurde. Für die Einwirkungen des Augenblicks und der Umgebung war er überaus empfänglich, leicht war er Stimmungswechseln unterworfen; in seiner Unberechenbarkeit lag etwas Weibliches. Immer aber war er von jenem gewinnenden Wesen, das Frauen am Manne so sehr lieben, und in der Tat wurde er von Frauen auch in reichlichem Maße geliebt . . .»

Ob und wie er diese Liebe zu erwidern pflegte, darüber schweigt die Darstellung; wir wissen über seinen Logos (die Agape eingeschlossen) alles, über seinen Eros nahezu nichts. Übrigens sind intimste Privata kunst- und geisteswissenschaftlich, außer für eine Sorte Literargeschichtsschreibung, die hoffentlich ausstarb, reichlich gleichgültig. Gar nicht gleichgültig sind Fakten dieses Bezirks für den Psychologen, hier vornehmlich für den, der die Motive der Selbsttötung Tollers zu ergründen wünscht.

V

Im Exil, welches dem Großteil unsrer Besten, gleich welcher Rassenherkunft, durch die Gesindelherrschaft (in Deutschland seit 1933, in Österreich und der Tschechoslowakei seit 1938/39) aufgezwungen wurde, war der Selbstmord häufig. Besonders leicht verfiel ihm, wer in der Heimat nicht dichter-ärmlich im Dachstübchen das vielgerühmte karge Leben des tragischen Außenseiters geführt hatte, sondern, von frühem Erfolg getragen, ein gerade im Materiellen hochgemutes Dasein gewohnt war. Die beiden ersten Freitodfälle, die seinerzeit bekannt wurden, sind der des Senatspräsidenten am Kammergericht und Menschenrechtlers Arnold Freymuth gewesen (zu Paris) und der des großen und führenden Berliner Strafverteidigers Max Alsberg (in Zürich). Der Fall des bedeutenden Psychiaters und Autors Arthur Kronfeld (Moskau), des Erzählers Stefan Zweig (Petropolis, Brasilien), unseres Kurt Tucholsky (Hindås, Schweden) – sie alle haben das eine gemeinsam, daß diese Menschen nicht das bescheidene Leben des «verkannten Genies», sondern das glänzende der durchaus anerkannten Persönlichkeit gewohnt gewesen sind, also ihr Sturz tiefer und fürchterlicher, für ein empfindliches Nervensystem schwerer erträglich war als in den anders oder gar umgekehrt gelagerten Fällen. Schmeckte wem das bittere Brot der Emigration zwar schlecht, aber nicht gar so viel übler als zuvor das keineswegs süße der Heimat, dann ertrug er die Bitternis leichter, das ist klar. Wir wissen heute, was 1939 schon geahnt wurde: Toller, als er seinem Leben ein Ende machte, war bettelarm. Er hatte bis zum letzten Tag seinen Glanz von ehedem zu repräsentieren versucht, aber nun war das unwiderbringlich aus . . . und da konnte er nicht mehr. Ich vermute (ohne Materialist zu sein): dieser Absturz war der Hauptgrund.

Bei feineren Naturen, falls sie ihr Leben fortwerfen, pflegt «das Motiv» ein sehr subtiler Komplex zu sein. Ganz gewiß bei Toller. Der Sturz in die vollkommene Armut, in Verbindung mit vollkommener Abhängigkeit von etwaigen Wohltätern, war's sicher nicht allein. Hinzukam mancherlei. Die Verletzung seiner schriftstellerischen Ehre zum Beispiel, insofern Hollywoodgewaltige ihn zwar eine Weile beschäftigt und fürstlich honoriert, aber keines der Drehbücher, die er, der enorm begabte Dramatiker, für sie verfaßt, nun etwa gedreht hatten, auch nicht seinen fraglos interessanten Lola-Montez-Film. Die Verletzung seiner Mannes-, seiner Gattenehre, insofern jene um ein Vierteljahrhundert jüngere und gerade erst beginnende Schauspielerin Christiane oder Christine G., die er aus Güte eher als aus Liebe in London kurz vor der Abfahrt nach Amerika geheiratet hatte, ihm in New York mit einem, scheints, Attraktiveren durchgebrannt war, offenbar ohne auch nur von ferne zu ahnen, was für eine Auszeichnung es für sie objektiv bedeutet hat, von einer überragenden Persönlichkeit wie Toller geehelicht worden zu sein. Der um soviel Ältere, der schon fast Silberhaarige «paßte eben nicht» zu ihr? Das hätte sich dieses Geschöpfchen schließlich vorher sagen können. Man begreift, wie erniedrigt sich der Verlassene fühlen mußte – selbst falls, wie einige behaupten, seine Leidenschaft für die kleine Mimin nie heiß war. Am ärgsten erniedrigt scheint er sich aber als Politiker gefühlt zu haben – durch den Zusammenbruch der spanischen Republik, für die er gearbeitet, gelitten, noch zuletzt mühselig-zäh eine mächtige Summe Dollars gesammelt hatte, die er nach der letzten linken Bastion, Barcelona, bringen wollte, als eben diese fiel, Ende Januar 1939, und der Bürgerkrieg mit der kampflosen Besetzung Madrids durch Franco, 28. März 1939, sein Ende fand, sein im Sinne des Weltfaschismus siegreiches Ende. Zwischen dem Tode der spanischen Demokratie und Tollers Selbsttötung (22. Mai) lagen keine zwei Monate; der Kausalnexus bietet sich ohne Krampf an. Natürlich würde sich lächerlich machen, wer vereinfachend behaupten wollte: «weil» der spanische Bürgerkrieg für die spanische und europäische Linke verloren war, hat Toller «aus unüberwindlichem Gram über den Sieg des Bösen» sich umgebracht. Das wäre Psychologie für die linke Massentante, ein rosaroter Kitsch, dieses bedeutenden Toten unwürdig. Sogar sein Wissen um die Wahrscheinlichkeit, daß durch Francos Sieg Hitlers Erledigung, wenn nicht gar verunmöglicht, so zumindest um viele Jahre zurückgeschoben würde, konnte zu dem Entschluß nicht ausreichen, sich zu erhängen. So wenig wie der Verrat durch das Weibchen, die kalte Schulter der Filmmagnaten, selbst der Sturz in die Armut einzeln für sich ausgereicht hätten. Unser Handeln wird in Wahrheit durch eine verwickeltere Kausalität bestimmt. Ein Teil der englischen Presse hat, Ende Mai 1939, auch Krankheit als den Beweggrund seines grausigen Schrittes genannt. Wir wissen darüber nichts. Selbstverständlich wäre möglich, daß ein uns durchaus unbekanntes, ein geheimes Motiv der «eigentliche» Beweggrund war. Am wahrscheinlichsten bleibt: das komplizierte Motivengewebe; wobei eine Bagatelle den Ausschlag gegeben, den Impuls gezündet, «das Faß zum Überlaufen gebracht» haben mag.

VI

Hätte er ausgeharrt, nur sechs Jahre – der deutsche Zustand heute sähe vielleicht um einiges anders aus. Ich wage, das für möglich zu halten: nach den beiden Begegnungen, die wir hatten (1916 oder 1917 die erste, die andere gegen Ende der zwanziger Jahre), nach einiger Korrespondenz, vor allem aber nach der Lektüre des größten Teils seiner Werke, Jahrzehnte hindurch. Niemand kann glühender aus tieferem Innern Sozialist sein, als er einer war; niemand aber auch auf weniger verrannte, weniger beton-dogmige, weniger funktionärsphraseologische, weniger demo-konventionelle, weniger dialektisch-klerikale Weise es sein. Er war kein parteipolitischer, er war ein prophetenhafter, ein messianischer Typ. Keiner in den Wolken zwar, durchaus ein Diesseitler, aber freilich das Gegenteil dessen, was der weise tuende, geschniegelte

Spießbürger einen Realisten nennt. Dabei verzichtete Tollers Nonkonformität auf den Salto ins Absurde, etwa in den Anarchismus; er verehrte Gustav Landauer, er solidarisierte sich, ohne zu fackeln, mit Erich Mühsam, doch derlei Sprünge machte er nicht mit*. Unbeugbar in seinem Willen, den Unterdrückten zu helfen, vermied er wiederum auch den billigen Byzantinismus vor der anonymen Menge, und bereits in seinen blutjungen Anfängen lehnte ers deutlich ab, sich vor dem Zaren Zahl in den Staub zu werfen. Es ist ‹Die Wandlung›, sein erstes Stück, vollendet während des Vorfrühlings 1918 im Militärgefängnis, die den köstlichen Ausspruch des «Kommis» (des gängigen Demagogen, platt wie eine Flunder) enthält: «Also was bleibt uns? Den gesunden Menschenverstand repräsentiert durch die Masse auf den Thron zu setzen.» So satirisch über «gesunden Menschenverstand» und «Masse» urteilte schon mit 24 Jahren der Vernunftkämpfer und Proletarkämpfer Toller. Mystiker, die über den Intellekt die Nase rümpfen, Snobs einer schiefen Elite-Idee, die höhnisch «Vermassung» bequasseln, haben wir übergenug; was uns fehlt, ist der gegen den Verstand des Philisters und gegen das Egalitäre skeptische Sozialist. Daß Toller dies war, unterscheidet ihn zu seinen Gunsten von allen großen Toten der deutschen Linken seit 1900, den einzigen Leonard Nelson ausgenommen.

Er fehlt uns gewaltig. Daß wenigstens der Niederschlag seiner Lebensarbeit nun endlich aus dem Schutt geholt und für die Generationen

---

* Weniger zum Zorn als zum Lachen reizt, daß nach Ansicht jener feineren Diamatmönche, die ihm wohlwollend immerhin zugestehn, daß er «seine Überzeugung mit subjektiver Ehrlichkeit vertreten» und nur «objektiv die Revolution verraten habe, er «unbewußt anarchistische Gedankengänge vertrat». Wir lesen das in der Abhandlung ‹Die Novemberrevolution und Ernst Toller›, Weimarer Beiträge, Zeitschrift für deutsche Literaturgeschichte, 1959/III S. 387 ff. Der Verfasser, Martin Reso, ist offenkundig ein junger frate aus dem marxistisch-ulbrichtistischen Kloster. Selbst ein Atheist vergäbe sich nichts, räumte er ein, daß das Mönchstum des Mittelalters bei aller Mittelalterei daneben Beachtliches für die Wissenschaft geleistet hat; so verdient auch Resos (siehe Bibliographie) durchgeführter Entschluß, mitten in der DDR über Ernst Toller zu doktorieren, Anerkennung; Kleriker ist nicht Kleriker – es gibt da Unterschiede. Dieser Reso gehört dem Typ der mutigeren an und der zu gewisser Sachlichkeit bereiten. Das feststellen heißt nicht, auf die Kritik verzichten, zu der er gleich allen Orthodoxen eines fragwürdigen Dogmas herausfordert. Bleibt schon schwierig zu begreifen, wie man «Gedankengänge» «vertreten» kann, ohne sie zu zertreten, so scheint schier unvollziehbar die Vorstellung, jemand vertrete einen Gedankengang «unbewußt». Gemeint sein mag, Toller sei Anarchist gewesen, ohne es zu wissen. Aber davon ist das genaue Gegenteil wahr. Toller, wie wir andern, lehnte aus guten psychologisch-logischen Gründen die Lehre der Herrschaftslosigkeit ab, und was er an Gustav Landauers ‹Aufruf zum Sozialismus› bewunderte, war nicht der romantisch-konstruktive, allerdings anarchistische Teil dieser Schrift, sondern ihr genial-

der Söhne, der Enkel studierbar geworden ist, erzeugt bei seinen paar überlebenden Freunden und Kampfgenossen (der Abtrunn ist nicht mitgemeint!) ein Gefühl der Dankbarkeit gegenüber denen, die solches in Angriff nahmen.

Sehe ich von Albert Soergel ab, der 1925 im Band II seines Buches ‹Dichtung und Dichter der Zeit› Toller vorbildlich gewürdigt hat, so ist er von der Historikerzunft bisher ganz unzureichend behandelt worden. Nicht er nur! Aber eben gerade auch er. Am widerlichsten trieb es jener Paul Fechter, dessen deutschvölkisches Machwerk ‹Geschichte der deutschen Literatur› (1941) gewiß noch heute an etlichen Ober- und Hochschulen, sei es auf behördlichen Rat, sei es aus Gewohnheit, als Kenntnisquelle benutzt wird. Ich zitiere aus Seite 744:

«Geblieben ist von dieser Welle der Literatur nach 1918 fast nichts. ... Die Namen der meist jüdischen Autoren Ludwig Rubiner, Ulrich Steindorff, und wie sie sonst hießen, waren schon nach kürzester Frist vergessen; etwas länger hielt sich der des ebenso blassen und schwächlichen Ernst Toller, weil ihn der Zufall eine Rolle in den Wirren der deutschen Revolten nach 1918 spielen ließ. Seine Dramen sind längst in Worte zerfallen, man kennt kaum noch Titel wie ‹Die Wandlung›, ‹Masse-Mensch› oder ‹Die Maschinenstürmer›, in denen blutloses Gerede vergeblich Dialog zu werden versuchte.»

Das ist, auf den 788 Seiten dieser Scharteke, über Toller alles. Der Handlanger des blutrünstigsten Macht-Lumpengesindels der deutschen,

---

destruktiver, die feurige Kritik an der Kleingeisterei des marxscholastischen Parteiwebeltums – ein Stück Prosa, das in der Tat auch unsterblich bliebe, wenn sein Autor nicht als Märtyrer gefallen wäre. Was jedoch den ehrbaren Mönch Reso betrifft, so kennzeichnen diesen etliche weitere Äußerungen gegen Toller, welche hier niedriger zu hängen sind. «Eine der widersprüchlichsten unter den zahlreichen widersprüchlichen Gestalten» sei er gewesen, «die die spätbürgerliche Literatur hervorbrachte». Mithin: Toller «spätbürgerlich» (darum, zweifellos, haben ihn die späten Bürger für fünf Jahre auf Festung geschickt); und nicht er hat Literatur hervorgebracht, sondern die Literatur ihn. Man müsse «Abstand» nehmen von seiner «Einordnung» unter «sozialistische Dichter». Feststehe, daß er «kein Verständnis für die Massen der Werktätigen aufbrachte und vom Wesen, der Bedeutung und Rolle der Partei keine Ahnung hatte». Hier wird also nicht bloß die Kommunistische mit Partei gleichgesetzt, sondern (wie in diesem Orden Gewohnheit) Kritizität gegenüber einer Sache mit Ignoranz darüber. Sicher sind vor dreißig Jahren die Klamottenwürfe der ‹Linkskurve› oder des ‹Roten Aufbau› gegen Toller (und uns andere) flegliger gewesen, aber hat Toller selbst diese höflichere Schulmeisterung verdient? Seite 404: «Sein Ziel war nicht zuerst die Befreiung der Arbeiterklasse, sondern die der ganzen Menschheit.» Welch ein Verbrechen! Welch schändliche Unwissenschaftlichkeit! An die Wand mit ihm! In den Orkus mit ihm! (Pfäffchen Resos Satz ist nämlich nicht etwa als Kompliment gemeint, für messianische Unenge, für umfassenderen Horizont, als der ist, über den der dialektisch-materialistische Klerus verfügt, nein, vielmehr als vernichtender Vorwurf.)

wenn nicht der Weltgeschichte, der Eichmann der literarischen Kritik, verleumdet die im geistigen Wort bestehende Tat als «blutloses Gerede». Unnütz, über P. Fechter (1880–1958) mehr zu sagen als das eine: er ist 78 Jahre zu spät gestorben. Verächtlicher noch als er, darf man wohl hinzufügen, handelte jener «demokratische» Presse-Adel, der in voller Kenntnis der Fakten diesen Hitlerhelfer just noch nach 1945 dauernd gedruckt hat. Ihn, den Herrn Fechter, hat nicht «der Zufall eine Rolle in den Wirren» der deutschen Nachkriegszeit «spielen» lassen, sondern eine vielköpfige Zeitungsmachersippe, der man nicht mal schlechten Charakter nachsagen kann – warum? weil sie überhaupt keinen hat.

Wie man Ernst Tollers Gedichte unter die Gedichte unserer Nation, seine Dramen unter die Dramen, seine Erörterungen unter die Erörterungen, seine politischen Taten unter die politischen Taten ab 1900 vergleichend-kritisch einzureihen habe, darüber kann, darüber wird, darüber darf es unter Kennern und Urteilsbefugten Streit geben. Ein Streit über den ganz ungewöhnlich hohen Rang dieser lautern und leidenschaftlichen Gestalt, gesamtbesehen, erscheint mir jenseits aller moralischen Möglichkeit.

Hamburg, Mai 1961 — Kurt Hiller

BRIEFE AUS DEM GEFÄNGNIS

Die Briefe eines jungen Menschen, die, mit all ihren Irrtümern, in diesem Band gesammelt sind, haben neben ihrer privaten Geschichte, die Bedeutung von Dokumenten deutscher Historie. Die Republik hat ihre eigenen Pioniere verleugnet und verfolgt, die Gegner der Freiheit und der Menschenwürde geschützt, ihre Taten geduldet, den Geist der Barbarei sich entfalten lassen, den Geist des Friedens erstickt, das Recht untergraben, die Rechtlosigkeit ermuntert – und so ihren eigenen Sturz vorbereitet. Möge das deutsche Beispiel eine Warnung für die Welt sein.

Als der Verfasser, ein junger Mensch von zwanzig Jahren, freiwillig in den Weltkrieg zog, teilte er den Glauben der blinden und geblendeten Millionen, daß sein Vaterland überfallen sei, und das Schwert eine gerechte, ja eine heilige Sache entscheiden müsse. Er hatte in der Schule gelernt, daß der Tod auf dem Schlachtfeld ein heroischer Tod sei, und daß ‹im Bett zu sterben› dem deutschen Manne nicht gezieme.

In seinem Kriegstagebuch finden sich die Worte:

«Wie froh bin ich, morgen endlich ins Feld zu ziehen. Endlich mittun zu dürfen. Mit dem Leben beweisen, was man denkt und fühlt.»

Der Krieg enthüllte sein wahres Gesicht. In jener Zeit des Entsetzens, der Nacht und der Verzweiflung, begriff er, daß nicht der Tod des Lebens Sinn sei. Daß dem Menschen in der flüchtigen Spanne irdischen Daseins menschliche Aufgaben gesetzt sind.

In seinem Kampf für den Frieden wandte er sich dem Volk zu, dem immer mißbrauchten, immer betrogenen Volk.

War ihm nicht aus Jahrtausende währender Not die historische Aufgabe geworden, das sinnlose Leiden des Menschen zu überwinden?

Die deutsche Revolution fand ihn kämpfend in ihren Reihen. Er teilte ihren Glauben und ihre Hoffnungen, ihre fruchtbaren und ihre vergeblichen Niederlagen. Er wurde zu fünf Jahren Festung verurteilt.

Aus diesen Jahren stammen die Briefe.

Sie waren die Brücke zur Welt.

Welch eine zerbrechliche Brücke!

Sorgsam mußte er jedes Wort wählen, daß es nicht dem Zensor verdächtig oder gefährlich erscheine. Der Leser lernte zwischen den Zeilen lesen, Andeutungen verstehen, flüchtigen Worten die rechte Bedeutung geben.

In dem Jahr, in dem diese Zeilen geschrieben werden, lebt wieder neben dem lauten, gewaltsamen Deutschland, das den Krieg und sein sinnloses Sterben verherrlicht, ein anderes Deutschland – das schweigende, leidende. Lebt in Zuchthäusern und Konzentrationslagern, lebt kämpfend und verfolgt diesseits und jenseits der deutschen Grenze.

Was sind die Bitternisse und Kränkungen, die wir erfahren mußten, gegen die Martern, denen die Gefangenen des Dritten Reiches, deren einziges Verbrechen Liebe zur Freiheit und Gerechtigkeit ist, preisgegeben sind?

Sie werden verhöhnt, geschlagen, geschunden, gemordet – wehrlose Opfer niedriger Knechte.

Sie lernen die Lieder ihrer Henker, ihren Drill, ihre lächerlichen Grußformen, aber eines lernen sie nicht: ihre Furcht.

Denn in diesem Reich regiert die Furcht. Furcht vor dem Gegner, Furcht vor dem Nachbarn, Furcht vor den Kameraden.

Darum hassen und verfolgen seine Herren ja den Geist, weil der Geist den Menschen zur Furchtlosigkeit erzieht.

Wer aber die Furcht überwunden hat, der ist der wahre Feind der Diktatoren.

Den furchtlosen Kameraden in Deutschland widme ich dieses Buch.

Einer Frau noch will ich gedenken, deren tapferer Tat ich die Rettung vieler Briefe verdanke.

Als im Januar 1933 dem Diktator aus Braunau die Macht gegen das deutsche Volk anvertraut wurde, ging Frau Dora Fabian, deren Leben im Exil traurig endete, in meine Wohnung und brachte zwei Koffer mit Manuskripten in Sicherheit. Die Polizei erfuhr davon und verhaftete sie.

Nach ihrer Haftentlassung floh sie aus Deutschland. Kurz vor ihrem Tod vermochte sie (auf unerklärliche Weise) die Papiere ins Ausland zu schaffen.

Unter den Briefen befinden sich auch jene, die von der Festungsverwaltung beschlagnahmt worden waren und dem Verfasser Jahre nach der Freilassung wieder zurückgegeben wurden.

1919–1920
Gefängnisse Stadelheim und Neuburg
Festungsgefängnisse Eichstätt und Niederschönenfeld

An Tessa Niederschönenfeld 1920

Da ich an einem blassen Februarabend den Feldweg zum Gefängnis ging, weite Landschaft in den von so vielen Monaten quälender Zellenwände erlösten Augen, da ich den Geruch der mütterlichen Scholle spürte, ward ich verängstigt zuerst, blickte mich um in tiefer Scheu, daß meine drei Wächter mich schärfer umstellten. Dann aber atmete ich auf in beglückter Stille.

Da war eine einsame Birke in der Ferne dieser Felder, mit zarten gebrechlichen Ästen.

Erinnern rührte mich. Die Landschaft war mir vertraut: so empfinde ich die Landschaft meiner Heimat. Was wissen sie um deine Schönheiten, die dich verhöhnen, weil du im Osten schwingst, weil dein Name ihren Ohren, die verkrüppelt sind von spitzem Haßgeschrei, nicht wohllautend klingt.

Wenn wir auf dem Hof im Quadrat gehen, klettern unsere Blicke am fünf Meter hohen Bretterzaun empor, klettern hinauf bis zu den feinen Eisenspitzen, die der Zaun als Diadem trägt, klettern und fallen in jähem Schwindel in die Abgründe unserer dunklen Sehnsucht. Aber wenn wir durch die Ritzen des Bretterzaunes schauen, das Drahtverhau draußen erblicken und die Beobachtungsstände für die Posten, die durch kleine Löcher uns belauern, dann lachen wir verächtlich und singen ein trotziges Freiheitslied.

Das kümmerliche Gras auf dem Hof sproßt. Es wird Frühling. Hörst Du: Frühling. Man schreit das Wort hinaus, singt es vor sich hin, streichelt es wie ein kostbares Gefäß. Wie viele Jahre habe ich den Frühling nicht mehr erlebt. Im vorigen Jahr vor entfesselter Soldateska in den Wohnungen opferbereiter Freunde verborgen, vor zwei Jahren im Militärgefängnis, vorher der Krieg, der hundert Jahre dauerte oder mehr – man weiß es nicht.

Ich habe im Gras die ersten Gänseblümchen entdeckt, weiße Gänseblümchen mit einem rosigen Hauch.

Und eine goldgelbe Butterblume blinzelte am Zaun. Die Bäume tragen winzige Knospen. Ich beobachte jeden Tag, wie sie größer werden.

Und gestern, da ich durchs vergitterte Fensterloch blickte, sah ich die Birke, die einen grünen Schleier trug.

Auch die Weidenbäume am Teich draußen schimmern in einem samtenen Grün.

O Grün der Wiesen und Felder. Farbentanz grüner Sonnen. O sanftes Wunder dieser Tage.

Seit heute früh darf ich nicht mehr hinaussehen. Für zwei Wochen wurde einigen Gefangenen «der Hofgang entzogen» (und für sechs Wochen das Recht, Briefe fortzusenden), weil sie nicht schweigen konnten, weil sie das Antlitz dieser Festungshaft brandmarkten.

Denn die Regierung des Freistaates Bayern hat die Festungshaft des Charakters beraubt, den sie besaß, als sie noch für Offiziere und Studenten bestimmt war, denen Ehrenhändel eine nicht unrühmliche Ehrenhaft eintrug. Revolutionäre Sozialisten sind zu Festungshaft verurteilt. Die sperrt man in frühere Gefängnisse und verschärft die Haft durch Quälereien und mannigfache Martern, daß die Seelen der Gefangenen mürbe werden. Denn wir leben in einem Freistaat.

Glaubt ihr, durch Strafen unsere Nacken zu beugen, unsern harten Willen zu lähmen?

Die einen wurden um der «Ruhe und Ordnung» willen auf der Flucht erschossen, die andern genießen die Wohltaten der deutschen schwarzrotgoldenen Republik. Doch unsere Lieder könnt ihr nicht verbieten. Hört ihr, wovon sie singen?

An die Festungsverwaltung — Niederschönenfeld, 23. 4. 20

Herr Oberstaatsanwalt!

Wie ich höre, haben Sie meine Skizze ‹Exekution› wegen «agitatorischen Inhalts» beschlagnahmt.

‹Exekution› ist ein kleines Bild aus der Revolution. Ist es etwa wegen seines Schauplatzes agitatorisch? Dann müßten alle Revolutionsgeschichten der Weltliteratur (und es sind eine ansehnliche Anzahl von Bänden geschrieben worden) beschlagnahmt werden.

Was behandelt denn meine kleine Skizze? Eine Frau hat in ihrem Zimmer einem «Rebellen» Unterschlupf gegeben und, um ihn zu retten, die in seinem Besitz befindlichen Handgranaten auf der Brust verborgen. In die Stube dringen Soldaten, und einer entdeckt bei der Frau die Handgranaten.

Jeder, der Waffen trägt, wird erschossen, und so trifft auch die Frau das Urteil des Standgerichts.

Es liegt in der Natur des Standgerichts, ohne eingehende Untersuchung rasch abzuurteilen, es ist bekannt, daß oft Unschuldige verurteilt werden, es ist ebenso bekannt, daß oft junge, unerfahrene Offiziere Richter sind.

Als die Frau auf den Platz der Exekution tritt, empfangen sie rohe Zurufe der Soldaten. Der Krieg hat sie verroht.

Ich erinnere Sie an die Kriegsgedichte, die von Blut und Haß erfüllt waren, an die Eisenbahnzüge mit den unsagbar rohen Aufschriften, an das Tor von Stadelheim schließlich, auf dem in den ersten Maitagen 1919 zu lesen war: «Hier werden Spartakisten kurz und schmerzlos zu Tode befördert». «Hier wird Blut- und Leberwurst aus Spartakistenblut gemacht...» Liegt darin etwas «Verhetzendes», wenn ich die Soldaten sprechen lasse, wie eben Soldaten in solchen Momenten sprechen? (Und wem erzähle ich damit Neues?) –

Gerade jener Soldat, der am brutalsten die Frau behandelt, erlebt eine seelische Wandlung. Da er der Frau, die nach der Salve noch zu leben scheint, den Gnadenschuß gibt, blickt er in Augen, die voll grenzenloser Güte ihn ansehen, die von Wut und Haß nicht wissen, die eher von Mitleid mit dem Mörder sprechen.

Der Soldat, betroffen, im Innersten aufgewühlt, springt auf, zerbricht, ein Rasender, an der Mauer das Gewehr, schreit wild auf... Wohin er blickt, sieht er die Augen der Frau. Er stürzt sich endlich auf die Tote, küßt die Lippen, das Gesicht, die Augen... und irrsinnig wimmert er ein Liebeslied vor sich hin.

Worin liegt das Agitatorische?

Daß der Soldat in jenen Sekunden erkannte, eine Frau voll so gütiger, seelischer Hoheit ist nicht des Todes schuldig, daß in jäher Erkenntnis ihm das Wissen wächst: niemand hat das Recht, einen Menschen zum Tode zu verurteilen? Daß er, überwältigt von der Zeit, die in diesem kleinen Geschehnis ihr Gleichnis findet, sich aufbäumt und, den großen Schmerz nicht zu ertragen fähig, in Wahnsinn stürzt?

Der Dichter ist kein Zweckmäßigkeitsschreiber. Der Dichter muß schreiben – oder er schreibt gar nicht.

Und jedes von einem Dichter geschriebene Werk wirkt «agitatorisch», sofern man unter agitatorischer Wirkung menschliche Aufrüttelung versteht.

An Tessa — Niederschönenfeld, Juli 1920

Von beleibten Bürgern mit jener schmunzelnden Befriedigung betrachtet, die sie auch im Zoologischen Garten empfinden, wenn sie wilden Tieren in sicheren Käfigen sensationslüstern zublinzeln, von höhnischen Bemerkungen begleitet, verließ ich Neuburg und kehrte in mein buon retiro zurück. Ist mechanische Gewöhnung schuld, daß wir ein Gefängnis noch, in dem «unsere» Arbeitszelle sich befindet, anschauen können wie eine Heimat? Ich weiß es nicht. Ich hatte das Gefühl, da ich wieder meine Zelle betrat, ich käme «nach Hause».

Du magst recht haben: noch täten mir not Jahre stillen Lebens, Jahre einsamer Wanderungen.

Ich hatte keine Kindheit, die mir Freude gab, keine Lehrer, die meiner Unrast und schweifenden Unbändigkeit Ordnung wiesen, innere Ordnung, die geistiges Leben in großen, klaren Linien formt.

Wenn mich Erlebnisse gequält haben, treibt es mich, ein Drama zu schreiben, ein Werk zu bilden, wie im Fieber. (Und dann fühle ich mich leer und hilflos, entblößt und armselig.)

Das ist eine Gnade. Doch ich bin nur Gefäß, in dem schöpferische Lebenskräfte wirken.

Vor dem Wenigen, das ich gelten lasse, fühle ich mich ganz bescheiden.

Und im Leben? In den Momenten, «da es darauf ankommt», werde ich meinen Mann stehen.

Aber all das genügt mir nicht, ist so wenig.

Ich muß dazu kommen, mein Schaffen, mein Leben meistern zu können, klar zu denken, fähig zu sein, von einer geistigen Mitte die Zusammenhänge zu erkennen und in den Zeiten, «da es nicht darauf ankommt», mich in strenger Selbstzucht zu bilden. Ich kann nur helfen, schaffen, mitarbeiten, wenn ich mein Leben erfülle.

In welche Städte, Geschehnisse, Landschaften ich noch getrieben werde — wer vermag es zu sagen.

Wenn ich jetzt einzelne Sätze lese, zweifle ich, ob sie wahr sind — oder immer wahr sind —, denn zu Zeiten ist der Trieb, nur zu sein, zu atmen, am stärksten in mir.

Ich habe heute das Inselbüchlein ‹Der Wandsbeker Bote› von Matthias Claudius gelesen. Es machte mich friedlich, glücklich. Gibt es viele Gedichte, die eine so schlichte Schönheit haben, wie das Mondlied? Wird man nicht beim Lesen, wenn das Blut unruhig war, ganz still und zart und demütig?

Der Mond ist aufgegangen,
Die goldenen Sternlein prangen
Am Himmel hell und klar.
Der Wald steht schwarz und schweiget
Und aus den Wiesen steiget
Der weiße Nebel wunderbar.

Wie ein-fältig, ein-fach, wie schön, wie schön ist dieses Gedicht!

Liebe, wenn nur nicht die Zweifel wären, daß Lücken da sind, die nicht da sein dürfen . . . daß ich die Aufgaben nicht so erfüllen werde, wie ich es von mir verlange — es wäre der Zwiespalt in mir vielleicht überbrückt.

Das Manuskript von ‹Masse-Mensch› konnte ich noch nicht nach Berlin schicken — es wurde in München beschlagnahmt! Ich hatte es an die Tochter des Doktor Sch. gesandt, die es vervielfältigen wollte. Dort fand eine Haussuchung statt, weil man bei ihr Briefe von «verdächtigen Festungsgefangenen» vermutete. Die Polizei nahm mein Drama mit. Trotzdem es die Festungszensur passiert hatte. Ich habe alle möglichen Schritte unternommen.

Man lebt in Bayern. —

An den Festungsvorstand Niederschönenfeld 1920

Herrn Staatsanwalt Schubert
Sie teilten mir mit, daß die Zeitung ‹Vorwärts› Nr. 276 wegen unzulässigen Inhaltes sich nicht zur Aushändigung eignet.

Ich erlaube mir, die folgenden Fragen an Sie zu richten:

1. Ist Ihnen bekannt, daß der ‹Vorwärts› das Organ des deutschen Reichspräsidenten, des Reichskanzlers und einer Reihe von Reichs- und Landesministern ist?

2. Ist Ihnen bekannt, daß diese Reichsbeamten Sozialdemokraten sind und jener Partei angehören, von der der ‹Vorwärts› offiziell herausgegeben wird?

3. Beabsichtigen Sie, gegen den ‹Vorwärts› ein Strafverfahren wegen «unzulässigen Inhaltes» zu beantragen?

An Tessa Niederschönenfeld 1920

Seit Monaten arbeite ich wieder intensiv an «Realem», beschäftige mich mit nationalökonomischen, politischen, soziologischen Werken. Weil ich immer deutlicher erkenne, daß Politik mehr verlangt als «Gesinnung», «seelische Grundstimmung», «Ethos», und gründliche sachliche Kenntnisse notwendig sind, um die Gesetze des politischen Handelns beherrschen zu können. Allerdings fallen, soweit es sich um nacktes politisches Geschehen handelt, manche Illusionen, «Wirklichkeiten» und «Ideologien» werden erkennbar – vielleicht werde ich bei aller Treue noch einmal ein «kühler Realpolitiker». –

Gestern vor einem Jahr hat man mich gefangen. Einen Tag später erschoß man Leviné.

Und heute über ein Jahr?

Niemand kann seinem Schicksal entgehen.

An Tessa Niederschönenfeld, 5. 8. 1920

Einen Tag schmiedete ich Pläne, wohin wir in dieser oder nächsten Woche wandern wollen ...

Vorbei.

Die Kappisten läßt man frei, uns läßt man sitzen, weil der Bürger einen Popanz braucht. Quand même.

An Tessa Niederschönenfeld, 9. 8. 20

Ich freue mich auf Deinen Besuch am Montag, wie ich mich als Junge auf die Ferien freute: schon auf der Bahnfahrt nach Haus war in meinem Blut eine Schwere, daß ich in zwei Wochen wieder zurück mußte.

Ich warte und hab Angst. Verstehst Du das?

An Tessa Niederschönenfeld, 18. 8. 20

Der Tag war sehr reich. Wir waren uns nahe . . . Ich ging in meine Zelle und schickte alle Genossen fort, ich war glücklich in meiner Müdigkeit, und diese Empfindung wollte ich eifersüchtig schützen.

Ihr seid bei mir, und ich bin bei Euch — das ist ein Reichtum, der mir in manchen Stunden noch unfaßlich erscheint.

Du hast wohl recht: ich war ruhiger. Denn die Krise der letzten Monate, grausam und quälend, führte mich zu notwendigen Klärungen. Ich erzählte Dir von meinem Leben der letzten Jahre, und als ich von den kommenden sprach, fandest Du jene Worte, die ich mir so mühselig errungen habe: einige Jahre leben, arbeiten, und dann werde ich meinen Weg («diesen» und «jenen») zu Ende gehen können. Ich weiß es, ich bedarf dieser Jahre. Und wenn nicht äußerer Zustand,. vis maior gleichsam, mich sofort wieder in die Politik treibt (z. B. Freiheit durch Erlangung eines Reichstagsmandats, das mich verpflichtet), muß ich um meinet- und der Sache willen für Jahre mich zurückziehen, arbeiten.

Als Jüngling durfte ich Halbes tun, vielleicht. Nicht als Mann. Ich kenne zu Genüge jene Scharen von Menschen, die ihr Leben lang 21 Jahre alt bleiben, und mich graust, wenn ich an sie denke.

Wenn mich geistige Erkenntnis und seelische Notwendigkeit handeln lassen, verlange ich von mir Ganzes.

Ich bin wirklich froh über Deine Kritik an ‹Masse-Mensch›. Ich zweifle, arbeite immer wieder, und bleibe unbefriedigt. Es ist vielleicht ganz gut, wenn die Drucklegung meinem Flicken ein Ende macht und mir Freiheit gibt zu neuem Schaffen.

An Maximilian Harden Niederschönenfeld 1920

In meinem Gefängnis lebt ein Kamerad, der in den letzten Stunden vor Landauers Ermordung sein Gefährte war. Mit Gustav Landauer hat die deutsche Revolution einen ihrer reinsten Menschen, einen ihrer größten Geister verloren. Aber wer kennt heute in Deutschland Gustav Landauers schöpferisches Werk, wer kennt seine Bücher über Shakespeare, Hölderlin, Whitman?

Ein Zeuge, an dessen Glaubwürdigkeit ich nicht zweifle, berichtete mir, daß die letzten Worte Gustav Landauers, die er seinen Folterern, seinen Mördern zurief, lauteten: «Erschlagt mich doch! Daß ihr Menschen seid!»

Und was ist mit den Mördern in der deutschen Republik geschehen? Freiherr von Gagern, der Landauer mit der Reitpeitsche ins Gesicht schlug, ward freigesprochen, der Soldat, der schoß, wegen Diebstahls von Landauers Uhr zu einigen Wochen Gefängnis verurteilt.

Mein Kamerad erzählt:

Es war am Abend des 1. Mai 1919, als im Amtsgerichtsgefängnis in Starnberg, wo die nach dem Einzug der weißen Garden verhafteten

Arbeiterräte von Starnberg untergebracht waren, großer Lärm und Spektakel vermuten ließ, daß wieder ein Schwerverbrecher eingeliefert worden sei. Es war dies, wie wir nach einiger Zeit erfahren konnten, unser Genosse Landauer.

Wir wurden nach dem Gefängnis Stadelheim transportiert. Als wir nach Stadelheim kommen, ist der Teufel los. Rufe wie «Den Landauer, den Landauer bringens! Schlagt sie tot, die Hunde!» wurden laut. Von einer Rotte Soldaten in die Mitte genommen, vorwärts geschoben und gestoßen, kamen wir vor das Aufnahmezimmer.

Hier wurde Landauer ein heftiger Stoß oder Schlag versetzt, daß ihm seine Gläser herunterfielen. Dann ging die Schieberei wieder los. Unsere Personalien wurden nicht aufgenommen, und wir kamen vor die Tür zum Hof des Frauengefängnisses.

Hier wurde Landauer, nachdem er etwas über den verfluchten Militarismus gesagt hatte, von einem Soldaten wieder ein heftiger Schlag mit der Hand ins Gesicht versetzt. Worauf Landauer erklärte, er meine auch den Militarismus der roten Armee. Hier soll ein Offizier gerufen haben: Halt, Landauer wird sofort erschossen!

Ich sah nur, nachdem wir bis in die Mitte des Hofes gedrängt worden waren, wie ein großer, starker Mann unseren Genossen Landauer mit umgekehrter Reitpeitsche ins Gesicht schlug, worauf Landauer mit der Hand vor dem Gesicht stürzte. In diesem Augenblick kam ein Soldat an uns drei Arbeiterräte heran und sagte, wir sollten ihm folgen. Da krachte ein Schuß, dem, als wir durch das Tor von dem kleineren in den größeren Hof gingen, ein zweiter folgte. Ich hörte, wie der Führer der Begleitmannschaft (welcher, nebenbei bemerkt, anständig war) noch sagte: bis hierher hätte er seinen Auftrag erfüllt – nun sei er aber machtlos gewesen.

Wir drei wurden von jenem Soldaten und einem Aufseher durch eine Pforte außen an der Mauer von Stadelheim wieder nach dem Aufnahmezimmer geführt, wo unsere Personalien aufgenommen wurden. Als wir bei dem Gang durch den Neubau durch den kleinen Hof mußten, lag unser armer Genosse Landauer tot in dessen Mitte. Einer der Soldaten sagte: «Da liegt er jetzt, euer Spezi.»

An Tessa 1. 9. 20

Während ich hier schreibe, spielt man in Hamburg (zum ersten Mal) die ‹Wandlung›.

Ich kann nicht einmal meine eigenen Stücke auf der Bühne sehen.

Ich lache über meine Rührseligkeit – aber irgendein Schmerz ist doch dabei. –

Ich bin heute zum ersten Mal aufgestanden. Die Verletzung am Fuß scheint gut zu verheilen, aber der Arzt glaubt, daß eine Versteifung bleibt. Vielleicht wäre das bei Behandlung durch einen Spezialisten verhütet worden — ich sei eben im Gefängnis und nicht in Freiheit, meinte der Doktor.

Die Post brachte Deinen Brief. Nun seid Ihr im Süden. Ich lag lange auf meiner Pritsche und träumte — mit Euch. Venedig, Mailand, Rom, Neapel — Ihr Glücklichen! Ich bin mit Euch froh, daß Ihr in diesem Land meiner Sehnsucht sein könnt. Leben — Farben — Wärme — Sonne — oft muß ich die Zähne zusammenbeißen.

Nicht Angst haben, ich lasse mich nicht unterbekommen, ich zerbreche nicht. Diese Gewißheit habe ich längst: Gefängnismauern werden mich nicht zerbrechen.

Draußen: Blut — Mord — Qual — Hunger — Not der Millionen. Das drückt viel schwerer. Und die Ahnung um das Schicksal Europas in den nächsten Jahrzehnten.

Die unfaßbare Gewalt, die zu dem einen furchtbaren Weg führt. Könnte ich nur wie früher an Neugeburt, an reineres Werden glauben.

Menschheit — immer hilflos, immer gekreuzigt.

Gerechtigkeit — ein bitterer Geschmack ist auf meiner Zunge.

Ich habe an die erlösende Kraft des Sozialismus geglaubt, vielleicht war das meine «Lebenslüge», vielleicht . . .

Der Sozialismus. Die neue notwendige Wirtschaftsgestaltung, ist das nicht genug! Ein gigantisches Werk. Und der Mensch? Und der Mensch? Wund bin ich und zerwühlt.

Diese Krise hätte ich überwinden müssen, sie ist keine «Schwäche», keine «Folge der Haft». —

Im grauen Steinbau ist es sehr kalt.

Der Himmel meint es nicht gut mit uns: es regnet schon seit Tagen.

Ich grüße Euch und bin Euch nahe. Und wenn ich es manche Stunden nicht bin — Einsamkeit liegt ja nicht jenseits eines Abgrunds, in Einsamkeit erwachen neue Wege, wie Menschen wachwerden, die auf einer Wiese eingeschlafen sind und mit schönem Lächeln um sich blicken.

An Theodor Lessing 1920

‹Masse-Mensch› war nach Erlebnissen, deren Wucht der Mensch vielleicht nur einmal ertragen kann, ohne zu zerbrechen, Befreiung von seelischer Not, Befreiung, die den Zwiespalt nicht selbsttrügerisch durch irgend eine Formel aus der Welt verbannte, sondern die zum Zwiespalt «ja» und «Schicksal» sagte.

Der einzelne Mensch kann den Tod wollen. Die Masse muß das Leben wollen. Und da wir Menschen und Masse in einem sind, wählen wir Tod und Leben.

An Frau T. D.

Das in der ‹Wandlung› brüchig gestaltete Formproblem scheint mir in ‹Masse-Mensch› zum erstenmal annähernd gelöst zu sein. Es ist mein Stil, mein notwendiger Ausdruck. Es wird Sie interessieren, daß ich das Drama, nachdem ich bis auf ein paar Verse fast 1¾ Jahr nichts geschaffen hatte, in drei Tagen, ohne äußere Vorarbeiten, in einem Zug schrieb.

Was Sie befremdet, Weglassen, Vereinfachen, hängt mit dem erwachten Wortgefühl zusammen, das in vielen Schriftstellern unserer Zeit lebendig ist.

Ich habe einen der schwersten Konflikte unserer revolutionären Zeit, der immer wieder an den Menschen herantritt, der die Notwendigkeit des Umpflügens erkannt hat, zu gestalten versucht.

Ich habe das Stück einigen Genossen, Bauern, Industriearbeitern, Tagelöhnern, auch verknöcherte Aufseher waren anwesend, vorgelesen — und mich erfüllte innige Freude, als ich sah, wie jeder das Stück verstand, wie jeder auf seine Art seelisch mitlebte und kämpfte.

Ein Arbeiter sagte, es werde die proletarische Leidenschaft «reinigen» und im Bürgertum eine winzige Ahnung von den schweren Kämpfen des Proletariats wecken. —

Ihre Klagen über die Theaterverhältnisse in Berlin begreife ich nur zu gut. Auch diese Zustände sind Symptome einer Verfallszeit. Wäre es denn denkbar, daß neben Korruption, Gier, Schiebertum, Erschießung auf der Flucht, die bürgerliche Gesellschaft in einer zarten Ecke reine Theaterkunst wie ein keusches Blümlein hütet?

Nein, diese Theaterspielpläne sind das würdige Fresko zu all jenen Szenen, von denen die Knüppelung eines «Dreckjuden» in den heiligen Räumen des Münchener Polizeipräsidenten Pöhner mitten im Frieden ein auch in dieser Zeit der Abstumpfung besonders erschreckendes Beispiel war.

Rührselige Schmarren im Theater — Brutalität, widerwärtigste Gewaltanbetung draußen. (Überm Strich: Handgranate, unterm Strich: Pazifismus.) In Bayern ist es noch schlimmer als bei Ihnen oben.

An den Regisseur Jürgen Fehling

Ich möchte Ihnen so gerne die Hand drücken. Da das nicht möglich ist, muß ich mich begnügen, Ihnen zu schreiben, wie tief ich Ihnen verbunden bin, wie voll Dankbarkeit ich an Sie denke. Sie haben durch Ihre wahrhaft mitschaffende Gestaltung meinem Drama ‹Masse-Mensch› erst jene lebendige Form gegeben, die die Zuhörer, die Zuschauer berührte und ergriff.

Wenn ich Ihnen all die Briefe zeigen dürfte, die von Ihrer Arbeit erzählen.

Es gibt Kritiker, die bemängeln, daß Sie auch den «realen» Bildern visionäres Antlitz gaben. Sie haben, ich möchte es Ihnen eigens sagen, in meinem Sinne gehandelt. Diese «realen» Bilder sind keine naturalistischen Milieuschilderungen, die Gestalten sind nicht individual betonte. Das Drama schrieb ich in zweieinhalb Tagen. (Wenn ich auch dann ein Jahr feilte.)

Die beiden Nächte, die ich durch den Zwang der Haft in dunkler Zelle im Bett verbringen mußte, waren Abgründe der Qual, ich war wie gepeitscht von Bildern. Morgens setzte ich mich an den Tisch und hörte nicht eher auf, bis meine Finger klamm, zitternd den Dienst versagten. Niemand durfte in meine Zelle, ich lehnte die Reinigung ab, ich wandte mich in hemmungsloser Wut gegen Kameraden, die mich freundlich etwas fragen oder mir in irgend etwas helfen wollten.

Nachher war ich wie ein ausgeschöpftes Gefäß, ich legte mich tagelang ins Bett und wußte kaum, was ich geschrieben hatte.

Ich stehe dem Stück ‹Masse-Mensch› heute kritischer gegenüber, ich habe die Bedingtheit der Form erkannt, die herrührt von einem inneren Gehemmtsein jener Tage, einer menschlichen Scham. Das Ungeheure der Revolutionstage war noch nicht Bild der Revolutionstage geworden, es war irgendwie noch schmerzende, qualvolle «Seelensubstanz». –

Ich bin verwundert über die Verständnislosigkeit der Kritik. Ich habe von allen Kritiken, die ich bisher sah, nicht einen Kritiker gefunden, der das Wesen des Dramas in seinem Kern erfaßt hat. Das mag (und das ist am wahrscheinlichsten) an mir liegen. Vielleicht aber auch an der Tatsache, daß für den bürgerlichen Kritiker «Zeitungswort», «Leitartikelphrase» usw. ist, was für unsereinen, der dem proletarischen Volk nahelebt, um seine geistige, seine seelische Welt weiß, der das proletarische Volk aus seiner geistigen und seelischen Welt heraus schafft, Ausdruck aufwühlendster, den ganzen Menschen erfassender ideelicher Kämpfe ist.

Es ist schon so: was in der sozialen Welt etwa dem Bürger «Streit um Worte» bedeutet, ist dem Proletarier tragischer Zwiespalt, bedrängender Ansturm. Was dem Bürger «tief», «bedeutend», Ausdruck bewegtester geistiger Kämpfe ist – daran geht der Proletarier völlig un-angerührt vorüber.

Was kann in einem Drama wie ‹Masse-Mensch› real sein? Nur der seelische Atem.

Als Politiker handle ich, als ob die Menschen als Einzelne, als Gruppen, als Funktionsträger, als Wirtschaftsexponenten, als Machtexponenten, als ob irgendwelche Sachverhältnisse letzte reale Gegebenheiten wären. Als Künstler schaue ich diese letzten «realen» Gegebenheiten insgesamt in ihrer großen Fragwürdigkeit. (Es ist noch eine Frage, ob wir persönlich existieren, sagt Hebbel einmal.) –

Ich sehe auf einem Gefängnishof Sträflinge in eintönigem Rhythmus Holz sägen. Menschen, denke ich, schmerzlich bewegt. Dann jäh ... sind das gar keine Menschen mehr, sondern Marionetten.

An Tessa 4. 9. 20

Der Abend ist mein träumerischer Genosse, der sich sehr sanft an mich schmiegt und zu leuchten beginnt in vielen Farben, die alle etwas Fernes haben und von leichten Schatten verhängt sind. Der Traum aber ist mein Freund.

Heute nacht war ich mit Euch in der Certosa di Pavia. Das heißt, ich wohnte mit Euch darinnen. Besaß ein kleines Haus für mich, besaß einen eignen Brunnen und einen eignen Garten, übersät von warmen Blumen. Und merkwürdig: Fliedersträuche blühten und zugleich Herbstastern, Kirschen blühten und ein Baum neigte sich, schwer von reifen Äpfeln. Ich trat über meine Schwelle. Ging Euch entgegen. Dora hell, den Kopf in den Nacken geworfen. Du etwas elegisch. Lehntest an einer Marmorsäule. (Warum nur? dachte ich. Sonst haßt sie doch «lebende Bilder».) Sagtest: Pater, beten Sie eine Messe. Ich besann mich, zog ein kleines Buch aus der Tasche und las mit einer Stimme, die im Rhythmus des stillen Säulenganges schwang, las, und als ich geendet hatte, sagte jemand (warst es Du oder Dora): «Sie haben die Verse Rainer Maria Rilkes ‹In der Certosa› schön gelesen. Wir danken Ihnen.»

Ich wandte mich um –

Und plötzlich saßen wir zu dreien in einer Gondel und glitten nächtens durch Venedig.

Als wir dann auf der Dachterrasse eines Hauses saßen, sagte eine fremde Stimme: «Es sind die Fahrten des Condottieri.» «Ich glaube fast, ich träume», flüsterte ich, «warum konnte ich nur zweifeln, so schön ist das Leben, so schön.»

Ich erwachte. Im Zellengang der Lärm des Morgens.

Brauche ich Dir zu sagen, daß ich reich durch diesen Tag ging?

An Tessa 12. 11. 20

Ich sehe an mir in den letzten Monaten eine tiefe «Wandlung».

Früher die Sucht nach einem vielfältigen, rauschenden, bewegten Leben, heute der sich immer stärker verfestigende Wunsch nach eigenem «gutem» Leben.

Der ethische Mensch: Ausschließlich Erfüller seines inneren Gesetzes.

Der politische Mensch: Kämpfer für soziale Formen, die den anderen Voraussetzung zu höherer Lebenshaltung sein können. Kämpfer, auch wenn er gegen sein inneres Gesetz verstößt.

Wird der ethische Mensch politischer Mensch, welcher tragische Weg bleibt ihm erspart?

An Tessa 7. 10. 20

Nun seid Ihr gewiß wieder in der Schweiz. Wie ich Euch in manchen Stunden «neidlos» beneide.

Wenn Du Dich in Bern fremd fühlst, und es naß ist und kalt, mußt Du einmal ein Buch lesen, das ich liebe. André Suarès: ‹Die Fahrten des Condottieri›. Kennst Du es? Es wird Euch Stunden geben, in denen die Wochen in Italien wieder zu leben beginnen, es wird Euch in einen Mantel farbiger Schönheit hüllen. (Wie es meine Zelle in einen italienischen Palast, die Campagna, einen Dom, eine Krypta wandelte . . .)

Dank für die Bilder. Am zärtlichsten bin ich der Madonna von Lippi zugetan. Welche dumme Süßigkeit des Gesichtchens – diese naiven, erschreckt gespitzten Lippen, die schmollen. Ich habe die Madonna auf meinen Schreibtisch gestellt, und ich schaue sie oft an, und ich lächle ein unbeschwertes, beglücktes, leises Lächeln . . .

An Tessa 9. 10. 20

Die Monate im Gefängnis zerfließen formlos, farblos . . .

«Ein jeder atmete mit seinem Licht
die kleine Luft in seiner Grube aus,
vergaß sein Alter und sein Angesicht
und lebte wie ein fensterloses Haus
und starb nicht mehr, als wär er lange tot.
Sie lasen selten; alles war verdorrt,
als wäre Frost in jedes Buch gekrochen,
und wie die Kutte hing von ihren Knochen,
so hing der Sinn herab von jedem Wort.
Sie redeten einander nicht mehr an,
wenn sie sich fühlten in den schwarzen Gängen,
sie ließen ihre langen Haare hängen,
und keiner wußte, ob sein Nachbarsmann
nicht stehend starb.»

Lies Rilkes Stundenbuch, lies es in stillen Stunden, wie Fromme eine Bibel lesen. –

Kennst Du die Stelle aus Nansens Buch, wo er erzählt, wie sein Schiff monatelang eingefroren lag? Wie die Menschen sich Tücher mit Augenschlitzen um den Kopf banden, um sich nicht mehr ansehen zu müssen?

Hier mögen nur noch wenige Menschen zueinander sprechen. Haß wütet zwischen den Gefangenen. Auch gleiche politische Anschauung überbrückt bei engem Zusammenleben nicht die soziale Kluft der Herkunft. Wem diese verdammenswerte Gesellschaftsordnung nicht die Möglichkeit gab, sich geistige Bildungstechnik zu erwerben, der haßt den, der sie besitzt. Der Haß gegen den Intellektuellen ist nicht mehr «Überlegungshaß», ist reiner Triebhaß geworden.

Gehaßt wird der, der mehr Pakete erhält, mehr Geld bekommt, mehr Kleidungsstücke besitzt, mehr Bücher hat, der sich Einkünfte durch seine Arbeit verschaffen kann, sofern für den andern diese Möglichkeit nicht besteht. (Es tut nichts, daß der Empfänger das Empfangene mit den anderen teilt.)

Eine Quelle des Hasses ist die Zugehörigkeit zu den verschiedenen Gruppen während der Revolutionszeit. Eine andere die verschiedenartige Stellungnahme zu den bekannten Moskauer 21 Bedingungen. Die Anhänger drinnen nehmen den Gegnern gegenüber die gleiche Haltung ein, die draußen in den Tageskämpfen beklagenswertes Ereignis wurde, und deren Wesen Euch aus Zeitungsberichten bekannt sein mag.

Die tiefste Quelle für die hemmungslosen Gefühlsausbrüche ist die Haftpsychose. Es ist grauenhaft, wie sie die Seelen verkrümmt und verwüstet.

Eine der widerwärtigsten Erscheinungen vergaß ich. Jede Revolution zieht Leute an, die mit den Ideen der Revolution nicht das Geringste zu tun haben, die aus Abenteuerlust, aus unklarer, nebuloser Stimmung, aus Freude an Bewegung, aus Sucht sich zu berauschen, aus Haltlosigkeit und aus vielen Motiven, deren «Schmutzigkeit» ich hier nicht darstellen möchte, zur Revolution stoßen.

In den Gefängnissen werden diese Leute gefährlich. Im Kreise der Genossen ist ihnen nichts «radikal» genug, und es ist schwer, gegen sie anzukämpfen, da naive, vertrauensselige Genossen ihnen sofort beispringen und sie unterstützen. Sie möchten am liebsten, daß an jedem Tag eine «Tat» geschähe, sie verdächtigen den Mäßigenden des Verrats. Der Verwaltung gegenüber nehmen sie eine andere Stellung ein: unterwürfig, kriecherisch versichern sie, daß nur ein unglückseliger, unbegreiflicher Zufall sie in diese Sippe verschlug. Sie sind bereit, über alle Vorkommnisse unter den Festungsgenossen Auskunft zu erteilen. Ja, wenn irgend eine, nach den Vorschriften nicht ganz erlaubte Handlung geschieht, wird sie von diesen Burschen sofort der Verwaltung, die nach meiner Meinung vor ihnen keine Hochachtung empfinden kann, verzerrt und vergröbert hinterbracht.

Draußen aber, nach der Entlassung? Mit wehenden Fahnen schwenken sie ins Lager der dunkelsten Reaktion. Mit entsprechender Pose, für die sich irgendein Blättchen bereitwillig zur Verfügung stellt. Einer erließ eine öffentliche Erklärung in der Augsburger Postzeitung: «Ich bin geheilt. In welcher Verirrung befand ich mich! So sehen die berühmten revolutionären Arbeiter, so die Herren Führer aus usw. Der Sozialismus, das Unglück der Völker . . .» Ein anderer im Wendelsteiner Boten: «Lieber lasse ich mich von den Sozis Verräter heißen . . . Ich bin heute Antisemit. Ich sehe ein, daß der Deutschvölkische Bund Deutschlands einzige Rettung ist . . .»

Der so ähnlich schrieb und hier 9 Monate eingesperrt war, ist jetzt Sekretär der Chiemgauwehr, verprügelt Sozialisten und ist reif, sich in wohlbekannten Heldenstückchen (Erschießung auf der Flucht) zu beweisen. Ich mußte ihn einmal zurückhalten, als er bei irgend einer Gelegenheit aufforderte, mit den Aufsehern kurzen Prozeß zu machen und sich auf einen stürzen «wollte». –

Liest Du Zeitungen? Oder interessiert es Dich nicht, den Zerfleischungskampf in der USP zu verfolgen?

Ich kann Dir infolge einer neuen Zensurvorschrift nicht ausführlich darlegen, aus welchen sachlichen Gründen ich die 21 Bedingungen ablehne und sie für verhängnisvoll für die europäische Arbeiterbewegung halte. –

Ich habe den ‹Gefesselten Prometheus› von Äschylos gelesen. Welch ein Werk! Was sind wir für Stümper!

An Tessa 18. 12. 20

Die Nacht ist da.

Der spitze Haßlärm auf den Gängen ist verstummt, er mag in den Träumen der Zellenbewohner leben, die der Nachtmahr drosselt.

Gestern abend fiel der erste Schnee.

Fern sind die berauschenden Farben herbstlicher Abendhimmel. Feindlich die Dinge der Zelle, das Bett, der Tisch, die Wand.

Weh mir, wo nehm ich, wenn
Es Winter ist, die Blumen und wo
Den Sonnenschein
Und Schatten der Erde?
Die Mauern stehen
Sprachlos und kalt, im Winde
Klirren die Fahnen.

1921
NIEDERSCHÖNENFELD

An Stefan Zweig

Nein, es ist nicht verwegen, aus sorgloser Freiheit einem Gefangenen sein Schicksal zu loben – wenn der Lebende die innere Vollendung des Gefangenen will. Denn nur einem Menschen, dem man die seelische Kraft zutraut, in der Gefangenschaft zu reifen, sagt man solche Worte. Und ich glaube, mir ist die Kraft gewachsen. Erst in den letzten Tagen schrieb ich Herrn Tal, der, wie er mir mitteilte, mich mit Hilfe geistiger Männer Deutschlands freibekommen will, daß ich, obschon von seiner Anteilnahme herzlich berührt, ihn bitten muß, von seinem Plan Abstand zu nehmen. Tal fürchtet dauernden Schaden für meine Schaffenskraft – ich mußte lächeln. Wir leben in einer Zeit, da so viele Könneriche und Leisteriche herumlaufen, denen jede tiefe Notwendigkeit fehlt, die «so» können und «so» können. Es ist an der Zeit, daß Menschen aus freiem Willen, aus notwendiger Hingabe den Mut finden, die Idee zu leben, der sie gehören. Daß sie das Wesentliche solchen Seins einsehen. Daß sie aufhören zu meinen, der Sinn des Lebens liege in der Gestaltung von Bildern des Lebens.

Mein Schicksal drückt mich selten, da ich es will – immer gewollt habe – und ich glaube vor der Gefahr gefeit zu sein, voller Erbitterung und Ressentiment das verschlossene Haus zu verlassen. (Daß ich zu jenen gehören werde, die unerbittlich gegen Schändung von Menschenantlitz – die keiner draußen ahnt in ganzer Furchtsamkeit – kämpfen, werden Sie begreifen. Zu wenige fühlen sich verantwortlich, nur darum ist solches möglich. Doch darüber läßt sich jetzt nicht sprechen.)

Sie sagen von Romain Rolland, daß er «die Menschheit liebt, weil er mehr Mitleid für sie hat als Glauben an sie». Vielleicht ist diese Liebe die einzig beharrliche und unverbitterte. Wird der Glaube oft enttäuscht, und er muß enttäuscht werden, wandelt er sich in Feindschaft, Verbitterung, Menschheitshaß. Ich könnte mir Kämpfer denken, für die Glaube an die Menschheit oder Nichtglaube keine Frage entscheidender Bedeutung ist, die kämpfen, weil sie die Kraft zur Idee, zur Mitarbeit an bewußter gesellschaftlicher Selbstgestaltung haben.

Fortschreiten in bewußter gesellschaftlicher Selbstgestaltung (die ökonomisch wichtigste Seite des Sozialismus) bedeutet die Überwindung sozialer Unordnung durch gesellschaftbauende Kräfte. Damit wird das «Geheimnisvolle», das «Irrationale» des Lebens nicht, wie selbst manche dogmatische Sozialisten glauben, vollkommen rationalisiert, sondern es wird «beschränkt», es weicht zurück – und bleibt da in seiner ganzen Unfaßbarkeit.

Wird jener Kämpfertyp, ein heroischer Kämpfertyp, nicht Schicksal europäischer Menschen sein?

An Tessa 23. 1. 21

Warum ich die langen Wochen nicht schrieb? Ich bitte Euch, nicht zu denken, daß eine Entfremdung schuld ist. Was ich Euch sagen wollte, wuchs in einer Woche so hoch an ... Am ersten Tag sagte ich mir: nein das kannst du heute nicht bewältigen, du bist heute ermüdet, du mußt frischer sein. Am zweiten: Nun ist noch mehr dazu gekommen. Ich mag nichts fortlassen, ich will einen ganzen Tag nehmen für einen Brief an Euch. Und so ging es fort. Stunden und Stunden waren meine Gedanken bei Euch, meine Hände allein schliefen.

Dazu kam in den letzten Wochen (genauer Monaten) eine tiefe Bemühung um mein neues Drama ‹Die Ludditen›. Ich habe das Stück nun zweimal zerbrochen und neu aufgebaut. Als ich vorgestern den dritten Entwurf beendet hatte, glaubte ich vierundzwanzig Stunden lang: nun endlich ist es «fertig» ... Heute bin ich daran gegangen, es umzuformen. Bilder neuer Szenen werden sichtbar. Gedanken verdichten sich, nehmen Gestalt an.

Wenn mich ein Stoff gepackt hat, hat er das im eigentlichen Sinn des Wortes getan. Er ergreift von meinem seelischen, von meinem geistigen, ja von meinem körperlichen Leben Besitz. (Es geschieht, daß ich mich unbewußt bewege, wie eine Gestalt meines Dramas.) Stundenpläne, die ich mir für Tagesarbeit anlegte, werfe ich über den Haufen, bei Gesprächen mit Kameraden werde ich plötzlich «zerstreut» – das heißt hingelenkt zu meinem Thema, jedes äußere Ereignis wird Anlaß. Ich lebe kein eigenes Leben mehr, der nach Gestalt drängende Stoff lebt. Nach einiger Zeit empfinde ich diese Abhängigkeit, diese «Bedrückung» als quälende Unfreiheit, ich suche mich von ihr zu befreien. Es gelingt mir erst dann, wenn der siebente Tag angebrochen ist, der Tag, der auf eine relative Vollkommenheit des Werks sieht. Dann bin ich frei. Frei ist man nur von dem, was man überlebt hat. (Wenn auch dann nicht Freude des Ruhens da ist, sondern Empfindung von Leere.)

Dilettanten haben die Fabel vom «genialischen» Niederschreiben in einem Zug bei gleichzeitiger Vollkommenheit erfunden. Das mag im Leben einmal gelingen, sicherlich nicht immer. Dazu ist das Wort ein zu sprödes Material, das gehaßt und geliebt sein will.

27. 1.

Ich habe mein Drama zum fünften Mal zerbrochen. Ich glaubte, was mich bewegte, in Worte geformt zu haben, las meine seelische Erregung in die Worte hinein, und blickte ich die Worte ein paar Tage später an, standen sie nackt da, nüchtern. Wie sehr kommt es in der Kunst auf die Gestaltung der Imponderabilien an. Sie sind die Seele des Werks.

Wie mein Stück wird, weiß ich noch nicht. Ich gehe (für mich) neue Wege. Stärker als je wird das Sinnliche Ausgang. Und doppelt schwer ist der Gestaltungskampf bei einem Leben, bei dem jede sinnliche Anregung fehlt.

Es muß in mir noch viel Spannkraft und rasender Lebenswille stekken, sonst begriffe ich nicht, wie trotz vieler Stunden, in denen mein Wille müde wird und nahe ist, zu verlöschen, ich eine stärkere Kraft spüre, zu schaffen.

Im ‹Lear› fand ich die Worte: Dulden muß der Mensch seine Ankunft in der Welt. Reif sein ist alles.

(Doch auch: Was Fliegen sind den müßgen Knaben, das sind wir den Göttern. Sie töten uns zum Spaß.)

An Tessa 2. 4. 1921

Das Schreibverbot geht «gnädig» vorüber, nicht die dumpfe Empfindung, auch in diesen Bezirken von fremdem Willen abhängig zu sein.

Ihr ermeßt kaum, wie glücklich mich Euer Osterpaket gemacht hat. So sorgfältig war das Paket gepackt, in bunte Papiere jede Schachtel gehüllt – es war, als ob man gestreichelt würde.

Ich schreibe an einem jener sehr stillen Frühlingsabende, die ein blasser Himmel umdämmert. Ich stand auf meinem Bett und blickte durchs Zellenfenster. Rot ruht die ungepflügte Scholle ... am Horizont ein Wald, bläulich verhangen ... von irgend einem Dorf nach der langen Pause der Karwochen wieder zitterndes Glockenklingen ... Auf einem Telegraphendraht sitzen in gemessener Distanz zwei Stare ... bewegungslos ... demütig dem Schweigen des Abends lauschend.

Doch in diesem Schweigen eine Trunkenheit, die einen jäh singen läßt, oder jubeln, oder schreien.

Ich lebe wieder ein geformtes Leben. Regelmäßige Arbeit gibt das zufriedene Gefühl getanen Werks. –

Welche Tragödie in Mitteldeutschland! Die Putschtaktik ist nicht zu rechtfertigen. Katastrophenpolitik, die dieses Land der hemmungslosen Reaktion in die Arme treibt.

Wie gewisse Radikale jetzt um einer Phrase willen Arbeiterblut opferten, so taten sie es in den Apriltagen in München, als sie zum sinn- und aussichtslosen Kampf auf die Barrikaden riefen, weil «die blutige Niederlage die Reife des Proletariats beschleunige» und «Verhandeln Verrat bedeute». (Die gleichen Leute aber, die zum Kampf aufriefen, waren einen Tag vor Beginn der Kämpfe nicht mehr zu finden.)

Aus meinen Erfahrungen kann ich sagen, daß die grellsten Schreier häufig weibische Menschen sind, die in Wirklichkeit keinen Tropfen Blut sehen können.

Ich bin so bedrückt vom Elend, das wiederum Tausende von Arbeiterfamilien trifft, daß ich über den Aufstand heute nicht schreiben möchte. Allzu verständlich die Hingabe so vieler Arbeiter.

Die Verelendung, die Aussicht auf langsames Verhungern drücken wie ein Joch, das abgeworfen werden muß. Mit einer Brutalität haust der Kapitalismus wieder, die den Profittanz des Krieges über-«jazzt».

An Kurt Tucholsky

Vor mir liegt die ‹Berliner Illustrirte›. Herr von Jagow wandert mit lustig schlenkerndem Spazierstöckchen zum Reichsgericht. Wie harmlos und friedlich sieht dieses Bildchen aus. Ein kleines Idyll der deutschen Republik.

Da hat man mich mit anderen Ehren geleitet. Vor mir fuhr ein Lastauto mit vielen Maschinengewehren, fünfzig Mann und einigen Offizieren, dann kam mein Auto, in dem ich, an beiden Händen gefesselt, mit drei Polizisten und einem Offizier saß, hinter diesem Auto fuhr wieder ein Lastauto. –

Sie gehören, wie ich las, dem «Neuen Bund» an. Erlauben Sie mir, mißtrauisch gegen neue Bünde, Vereine und Vereinchen zu sein. Ein flammender Aufruf, ein emphatisches Manifest . . . und dann? Ja, wenn man die Gewißheit hätte, daß diese Leute die deutsche Republik nicht nur im Salon verteidigen würden. Daß sie die Symptome des Ungeistes in allen Formen und Mäntelchen bekämpfen. Diese «großen Bünde» stellen meist nur eine kleine Kameraderie dar, dem ein Schwänzchen, der Name (Internationale Liga oder Nationale Liga) anhängt.

An Tessa 18. 5. 1921

Eigentlich sollte dieser Brief mit dem Fazit einer rezeptiven Arbeit beginnen. Aber das ist nicht möglich. Warum? Weil mich vor wenigen Minuten ein seltsamer Besuch beglückte. Zwei Schwalben hatten mich besucht. Erst saßen sie auf dem zurückgeklappten Fenster meines Gitterlochs, dann flogen sie auf den Draht der elektrischen Leitung, der halbkreisförmig nach unten ausgebuchtet über meinem Tisch schwebt. Dort zwitscherten sie, rutschten hin und her, krauten sich den schwarzen Rücken und die weißen Bäuchlein, vergaßen auch nicht, ihre Visitenkarte abzugeben, die respektvoll zwei Bücher grüßte: Tassos ‹Befreites Jerusalem› und Miltons ‹Verlorenes Paradies›. In stiller Heiterkeit schaute ich dem anmutigen Besuch zu – wunschlos.

«Von Zeit zu Zeit tritt uns mit traumhaft leichter Sohle unsere stille Stunde an: weder unserer Eigenheit noch anderer Gegenständlichkeit des irdischen Gewühles klar bewußt, fühlen wir uns von allen Beziehungen zur Wirklichkeit wunderlich enthoben und ruhend ohne Schwere, süß wer weiß in welcher Mitte, ganz angelangt an einem letzten, nächsten, fernsten Ziel, das keine Zunge nennt und keine Wahrheit stammelt . . .»

Leide ich am Gefängnis? Wie ein Zittern an den Borden meiner Seele empfinde ich die Schwere der Mauern, die aufgeblasen drohen, als ob sie mich einzukeilen vermöchten.

Wirkliches Leiden lebt diesseits der äußeren Räume und Zeiten. Drückender als die spitzesten Gitter sind die Höhlen seelischer Verödung und Leere.

Einem Menschen schrieb ich: Die Haft dünkt mich oft wie eine Probe. Ich werde sie bestehen oder nicht bestehen. Das hängt nicht von meinem Willen ab, nicht von meinen gedanklichen Anstrengungen. Ich glaube nicht mehr an Wandlung zu «neuem» Menschentum. Jede Wandlung ist Faltung oder Entfaltung. Tiefer als je spüre ich den Sinn des tragischen und gnädigen Worts: Der Mensch wird, was er ist.

Das Dogma der Gnadenwahl bedeutet (jenseits aller kirchlichen Exegese) nur ein Aussprechen menschlicher Wirklichkeiten. –

Wenn ich bei Dora, bei Dir leben könnte, unten am Lago Maggiore . . . Einen stillen, reichen, reifen Sommer. Ich würde, glaub ich, wieder ganz gesund.

Tagelang dämmerte ich auf meinem Bett hin, zermürbt, wie zerbrochen – geplagt von Kopfneuralgien. Ich sehe mit schrecklicher Deutlichkeit einen Verfall meiner geistigen Spannkraft, der Kraft geistiger Aktivität, der Kraft der sinnlichen Reaktibilität (wenn ich mit diesem Wort die Kraft, sinnliche Eindrücke leidenschaftlich wiederzuempfinden, bezeichnen darf).

Frag einmal Dora, ob das rasche Ergrauen meiner Haare auf die Kopfneuralgien zurückzuführen ist. –

Dora haßt den Begriff «Leistung», schriebst Du mir einmal. Höher als «leisten» ist «sein». – Und eine Persönlichkeit mag wertvoller sein als äußere Wirkung.

22. 5.

Ich hörte vor vier Tagen auf zu schreiben, legte das Blatt unter meine Tischdecke und getraute mich bis heute nicht, es wieder in die Hand zu nehmen. Als ich damals das Blatt fortlegte, saß ich noch manche dunkle Nachtstunde vor meinem Tisch – ich hatte das Empfinden, eine Wunde gezeigt zu haben.

Nur wenige verstehen, und noch diese Wenigen trennt ein Gefühl der Scham.

Wie gern würde ich Deinen Jungen für ein paar Stunden bei mir sehen. Aber ein neuer Vorstand handhabt die Besuchsordnung strenger: es werden nur noch die nächsten Angehörigen und der Verteidiger zugelassen. Am letzten Freitag wollte mich mein alter Arzt Dr. M. besuchen. Er mußte die Anstalt verlassen, ohne mich gesprochen zu haben. –

Du läßt einen Augenblick den Brief sinken? Denkst daran, ob Du wohl im Sommer eine Sprechkarte für mich erhalten wirst? Liebe, ich wage gar nicht, dem Gedanken nachzuhängen, daß Du in Bayern lebst, ohne mich besuchen zu dürfen. –

‹Masse-Mensch› wurde in Nürnberg von der bayerischen Regierung verboten. Die Juden hätten wegen der Börsenszene gegen die Aufführung Einspruch erhoben. Hat man Euch die Verhandlungsberichte des Landtags geschickt? Infolge der Maßregeln der Kahr-Roth-Regierung und der gleichzeitigen Pressehetze sind Bühnenannahmen in Norddeutschland schwer zu erreichen. Die Theaterdirektionen, abhängig von kapitalistischen Konzernen, fürchten sich, oder bekommen gar, wie es in einem Fall geschah, Anweisung, meine Stücke nicht zu spielen. –

Ich entdecke konservative Elemente in mir. Man könnte vielleicht sagen, daß der Revolutionär nur aus Liebe zu einem utopischen Konservativismus revolutionär wird.

An Romain Rolland

Erst in diesen Tagen bekam ich Ihren mir so lieben Brief. Wegen seiner «Fremdsprachigkeit» händigte mir die Verwaltung ihn nicht aus, und so mußte er an meine Mutter geleitet werden, die ihn mir übersetzte und die deutsche Übersetzung mir einschickte.

Wüßten Sie, wie ich glücklich bin über Ihre Worte.

Als ich meinem Kameraden Ihren Brief zeigte, meinte er lächelnd: «Manch einer würde sich darum einsperren lassen.» Nun, das ist nicht wörtlich zu nehmen, Gefängnis ist Schändung von Menschen.

Die Verse der Gefangenen, die ich Ihnen heute schicke – möchten mehr als Verse sein, Briefe, Ruf und Aufruf an Menschen, die sich verantwortlich fühlen und die vorbeigehen an den vergitterten Häusern ihrer Städte, ohne zu ahnen, ohne zu erfassen, welche Schuld sie auf sich laden durch ihre Gleichgültigkeit. Ich halte inne: Ist die Erde unserer Zeit nicht ein Hexenkessel von Mord und Verbrechen, von Folterung und Aushungerung des Menschenleibs, der Menschenseele?

Ach, wer wird in solchem Chaos meine Stimme hören?

Wen wird sie verpflichten zu höherer Einsicht, zu brüderlicher Menschlichkeit? Die Mächtigen unserer Zeit? Die ihre Völker von Abgrund zu Abgrund führen, sollten für solche Fragen «zehnter Ordnung» Ohren haben? Nein.

Zu den Künftigen, den Jungen, denen, die an die heilende Kraft der Menschlichkeit glauben, denen die Menschlichkeit eine Realität ist, höher als alle Realität der Tagespolitiker, denen, die selbst Bedrückung fühlten, und die wollen, daß alle Bedrückung aufhöre, zu denen werden die Verse sprechen. Und wenn sie nur ein Samenkorn für spätere Taten sind, so haben sie getan, was Kunst kann.

Von jedem Buch sollten die Worte Whitmans gelten, daß der Leser einen Menschen anrühre. Bei vielen Schriftstellern rührt man eine Wortmaschine an.

Die Wurzel jedes Gedichts ist Erlebnis.

Was wir Form nennen, ist Liebe.

An Tessa 30. 9. 1921

Gestern abend führte man in der Berliner Volksbühne ‹Masse-Mensch› auf. Wie es mir zu gleicher Stunde erging, war kurios.*

Eben kam das erste Telegramm an, meldet «großen Beifall». Ich traue der Nachricht nicht, erwarte eine kühle Aufnahme. Was können reaktionäre Kritiker bei diesem Drama empfinden? Die Ideen sind nicht Blut von ihrem Blut, sind für sie nicht Ausdruck geistiger und seelischer Konflikte, sind für sie nur «Schlagworte», Versammlungssprache. Ich muß aufhören, das Schreiben strengt mich zu sehr an, ich bin müde. Hoffentlich kann ich heute nacht ein paar Stunden schlafen.

An Tessa Dienstag, 4. 10. 21

In einer guten Stunde

Wie die Aussicht, Dich zu sehen, Dich zu sprechen, meinem Kopf, der mir manchmal wie eine einzige Wunde vorkommt, wohltut. (Und nicht nur meinem Kopf . . .)

Dieses schmerzliche Geschenk der Haft stellt mich, neben Erkenntnissen, von denen zu sprechen nicht möglich ist, vor die Frage, ob es nicht notwendig sein wird, einst, nach meiner Entlassung, eine lange Zeit in Stille zu leben. Aber es ist so lange bis dahin . . .

In Berlin scheint man eine größere Aktion zugunsten meiner Begnadigung zu planen. Man bat mich um die Abschrift meines Strafurteils. Ich habe noch einmal (und Du weißt vielleicht am ehesten, was das für mich bedeutet) betont, daß ich keine Einzelbegnadigung wünsche, solange die «Mitläufer» in Haft bleiben.

(Was ich erstrebe ist ein Urlaub von einigen Wochen, damit ich wieder haft- und arbeitsfähig werde. Hebbel sagt in seinen Tagebüchern: «Am Kopfschmerz ist mir weniger der Schmerz unerträglich, als die damit verbundene Verhinderung reiner und leichter Gedankenproduktion.»)

Als ich Dir von einem neuen Drama erzählte, warst Du ehrlich zornig und riefst: «Du sollst kein Vielschreiber werden, du darfst hier im Gefängnis nicht mehr schreiben!» Ich mußte lächeln, wenn ich nicht mehr schreiben, schaffen, gestalten, schauen (eines ist nur Abwandlung vom andern) kann, bedeutet das inneres Versiegen, oder im besten Fall

* Ich war als Protest gegen eine ungerechte Disziplinarstrafe in Einzelhaft und im Hungerstreik; am vierten Abend.

Verkrustung, Verharschung. Ich kann nur aus meiner seelischen Fülle schaffen.

Etwas Merkwürdiges noch: Das in Bayern wegen Aufreizung zum Klassenhaß verbotene Stück ‹Masse-Mensch› ist Alfred Kerr vom demokratischen Berliner ‹Tageblatt› zu friedlich, deutschnationale Blätter sehen darin eine freudig begrüßte Wandlung vom Massenkult hin zum Individualismus und . . . zum Völkischen. Das protestantische Pfarrblättchen ‹Der Reichsbote› wittert Morgenluft, meint, jetzt beginne Tollers eigentliche Wandlung, lächelt dem werdenden «Renegaten», aus dem immerhin Kapital zu schlagen wäre, verschämt holdselig zu . . .

Der Kritiker der Zentrums-‹Germania› spricht von einem «Ereignis in der Volksbühne», von einem «seelischen Erlebnis». Dagegen wollen einige Blätter im Stück eine «kommunistische Messe» sehen, eine Feier für Bolschewisten, einseitige Verherrlichung der proletarischen Masse . . .

Wie wenig Kritiker haben das Werk erfaßt. Und gelegentlich eines solchen Falles merkt man, wer in unserer Zeitungskritik sudeln darf. Unwissende, Kunstfremde, Formfremde, Herzensfremde, Parteifanatiker, sektiererisch Verbohrte.

An Tessa 12. 11. 21

Heute nacht stand ich lange auf meinem «Bett» und schaute durchs Zellenfenster in eine dämmrige Mondnacht. An Euch dachte ich. Und wie ich die Stille in mich atmete, den Glanz der schwingenden Felder, das schweigende Firmament . . . beseligte mich das große Gefühl irdischer Nähe. Wir leben fern? O wir Toren! Ist es nicht «mein» Mond, der bei Euch auf dem Lago Maggiore glänzt, ist es nicht «mein» Mond, der zu Euren efeuumwachsenen Fenstern hereinschaut! Gibt es für Freunde Erdferne? Begleitet nicht die Sonne den Freund hier, den Freund dort, singt nicht der Mond eine sanfte Melodie inniger Freude, daß er beider Nächte silberner Fittich ist, umfängt uns beide nicht das eine, unendlich schweigende Firmament mit schöner Gebärde?

Liebe, liebe Freunde.

Der dritte Winter ist da. Es gibt viele Pfade in mir, die ich noch nicht gegangen bin. Zu allem Leid will ich ja sagen und zu aller Traurigkeit, und meine Seele soll ein Echo sein dem Lerchenruf jeder Freude.

An Romain Rolland 13. 12. 1921

Nun lebe ich bald zwei Jahre im Gefängnis, ein Leben mönchischer Einsamkeit, das trotz entwürdigender Behandlung, trotz manches harten Verzichts, trotz der grauen Farblosigkeit zerfliehender Tage, viele reiche, arbeitserfüllte Stunden mir brachte. Ich möchte diese Jahre nicht missen. Geistig bin ich ungebrochen, wie in den ersten Stunden der Haft, wohl reifer geworden durch eine Fülle von Lebenserfahrungen. Manch bitteres Erlebnis habe ich bis zur letzten Neige kosten, manch bittere Erkenntnis bis zur letzten Konsequenz durchdenken müssen. Auch die Schule gemeinsamer Haft ist eine Schule des Lebens, eine Schule des Erlebens der nackten Menschlichkeiten.

An baldige Freiheit darf ich bei den Zuständen in der Ordnungszelle Bayern nicht denken. In der Republik amnestiert man wohl Kappisten, Feinde der Republik; die Mörder Liebknechts und Luxemburgs, der zweiunddreißig gemeuchelten Matrosen, Gustav Landauers – die Kämpfer für soziale Gerechtigkeit läßt man im Gefängnis, und ein bürgerlicher Abgeordneter darf es wagen, uns im Reichstag «rote Bestien» zu nennen.

Mein deutsches Heimatland ist nicht auf dem Weg der seelischen und geistigen Gesundung. Militärische Barbarei, die Pest der Korruption, die Seuche des Knechtseinwollens, zerfressen den Körper. In der Arbeiterbewegung grauenvolle Zerspaltung. Sektiererischer Haß gegen jede andere Auffassung. Gewaltig wächst die Front der Reaktion. – Und jede Maßregel der Entente, die von den alten verwerflichen Ideen der Rache, der Unterdrückung diktiert ist, ist geeignet, ihr zu helfen.

An meinen Neffen Harry

Eben verließ mich ein junger Kamerad, der, 18 Jahre alt, im Glauben an den Sozialismus, mit den Gesetzen des Staates in Konflikt geriet und für eine Sache ein und ein halbes Jahr hier zubringen mußte. Was das bedeutet, wirst Du, wenn Du einmal älter bist, erfassen. Dieser junge Kamerad hat der Idee gelebt, die ihm lebenswert erschien. Und daß er ihr treu blieb, zeugt für seinen Charakter.

Du wirst am Samstag eingesegnet. Ich weiß nicht, ob Du gläubig der Religion das Bekenntnis des Jünglings entgegenbringst, oder ob Du tust, was Gewohnheit, Tradition, Gebot der Eltern Dich zu tun heißen. Sei es, wie es sei: Bleibe der Idee treu, die Dich wahr und heilig dünkt. Tue nichts aus überkommenem Brauch allein, tue alles aus dem Gebot Deines Gewissens, dem reinen Trieb Deines Gefühls. Scheue nicht das Unbequeme, wenn das Unbequeme auf dem Weg Deiner Wahrheit Dich erwartet. Sieh um Dich, betrachte die Jungen Deines Alters: nicht für alle wird gesorgt wie für Dich. Du wirst Jungens erblicken, Arbeitersöhne, deren Kleider zerschlissen, deren Gesichter hohlwangig sind, die, während Du spielst oder schläfst, in harter Fron schaffen und ein paar Groschen verdienen müssen, um die Eltern zu unterstützen. Frage Dich, warum Du es so gut hast, und warum die andern nicht teilnehmen dürfen am heiter-jugendlichen Leben. Vielleicht findest Du die Antwort. Und wenn Du die Antwort gefunden hast, wird Dich der Wunsch nicht mehr verlassen, den anderen zu helfen. Gib ihnen die Hand. Mitleid allein ist wertlos. Du wirst erkennen, daß das Leben reicher wird im gemeinsamen Kampf um ein Ziel. –

Ich schicke Dir zwei Werke: ‹Der werdende Mensch›, und ‹Gesammelte Vorträge über Shakespeare›. Beide Werke schrieb Gustav Landauer, ein großer Mensch, ein gütiger Geist, ein Märtyrer für die Idee des Sozialismus. Er glich nicht den großen Menschen, von denen Du in der Schule hörst, war kein König, kein General, kein Schlachtensieger, er trug keine Uniform, und er besaß keine Orden. Aber er kämpfte um eine hellere Menschheit, er diente dem Geist der Gerechtigkeit, er diente dem brüderlichen Bund aller Schaffenden. Verstehst Du das? Ich will es an einem Beispiel erklären. Der junge Kamerad, der mich heute verlassen hat, ist einer von den Jungens, die ich Dir zu betrachten riet. Er kam, als er so alt war wie Du, in die Lehre. Er mußte zwölf Stunden am Tag arbeiten und abends, wenn er, begierig ein Buch zu lesen, irgendein Buch menschlichen Wissens, danach griff, fielen ihm vor Müdigkeit die Augen zu.

Dir geht es anders, Du öffnest den Bücherschrank, wenn Du dazu Lust hast, nimmst Dir ein Buch, zu dem Deine Neugierde oder Deine Wißbegierde Dich locken, setzt Dich hin und liest drauf los. — Daß jeder Junge es so habe wie Du, auch dafür kämpfte Gustav Landauer.

Nun habe ich Dir eine rechte Kapuzinerpredigt gehalten. Sie soll Dir Deine Fröhlichkeit nicht verderben, sie soll Dich nur für ein paar Minuten nachdenklich machen, heute, morgen, wann immer.

1922
Niederschönenfeld

An Tessa 2. 2. 1922

Ob ich viel lese, fragst Du.

Laß mich, bevor ich Dir sage, was ich lese, von einer inneren Erfahrung sprechen. Ich litt viele Jahre unter einer Eigenschaft, die mir ein Mangel geistiger Art schien. Ich konnte nie «viel» lesen. Bekam ich ein Buch in die Hand, das mich anrührte, dann wurde mir nach ein paar Seiten gleichsam die Brust zu eng, ich mußte aufhören. Voll ängstlicher Beklemmung nahm ich am andern Tag, in der andern Woche das Buch wieder zur Hand, es bedurfte einer unerklärlichen, gewaltigen Willensanstrengung, bis ich mich zum Weiter-Lesen durchgerungen hatte. Monate später erst war ich zu kritischer Reflexion fähig. Bei gewissen Büchern fehlte die kritische Fähigkeit noch nach Jahren.

Heute habe ich eingesehen, daß, was ich als geistigen Mangel empfand, kein geistiger Mangel ist. Je ärmer es in meinem Innern ausschaut, desto mehr vermag ich zu lesen, je reicher ich bin, desto reizsamer werde ich gegen Quellen, die «von draußen» zuströmen. Denn jenes Überströmen ist nur die Wehr des sich Genügenden. (Das gilt nicht für Studien historischer, politischer, ökonomischer Natur.)

Dreizehn Jahre war ich, glaube ich, alt, als ich zum erstenmal ein solches Erlebnis hatte. In der Bibliothek meiner Schwester stöberte der neugierige Knabe nicht ‹Andersens Märchen›, sondern . . . ‹Das Liebesleben in der Natur› auf.

In diesen Gefängnisjahren: Äschylos, ‹Der gefesselte Prometheus›, Orestie, Sophokles, Ödipus, Antigone, Die Evangelien, Meister Eckeharts Schriften.

Und nun nenne ich Dir gleich Bücher, die mir Geschenke, jedes von besonderer Musik und Farbigkeit wurden:

Laotse, Seneca, Epiktet, Epikur, Platon, Milton ‹Verlorenes Paradies›, Tasso, Shakespeare: Lear.

Gilgamesch, Dostojewski: Raskolnikow, Schopenhauer: ‹Über den Tod›, Novalis: ‹Hymnen an die Nacht›, Hölderlin: ‹Hyperion›, Gedichte, Briefe. Byron: ‹Kain›, Kleist: ‹Novellen›, ‹Amphytrion›, Goethe: ‹Dichtung und Wahrheit›, ‹Kinderlieder aus des Knaben Wunderhorn›, Hebbel: ‹Tagebücher›, Matthias Claudius: ‹Gedichte›, Tolstoi: ‹Tagebuch›, ‹Leinwandmesser›, Tschechow: ‹Geschichte von dem Kindermädchen›. Märchen der Eskimos aus dem Buche Rasmussens: ‹Neue Menschen›. Rolland: ‹Meister Breugnon›, Charles Louis Philippe: ‹Werke›, Bang: ‹Am Weg›, ‹Die Vaterlandslosen›, Hamsun: ‹Hunger›, Rilke: ‹Das Stundenbuch›, Landauer: ‹Der werdende Mensch›.

Ich könnte Dir noch manches Buch nennen, aber nun ich die Aufeinanderfolge überschaue, graust es mir vor dem Durcheinander, das durch das Aufzählen entsteht.

Was an neuen Dramen erschienen ist, verschaffte ich mir. Verzweifeln möchte man, wenn man sieht, wie unsere Zeitgenössischen an den Konflikten der Zeittragödie vorbeigehen, ja nicht einmal sie ahnen. (Verzweifeln? Unechtes Wort für ein berechtigtes, echtes Gefühl des Widerwillens, man verzweifelt nicht an Unwichtigem.)

Männer fehlen unserer Dramatik, die aus neuem Gemeinschaftserleben schaffen, dem sie lebendig, unlöslich verbunden sind, wie der Ast dem Baume. Unsere Dramatiker gehören der bürgerlichen Gesellschaft an. Da die bürgerliche Gesellschaft die organische Einheit verloren hat, da sie zerfallen ist, ausgelaugt im Chaos altgewordener, greiser Kräfte, von keinem Stern Licht und Glut empfangend, bieten auch ihre Dramatiker das Bild greiser Wirrung. Andere Dramatiker schweben «zwischen» den Gemeinschaften. Dort Wurzel zu fassen, ist in Jahrhunderten einmal dem Genie, dem Titanen beschieden; Talente treiben auf solchem Meer wie Wracke geschüttelt und steuerlos hin und her geworfen von jedem Sturm. Man vermißt bei ihnen die Notwendigkeit des Werks, das menschliche Erleben, die Hingegebenheit an die Idee, die Qual, die Seligkeit.

Wir leben in einer Epoche des Übergangs. Was wir schaffen, ist erste Saat, die Spätere umpflügen werden. Denn Geschlechter müssen leben und vergehen, pflanzen und pflügen, ehe Künftigen vom Schicksal die Gnade wird, heiter und in lächelnder Einfalt reife Frucht zu ernten.

Vielleicht ist die geistige Frucht des sich neigenden Winters Epik. Schaut man die Weite und Formgröße unserer großen Romane, ist man versucht, es zu glauben.

Ich machte eine Pause. Auf der Pritsche lag ich die Mittagstunden und freute mich der Sonne, die wieder wärmt.

Wäre Dir möglich, zu erkunden, ob Chroniken über die Dolcino-Erhebung existieren? –

Am 16. Januar mittags 1 Uhr feierte ich das Jubiläum halber Strafzeit.

Beschlagnahmter Brief

An den Verleger E. P. Tal 14. 2. 1922

Nicht ohne Rührung las ich von Ihren Plänen, mich mit der Hilfe geistiger Führer Deutschlands freizubekommen. Wenn ich auch heute wieder in großem Ernste bitte, von diesem Plan Abstand zu nehmen, so wollen Sie nicht glauben, daß irgend eine Laune des Gefühls mich leitet. Ich konnte die Haft vor zwei Jahren verlassen. Damals teilte mir der Staatsanwalt in Eichstätt mit, die bayerische Regierung hätte sich in Anbetracht des großen Erfolges meines Dramas ‹Die Wandlung› entschlossen, mich zu «begnadigen». – «In etwa drei Wochen», sagte der Staatsanwalt, «sind Sie ein freier Mann.» Ich habe jenen geplanten Gnadenerweis sofort abgelehnt, mit der eindeutigen Erklärung, daß, solange harmlose Mitläufer und Rotgardisten in Haft sitzen, ich auf Freilassung verzichte. Mein Standpunkt ist heute, auch unter veränderten politischen Umständen, der alte.

Ich empfinde mein Schicksal nicht als persönliches Mißgeschick, es ist Ausdruck politischer Machtverhältnisse. Ich habe für eine Idee gekämpft, in der Überzeugung, daß diese Idee von mir jedes Opfer, ausgenommen das Opfer meines Gewissens und meines Intellekts verlangen kann. Ich bin heute, nach fast dreijähriger Haft, stark genug, um ein mir auferlegtes Schicksal aus eigenem freien Mut zu wollen. Und so besitze ich jene Freiheit, die kein Paragraph, keine Mauern und Gitter mir nehmen. –

Eines, nein zweierlei, wünschte ich mir allerdings. Wenn die geistigen Führer Deutschlands den Antrieb fühlen, sich für mich einzusetzen – vorausgesetzt, daß sie dies als Pflicht fühlen, vorausgesetzt, daß sie außer menschlichem Dank keine politische Dankbarkeit erwarten – so hätte ich zwei Wünsche:

1. Die Erlaubnis, nach 9 Uhr auf eigene Kosten Licht brennen zu dürfen. (Nur in den Abend- und ersten Nachtstunden kann ich arbeiten.)

2. Die Bewilligung eines 2–3 wöchentlichen Urlaubs in der Zeit der Proben zur Aufführung der ‹Maschinenstürmer›. Brauche ich Gründe zu sagen? Wird nicht jeder Schaffende wissen, was es bedeutet, von allen seinen Werken abgeschnürt zu sein?

Nicht, daß ich bei der Aufführung mich zeigen will. Meinetwegen mag der Urlaub so liegen, daß er einen Tag vor der öffentlichen Aufführung endet.

An Tessa 25. 2. 1922

Heute war ein rechter Frühlingstag, ich lief, nur mit einem Schurz bekleidet, im Hof umher und wärmte mich im Sonnenlicht. Abends sah man sehr deutlich am Horizont Berge. Wir wissen nicht, ob es die Zugspitze war oder der Wendelstein. Die Brust wurde weit und wurde eng. Und auf allen Gesichtern war plötzlich eine schmerzliche Stille.

Vor meinem Gitterfenster machte ich mir ein Holzbrettchen an. Jeden Tag besuchen mich einige Male die Spatzen, «vespern» und erzählen mir dabei von ihren Parteikämpfen, ihren Eifersüchteleien und Staatsneuigkeiten. Ich höre zu und sehe ein, wie lächerlich unser Menschendünkel ist.

An Tessa 20. 3. 1922

Nun weiß ich, wie das tut, Tag um Tag auf eine Nachricht warten. Das Gefühl der Spannung, wenn «Post» gerufen wird und dann die Leere, die Müdigkeit, wenn die Augen ersehnte Schriftzüge nicht finden. Liebe Freunde, Ihr dürft mich nicht so lange warten lassen, ich bin sehr traurig.

Zum fünften Mal im Gefängnis: Frühling. Kein rascherer Pulsschlag zeigt es mir. Das Gitter am Fenster, was tuts. Doch ein anderes Gitter wächst, das Gitter zwischen Seele und Welt. Wird es je wieder fallen?

Las die ‹Geschichte der sozialen Kämpfe› von Beer. Wiederkehr der gleichen Kämpfe, der gleichen Ideen, des gleichen Widerstreits zwischen Realität und Idee, des gleichen Heroismus, der gleichen Sackgassen, der gleichen Verwechslungen zwischen Nöten der Massen und Nöten der Intellektuellen – von Revolution zu Reaktion, von Revolution zu Reaktion, der gleiche Kreislauf.

Wozu? Wohin? Ich habe ein tiefes, tiefes Heimweh. Und das Heim heißt: Nichts.

An Tessa 27. 4. 1922

Du darfst nicht glauben, Liebe, daß ich schwach bin, mich von der Haft unterbekommen lasse, ich weiß nicht einmal, ob ich wirklich blaß geworden bin in diesen Jahren. Wissender vielleicht, also skeptischer. Ob Erkenntnisse des Geistes Vitalität zermürben, ist noch eine Frage. Vielleicht würdest Du erschrecken ob der Spannkraft, wenn wir zusammen wandern könnten. Wohl bin ich manchmal müde, und das macht die Haft, die Zwangsgemeinschaft. Dostojewski schreibt in den ‹Memoiren aus dem Totenhaus›, die ich Dir zu lesen rate: «Es gibt im Sträflingsleben eine Qual, die fast schlimmer ist als alle anderen. Es ist das zwangsweise Zusammenleben.»

Seit etwa sieben Wochen scheint hier kaum mehr die Sonne, der graue Himmel drückt wie die Zelle, und wenn ich auf den Hof hinausgehe, habe ich nicht mehr das Gefühl, das vergitterte Haus verlassen zu haben. Wie ich mich da nach dem Tessiner Frühling, der Tessiner Sonne bange. Wenn ich dort unten wäre, ich glaube, ich täte wie Du, ich läse kein Buch, ich blinzelte in die Sonne und wäre reich im Gefühl, «die Erde unter mir und den Himmel über mir zu haben».

Eines Tages kam ein Strauß Blumen: Mimosen, Kamelien, Narzissen. Ich saß Stunden wunschlos vor den Blumen und lauschte ihrer Musik. Kennst Du das, daß Blumenfarben sein können wie Musik, daß Schauen Hören wird, und Duft Bild? Ganz stark dufteten die Narzissen, ich war trunken – und dann auf einmal habe ich sie zerstört.

Froh bin ich über zwei gleichlautende Nachrichten, die ich nach Aufführungen von ‹Masse-Mensch› aus Nürnberg und aus Berlin bekommen habe: es würden in Parteiversammlungen, in Arbeiterkneipen usw. die Probleme, die in ‹Masse-Mensch› berührt werden, leidenschaftlich und eifrig diskutiert. Diese Wirkungen über den Abend hinaus, diese ernsthafte Teilnahme der Arbeiter sagen mir mehr als Kritiken.

Meine Mutter sorgt sich um mich. Es ist merkwürdig. Meinem Leben stand sie fremd gegenüber. Daß sie meine Ideen nicht teilte, tat mir weh. Ich glaube, ich ließ sie es fühlen. Nun merke ich, wie unwesentlich für sie jener Weg ist, den sie nicht begreift. Sie liebt mich.

An Henri Barbusse

Soeben lese ich in einer Zeitung die Nachricht, daß Sie mein Drama ‹Die Wandlung› ins Französische übersetzen. Ich kann Ihnen mit Worten nicht die tiefe Freude schildern, die mich erfüllte, daß gerade Sie, der von mir so verehrte Meister und Vorkämpfer des Sozialismus, Mittler meiner Arbeit sind. Lassen Sie mich Ihnen herzlich danken. Das Stück war mir 1917 mehr als ästhetisches Bekenntnis, ich habe mit ihm als Flugblatt gearbeitet, damit gegen den Krieg «gehetzt» und zum Streik gerufen, und nach mancher geheimen Vorlesung, die der Polizei entging, Kameraden gesammelt, die bereit waren, revolutionäre Kleinarbeit zu leisten.

Heute ist die Revolution in Deutschland niedergeschlagen. Barbarei, moralische und geistige Verkommenheit, Lüge, Heuchelei und Schiebertum feiern Triumphe.

Aber der Sozialismus ist nicht besiegt. Man kann die Revolutionäre in Gefängnisse sperren, ist damit die Idee tot, für die sie kämpften?

Beschlagnahmter Brief

An Tessa

Ich muß Dich, verzeih bitte, um die Besorgung einer Badehose ersuchen. Folgende Bekanntmachung erreichte uns: «Es hat schon wiederholt, insbesondere bei den Gefängnissträflingen, Anstoß erregt, daß einige Festungsgefangene nackt in den Gängen der Festung herumgehen. Im Interesse der Ordnung der Anstalt und zur Wahrung des Anstandes wird deshalb jede Art von ‹Nacktkultur› in den Gängen und den Gemeinschaftszimmern der Festungsanstalt untersagt.»

Da ich meine morgendlichen Freiübungen nicht aufgeben möchte und trotz ausdrücklichen Ersuchens kein Feigenblatt geliefert bekam, muß ich Dich schon bemühen. Daß ich mich gegen den Ausdruck «Nacktkultur» in Anführungsstrichen verwahrt habe, ist selbstverständlich. Die Herren (schrieb ich dem Vorstand), die sich beschwert haben, mögen an jenes Treiben, das man darunter gemeiniglich versteht, gedacht haben. Für die Reinheit ihres Denkens sei es übrigens bezeichnend, wenn sie nicht den Anblick eines anderen männlichen nackten Körpers ertragen könnten. Es fehlt, wie Du siehst, auch nicht an heiteren Intermezzos.

Ich erinnere mich an einen Geschützführer, den ich im Feld hatte, und der sich schämte, mehr als seine obere Halspartie mit Wasser zu befeuchten. Als ich einmal in gewohnter Schamlosigkeit ein Sonnenbad zu nehmen mich getraute, brummte er fassungslos: «Jetzt woas man, warum der liebe Herrgott den Krieg geschickt hat. Wenns die Menschen so san, so sündig, ja freili, jetzt woas i's schon, jetzt wiß mas halt, warum ma außi san müsse.» Und seit jener Stunde verachtete er mich. Mir fällt auch der Brief eines Kriegsberichterstatters aus der glorreichen großen Zeit ein: «Wie schamlos die Weiber in Frankreich sind», schrieb er, «geht daraus hervor, daß ich in einer Kirche eine Französin ihr Kind säugen sah.»

Wir leben im 20. Jahrhundert, und Bayern liegt in Deutschland.

Gute Nacht.

An Wilfred Wellock 24. 5. 1922

Ich schicke Ihnen heute mein Drama, ‹Die Maschinenstürmer›, zum Zeichen, daß ich in Freundschaft an Sie denke.

Ich habe das Buch Ihnen und Marthe Hartley, der englischen Arbeiterin aus Lancashire, die einen Teil ihres Wochenlohnes uns Gefangenen nach Niederschönenfeld schickte, und deren Solidarität mein Herz ergriff, gewidmet. Sie sind mir Symbol jener Kämpfer, die mit der großen Selbstverständlichkeit schweigender Hingabe an die Idee im Kriege das Gefängnis wählten, um nicht zu morden, die, als ringsum blinde Völker sich schändeten, den Glauben an Menschlichkeit bewahrten. Und die heute wiederum schweigend helfen.

An Tessa 18. 6. 22

Seit ich Deinen Brief in Händen halte, höre ich Musik. Jeder Mensch, der zu mir spricht, singt, das Klappern des Schlüsselbundes klingt wie das feine, abgetönte Geläut eines Glockenspiels, selbst das Kreischen der in Eisenschienen rollenden Torgitter löst sich in einer Folge von Konsonanzen.

Erschrick nicht über meine lyrische Empfindsamkeit, ich war viele Wochen, vielleicht auch Monate, so unlyrisch, so sehr Feind jeder zagen lyrischen Stimmung, daß ich mich heute ohne Hemmung lyrischer Stimmung hingebe.

Mit diesem Brief kommen Blumen, die Gräser und Feldblumen habe ich im Hof gepflückt: jede Dir zum Willkommen.

Wie ist das merkwürdig, sowie Du in Deutschland bist, fühle ich Deine Nähe in magischer Stärke. Und dabei trennt uns doch sonst nur ein lächerlicher Grenzstrich.

Ich habe gleich ein Gesuch an den Festungsvorstand eingereicht, ich will gar nicht an die Möglichkeit denken, daß die Erlaubnis nicht gewährt werden könnte. Wir haben doch über so viele Dinge zu sprechen.

Du bist die einzige, die sich meiner annimmt, die für mich ordnet und schlichtet, die mich berät und meine literarischen und familiären Angelegenheiten zu gutem Ende führt. Der Gedanke, daß . . . nein, nein, Du kommst.

An Tessa 21. 6. 22

Es wurde mir «eröffnet», daß Besuchserlaubnis für Dich nicht bewilligt werden könne. Ich bin nicht fähig, heute mehr zu schreiben. Ich beiße die Zähne zusammen . . . Stark bleiben, stark bleiben.

An Tessa 23. 6. 22

Ich bin wieder ruhiger — unser wahres Leben ist in den starken und heiteren, den bangen und dumpfen Bereichen der Seele eingebettet, unerreichbar.

Dank, Liebe, für die beiden Rosen: in einer schönen Vase vor mir auf dem Tisch blühen sie. Ich weiß, Du pflücktest sie in Deinem Garten und tauchtest sie behutsam ins frische Wasser.

Aus Paris kam die Nachricht, daß meine Verse im Verlag Les Humbles mit einem Vorwort von Romain Rolland erscheinen sollen. Es wird Dich freuen.

Ich bin nicht allein — immer sind Schwalben um mich. Es ist gut zu wissen, daß nicht alle Bewohner der Zelle gefangen sind. Fröhlich macht dieses Wissen. Eben kam die Schwalbenmutter, sie fütterte die krebsroten, zwitschernden Jungen, «kehrte das Nest aus», trug die «Häuflein» im Schnabel davon, flog heim und sitzt nun am Rand des Nestes. Die Jungen sind schon so groß, daß sie nicht mehr unter dem Leib der Mutter sich bergen können. Nun kommt auch der Schwalbenvater: er stopft den Jungen einige Fliegen in die Schnäbel und setzt sich dann auf den Draht der elektrischen Leitung, gerade über meinem Tisch. Ich breite ein Zeitungsblatt aus. «Er» nimmt gar keine Rücksicht auf meine Papiere und Bücher, der Menschenplunder ist ihm nicht wichtig und keiner Rücksicht wert. Mir schien es, als ob «Er» der Schwälbin noch einmal zunickte. «Er» ist voll rührender Fürsorge und Zärtlichkeit, hilfsbereiter und galanter, als Menschenmänner zu sein pflegen.

An Tessa 1. 8. 1922

Die Kopfneuralgie ist für diesmal vorüber. Ich hatte böse Stunden, Schmerzen von einer Gewalt, die mich lebensstumpf machte. Ich lag da, ohne daß irgendwelcher Reiz eine Empfindung, einen Gedanken, ein Bild wachrief. Und dann war die körperliche Erschöpfung groß.

Es gibt zerstörerische Wirkungen der Haft, die den ganzen Menschen treffen. Elementare Lebenskräfte (immer versagt die Vernunft, wo es sich um Urkräfte handelt) kehren sich gegen den Menschen, gegen den «bewußten» Willen. Jeder, der ein solches Haus verläßt, ist verbogen. Ach, es läßt sich nicht schreiben.

Ich begleite Dich bei Deinen Arbeiten in der Fabrik. Du brauchst mir keine Berichte zu geben, zwing Dich nicht dazu.

Deine Zweifel an der Möglichkeit, über die Parteipolitik unserer Tage zu den Menschen zu kommen, ward längst mein Zweifel. Werden die Parteien (Organisationen mit Klüngelbetrieb) den Sozialismus schaffen können? Aber wie sonst?

Die Schwälbin guckt mir beim Schreiben zu. Seit dem 28. Juli brütet sie wieder. Ich möchte Dir mehr von ihr erzählen, aber schon rief der Aufseher «3/49 Uhr» und ich muß ins Bett.

An Tessa 14. 8. 22

Ich fand ein Wort von Clemens Brentano: «Freundschaft heißt nicht zusammenhängen und zusammensitzen, Freundschaft ist groß und frei und liegt im Gedanken, für den jeder Raum gleich nah ist.»

Gestern früh merkte ich große Geschäftigkeit bei meinen Freunden in der Zelle, den Schwalben. Die Schwälbin stand auf dem Nestrand, guckte angespannt ins Nest, beugte das Köpfchen, pickte, zwitscherte alle paar Minuten einen Laut zu ihrem Gatten hinüber, der über meinem Tisch auf dem Leitungsdraht saß und auch sehr aufgeregt tat. Plötzlich ein aufgeregtes Schirpen der Schwälbin, «Er» flog zum Nest hin, umkreiste es, versuchte hineinzuschauen (sich hinzusetzen erlaubte ihm die eifersüchtige Gattin nicht), flog zum Fenster hinaus, kam bald wieder zurück, trug etwas zum Nest, flog wieder davon. Ich nahm das Fernglas eines Freundes und entdeckte, als die Schwälbin wieder einmal im Nest gepickt hatte, in ihrem Schnabel ein Stückchen weiße Schale. Ich war unterrichtet. Und in einem Moment, da beide draußen waren, stieg ich auf die Schulter eines Freundes, betrachtete das Nest und ... erblickte vier putzige, rote, nackte Schwälbchen mit langem dünnem Hals und mächtigen Köpfen. Nur ein paar graue, spitze Flaumhärchen wärmten den Körper.

Als ich in das Nest schaute, ward ich fromm. Während ich schreibe, werden die Jungen, die im Gegensatz zu kleinen Menschenkindern noch mit keinem Laut zeigten, daß sie leben (auch ihre Augen sind noch geschlossen), von den Alten zärtlich betreut und gefüttert. Das Nest bleibt immer sauber, es ist rührend zu sehen, wie Schwälberich und Schwälbin den Kot der Jungen, dicke, weiße Raupen (in den ersten Tagen graue) mit dem Schnabel nach der Fütterung davontragen. Und es gibt Menschen, die leugnen das soziale Apriori in der Tier- und Menschenwelt. Tier — Mensch, eine Nuance, nicht mehr. —

Liebe, Deine Kritik des ‹Hinkemann› mußte mich froh machen. Die Volksbühne hat ihn leider abgelehnt. Mit lächerlichen Argumenten.

«Das Stück hat in seiner veränderten Fassung stark gewonnen. Das Kämpfen und Leiden Hinkemanns bekommt jetzt einen schicksalsmäßigen Zug, die Szenen mit den Arbeitern sind mehr in das geistige Zentrum des Ganzen verwoben und die Figuren haben an Rundung und Klarheit gewonnen. Dennoch muß der Direktor, Herr Kayssler, an seinen Bedenken, die er gegen Ihre Dichtung als Bühnenstück hat, infolge des Themas, das etwas Abseitsliegendes und Spezielles behält, leider festhalten. Für eine Rede, eine Abhandlung oder Novelle scheint ihm der Vorwurf mehr geeignet als für die Bühne. Daß ein zahlreiches, Schulter an Schulter sitzendes Publikum durch das Motiv Ihres Stückes genötigt wird, zu gleicher Zeit und fast ununterbrochen an die heikle Verstümmelung Hinkemanns zu denken, das erscheint Herrn Kayssler als keine glückliche Forderung, ja auch dem Zweck, den Sie erreichen wollen, ungünstig zu sein.» Man sollte meinen, das hat ein Gymnasialoberlehrer geschrieben und kein Leiter einer Bühne des Volkes. Aber vielleicht hat es auch der Bab, das tristeste Exemplar deutscher Kritikasterei, inspiriert. Welche Unsauberkeit, zu meinen, daß die Hörer des Hinkemann ununterbrochen an jene heikle Verstümmelung denken werden. Ja, bin ich denn ein Schmutzgräber! Naive Proleten, denen ich das Stück vorgelesen habe, merkten den Symbolgehalt der «heiklen Verstümmelung», die menschliche Not. Es war ja gerade eine meiner künstlerischen Aufgaben, die ich glaube gelöst zu haben, jenes Heikle, das eine barbarische Tradition mit dem Fluch der Lächerlichkeit behaftete, zu überwinden.

Traurig ist, daß das Stück nicht vor den Hörern aufgeführt wird, die es angeht, vor Proletariern. Denn was kann es dem WW-Publikum sein? Eine Sensation mehr. –

Ich sende Dir Nr. 31 der ‹Weltbühne›. Lies den Aufsatz ‹Oberschlesien›. Wie die nationalistischen Bataillone und die Feme gehaust haben. Was ist da noch zu hoffen ... Ich kann diesen Aufsatz nicht vergessen. Was da beschrieben wird, ist Symptom. So war es, so ist es, so ... wird es wohl bald in Deutschland sein. Sisyphus-Arbeit! Oder doch nicht? Oder dürfen wir gar nicht fragen? Ist Frage vielleicht schon Treulosigkeit? Tun, was uns zu tun notwendig ist. Und kämpften wir umsonst, es werden andere kommen. Ein Kampf, der gegen Jahrhunderte geführt wird, wird nicht in Jahren entschieden.

An Tessa 10. 9. 22

Ich möchte bei Dir sein, still Deine Hand nehmen und sie halten. Immer wenn Du von Deinem Freund sprachst, spürte ich die Nähe zwischen Euch beiden. Ich hatte gehofft, einmal teilzunehmen.

Wir alle werden einsam sterben, wie Dein Freund einsam starb, umgeben von Freunden. Das ist das tragische Schicksal der Menschen unserer Zeit, die nicht nur die göttliche Gemeinsamkeit entbehren, die eine Gemeinsamkeit, wenn sie sich ihnen auftun möchte, nicht ertragen können. So arm sind die Menschen in Europa geworden.

Und eine andere Not: Überfällt es Dich nicht plötzlich: Deine Worte gleiten ins Leere, niemand ist da, der sie aufnehmen will. Die Leere dringt in Dich, Du möchtest Deine eigne Stimme vernehmen. Da Du sie vernimmst, erschrickst Du: Dein Wort hat Leben und Klang verloren, es fällt aus Deinem Mund, tot.

Ich fühle mich unfähig Dir mehr zu sagen als: Ich bin bei Dir, bei Dora, ich trauere mit Euch.

Der Brief liegt immer noch da. Seit vielen Tagen schon.

Ich las heute ein Gedicht Eichendorffs. Lies auch Du es, Liebe. Es heißt: ‹Todeslust›.

«Bevor er in die blaue Flut gesunken,
Träumt noch der Schwan und singet todestrunken;
Die sommermüde Erde im Verblühen,
Läßt all ihr Feuer in den Trauben glühen;
Die Sonne, Funken sprühend, im Versinken,
Gibt noch einmal der Erde Glut zu trinken,
Bis, Stern auf Stern, die Trunkne zu umfangen,
Die wunderbare Nacht ist aufgegangen.»

Beschlagnahmter Brief

An einen Arbeiter

Was bedeuten die Gefängnismauern der Reaktion, da ich die Möglichkeit habe, zu den kämpfenden Kameraden draußen zu sprechen.

Man nannte mich ein Bourgeoissöhnchen, ja, ich bin als Bourgeoissohn geboren. Da ich erkannte, daß wir eine Gesellschaftsordnung haben, die auf sozialer Ungerechtigkeit aufgebaut ist, schlug ich mich auf die Seite der Arbeiterschaft.

Man spricht heute viel von proletarischer Kunst. Sie ist uns notwendig, aber sie kann nicht auf Grund von Programmen fabriziert werden.

Die ewigen menschlichen Probleme, wie der Proletarier sie erlebt, gestalten, nur das kann der Inhalt proletarischer Kunst sein. Es ist nicht Aufgabe der proletarischen Kunst, irgendwelche Parteiresolutionen in die Massen zu werfen, das mögen Agitatoren besorgen. Proletarisches Schicksal, Leben, Not, Kampf und Traum der Massen werden dem Antlitz der proletarischen Kunst ihre besonderen Züge verleihen.

Zuletzt aber kann sich auch der proletarische Dichter der Tragik des menschlichen Lebens, die offenbar wird im Proletarier ebenso wie im Bourgeois, nicht verschließen.

Politisch bekämpfe ich Ludendorff mit schärfsten Waffen. Gesetzt den Fall, ich würde seine Persönlichkeit dichterisch zu gestalten suchen, ich könnte die tragischen und menschlichen Züge Ludendorffs nicht «fortlassen».

Noch eine andere wichtige Aufgabe hat proletarische Kunst: das große geistige Erbe der bürgerlichen Epoche zu hüten und es wahrhaft zum Besitz des Volks zu machen.

Nicht in jedem Werk finden wir Antworten auf unsere Fragen. Sollen wir sie verwerfen, weil sie keine Lehre enthalten, die uns nützlich ist? Wie kleinlich, wie falsch wäre das. Ist Schönheit nicht eine Lehre? Werden wir nicht menschlicher, besser durch den Anblick des Schönen? Nur kunstfremde Theoretiker fordern, daß jeder Dichter den Leser mit einer Nutzanwendung zu entlassen habe, gleich den Großmüttern, die Sofakissen mit tröstlichen Sprüchen eingestickt zu verschenken pflegten.

Der Staatsmann möge an den Menschen denken, an nichts anderes als den Menschen.

Wer aber will dem Dichter verbieten, die Sterne zu sehen und die Wolken, die Frühlingswinde rauschen zu hören und die Herbststürme, über das Leben nachzudenken und über den Tod?

In den Werken der Revolutionäre wird der Kampf besungen und der kämpfende Mensch. Lieben wir den Kampf um des Kampfes willen? Nein. Der Kampf ist ein Mittel, wie die Politik ein Mittel ist. Ohne Kampf, ohne Politik sind wir das Eisen, auf das der Hammer schlägt. Wir aber müssen der Hammer werden, der das Eisen formt.

Träumen wir nicht von einer Gemeinschaft, die sich nicht mehr in den minderwertigen Kämpfen der Politik zerreibt, ja, die vom Berufspolitiker als gesellschaftlichem Typus befreit ist? Von einer Gemeinschaft, die ohne Hunger und ohne Angst, dem edlen Glück, dem edlen Leid lebt?

An Mathilde Wurm

Sie haben recht, es ist den Arbeitern unbequem, wenn ihre Frauen Ernst machen mit der Verwirklichung sozialistischer Forderungen. Ich lebe hier eng beieinander mit vielen Arbeitern, lese die Briefe von Frauen und blicke in die feinsten Beziehungen proletarischen Ehelebens. Oft sehe ich den Bruch zwischen sozialistischen Einsichten und traditionellem Empfinden.

Es begegnete mir hier ein Genosse, dessen Steckenpferd die Verdammung der bürgerlichen Sexualmoral war. Mann und Frau müßten in freier Selbstverantwortung tun, was inneres Gesetz ihnen vorschriebe. Ebenso wie der Mann sich das Recht nähme, eine zweite Frau zu umarmen, müsse auch der Frau das Recht zustehen, einen anderen als ihren Ehemann zu umarmen, sofern sie ihn liebe.

Der Genosse wird nach dreijähriger Haft entlassen. Briefe kamen, die erzählen, wie nach der langen Trennung sich aller seelische Reichtum der im Alltag der ersten Jahre verschüttet war, aufs neue entfalte. Da, plötzlich, kam ein verzweifelter Brief: Zerbrochen sei das Glück, zerstört, was verheißungsvoll wuchs, nie, nie könne wieder gut werden, was plötzlich auf immer vergiftet.

Und der Grund? Der Genosse hatte in Erfahrung gebracht, daß seine Frau ein einzigesmal in den drei Jahren einen «Fehltritt» (Fehltritt, schrieb er!) begangen habe. Nichts mehr wußte er von seinen idealen Forderungen. Vergessen war auch, daß er keine Gelegenheit verstreichen ließ, bei der er nicht sich seiner Liebes-Erlebnisse gerühmt hätte.

Die traditionellen Instinkte, die in Elternhaus und Schule, Kaserne und Kriegerverein gezüchtet werden, sind stärker als die ideologischen Auffassungen, die mit der Parteikarte flüchtig erworben wurden, das erlebe ich immer wieder in Gesprächen mit Kameraden. Ein paar Episoden.

A., ein prächtiger Revolutionär sagt während einer politischen Diskussion: «Es gibt keine ehrlichen Bourgeois. Die ganze Bourgeoisie ist verrottet, korrumpiert, charakterlos.»

A., wenn er von familiären Dingen spricht: «Meine Schwester war bei einer feinen Herrschaft, sag ich dir, bei einer anständigen Herrschaft. Die Gnädige hat ihr stets die Hand gegeben, wenn sie vom Sonntagsausgang zurückkam.»

Genosse U., Bauernagitator, ist glühender Pazifist. Er berichtet, wie er einmal vor Bauern aus der Hollerdau Eisners Friedensmanifest vorgelesen habe. Wie da die Bauern, Männer und Frauen, Tränen der Ergriffenheit vergossen. «Schön wars», meint er, von der Erinnerung gerührt. «Grad schön.»

Eine halbe Stunde später sprechen wir vom Krieg. Es stellt sich heraus, daß wir beide vor Pont à Mousson lagen, er 1914, ich 1915. «Wie du hinkamst, war ja nichts mehr los», brummt er. «Aber i, i hab den Bewegungskrieg dorten mitgemacht. Des war a Gaudi», ruft er ehrlich entzückt. «Die Messer haben wir den Franzosenbatzi in den Bauch hineingerannt, daß es grad so geschnackelt hat.»

Ich unterhalte mich mit dem Genossen X., einem radikalen Sozialisten. Er schimpft auf die bürgerliche Ehe als einer einzig durch den Kapitalismus bedingten Institution, schwärmt von den neuen reinen, freien Beziehungen zwischen Mann und Frau, die der Sozialismus schaffen wird.

Eines Tages sitze ich mit ihm in einem Kreis von Genossen beisammen. Über Frauen wird gesprochen, über die Ehe. Einer wendet sich an diesen X. «Hat deine Frau dich mal nackt gesehen?» — «Aber wo denkst du hin», antwortet X. entrüstet, «dann könnte sie mich ja nicht mehr achten!»

«Die französischen Baumschützen waren schon die größten Feiglinge und Lumpen», schreit H., ein alter Rotgardist.

«Erlaube, Leute, die sich freiwillig für ihre Kameraden opferten, feig zu schelten, finde ich seltsam», antworte ich.

«Aber die schossen doch aus dem Hinterhalt», beharrt H.

«Eine empfindsame Unterscheidung für den modernen Krieg. Wenn das gleiche wie die französischen Baumschützen nun Proleten, Rotgardisten täten während eines Bürgerkrieges? Würdest du die auch feig heißen?»

«Wenn du nicht einsiehst, daß das was anderes ist», zetert er, «kannst du mir leid tun. Ach, mit dir überhaupt zu diskutieren ... i sags ja, ihr Intellektuellen ... an Dreck versteht ihr!»

An B.
Eine rührende Episode habe ich einmal bei dem Schwalbenpärchen beobachtet, das in meiner Zelle nistete.

Das erste Junge hatte endlich zur Freude der Eltern, die es zwitschernd begleiteten, das Nest verlassen, war hinausgeflogen und saß nun oben auf dem Dachfirst. Die Eltern flogen Kreise, Spiralen und andere kunstvolle Figuren, um ihm zu zeigen, daß Fliegen nicht bloßer Zweck ist, daß es zwecklos heiteres Spiel sein kann. Das Junge schaute aufmerksam zu. Plötzlich, als ob es sich einen mutigen Ruck gäbe, erhob es sich – und lag auf der Erde. Die Eltern, aufgeregt pfeifend, umkreisten das Kleine. Das machte einige vergebliche Versuche, um aufzufliegen, und blieb schließlich sitzen. Wenn das Kind nicht hören will, dachte die Mutter, muß man's ihm vormachen, vielleicht begreift es dann. So schoß sie hinunter, saß Sekunden neben ihm, zeigte, wie man sich erhebt. Wohl zehnmal tat sie es, das Kleine wollte nicht. Da sah ich, wie die Mutter zum Vater flog, und ihm ein Zeichen gab. Beide flogen zum Jungen, der Vater setzte sich rechts, die Mutter links, sie spannten ihre Flügel, jedes schob einen unter das Junge, daß es saß wie auf gespannter Matte. So brachten sie es, beide nur den freien Flügel gebrauchend, zum Nest und ließen es sorglich hineingleiten.

An Tessa 29. 3. 23
Ich brauche Euch nicht mehr zu beneiden um Frühling und Sonne: seit einer Woche schon wecken uns am Morgen Lerchen, Amseln, Stieglitze, Finken, Stare, blühen rote, weiße, gesprenkelte Märzblumen, bräunt uns die Sonne – ich bin wie berauscht. Gestern hab ich Knospen an einem Kastanienbaum aufspringen sehen! Um drei Uhr nachmittags wölbten sie sich noch fremd und geschlossen, eine Stunde später hatte die bräunliche Hülle sich geöffnet, und ein zartgrüner gefälteter Kelch war da. – Bei Eindrücken von Natur und Menschen bleiben von Tausenden nur die haften, die jene Vollkommenheit der Form aufweisen, die wir in der Kunst, geprägt, suchen.

An Tessa 27. 5. 23
Ich werde zum Regierungsrat gerufen. In seiner Hand erblicke ich ein Telegramm. «Sie haben schon längere Zeit keine Nachricht mehr von Ihrer Mutter erhalten?» Ich starre ihn an. «Meine Mutter ist ...» – «Nein, beruhigen Sie sich, das Schlimmste ist bisher nicht eingetreten.»

— «Sagen Sie mir ...!» — «Ihr Schwager hat uns telegraphiert. Der Zustand Ihrer Mutter ist sehr ernst. Er bittet für Sie um Urlaub. Ich bin nicht berechtigt, Ihnen Urlaub zu erteilen. Ich rate Ihnen aber, sofort ein Gesuch ans Ministerium aufzusetzen; ich verspreche, es mit der nächsten Post zu befördern.» — Ich gehe nach oben. Die alte Frau im Sterben. Vielleicht in dieser Stunde ... Vielleicht tot. Und wenn sie noch lebt, wie mag sie danach jammern, einmal, einmal mich zu sehen, zu sprechen, zu umarmen. — Fiebernd schicke ich Telegramme ans Ministerium, an Dr. H., an den Landtag. Das Gesuch zu schreiben bin ich nicht fähig, ein Kamerad entwirfts, ich schreibs ab, schick es hinunter.

Auch von Hause war ein Gesuch ans Ministerium unterwegs, telegraphisch begleitet vom Gutachten des amtlichen Arztes. Vielleicht liegts dem Justizminister schon vor, vielleicht ist gar, während meine Gedanken einander jagen, der Bescheid schon unterwegs, vielleicht geht in diesem Augenblick der Festungsvorstand zum Zellengebäude hinüber, um mir mitzuteilen ... daß ich fahren darf, sofort ... Daß ich die Mutter noch lebend erreichen kann ... Daß ich sie zwar nicht mehr lebend sehen werde, man hats mir verheimlicht, um mich zu schonen, daß ich ihr aber das letzte Geleit geben dürfe ... daß ... Meine Schläfen pochen. Ich packe mit Hilfe von Freunden einige Kleidungsstücke zusammen, leih mir einen kleinen Koffer, tu alles hinein, leg meinen Anzug, meine Wäsche bereit — bis abends spätestens wird die Antwort vom Justizministerium da sein ...

Das Warten beginnt. Das Warten: betastet, zersetzt, verwundet von tausend Vielleicht, die von andern tausend Vielleicht überwältigt werden. Das Warten der Ohnmacht. Das Warten des Gefangenen. Der Abend kommt. Keine Nachricht.

Eine Nacht kriecht langsam heran, hüllt mich in die schwarzen Tücher der schweigenden Umarmung. Sanfte Tücher, die alle Spannung lösen. Dann aber starr werden, immer starrer, in einen Sarg sich wandeln, der zu eng ist, zu niedrig, der die Brust eindrückt, die Glieder bricht. —

Nacht unendlicher Folterungen. Der nächste Morgen. Schwer vor zielloser Müdigkeit. Keine Nachricht. Wieder eine Nacht. Wieder ein Tag. Käme endlich eine Nachricht! Gleich welche? Gleich welche.

Das bin ich, der stirbt. Also zu spät. Also nicht. Jetzt kommt die Lethargie. Jetzt die Agonie. Da lieg ich im Bett in den letzten Zügen, und da steh ich vorm Bett und schau mir zu. Nein, das bin ich gar nicht, der mir zuschaut, das ist ja mein Vater. Im Hemd steht er da, Scherben schweben, wirklich schweben! vor seiner Brust, ein Schloß schwebt, wirklich schwebt! vor seinem Mund. Mein Vater ist doch schon tot seit dreizehn Jahren.

Am 4. Tag morgens ein Telegramm meines Schwagers «Zustand unverändert». Kaum, daß ich mir noch Gedanken mache. Wieviel Stunden geht das schon so. Neunzig Stunden. Einundneunzig Stunden. 92. 93. 94. 95. 96. 97 ...

«Sie möchten ins Büro kommen.»

Der Herr Regierungsrat. Bescheid vom Ministerium. Mein Gesuch kann nicht berücksichtigt werden. Sachlich und lakonisch lautet die Entscheidung. Ich verziehe keine Miene. Von diesem Augenblick ist wie verweht, was die letzten Tage mich geschüttelt hatte. Eine entschlossene Ruhe kommt über mich, die mich auch nicht verlassen hätte, wäre die Nachricht vom Tod meiner Mutter zu mir gekommen mit Einzelheiten, die – Du Dir etwa vorstellen magst. Aber es kam zum Glück anders. Mutter schöpfte neue Kräfte, die Hoffnung, mich wiederzusehen mag sie gestärkt haben. Heute steht sie schon wieder auf. Natürlich weiß sie nicht, daß mein Gesuch abgelehnt ist. Hofft noch immer. –

In einer der Nächte kalbte eine Kuh im nahen Stall. Die ganze Nacht hindurch hörte ich sie stöhnen. Ganz tief klangs, schütternd, ächzend, als ob ein Mensch klagt. Dann wieder klang ihr Schrei dumpf, zuckend, wie der Schrei eines Kindes, das hungert, und das sich in den Schlaf schreit.

In irgend einem Bauernhof fing ein Hund an zu bellen. Ein zweiter antwortet kläffend. Ein dritter beginnt, schläfrig, dann lauter, immer zorniger. Ein vierter, ein fünfter, ein sechster. Und dann bellen die Hunde des ganzen Dorfes. Ich spüre förmlich, wie sie an ihren Ketten zerren, wie sie zueinander wollen und nicht können, wie ihr Zorn zu Wut wird, wie sie toben, sich auflehnen, heulen – bis sie müde werden und aufhören. Ab und zu noch ein heulender Ton, wie der Schrei eines, ders gar nicht fassen kann ... Dann Stille.

Am Teich draußen singt ein Vogel, in ganz kurzen Intervallen stößt er einen hellen klagenden Trillerlaut aus, einen Laut, so unergründlich klagend, wie ich noch nie einen Vogel singen hörte. Auch dieser Vogel – sang.

An Stefan Zweig 13. 6. 1923

Ich muß in großer Dankbarkeit von den Worten sprechen, die Sie für ‹Hinkemann› fanden. Ich habe das Werk in einer Zeit geschrieben, in der ich, schmerzhaft, die tragische Grenze aller Glücksmöglichkeiten sozialer Revolution erkannte. Die Grenze, jenseits der die Natur mächtiger ist als menschliches Einzelwollen und gesellschaftliches Wollen. Darum wird Tragödie niemals aufhören. Auch der Kommunismus hat seine Tragödie. Immer wird es Individuen geben, deren Leid unlösbar ist. Und gibt es ein Individuum, dessen Leid nie enden kann, ist die Tragik des einen Individuums gleichzeitig die Tragik der Gesellschaft, in der es lebt. Die Antike kannte den prometheischen Helden, der glaubte, das Schicksal bezwingen und alles Leid aufheben zu können; in unserer Zeit ist an die Stelle des einzelnen Helden eine ganze Klasse getreten. Ich sage das nicht aus Resignation. Nur der Schwache resigniert, wenn er sich außerstande sieht, dem ersehnten Traum die vollkommene Verwirklichung zu geben. Dem Starken nimmt es nichts von seinem leidenschaftlichen Wollen, wenn er wissend wird. Not tun uns heute nicht die Menschen, die blind sind im großen Gefühl, not tun uns, die wollen — obwohl sie wissen.

Das Absolut-Gute, das «Paradies auf Erden» wird kein Gesellschaftssystem schaffen, es handelt sich einzig darum, für das relativ beste, das der Mensch finden und verwirklichen kann, zu kämpfen. Ein System, das auf sozialer Ungerechtigkeit, Ungleichheit und Unfreiheit ruht, kann vor der Vernunft nicht bestehen.

Auf eine theatralische Wirkung des Werkes verzichte ich nicht. Ich glaube, daß gerade durch die Mischung von Lächerlichkeit und Tragik den Hörer eine Ahnung von der Antinomie lebendigen Geschehens überkommt.

Sorgen Sie sich nicht um mich, lieber verehrter Stefan Zweig. Ich verfluche diese Zeit und segne sie doch. Ich weiß nicht, ob ich draußen den Stimmen hätte lauschen können, denen ich hier lauschen durfte.

Daß sich einmal ereignen könnte, was Sie fürchten: Erschrecken vor der Welt und Sehnsucht nach dem Kerker, glaube ich nie und nimmer. Alte Zuchthäusler, die Jahrzehnte im Zuchthaus verbracht haben und Greise geworden sind, sehnen sich wohl nach dem Zuchthaus. Aber nur darum, weil ihr Rückgrat gebrochen, ihre Spannkraft zermürbt, ihre Vitalität gelähmt wurde. Denken Sie nur daran, was dem Gefangenen unerreichbares Wunder ist: Wald, Musik, Frauen, See, Abend im Freien, Landstraße, sommerliche Felder, Birken, nächtliche Stunden gesammelten Arbeitens, Fenster, die nicht verwunden, Meer, nächtliche Weite des gestirnten Himmels ... Die Millionen Klänge, Bilder, mit denen das Leben den freien Menschen beschenkt. Unfreiwilliges Eingesperrtsein und Sich-absperren aus freiem Willen — zwei Kategorien, die unvergleichlich sind.

Wohl glaube ich, daß, wer einmal lange Zeit Gefangener war, Einsamkeit eher braucht, als wer Gefangenschaft nie kannte. (Ich sehne mich mehr nach Stille in Freiheit, als nach Lärm in Freiheit.)

An Max Beer

7. 7. 1923

Ich habe das Bedürfnis, mit Ihnen über die mannigfachen ernsten Fragen zu sprechen, die Sie und mich bewegen, Sie als leidenschaftlich teilnehmenden Historiker, mich als homo politicus und als Dramatiker.

Ihre fünf Bände der allgemeinen Geschichte sozialer Kämpfe habe ich mit fanatischem Interesse gelesen. Ich muß Ihnen von meinem ersten Eindruck berichten, als ich vier Bände beendet hatte. Ich geriet in einen Zustand eigentümlicher Depression. Was hatte ich gelesen? Eine Geschichte sozialer Kämpfe? Eine Geschichte niedergeschlagener Massenaufstände! Eine Geschichte des unendlichen Leidens jahrtausendewährender Bedrückung und Ausbeutung, eine Geschichte der

Empörung gegen unerträgliche Not und der Niederlagen. Keine Revolution, in der die Revolutionäre ihre Ziele verwirklichen konnten. Und die eine, die gesiegt hat, die Revolution des Christentums, siegte, weil sie ihre eigenen Ideen verriet und aus einer staatsfeindlichen, kommunistischen, zu einer staatserhaltenden Macht wurde. Und dieser Eindruck ließ mich wochenlang nicht los.

Erst allmählich wuchs mir wieder die Kraft einzusehen, warum die moderne soziale Bewegung ein anderes Schicksal haben muß. –

Ihr Werk unterscheidet sich bedeutsam von anderen, die entweder das Ökonomische oder das Politische oder das Geistige herausarbeiten, die aber, wenn sie das Eine behandeln, das Andere kaum beachten. Mit welcher Eindringlichkeit, mit welcher bitteren Satire haben Sie etwa bei der Behandlung der Taboriten die Parallele zu dem Kampf der deutschen Revolutionäre gezeigt. Immer wurde der aktive Flügel isoliert und niedergeworfen von jenen, die ihre revolutionären Talente am Sonntag in Festartikeln manifestieren, die sich aber am Alltag verbünden mit der Klasse, die sie zu bekämpfen vorgeben. Immer wurden die Reformen, die die Sonntags-Revolutionäre zu erhalten und auszubauen bestrebt sind, mit einem Federzug von der Klasse gestrichen, die nur mit Hilfe der Sonntags-Revolutionäre in den Sattel gehoben wurde.

Mit welcher ironischen Eindringlichkeit sehen Sie Wort und Tat der Zweiten Internationale, wie klar das Wesen der deutschen Sozialdemokratie.

Aber eine Frage müssen Sie dem Kameraden gestatten: Warum tun Sie als Parteimann, was Sie als Historiker verwerfen? –

Als ich in Ihrem Briefe las, daß eine amerikanische Professorin an der Columbia-Universität über mein Werk lesen will, bekam ich einen gelinden Schreck. Ich bin doch, zum Teufel, noch nicht alt geworden und glaube immerhin, einiges noch schaffen und sagen zu können.

An Tessa 15. 9. 23

Ich schicke Dir heute ‹Das Schwalbenbuch›. Denk daran, mit welcher Ungeduld ich auf Eure Worte warte. –

Heute sind es noch 300 Tage. Ich spüre, das letzte Jahr wird das schwerste. Man fühlt sich halb frei und erkennt bei jeder leisen Flügelschwingung das Gewicht der Unfreiheit. Aber vielleicht tue ich Unrecht, an Freiheit in 300 Tagen zu denken. Was läßt sich in diesen Zeiten vorhersagen. Vielleicht heißt es noch ein anderes Gefängnis auf sich nehmen.

Beschlagnahmter Brief

An Kurt Hiller

Sie setzen voraus, daß jeder «Geistige» a priori ein höheres Urteilsvermögen habe als Piefke. Denken Sie einmal daran, was die «Geistigen» im Krieg für ein Urteilsvermögen besaßen.

Sie fordern die «Logokratie», die Herrschaft des Geistes. Woher wollen Sie die Macht nehmen? Sie wissen, daß ohne soziale Umgestaltung die «Logokratie» ein Nonsens wäre, aber die Macht muß erkämpft, mit sehr realen Mitteln erkämpft werden und die errungene Macht muß durch sehr reale Mittel und durch die freiwillige Anerkennung der Geister gestützt werden.

Kennen Sie das Wort Napoleons: «Die Menschen, die die Welt verändert haben, haben es nie erreicht, indem sie sich der Führer versicherten, sondern stets, indem sie die Massen erregten. Das eine Mittel führt nur zu Resultaten zweiten Ranges, das andere verändert das Antlitz der Welt.»

An Arthur Holitscher 9.1.24

Nun liegen nur noch sechs Monate Haft vor mir. Je näher die Freiheit, desto stärker lastet der Gedanke, daß hier Freunde zurückbleiben. (Desto stärker darum die Verpflichtung.) Ich gehe schwerer hinaus als ich hineinging. Es gibt Zeiten, in denen man der tragischen Notwendigkeit, Schuld auf sich zu nehmen, nicht ausweichen darf.

Was ich in den letzten zehn Jahren erfuhr, war gemeinsames Schicksal. Was ich in der Freiheit erfahren werde, wird wieder gemeinsames Schicksal.

An Tessa 24.1.24

Das Zeichen, das ich Dir schicke, ist diese Rebhuhnfeder. Schau sie Dir an: wie wohl das warme Braun dem Auge tut, wie besänftigend die rötlich matte Tönung. Die Zartheit der schwarzen und weißen Tupfen an den Spitzen.

Ich will Dir die Geschichte der Feder erzählen. Von dem Rebhuhn schrieb ich Dir, das ich, von Frost fast gelähmt, im Hof fand und mit auf meine Zelle nahm. Aber bevor ichs nach oben tragen konnte, mußte ich warten, bis die Hoftür vom Aufseher geöffnet wurde. Was mit dem frierenden Tier tun? Ich nahms unter den Mantel. Der wärmte nicht genug. Unters Jackett. Unter die Weste. Schließlich öffnete ich das Hemd und tats dahin, wo es am ehesten sich wärmen konnte, an die Brust. Es fühlte sich ganz wohl da, schmiegte sich still an und zog das Köpfchen ein. Am Abend (es hatte sich in der Zelle erholt und war längst wieder davon geflogen) fand ich beim Ausziehen die Feder als einen Gruß. Dir geb ich ihn weiter.

Freunde kommen nicht mehr in Gefahr, um einander werben zu müssen, nicht wahr? Das Werben liegt vor der Freundschaft. –

Eben ruft ein Kamerad, daß Lenin starb. Lenin starb.

An B. 30.1.24

«Was sagten Sie, als Leutnant Marloh Ihnen den Befehl gab, die gefangenen 32 Matrosen zu erschießen», fragte der Vorsitzende den Offiziersstellvertreter im Prozeß gegen Marloh.

«Herzlich gerne», antwortete dieser.

Gibt es eine Antwort, die erschütternder diese Zeit charakterisiert?

An Tessa 28. 2. 24

Ich muß Euch etwas Köstliches erzählen. In Berlin haben sich Arbeiter-Athleten (Ringer und Boxer) bereit erklärt, Vorstellungen von ‹Hinkemann› zu schützen. So schreiben sie: «Es liegt daher im eigenen Interesse eines gewissen Publikums, den Anordnungen der Boxer und Ringkämpfer unverzüglich Folge zu leisten.»

Ich sehe diese treuen Freunde, in Athletenpositur, ihren Bizeps spielen lassend, sich ein bißchen in Hüften und Schultern wiegend, aber doch voll großer Würde, in den Gängen des Theaters als Kunsthüter postiert.

An Theodor Lessing 20. 5. 1924

Professor R. hat auch an mich geschrieben, aber ich mußte seine Einladung, wie die anderer Freunde, ablehnen. Ich will nicht, weil ich hier «saß», auf Festen und Tagungen mich feiern lassen.

Man wird menschenwund, wenn man fünf Jahre mit Menschen auf einem vergitterten Zellengang zusammen leben mußte, keine Stunde allein war, immer nur fraß und gefressen wurde, stieß und gestoßen wurde, stach und gestochen wurde – die große Menschenkomödie auf kleinster Bühne sah, ohne Rampenlichter, ohne Bühnenmusik, ohne Rundhorizont.

Lieber Theodor Lessing, Sie kennen das. Sie werden begreifen, daß mich die Frage wochenlang krank machte; wird es draußen auch so sein – so nackt, wie hier? Wenn es dir früher anders erschien, lag es nicht an deiner Blindheit?

Ich lese den Brief noch einmal und merke, daß ich undankbar war gegen das Geschenk dieser Jahre: nicht mehr fressen, stoßen, stechen zu müssen.

An Tessa 11. 7. 24

Am Gitterfenster stehe ich und fasse und fasse es nicht, daß in fünf Tagen nicht mehr Gitterstäbe vor meinen Augen stehen. Die Sinne sind gespannt, die feinsten Nerven vibrieren.

Wen werde ich finden und wen wieder-finden? Wer bist Du, und wer bin ich?

Wohin lebtest Du, und wohin lebte ich?

Viele Menschen erwarten mich in Zuneigung, in Freundschaft, in Liebe. Hunderte von Briefen sagtens mir. Aber bin ich es, dem sie sich zuneigen, bin ich es, dem sie Freund sind, bin ich es, den sie lieben?

Haben sie sich nicht eine Wunschgestalt geschaffen?

Wer wird mich verlieren beim ersten Händedruck? Und die Menschen, auf die ich warte? Wenn auch sie Wunschgestalten wären?

Wen werde ich verlieren beim ersten Händedruck?

Bescheinigung

Toller, Ernst led. Schriftsteller von Samotschin hat heute die ihm mit Urteil des Stand-Gerichts München unterm 16. Juli 1919 wegen Hochverrat zuerkannte Festungsstrafe von 5 Jhr. – Mt. – Tg. dahier verbüßt.

Er begibt sich nach Landsberg a/W.

Niederschönenfeld, den 15. Juli 1924.

Direktion der Gefangenenanstalt
und der Festungshaftanstalt.
gezeichnet

Stempel

Hoffmann,
Oberregierungsrat, Vorstand.

An Tessa 16. 7. 24

BIN AUS BAYERN AUSGEWIESEN. FAHRE MIT KRIMINALBEAMTEN GRENZE.

Bescheid der Festungsverwaltung

Ihr Telegramm an Fr. T. wurde nicht befördert. Reise soll geheim bleiben.

DIE WANDLUNG

Das Ringen eines Menschen

Diese Arbeit entstand als erste Niederschrift 1917, im dritten Jahr des Erdgemetzels. Die endgültige Form wurde in der Haft des Militärgefängnisses im Februar und März 1918 vollendet.

BESETZUNG DER URAUFFÜHRUNG

Die Uraufführung fand am 20. 10. 1919 in der Tribüne (Berlin) statt.

FRIEDRICH:	Fritz Kortner
FRIEDRICHS MUTTER:	Gertrude Wollan
FRIEDRICHS SCHWESTER:	Lilly Ackermann
DER FREUND:	Theodor Rocholl
GABRIELE, *des Freundes Schwester*:	Olga Wojan
DER ARZT:	Hans Brahm
DER VERWUNDETE:	Hans R. Rosenberg
DER IRRE:	Alexander Kardan
DER KRIEGSINVALIDE:	Fritz Jeßner
DIE KRIEGSINVALIDIN:	Else Ehser
DER KOMMIS DES TAGES:	Manfred Fürst
DAS MÄDCHEN:	Fränze Roloff
KRANKENSCHWESTERN:	Fränze Roloff Annemarie Gotschewski
KRÜPPEL:	Hans R. Rosenberg *(Blinder)* Alexander Kardan *(Armloser)* Fritz Jeßner *(Rückenmarksverletzter)* Manfred Fürst *(Verschütteter)* Walter F. Fiselcher *(Gasvergifteter)*
SOLDATEN, VOLK, GEFANGENE	
DER TOD — *als Soldat, Skelett, nächtlicher Besucher und Gefängniswärter*:	John Gottowt
SKELETTE:	Fränze Roloff Hubert von Meyerinck
Regie:	Karlheinz Martin
Musik:	Werner R. Heymann
Bilder:	Robert Neppach

PERSONEN

FRIEDRICH
VOLK
FRIEDRICHS SCHWESTER
MUTTER
ONKEL
JUGENDFREUND
GABRIELE, *des Freundes Schwester*
ERSTER SOLDAT
ZWEITER SOLDAT
VERWUNDETER
IRRER
KORPORAL
ROTE-KREUZ-SCHWESTER
ARZT
OFFIZIER
KRIEGSINVALIDE
KRIEGSINVALIDIN
VORSITZENDER
ALTER HERR MIT DEM ABZEICHEN
UNIVERSITÄTSPROFESSOR
PFARRER
KOMMIS DES TAGES
ARBEITER
STUDENT
STUDENTIN
MANN MIT DEM HOCHGESCHLAGENEN MANTELKRAGEN
KRANKER
DAME

DER TOD ALS FEIND DES GEISTES IN GESTALT EINES SOLDATEN, DES PROFESSORS, DES RICHTERS, DES NÄCHTLICHEN BESUCHERS
SOLDATEN, KRÜPPEL, SCHWESTERN, SANITÄTSSOLDATEN, SKELETTE, GEFANGENE

Die Bilder «Transportzüge», «Zwischen den Drahtverhauen», «Die Krüppel», «Der Schlafbursche», «Tod und Auferstehung», «Der Wanderer», «Die Bergsteiger» sind schattenhaft wirklich, in innerlicher Traumferne gespielt zu denken.
Die Handlung spielt in Europa vor Anbruch der Wiedergeburt.

AUFRÜTTELUNG

Zerbrich den Kelch aus blitzenden Kristallen,
Von dem die Wunder perlentauend fallen,
Wie Blütenstaub aus dunkelroten Tulpen.

Wir schritten durch die Dämmerwelt der Wunder,
Verträumte pflückten Märchen wir mit weichen Händen,
Aus Sonnenstrahlen formte Glaube Kathedralen,
Von hochgewölbten Toren fielen Rosenspenden.

Da! mordend krochen ekle Tiere
Flammenspritzend auf der Erde!

Wir blickten traumschwer blinzelnd auf
Und hörten neben uns den Menschen schreien!

Wir sahen die Gemeinheit Orgien feiern,
Europa troff, entblößt, von Sudel,
Aus Gruben quoll der Lüge Strudel,
Rauch schlang Spiralen beizend über unserm Haupt,
Zu unsern Füßen gurgelte Verzweiflung.

Es schrie ein Mensch.

Ein Bruder, der das große Wissen in sich trug
Um alles Leid und alle Freude,
Um Schein und quälende Verachtung,
Ein Bruder, der den großen Willen in sich trug,
Verzückte Tempel hoher Freude zu erbauen
Und hohem Leid die Tore weit zu öffnen,
Bereit zur Tat.
Der ballte lodernd harten Ruf:
Den Weg!
Den Weg! –

Du Dichter weise.

DIE TOTENKASERNE

Ein Vorspiel, das auch als Nachspiel gedacht werden kann

PERSONEN DES VORSPIELS: DER KRIEGSTOD / DER FRIEDENSTOD / SKELETTE

Nacht. Weites Grabfeld. In Anordnung von Kompagnien Soldatengräber. Jede Kompagnie hat gleiche, einfache, graue, eiserne Grabkreuze. Die einen Grabkreuze mit einer gemalten Rose an den Schnittflächen, andere Grabkreuze mit einem flammenden Herz, dritte mit einem kleinen Kranz von Feldblumen. Auf jedem Kreuz steht nichts als der Name und Truppenteil des Gefallenen. Seitlich von jeder Kompagnie befinden sich die Offiziersgräber. Sie schmücken größere, prächtigere Kreuze mit flammenden Sonnen umlegt. Außerdem auf dem Kreuz angegeben Geburtstag und Zivilstand des Toten. Es kommen der FRIEDENSTOD, *Zylinder auf seinem Schädel und buntkariertes Taschentuch in der Hand, und der* KRIEGSTOD, *Stahlhelm auf seinem Schädel, in der Hand einen Beinknochen — den Feldherrnstab. Seine Brust zieren viele Orden.*

KRIEGSTOD: Gleich sind wir angelangt, Herr Kamerad.
Hätt' ich gewußt, daß Sie so schlecht bei Atem sind ...
Auf meine Ehre, mir tut's aufrichtig leid ...
Ich wünschte, daß Sie's nicht bereun.
So, bitte sehr ...
Anordnung ist ganz einfach.
In Kompagnien liegen sie begraben,
Am Flügel sind die untern Chargen.
Ganz wie im Leben schlichte Nummern,
Unsere tapfren Helden.
Die Namen wären überflüssig ...
Man tat es wohl aus Pietät,
Es hätten Nummern auch genügt.
Und seitlich ruhn die Herren Offiziere ...
Wenn Sie Interesse, wen sie dargestellt
Als Zivilisten ... Ich bitt' gehorsamst,
Wenn Sie sich bemühen wollen ...
FRIEDENSTOD: Hm, hm, hm, hm!
Großartig, lieber Herr Kollege.
Großartig — alle Anerkennung.
Mich überkommt fast Neid.
KRIEGSTOD: Zuviel des Lobs, Herr Kamerad.
Ihr Mißtraun schien mir unerklärlich,
Ich bin's in Bürgerkreisen zwar gewohnt.
Drum möchte ich von Herzen gern Sie überzeugen.
Wenn Sie gestatten, laß ich aufmarschieren.
FRIEDENSTOD: Ich bitte Sie darum.

KRIEGSTOD: In Kompagniefront aufmarschiert.
Marsch!
Aus den Gräbern steigen die Soldaten- und Offiziersskelette, alle mit Stahlhelmen bedeckt. Sie stellen sich in strammer Haltung vor ihre Gräber.
KRIEGSTOD: An die Gewehre!
Jedes Skelett eilt an sein Grabkreuz, reißt es aus der Erde und stellt es neben sich. Die Offiziere handhaben ihre Kreuze wie Degen.
KRIEGSTOD: Stillgestanden! Die Herren Offiziere wollen bitte
Ihren Platz einnehmen!
Die Offiziere eilen an den rechten Flügel und verteilen sich als Zugführer.
KRIEGSTOD: Richt euch!
Augen gerade aus!
Parademarsch!
Auf der Stelle getreten!
Frei weg!
FRIEDENSTOD: Mein Kompliment! Mein Kompliment
Ich denk' mit Wehmut und voll Schauder
Wenn ich die gleichen Dinge unternehmen wollte
Mit meinen Fraun und Kindern –
Als Chargen krumme Veteranen etwa ...
Gestützt auf Regenschirme.
Ja, Herr Kollege.
Ich fühle mich geschlagen –
Sie sind das ordnende Prinzip.
Bei mir herrscht Chaos.
KRIEGSTOD: Ach bitt', Herr Kamerad,
Ich fühle mich geschmeichelt –
Bei einiger Disziplin und Übung
Gelingt es auch bei Ihnen.
– Also Achtung.
In Gruppen rechts schwenkt ...
Marsch!
Stillgestanden!
Rührt euch.
Ich bitt', wer ist doch gleich
Der Älteste im Rang?
Ein Oberst legt die Hand an den Helm und nähert sich in Knickschritten.
KRIEGSTOD: Danke sehr, Herr Oberst.
Achtung!
Gewehr ab!
Die Offiziere und Soldaten stecken ihre Grabkreuze wieder in die Erde.

KRIEGSTOD: Achtung!
Kopfrollen!
Als Selbstübung ...
Anfangen! –
Herr Oberst, bitte, wollen Sie
Die Aufsicht übernehmen.
Die Soldaten, Arme in Hüften gestemmt, rollen ihre Schädel. Der Oberst beaufsichtigt die Truppe. Die Offiziere ihre Kompagnien.
FRIEDENSTOD: Das alles haben Sie erdacht, Kollege,
Ist sozusagen eigene Idee.
KRIEGSTOD: Wie meinen Sie, Herr Kamerad?
FRIEDENSTOD: Ich meine, ward der Plan
In Ihrer Schädelhöhle frisch geboren?
Ich mein' nur so ...
KRIEGSTOD: Nicht ganz zwar ...
Aber doch, wie soll ich's sagen ...
– Sie verstehen mich.
FRIEDENSTOD: Ich glaube bald, Sie zu verstehen.
Doch brauch' ich Zeit zur Überlegung.
KRIEGSTOD: Aufhören!
Achtung!
Ganzes Regiment ... kehrt!
In die Gräberrrr!
Soldaten steigen in ihre Gräber.
KRIEGSTOD: Ich danke, meine Herren ...
Die Kritik das nächste Mal.
Die Offiziere steigen in ihre Gräber.
Schweigen. Nach einigen Minuten bricht der Friedenstod in schallendes Gelächter aus, das sich in stoßweises Wiehern verflüchtigt.
KRIEGSTOD: Ich bin bestürzt, Herr Kamerad.
Sind Fehler vorgekommen,
Oder war'n die Kerle schlapp?
Friedenstod wiehert und fächelt sich mit seinem Taschentuch zu.
KRIEGSTOD: Herr Kamerad, ich muß schon bitten.
Gelächter duldet meine Ehre nicht.
FRIEDENSTOD: Und meine Ehre duldet keine Heuchelei.
Mein Mißtraun war berechtigt. –
Tor, der ich mich übertölpeln ließ
Mein Reich – ich nannt' es Chaos.
Ich hab mich allzu schlecht gemacht
Vor mir ist jeder gleich.
Verschiedenheiten gibt's zwar auch –
Zudringlich ist der Geldvampir und ohne Takt,
Doch Ihr Prinzip ist nicht von unsrer Welt –
Sie spielen sich als Sieger auf

Und sind geschlagen –
Der Krieg hat Sie geschlagen, lieber Herr.
Und Sie gezwungen,
Sein System hier fortzuführen,
Mit Chargen, Rang und Vorurteilen.
Gleichsam Kaserne zu verwalten.
Feldwebel wurden Sie!
Ein Tod, der sich der deutschen Kriegsmaschine unterwirft
Wer hätt' das je gedacht!
Sie sind ertappt, mein Lieber!
Ich rate Ihnen, sei'n Sie auf der Hut.

KRIEGSTOD: Infamie, Beleidigung.
Nutzlos die Antwort ...

FRIEDENSTOD: Ich möcht' mit einem Paradox
Die Unterhaltung rasch beenden.
Sie sind ein Tod von heute –
Ihr Gebaren gleicht dem Leben,
Das unter Zirkusflittern längst verfault.
Sie kleiner Tod!
Sie Heuchelprotz mit militärisch aufgestutzten Phrasen.
Empfehlen Sie mich Ihrem Herrn, dem Kriegssystem.
Haha! Haha! Hahahahaa! *Friedenstod geht wiehernd davon.*

KRIEGSTOD *steht verdutzt: Reißt aus der Erde einen Grasbüschel. Wischt sich den Knochenschweiß aus seinem Antlitz.*

KRIEGSTOD: Verflucht! Ich glaub', ich hab' verspielt!

Die Bühne schließt sich.

ERSTE STATION

ERSTES BILD

Vordere Bühne. Städtisch verunstaltetes Zimmer. Dämmerung weht Formen und Töne verwischend. In den Häusern jenseits der Straße werden die Lichter an Weihnachtsbäumen angezündet. Am Fenster lehnt Friedrich.

FRIEDRICH: Sie zünden drüben Lichter an. Kerzen der Liebe. Mysterien offenbaren sich. Lichtmeer der Liebe ... Ausgestoßner taumle ich von einem Ufer zum andern. Denen drüben Fremder, den andern fern. Ekler Zwitter. War nicht Hauch des Mitleids in ihrer Stube, da sie bat, kommen Sie zu uns? Ich danke Ihnen, Fräulein – gehorsamer Diener – werde pünktlich da sein. Auf Stichwort künstliches Lächeln.

Tragikomisches Figürchen. Approbierter Zuschauer ... nein ... Stehaufclown ... Länger schleppe ich nicht diese Zerrissenheit mit mir umher. Was sind mir die! Daß ihr Blut in mir strömt, was will das bedeuten? Zu denen drüben gehöre ich. Einfacher Mensch, bereit zu beweisen. Fort mit aller Zersplitterung. Nicht mehr länger stolz schützen, die ich verachte. Aufrecht.

Mutter tritt ein.

MUTTER: Bist du endlich zurückgekommen, Friedrich. Wo warst du den ganzen Tag?

FRIEDRICH: Auf der Wanderschaft, Mutter. Auf der Wanderschaft ... Wie immer. Schau mich nicht so an, Mutter ... ich sagte es doch, auf der Wanderschaft. Wie Er, Ahasver, dessen Schatten zwischen geketteten Straßen kriecht, der sich in pestigen Kellerhöhlen verbirgt und nächtens draußen auf frierenden Feldern verfaulte Kartoffeln sammelt ... Ja, ich suchte Ihn, meinen großen Bruder, Ihn, den ewig Heimatlosen ...

MUTTER: Du versündigst dich, Friedrich. Bist du heimatlos?

FRIEDRICH: Wo habe ich denn eine Heimat, Mutter. Die drüben haben eine Heimat, in der sie wurzeln. Die drüben sind eins mit sich und ihrem Boden ... frei von jener Zerrissenheit, die gleich eiternden Schwären Denken und Fühlen zerfrißt ... Sie können lachen und frohen Herzens Tat tun. Sie haben ihr Land, in dem sie wurzeln ... dem sie sich darbringen können ...

MUTTER: Du fieberst, Friedrich.

FRIEDRICH: Ja, ich fiebere, Mutter! Willst du mir nicht ein Beruhigungsmittel geben? Daß ihr auch fiebertet wie ich! Nun bist du traurig, Mutter. Grämst dich, daß ich nicht der gute Sohn bin ... der stets liebevoll lächelt ... wie die Söhne all deiner Bekannten. Ach, sie sehen so rührend aus, diese wohlarrangierten Familienbilder aus gesitteten Häusern!

MUTTER: Ich höre nicht auf deine Worte, Friedrich. Du bist unlustig und gehst törichten Gedanken nach, weil ... weil du keinen Beruf hast. Ich will dich nicht hindern, werde Bildhauer. Aber zuerst schaffe dir ein Fundament, ergreife einen bürgerlichen Brotberuf. Auch der Onkel Richard rät es.

FRIEDRICH: So, rät es der Onkel?! Erzählte er nicht als Beispiel die Historie von Strindberg, der in seinen letzten zehn Jahren «verbummelt» sei? Träufelte er nicht einige Tropfen Bedauern hinein, daß er ... es verabsäumte, durch Strindberg unsterblich zu werden ...? «Ein Mann der Literaturgeschichte», wie er so schön sagt. Ja, hätte er ihm nur das Geld gegeben, um das ihn Strindberg anging! Hätte er es nur getan, dieser edle Bürger! Aber begegnete ihm ein zweiter Strindberg, er stellte sein dilettantisches Epigonentum fest, ließe ihn verhungern und beruhigte sein aufgeregtes Gemüt an steigenden Aktienkursen. Dieser gute Geschäftsmann!

MUTTER: Auch dein Vater war ein guter Geschäftsmann.

FRIEDRICH: Ich weiß es, Mutter. O ja, er war gütig. Er ließ dich arbeiten... und machte indessen aus seinem Leben Aufeinanderfolgen glänzender Jagdpicknicks ... Der gute Vater. Zu mir aber sprach er von wohlanständigem Leben und gefestigtem Wandel ... Damals als ich fort wollte ... hinaus ... zwang er mich, hierzubleiben ... Er hat mir meine Jugend versperrt!

MUTTER: Schweig, Friedrich ... ich dulde nicht, daß du so vom Vater sprichst. — — Friedrich, ich weiß, du tust nur dir allein weh mit deinen Worten ... Ich will dich heute nicht quälen ... Ich will später mit dir sprechen, wenn du ruhig bist. Jetzt ... Friedrich, ich komme mit einer Bitte, einer winzigen Bitte ... Erfüll sie deiner alten Mutter. Friedrich, geh zum Gottesdienst. Die Leute würden ...

FRIEDRICH: Die Leute! Oh, sag doch lieber zum Dienst der Leute, und nicht zum Dienst Gottes, aus dem ihr einen verknöcherten, engherzigen Richter machtet, der ein einziges Gesetzbuch schrieb, nach dem er Menschen richtet. Immer mit denselben toten Gesetzesparagraphen. Und dem Engherzige dienen. Sie ekeln mich an, eure Leutedienste, denn ich kann sie nicht Gottesdienste nennen. Seid ihr freier, wenn ihr das Gotteshaus verlaßt? Nein — nein. — Und die Enge in euren weiten Gotteshallen — an der ersticke ich.

MUTTER: Als dein Vater starb, waren wir in notdürftigen Verhältnissen. Ich habe gespart, um dich zu ernähren, um dich in die Schule gehen zu lassen, damit du es leichter hast als wir. Um dir dein wirtschaftliches Fortkommen auf alle erdenkliche Art zu erleichtern. Du mußt doch verstehen, daß ich mich als Mutter sorge. Alles gab ich meinen Kindern. Nie gönnte ich etwas mir.

FRIEDRICH: Ach, Mutter, ich weiß es ja. Ich möchte weinen, wenn ich daran denke. Bin ich undankbarer, mißratener Sohn? Nein, Mutter, nein. Du hast für mich gesorgt mit Geld, willst mir meine Wege ebnen, um Geld zu erwerben ... ja, mein wirtschaftliches Fortkommen ist gesichert. Was aber tatest du für meine *Seele*? Lehrtest mich Haß gegen die Fremden. *Warum?*

MUTTER: Sie dulden uns nur. Sie verachten uns.

FRIEDRICH: Das tun sie nicht. Milde und Güte und Liebe wächst bei ihnen, allumfassende Liebe. Siehst du drüben die Lichter? Strahlen gütigen Umarmens. — Mutter nannte ich dich, weil du mich gebarst. Kann ich dich heute noch Mutter heißen, da du meine Seele aussetztest, wie törichte Mütter ihr nacktes Kind?

Mutter geht schweigend hinaus.

FRIEDRICH: Nun ist etwas entzwei ... Oder war es nicht schon längst zerbrochen ... Es mußte wohl zerbrechen ... Mutter! ... *Stille.* Nein, ich gehe nicht zu ihr ... nun teilen sie Geschenke aus. Die Kinder singen. Wann habe ich als Kind hier je gesungen, wirklich gesungen?

Freund tritt ein.

FREUND: Guten Abend, Friedrich! Gabriele schickt mich und außerdem wollte ich ...

FRIEDRICH: Sag ihr, ich kann nicht kommen. Ich sei krank, wälzte mich im Fieber.

FREUND: Ich möchte dich nicht allein lassen.

FRIEDRICH: Nicht? Ich danke vielmals, sehr liebenswürdig, geht auch leicht, das Nichtalleinlassen. Bitte nimm Platz, dort drüben. Wollen wir irgend etwas tauschen? Ein gutes Taschenmesser gegen einen Zeichenkasten? Der Zirkel ist zwar schadhaft, aber man merkt es nicht leicht, ich habe ihn so gelegt, daß man es nicht merken kann.

FREUND: Friedrich! Warum quälst du mich und dich?

Friedrich umarmt den Freund und schluchzt auf.

FREUND: Armer Freund!

FRIEDRICH: Ich bin nicht arm, ich will nicht dein Mitleid. Ich verbitte mir dein Mitleid, ich brauche es nicht. Auch nicht das deiner Schwester, bestell' das ihr. Ich erlasse ihr die Peinlichkeit, an meiner Seite in den Straßen gesehen zu werden. Ich habe Weiber genug, drüben in der engen Straße ... mein Taschengeld reicht aus. Ich will euch nicht. Ich bin allein stark genug, ganz allein. Ich brauche niemand, die nicht und euch nicht.

FREUND: Dann muß ich also gehen, Friedrich, aber du kannst mich ja rufen.

FRIEDRICH: Ich rufen? Dich vielleicht zu Hilfe rufen? Nie ...

FREUND: Nun, so meine ich es nicht. Aber ehe ich gehe – weshalb ich eigentlich gekommen ... Heute abend kamen Extrablätter. Der Kampf gegen die Wilden hat begonnen, drüben in den Kolonien. Es steht angeschlagen, Freiwillige können sich melden. Wie gern möchte ich es, aber meine Eltern erlauben es nicht.

FRIEDRICH *als ob er aufwachte:* Erlauben es nicht? – Und damit begnügst du dich? Das kann doch dein Ernst nicht sein ... Drüben brauchen sie Freiwillige ... Verzeih' mir, lieber Freund, daß ich hart war gegen dich, verzeih' mir alle bösen Worte. Drüben brauchen sie Freiwillige. Nun kommt Befreiung aus dumpfer quälender Enge. Oh, der Kampf wird uns alle einen ... Die große Zeit wird uns alle zu Großen gebären ... Auferstehen wird der Geist, alle Kleinlichkeiten wird er zerstören, alle lächerlichen, künstlichen Schranken niederreißen ... sich wieder offenbaren in seiner unendlichen Schönheit ... Und mir – mir gibt diese Stunde besonderes Geschenk ... Drüben brauchen sie Freiwillige. Die Nachricht bringst du mir am Abend der Liebe, du lieber Freund. Drüben brauchen sie Freiwillige. Warum zagte ich? Ich fühle mich ja so stark! Nun kann ich meine Pflicht tun. Nun kann ich beweisen, daß ich zu ihnen gehöre. – Du, wo kann man sich melden? Auf dem Rathaus?

FREUND *nickt.*

FRIEDRICH: Lieber Freund, ich bin ja so froh, so froh. Entschuldige mich bei Gabriele. Nun beschenkt mich das Vaterland. Sag, ich sei beschert worden, auch ich am Abend der Liebe. Siehst du die Weihnachtsbäume? In jeder Ecke strahlt einer. Sag Gabriele, ich ließe ihr danken und grüße sie. Sie wird mich verstehen, warum ich nicht komme und sich freuen. *Hinausstürzend.* Nun kann ich es beweisen, beweisen!

Dunkel.

ZWEITES BILD

Hintere Bühne. Transportzüge. *Vergittertes Holzabteil eines fahrenden Zuges. Ölfunzel tränt flackerndes Licht. Zusammengepfercht hocken schlafende Soldaten. Ein stummer Soldat (Antlitz Friedrichs). Zweiter stummer Soldat mit Totenschädel. Beide schattenhaft wirklich.*

ERSTER SOLDAT: Wie lange rattert schon der Zug.
O dieses ewige knirschende Stampfen
Gepeitschter Maschine.
ZWEITER SOLDAT: Wir irren durch endlose Räume.
Tage, Wochen, ich weiß es kaum mehr.
Wollt', ich schlief im Schoß meiner Mutter.
DRITTER SOLDAT: Wollt', das Haus wär zusammengestürzt
Als der Vater die Frau umarmte.
VIERTER SOLDAT: Wollt', vom Himmel wärn feurige Dolche geschnellt
Die den fremden Mann erschlagen
Da er die Mutter im Walde sich nahm.
FÜNFTER SOLDAT: Unnütze Worte. Lange schon
Klemmt uns verruchter Sarg.
Lange schon modern wir.
Stinkend verfaulendes Menschenfleisch . . .
SECHSTER SOLDAT: Ziellos irren wir, furchtsame Kinder
Preisgegeben sinnloser Willkür
Morden, hungern, vollbringen gewaltige Taten.
Bleiben doch furchtsame Kinder
Schrecküberfallen von lichtloser Nacht.
SIEBENTER SOLDAT: Könnt' ich noch beten.
Alle die süßen kosenden Worte,
Die meine Mutter mir milde verhieß,
Zerspellen zu irrem gebrochenem Lallen.
ERSTER SOLDAT: Ewig fahren wir.
ZWEITER SOLDAT: Ewig stampft die Maschine.
DRITTER SOLDAT: Ewig gatten sich Menschen.
Aus gieriger Lust wächst ewig Fluch.

VIERTER SOLDAT: Ewig gebiert Urschoß Gestirne.
Ewig zerstört sich der göttliche Schoß.
FÜNFTER SOLDAT: Ewig verwesen wir.
SECHSTER SOLDAT: Ewig Kinder vom Vater geängstigt.
SIEBENTER SOLDAT: Von Müttern geopfert.
Frierender Not.
ALLE: Ewig fahren wir
Ewig . . .

Die Bühne schließt sich.

ZWEITE STATION

DRITTES BILD

Vordere Bühne. Eine Stunde nach Sonnenuntergang. Wüste am Wasserloch.

ERSTER SOLDAT: Abend neigt sich, aber Hitze lagert wie schwelende Kruste – Schläft der Leutnant?
ZWEITER SOLDAT: Warum soll er nicht schlafen? Zelt wird gespannt – Moskitonetz ausgebreitet – er selbst steht dabei als Herr, Hände in den Taschen – da läßt es sich schlafen.
ERSTER SOLDAT: Die Herren, die mögen Lieder brüllen, ich hab's satt.
VERWUNDETER: Wasser!
ERSTER SOLDAT: Gib ihm!
Friedrich reicht ihm Wasser.
VERWUNDETER: Nimm den Toten fort. Immer stößt mein Fuß an Tote. – Ob sie mir meine Beine absägen werden? Schmerzen mich. – Aber ich wollte doch Tanzlehrer werden, eins, zwei, drei . . . eins, zwei, drei, soll ein Walzer sein.
FRIEDRICH: Schlaf Bruder!
VERWUNDETER: Aber nehmt die Toten fort. Ich mag sie nicht tanzen lehren . . . sie . . . quälen . . . mich . . . nun muß ich es doch . . . Will keiner aufspielen . . . *singt* eins . . . zwei, drei, eins . . . zwei, drei, soll ein Walzer sein . . .
FRIEDRICH: Schlaf Bruder, gib mir deine Hand. Tu dir nichts. Will mit kalten Tüchern deine Stirn netzen. Werden Träume dich zum Tanz auffordern . . . bekränzte Träume . . . Tanzen mit dir über die Heide, an deinem Haus vorbei.
VERWUNDETER *singt:* Eins . . . zwei, drei . . . eins . . . zwei, drei . . .
FRIEDRICH: O Gott!

ERSTER SOLDAT: Wofür? Für die Herren. Den Wilden die wahre Religion bringen? Mit Morden und Sengen. Ich bin der Erlöser, juchhe! Laß dir den Schädel zertrümmern, und die Seligkeit erwartet dich.

FRIEDRICH: Es muß sein, es muß sein!

ZWEITER SOLDAT: Was muß sein? Morden und Sengen? Irrenhaus und Siechstätten?

FRIEDRICH: Um des Vaterlandes willen!

ERSTER SOLDAT: Vaterland! Kenne kein Vaterland. Kenne Herren, die prassen und Arbeiter, die sich schinden.

FRIEDRICH: Wie könnt ihr denn leben ohne Vaterland? Wahnsinn würde mich packen in all dem Grauen . . . wenn ich nicht die Zähne zusammenbiß, um des Vaterlandes willen.

ZWEITER SOLDAT: Das sagst *du*?

FRIEDRICH: Wie du es auch sagen müßtest.

ERSTER SOLDAT: Haha, du als Fremder?

FRIEDRICH: Bin kein Fremder, gehöre zu euch.

ZWEITER SOLDAT: Und wenn du tausendmal in unseren Reihen kämpfst, darum bleibst du doch der Fremde.

ERSTER SOLDAT *ohne jede Betonung:* Fluch hängt an dir, Vaterlandsloser.

VERWUNDETER: Va . . ter . . lands . . lo . . ser . . . eins . . . zwei, drei . . . eins . . . zwei, drei . . . soll . . . ein Walzer sein . . .

FRIEDRICH: Wagt mir das Wort wie faule Jauche an den Kopf zu spritzen und ich vergeß' mich. Habe ich es nicht bewiesen in Gefechten und Schlachten, auf Patrouillen und Wachen – Trieb mich feige Hast zurück? Kroch ich in Höhlen, mich zu verstecken?

ZWEITER SOLDAT: Bleibst doch der Vaterlandslose.

FRIEDRICH: So will ich denn für mein Vaterland kämpfen trotz euch. Denn wer kann's mir scheel entreißen, trag ich's doch in mir.

ERSTER SOLDAT *gutmütig:* Mußt dich schon dran gewöhnen. Wir sind ja schließlich alle ohne Vaterland. Wie die Dirnen.

Die beiden Soldaten legen sich hin und schlafen.

FRIEDRICH: Wankt nicht zerwühlter Boden unter mir? Bäume verdorren – Wüste wächst – wohin soll ich wandern? Ich trat in ein Haus, da brannten sie's über mir ab *auflachend* hei, wie die Sparren knisternd flogen.

Der Irre hat sich inzwischen kriechend herangeschlichen.

IRRER: Brüderchen . . .

FRIEDRICH: Wer da?

IRRER: Brüderchen . . .

FRIEDRICH: Was willst?

IRRER: Brauchst dich nicht zu fürchten.

FRIEDRICH: Von wo kommst du?

IRRER: Wüstenflugsand trieb mich her.

FRIEDRICH: Du lebst dort?

IRRER: Leben? Ich starb dort . . . hu, sterben viele dort und lassen sich treiben. –

FRIEDRICH: Vom Wüstenflugsand?

IRRER: Mich dürstet!

FRIEDRICH: Hier nimm Wasser.

IRRER: Sauf mein eignes Blut, brauch nicht deines . . . Tor . . . Narr . . . blökendes Kamel . . . Brüderchen . . .

FRIEDRICH: Du blutest!

IRRER: Scher' dich nicht drum, ich sauf es aus.

ZWEITER SOLDAT: Was für ein Lärm?

FRIEDRICH: Ich glaube – –

Zweiter Soldat bemerkt den Irren.

ZWEITER SOLDAT: Der ist ja krank!

IRRER *beginnt zu lallen.*

ERSTER SOLDAT: Ein Wahnsinniger. Wird von der andern Kompagnie herübergelaufen sein.

IRRER *beginnt zu weinen:* Nach Haus . . . nach Haus . . .

ZWEITER SOLDAT: Führ' ihn zum Mann des Roten Kreuzes.

FRIEDRICH: Mein Gott!

ERSTER SOLDAT: Ich bin der Erlöser, juchhe! Jetzt gehe ich zum Roten Kreuz. Rot bedeutet, daß Blut abgewaschen werden soll.

FRIEDRICH: Nein, es muß sein, um des Vaterlandes willen.

Der Korporal kommt.

KORPORAL: Es fehlt noch ein Mann. Wir müssen auskundschaften, wie stark die feindlichen Reserven über die feindliche Front hinausstoßen. Einer soll zurückkommen, darum gehen fünf. Wer meldet sich hier bei euch?

FRIEDRICH: Ich. Ich will, trotz euch.

Dunkel.

VIERTES BILD

Hintere Bühne. Zwischen den Drahtverhauen. *Wolken peitschen dunkel um den Mond. Rechts und links Drahtverhaue, in denen kalkbespritzte Skelette hängen. – Zwischen den Drahtverhauen von Granattrichtern aufgewühlte Erde.*

ERSTES SKELETT: Wie bin ich doch allein.
Die andern schlafen alle.
Jedoch . . . mich friert nicht mehr,
Wie damals, als ich zwischen Freund und Feind verenden mußte.
Der Kalk ätzt gut, die Fetzen
Blut'ger Haut sind schnell geschrumpft.

Haha, nun kann ich mit den Händen klappern.
Zweites Skelett im rechten Drahtverhau richtet sich empor.
ZWEITES SKELETT: Schon wieder regt sich drüben der Halunke!
Daß ich mich immer ducken muß.
Jedoch ... Mich hungert nicht. –
Wer packt mich? Kalte Knochenhand ...
Laß los, sag' ich dir,
Laß mich los.
Sonst ... Ich vergeß' mich ... –
Es war die eigne Hand, die sich
Der Schwester kalt verkrampfte.
ERSTES SKELETT: Spiel' weiter nur Komödie, alter Freund,
Ich klappere mit schlottrigen Gelenken
Dazu erlesnen Niggertanz.
Nun sind wir nicht mehr Freund und Feind.
Nun sind wir nicht mehr weiß und schwarz.
Nun sind wir alle gleich.
Die bunten Fetzen fraßen Würmer
Nun sind wir alle gleich.
Mein Herr ... Wir wollen tanzen.
Skelette zwischen den Drahtverhauen, die Erde von ihren Knochen abschüttelnd.
SKELETTE: Nun sind wir alle gleich.
Mein Herr ... Wir wollen tanzen.
ERSTES SKELETT: Das bunte Ordenszeug ist längst verfault.
Der Titel stiert im Zeitungsinserat.
Von schwarzen Rändern eingezäunt.
Haha – wir wollen tanzen.
ZWEITES SKELETT: Da drüben ihr, die ohne Beine,
Ergreift sie! Klappert!
Klappert auf zum Tanz!
ALLE SKELETTE *lachen:* Da drüben ihr, die ohne Beine,
Ergreift sie! Klappert!
Klappert auf zum Tanz!
Die ohne Beine ergreifen die Beinknochen und klappern. Die andern tanzen.
ERSTES SKELETT: Haha, was ist denn das?
Du drüben, warum tanzt du nicht?
ALLE: Mein Herr ... wir wollen tanzen!
SKELETT *im Winkel:* Schäme mich so!
ZWEITES SKELETT: Schämst dich?
Meine Herren ... Scham. *Bedeckt mit den Händen den Ort der Geschlechtsblöße.* Ich glaub', das gab's einmal.
ALLE *bedecken sich schleunigst.*
ERSTES SKELETT: Die Wüste trieb die Scham zum Teufel.

Wer wird sich jetzt noch schämen?
Dumme Narren!
Wir sind ja alle nackt!
Und hinter nackten Knochen
Gähnt der hohle Sumpf.

SKELETT *im Winkel:* Nein, nicht Sumpf.

ERSTES SKELETT: Wer?

SKELETT: Lebt Maria ...

ALLE: Hihi! Hoho!
Hihi! Hoho!

ERSTES SKELETT: Mein Herr, Sie sind nicht ganz gesund.
Mein Herr. Wir wollen tanzen!

ALLE: Ja tanzen. Ja tanzen!

SKELETT *im Winkel:* Bin kein Herr!

ZWEITES SKELETT: Was denn?

SKELETT *im Winkel:* Ein ... Mädchen ...

ERSTES SKELETT: Wie?

SKELETT *im Winkel:* Ein ... Mädchen ...

ERSTES SKELETT: Meine Herren! Bedecken wir unsre Blöße!

SKELETT *im Winkel:* Dreizehn Jahre bin ich erst.
Aber ... Warum starrt ihr mich alle so an?

ZWEITES SKELETT: Mein Fräulein, Sie stehn in meinem Schutz.

SKELETT *im Winkel:* So brauch' ich mich nicht zu fürchten?
Es waren nämlich damals auch so viel.

ERSTES SKELETT: Wann?

SKELETT *im Winkel:* In jener Nacht.
Ich weiß noch heute nicht, warum sie's taten.
Mußt' es denn sein, mein Herr?
Kaum hatt' der eine mich gelassen,
War schon der andere in meinem Bett.

ZWEITES SKELETT: Und dann?

SKELETT *im Winkel:* Dann ... ich starb daran.

ERSTES SKELETT: Sie starb daran!
Ein schönes Wort! Ein feines Wort!
Sie starb daran!
Meine Herren! Sie sind vertattert
Und haben die Hände ... hoho ...
Und haben die Händer immer noch ...

ALLE *lassen die Hände fallen.*

ERSTES SKELETT: Mein Fräulein, aus ist's mit der Scham!
Wozu? ... Siehst du den Unterschied?
Du hast ihn, glaub' ich, niemals recht gesehn!
Doch heut' ... Auf eines Kalkbespritzten Ehre
Doch heute sind wir alle gleich.
Drum Fräulein in die Mitte

Wenn ich bitten darf!
Sie sind geschändet ...
Gott, wir sind es auch.
Das will so wenig sagen
Ist kaum der Rede wert.
Recht so! Sie sind gescheit!
Dorthin gesetzt.
Alle bilden einen Kreis um das Skelett im Winkel und tanzen stürmischen Ringelreihn.

Die Bühne schließt sich.

DRITTE STATION

FÜNFTES BILD

Vordere Bühne. Morgendämmerung. Im Lazarett. Einfaches getünchtes Lazarettzimmer. Über dem Bett gekreuzigter Christus.

ARZT: Er schläft noch.
SCHWESTER: Wälzt sich stöhnend umher, schon drei Nächte. Wähnt, er wandre Wüstenwege. Fiebert nach Wasser. Schreit, er müsse zum Gebirge, zu steinigen Gipfeln, aber Wüste dehne sich aus und lasse ihn nicht heran.
ARZT: Chinin, doppeltes Quantum Chinin. Nervenschock müßte man meinen. Meinen! Meinen! Die neue Grippelin-Schule würde es diagnostizieren. Stimmt nicht, stimmt nicht, liegt ganz woanders. Woran? An chronischer Erschlaffung der Verdauungsorgane — — drei Löffel Rizinusöl und jeden Abend und Morgen je zwei Aspirintabletten — — uninteressantes Fällchen, ganz uninteressant. Wo liegt der Neue? Hat er bei seiner Einlieferung Rizinus geschluckt? Nein, nicht? Schwester, ich bin erzürnt. Pflichtvergessenheit dulde ich nicht. Prinzip! Prinzip!
SCHWESTER: Wenn er aufwacht und fragt, soll ich ihn wissen lassen?
ARZT: Natürlich. Kleiner Erregungszustand. Regt Muskeltätigkeit im Mastdarm an.
Beide gehen hinaus.
FRIEDRICH *im Fieber:* Wo seid ihr andern ... o der Wüstenflugsand ... gekörnter Nebel ... nicht ruhen ... weiter ... kenne dich nicht ... wer bist du ... Ahasver ... Armseliger ... schleich dich zurück ... in albkeuchende Städte, hier findest du nicht Höhlen ... ich wandre nicht mit dir ... nein *schreit* nein *wacht auf.* Durst!

Rote-Kreuzschwester kommt.

SCHWESTER: Hier, trinken Sie.

FRIEDRICH: Bist du die Mutter Gottes?

SCHWESTER: Sie müssen ganz still liegen bleiben.

FRIEDRICH: Du trägst das Kreuz ... Das Kreuz ist an dich geheftet ... Rotes Kreuz ... mein Gott, wird hier Blut abgewaschen?

SCHWESTER: Man will Ihnen Genesung geben.

FRIEDRICH: Ja, Genesung. Deine Hände streicheln lind und fromm. Laß schauen. Wie schwielig und hart.

SCHWESTER: Arbeit bröckelte daran, grub Rinnsale.

FRIEDRICH: Kreuzträgerin du, Verkünderin der Liebe ... Sie strömt nicht von Blut, deine Liebe, netzt heilend die Kranken.

SCHWESTER: Alle, die hier liegen, euch und die Wilden.

FRIEDRICH: Nur die: Zu wenig, Schwester, warum nicht die draußen ... alle ...

SCHWESTER: Sie kämpfen gegen unser Vaterland.

FRIEDRICH: Ja, ich weiß es, es muß sein ... Wie lange bin ich schon hier?

SCHWESTER: Seit drei Tagen, Sie tapferer junger Held!

FRIEDRICH: Ich war doch gefangen?

SCHWESTER: Man fand Sie an einen Baum gebunden. Der einzig Überlebende.

FRIEDRICH: Nicht an ein Kreuz ... Der einzig Überlebende ...

SCHWESTER: Fühlen Sie sich wohl genug? Der Offizier will Ihnen Lohn bringen!

Friedrich schweigt.

OFFIZIER: Ich beglückwünsche Sie, junger Freund. Tapfer setzten Sie sich ein, achteten nicht hartester Marter. Das Vaterland weiß Ihre Dienste zu schätzen. Es sendet Ihnen durch mich das Kreuz. Fremder waren Sie unserm Volk, nun haben Sie sich Bürgerrechte erworben.

FRIEDRICH: Das Kreuz? Gehöre ich nun zu euch?

OFFIZIER: Sie gehören ...

Draußen Lärm.

OFFIZIER: Was gibts?

SCHWESTER *freudig:* Mit Gottes Hilfe haben wir den Feind geschlagen, zehntausend Tote!

OFFIZIER: Ja, junger Freund ... Sieg stürmt ins Land, Sie gehören zu den Siegern.

Friedrich allein.

FRIEDRICH: Wie Jubel auf ihren Gesichtern tanzt. Zehntausend Tote! Durch zehntausend Tote gehöre ich zu ihnen. Warum quirlt nicht Lachen? Ist das Befreiung? Ist das die große Zeit? Sind das die großen Menschen? *Augen starr gerade aus.* Nun gehöre ich zu ihnen.

Dunkel.

Hintere Bühne. Die Krüppel. *Gewaltiger, unübersehbarer Saal, dessen niedrige Decke schwer lastet. Reihenweise Betten, in denen die Krüppel, mit grauen Hemden bekleidet, liegen. Von irgendwo kommen Sanitätssoldaten.*

DIE SANITÄTSSOLDATEN: Ausgerichtet sind die Betten –
Wie eine Schnur
Kein einziges stört die grade Linie
Wir haben unsre Pflicht getan.
Getrost – der Arzt kann kommen.
Die Visite mag beginnen.
Professor in weitem, geöffnetem Mantel, der eleganten, schwarzen Gehrock sehen läßt, kommt mit seinen Hörern herein. Auf seinem Hals sitzt ein Totenschädel – die Augenhöhlen glimmen durch goldeingefaßte Brille –

PROFESSOR: Ja, meine Herren.
Wir sind gewappnet gegen alle Schrecken.
wir könnten uns die positive Branche nennen,
Die negative ist die Rüstungsindustrie.
Mit andern Worten: Wir Vertreter der Synthese,
Die Rüstungsindustrie geht analytisch vor –
Die Herren Chemiker und Ingenieure
Sie mögen ruhig Waffen schmieden
Und unerhörte Gase fabrizieren,
Wir halten mit.
Das Kriegsverdienst wird ihnen angerechnet
Wir aber, meine Herren, begnügen uns
Und sind bescheiden:
Dem Werk der Rettung gilt die Arztesarbeit.
Doch eh wir zu den Patienten uns begeben,
Will ich Errungenschaften Ihnen zeigen,
Die meiner Mühe,
Ich sags nicht ohne Stolz,
Gelang.
Ach bitte, führen Sie
Die sieben Musterexemplare
Vor die weiße Leinwand.
Sanitätssoldaten stellen eine weiße quadratische Leinwandtafel auf. Ein Sanitätssoldat winkt. Wie aufgezogene Maschinen schreiten von irgendwo sieben nackte Krüppel. Ihre Körper bestehen aus Rümpfen. Arme und Beine fehlen. Statt ihrer bemerkt man künstliche schwarze Arme und Beine, die sich automatisch schlenkernd bewegen. In Reih und Glied marschieren sie vor die Leinwand.

EIN SANITÄTSSOLDAT *kommandiert:* Halt.

Die sieben stehen still, ein vernehmliches Knacken wird dabei hörbar.

EIN SANITÄTSSOLDAT *kommandiert:* Links–um!

Die sieben führen die Linkswendung aus. In diesem Augenblick leuchtet eine Blendlampe auf, die weißglühende Lichtgarben auf die sieben wirft, deren Gesichter alle den gleichen stereotypen Ausdruck tragen.

PROFESSOR: So, meine Herren, wenn ich bitten darf.
Dies ist der richtige Platz.
Wo sie am besten schaubar werden.
Die Leute sind durch unsre Wissenschaft
Zu neuem Leben auferweckt –
Fleischrümpfe waren sie,
Nun sind sie wieder Männer.
Sahn Sie, mit welcher Freude
Und Exaktheit
Die sieben dem Befehle folgten?!
Ja, meine Herren, nun sind sie wieder
Unserm Staate zugeführt
Und auch der Menschheit!
Wertvolle Glieder einer nützlichen Gemeinschaft!
Doch was mir jetzt gelang,
Heut will ichs Ihnen sagen.
Besondrer Mechanismus wurde konstruiert,
Die Leute können wieder ihrer höchsten Pflicht genügen.
Methode, sinnreich, ward geschaffen –
Fortpflanzungsmöglichkeit ist nun erreicht
Auch Ehefreuden warten dieser Männer.

EIN HÖRER *(Antlitz Friedrichs) wird ohnmächtig. Sanitätssoldaten reichen dem Ohnmächtigen Wasser.*

PROFESSOR *verbindlich, aber mitleidig lächelnd:* Ohnmächtig, junger Mann, beim Werk der Liebe,
Wie wärs denn draußen, auf dem Feld der Schlacht.

Der Hörer bedeckt sein Gesicht mit beiden Händen und geht davon. Unwillkürlich bewegen sich seine Füße genauso automatisch wie die künstlichen der Krüppel.

Die elektrische Lampe erlischt. Der Professor, die Hörer, Krüppel und Sanitätssoldaten verblassen.

Aus einem Bett richtet sich ein blinder Krüppel auf.

BLINDER: Sagt, Brüder, ward es Abend ...
Ward es Nacht ...
Die Nacht gibt Lindrung mir.
Die Nacht hat weiche, kühle Hände
Die streichen meine Augenhöhlen
Mit zärtlich blauenden Gebärden ...
Der Tag ist grausam. Sonne sticht.

Ich fühle sie als Schwefelmeer.
Das mich mit Dämpfen ätzend beißt . . .
ARMLOSER: Hört keiner mich . . .
Ich rufe doch
Und bitt euch, liebe Kameraden.
Nur eine kleine Notdurft möchte ich verrichten.
Wer hilft mir, schnell, ich bitt euch . . .
Im eignen Kot zu liegen, ist so jämmerlich.
RÜCKENMARKSVERLETZTER: Was macht das bißchen Kot bei dir –
Bei mir ward es Gewohnheit.
Ich weiß nicht, bin ich Mensch noch
Oder lebende Latrine.
Gelähmt ist mein Gedärm . . .
Und nur mein Herz muß schlagen . . .
Ist keiner hier, der es vermag,
Mein Herz zu lähmen.
Ich steck im eignen Kot –
Verpeste, mir und euch zum Ekel.
Ich fluch dem Herzen –
Meine Seele starb vor Ekel –
Und nur mein Herz ist ohne Mitleid –
Als ich erwachte, sagte mir der Arzt:
Die Kugel hat das Rückenmark gestreift,
Ihr Leben bleibt erhalten –
Hat dieser Mann gewußt,
Was mir erwächst –
Dann war es Spott,
Sonst hätt er mir ein Mittel geben müssen,
Daß ich verrecke.
Und hat ers nicht gewußt,
So sperr man ihn ins Irrenhaus.
VERWUNDETER *dessen Körper ständig von entsetzlichen Zuckungen gepeitscht wird:* Ins Irrenhaus – ja sperrt ihn nur
Ins Irrenhaus.
Nein, wißt ihr . . .
Andres Mittel weiß ich.
Sperrt ihn in einen Unterstand,
Und schießt den Unterstand in Trümmern.
Ratsch – krepierte die Granate . . .
Ich sah mich um . . . kein Ausweg mehr.
Mit meinen Nägeln kratzt ich
An zerfetzten Brettern –
Mit meinem Munde fraß ich Erde
Um mir ein Loch ins Licht zu fressen.
O viele Erde habe ich gegessen –

Nie wußt ich, daß die Erde so gut schmeckt.
Dann schlief ich ein –
Erwachend lag ich hier.
Ist das die Erde, die ich aß,
Die mich so zucken läßt?
Wollt ich zu frühe Erde werden
Und muß ich dafür büßen jetzt?
Oder bin der Erde ich entflohn,
Verfolgt mich ihre Rache?
Was ich in Händen halte, das verschütt ich –
Verschüttete ich doch mein Blut –

GASVERGIFTETER: Mein Atem ist ein Spatz,
Macht immer Pip . . .
Meine Lunge ist ein Spatzennest . . .
Könnt ihrs mir sagen?
Auch Spatzen soll es geben,
Die hin zum Süden fliegen
Wenn der Winter kommt.
Pip . . . pip . . .

ALLE: So weiß ein jeder eignes Lied.
Wir sollten einen Mischchor singen.

Von irgendwo kommt ein Pfarrer (Antlitz Friedrichs). Seine beiden erhobnen Hände umschließen ein Kruzifix, das er den Krüppeln entgegenstreckt.

PFARRER: Den Heiland bring ich euch,
Ihr armen Kranken.
Er weiß um euer Müh und Leiden –
O kommt zu ihm, ihr tief Bedrückten,
Er gibt euch Heilung, gibt euch Liebe.

DIE KRÜPPEL: Ist Er so mächtig, warum ließ Ers zu?!
Und wenn Ers gut hieß,
Dieses große «Frag mich nicht wofür».
Warum dann müssen wir noch leben?
Du sagst, er weiß um unser Leiden,
Dann ist er schlecht, wenn er uns nicht erlöst.

PFARRER: Ihr lästert.

DIE KRÜPPEL: Wags, uns Lästerer zu nennen,
Er lästerte an uns,
Wenn Er uns glauben machen will,
Daß Er um unser Leiden weiß!
Wags nur, uns Lästerer zu nennen,
Doch schau uns an zuvor.
Graut dich nicht deines Amtes?
Schau uns an. *Die Krüppel erheben sich in ihren Betten.*

Der Pfarrer hebt langsam seinen Kopf . . . Seine Augen erweitern sich ... erstarren. Seine erhobenen Hände zerbrechen langsam das Kreuz. Er sinkt in die Knie.

PFARRER: Wie konnt ich's wagen, Priester mich zu dünken —
Berufen wir — welch töricht Hirngespinst.
Mich packt ein Graun vor denen, die uns feierlich beriefen.
Ich seh den Abgrund, den der Priester aufbeschwört
Und möchte schrein: Befreit euch von den unberufnen Priestern.
— O Jesus, deine Lehren sind verstümmelt —
Wie gings sonst zu, daß kraftlos sie zerbröckeln.
Da ist kein Heil ...
Ich sehe keinen lichten Weg aus dieser Nacht,
Ich sehe nirgends eine lichte Hand.
Bereit euch zu erlösen ...
Wie könnt ich, selber trostbedürftig, den Trost euch spenden,
Nach dem mich brennender denn euch verlangt?
Und wer sollts unternehmen, euch, vor deren Augen
Alle bloßen, schwachen Mitleidsschleier fielen,
Mit frommen Worten zu betrügen —
Ich kann es nicht.
Ich gehe euch voran ...
Pfarrer verblaßt.

DIE KRÜPPEL: Glückauf!
Beneidenswerter!
In langem Zuge kommen die Schwestern.

DIE SCHWESTERN: Wir bringen Arzenei ...
Ihr armen Kranken ...
Getränke, stillend euren Durst ...
Wir bringen kühle Tücher
Euren Schmerz zu lindern ...
Wir bringen gütige Tabletten,
Die geben sanften Schlaf.

DIE KRÜPPEL: Was nützt uns Schlaf, ihr Schwestern ...
Morgen ächzt ein neuer Tag ...
O brächtet Arzeneien ihr
Für eine lange, lange Nacht. Wir wollen nicht erwachen.
Wir wollen nicht erwachen!

DIE SCHWESTERN: Zu viel verlangt, ihr arme Kranke,
Heilung zu bringen, ist unser Amt,
Zu töten ist uns nicht erlaubt.

DIE KRÜPPEL: Zu spät, ihr Schwestern —
Arme Flickerkunst vollführt ihr da.
Warum nicht wehrtet ihr im Frieden!
Warum erst flicken,
Wenn ihr tanzen könnt
Mit Frohen und Gesunden?!

DIE SCHWESTERN: Ihr tut uns Unrecht.
DIE KRÜPPEL: O schaut uns an
Und sprecht noch einmal aus,
Daß wir euch Unrecht tun.
Ihr wißt nicht, wer ihr seid, ihr lieben Schwestern,
Zieht Trauerkleidung an, tragt schwarze Schleier –
Nennt euer Tun nicht Nächstenliebe,
Nennt euer Tun armselig, traurig Flickwerk.
Die Schwestern erheben ihre Köpfe. Ihren Lippen entringt sich erschütternder Schrei. Sie brechen in sich zusammen. Verblassen. Dunkel.
Aufflammt die Blendlampe.
Vor der Leinwand stehen wieder die sieben Krüppel, davor Professor, Hörer, Sanitätssoldaten.
PROFESSOR: Es ist ein ausnahmsweises Glück –
Daß wir die Fälle so beisammen haben.
Die Kranken sehn wir morgen an.
Ich wiederhol, was ich am Anfang sagte!
Wir sind gewappnet gegen alle Schrecken.
Wir könnten uns die positive Branche nennen,
Die negative ist die Rüstungsindustrie.
Mit andern Worten: Wir Vertreter der Synthese.
Die Rüstungsindustrie geht analytisch vor.

Die Bühne schließt sich.

VIERTE STATION

SIEBENTES BILD

Morgenfrühe. Atelier. Friedrich arbeitet an einer überlebensgroßen Statue, ein nackter Mensch, ganz Muskeln, der geballte Fäuste reckt. In einer Stellung, die brutal wirkt.

FRIEDRICH *arbeitend:* Noch widerstrebt der Stein. Meine Hand packt den Meißel, allein sie bringt ihn nicht zum Glühen. Der Meißel bricht Marmor ... toten Marmor. Bin ich zu schwach, um Stein mit Blut zu füllen. Dann müßte ich einhalten ... Ich will keinen Erinnerungsstein schaffen! ... Glutende Wellen sollen davon ausströmen ... Menschen aufrüttelnd ... Daß sie nie vergessen, ihr Vaterland zu verteidigen ... Daß sie sich recken und Trotz bieten ... Trotz ... bieten ... wem? Dem Feind. Wer bestimmt, daß ein andrer Feind sei? ... Ist da eine geistige Kraft, die zum Kampf zwingt? ... Oder bestimmt Willkür den Feind? ... Da klafft ein Widerspruch — — Warum nur will es mir nicht gelingen ... Die Aufgabe bleibt sich gleich groß ... Bin ich zu klein, sie zu gestalten? ... Durchdringe ich nicht den ehernen Panzer? Ist der Panzer allzu starr ...

Der Freund kommt.

FREUND: Unruhe trieb mich her. Du arbeitest. Törichte Gedanken krochen durch mein Gehirn. Aber nun will ich gehen.

FRIEDRICH: Du Guter, bleib, du störst mich nicht.

FREUND: Bald krönt dein Werk Vollendung. Lange währte die Arbeit.

FRIEDRICH: Ein Jahr. Was tuts. Um Symbol zu schaffen des siegreichen Vaterlands, unseres Vaterlands.

FREUND: Du zweifelst noch immer?

FRIEDRICH: Daß wir *ein* Vaterland haben, nein — — nur ...

FREUND: Nur?

FRIEDRICH: Ob nicht Höheres wächst. Und ich will's doch gar nicht wissen. Denn wüßte ich drum, ich würde mein Schicksal nicht mehr hemmen, ich würde Ahasver!

FREUND: Und Gabriele: Ließ sie dich wandern? Fändest du nicht in ihr Erfüllung?

FRIEDRICH: *Die* Kämpfe weisen über das Weib hinaus. Vielleicht auch über uns selbst.

FREUND: Gabriele wäre unglücklich.

FRIEDRICH: Gabriele ist stark.

FREUND: Ja, sie ist stark.

FRIEDRICH: Wir kommen zueinander in stolzer Freude.

FREUND: Ihr Starken!

FRIEDRICH: Wir Starken!

FREUND: Leb wohl!

Freund geht hinaus.

Friedrich arbeitet. Es klingelt, Friedrich öffnet.

FRIEDRICH: Du! Liebste!

Gabriele tritt ein, sie versucht zu lächeln.

FRIEDRICH: Bist du traurig, Liebste? Ich möchte eine gütige Fee bitten, daß sie meine groben Fäuste in Schmetterlinge wandelt, daß sie dir deine Traurigkeit nehmen könnten, die wie schwarzer Blütenstaub auf deiner weißen Stirn Schatten dunkelt. Ich möchte mit dir draußen zu den Sandhaufen tollen, wo Kinder spielen, und mit dir über hohe Berge laufen, auf deren Gipfel wir wandern. In Nächten durch verträumte Städte schreiten, in Mohnfeldern dich haschen, um dich jubelnd zu küssen. — Aber du schweigst, Liebste? Du lächelst nicht einmal.

GABRIELE: Weinen will aus mir brechen ... und kann doch nicht.

Friedrich setzt sich still zu ihr hin und nimmt ihre Hände.

Gabriele: Ich werde von dir gehen.

Friedrich *wiederholt, als ob er es gewußt habe:* Du wirst von mir gehen, *gleichsam, als ob er erwache, aufschreiend,* du ... wirst ... von mir ... gehen? ...

Gabriele: Es muß sein.

Friedrich: Um meinetwillen?

Gabriele: Auch um deinetwillen.

Friedrich: Du liebst mich noch?

Gabriele: Ich liebe dich, wie eine Frau einen Mann liebt, von dem sie wünschte, daß er in sie mündete wie ein brausender Strom, von dem sie wünschte, daß er der Vater ihres Kindes wäre ...

Friedrich: Und dennoch ... ?

Gabriele: Als mein Vater mir erklärte, er würde sich von mir lossagen, wenn ich dich heiratete, wars mir, als ob mich Schneeflocken befielen, die mich kühlten und brannten zugleich. Ich kam zu dir und lächelte. Aber mein Vater besitzt eine Scholle. Von der will er mich verdrängen. Die soll ich nicht mehr betreten, soll sie nie mehr sehen. An der hänge ich mit meinen Kinderwünschen, in der wurzle ich mit meinem Herzblut, um die kämpfte ich seit vielen Tagen und Nächten. Und heute kam Klarheit in mich. Ich kann sie nicht aufgeben.

Friedrich: Du Starke!

Gabriele: Vielleicht weil ich eine Starke bin.

Friedrich: Ich aber bleibe ... Nein, auch ich habe ja Wurzeln geschlagen, auch ich besitze ja eine Scholle, in der ich wurzle mit meinem Herzblut. Rot ist die Scholle gefärbt davon. Meine Scholle ist unser Vaterland. Das ganze große Vaterland. Du bist klein, Gabriele, du bist klein.

Gabriele: Vielleicht ... Leb wohl!

Gabriele geht hinaus.

Friedrich: Leb wohl, du Starke! Nun ist Dämmerung über mich gekommen, ewige Dämmerung. Tag glitt golden in fernes Meer, Nacht träumt in Schluchten, über denen schwarze Falter spielen und steigt nie mehr empor. Gabriele! Ach hättest du mich unglücklich zurückgelassen. Hättest du mir den Glauben an dich genommen. Aber du rüttelst am Glauben an mich.

Sonnenstrahlen fallen auf die Statue.

Friedrich: Mahnst du mich?

Der Sieg des Vaterlands,
Ich glaube an ihn,
Ich will ihn glauben,
Ich will ihn gestalten,
Mit meinem Herzblut will ich ihn gestalten.

Friedrich arbeitet, auf dem Hofe dudelt ein Leierkasten, Friedrich geht ans Fenster, arbeitet weiter. Es klingelt, Friedrich öffnet, Kriegsinvalidin, elend, verschlissen, tritt ein.

KRIEGSINVALIDIN: Eine Gabe für Kriegsinvaliden.

Friedrich will ihr ein Geldstück geben, besinnt sich.

FRIEDRICH: Sind Sie auch Kriegsinvalidin?

Frau weint.

FRAU: Muß ich Ihnen davon erzählen? *Zeigt ihm ihre von Geschwüren zerfressenen Hände.*

FRIEDRICH: Arme Frau.

FRAU: Sie haben mich umschlichen wie Schakale, die anderen und die unseren ... Was konnten sie dafür? Man hat sie in Käfigen hinaus geführt wie Vieh. Was weiß Vieh von euren guten Sitten? Was kann Vieh davon wissen? Und was will Vieh davon wissen? Da trafs mich – einer – krank, zerfressen, steckte mich an. Ob er schlecht war, was weiß ich. Nennt sie ja alle Helden, euer armes Schlachtvieh.

FRIEDRICH: Frau, wir mußten es doch tun für unser Vaterland.

FRAU: Für euer Vaterland! Für die paar Reichen, die prassen und prassen und uns aussaugen, die mit dem Ertrag unserer Arbeit galantes Spiel treiben. O wie ich sie hasse, diese Henkersknechte. Ich kenne sie ja, gehörte doch auch zu ihnen. Was sie tun, segnet ihr Gott, sagen sie. Was ist das für ein Gott, der uns im Elend verkommen läßt? Der uns verhöhnt, indem er sagt: Selig sind die Armen, denn ihrer wartet das Himmelreich. Der Gott der Liebe und des Mitleids und der Wohltätigkeitsfeste. Wenn ich an erleuchteten Festsälen mich vorbeischleiche, glaube ich, ihren Gott am Dirigentenpult zu sehen und mit Konfetti um sich werfen. Wir sind Vieh ... nur Vieh ... Wir sind immer Vieh. *Frau ist schluchzend auf einem Stuhl zusammengebrochen.*

FRIEDRICH *nach einer Weile:* Ihr Mann war draußen?

FRAU: Drüben in den Kolonien. Mein hübscher Mann.

FRIEDRICH: Wollen Sie ihn nicht herein führen?

FRAU: Soll ich das? Ich werde Sie erschrecken. Sie werden nicht mehr arbeiten können. Er sieht nicht schön aus, mein Mann. Die Krankheit frißt weiter, von Jahr zu Jahr. Wenn Sie ihn durchaus sehen wollen, Herr. Es ist derselbe, der mich angesteckt hat.

Frau geht hinaus.

Frau führt ihren Mann hinein, der einen Leierkasten trägt, das Gesicht ist von Geschwüren zerrissen.

FRAU: Du mußt guten Tagen sagen, Mann.

MANN *stammelnd:* Jesus ... sei ... mit Euch.

Friedrich schaut ihn eine Weile an, dann zitternd.

FRIEDRICH: Das bist du, Kamerad? Armer Kamerad!

MANN *ängstlich:* Jesus ... sei ... mit ... Euch.

FRIEDRICH: Nein, du sollst nicht ängstlich sein, lieber armer Kamerad. Hier, ich bins ja, Friedrich, der mit dir in einer Kompagnie war, der mit dir durch glühende Wüsten zog, der mit dir Durst und Hunger litt. Erinnerst du dich, als gefragt wurde, wer sich meldet, um die

Stärke des Feindes auszukundschaften? Wir beide. Einer war zuviel. Wir losten. Mich traf das Los. Weißt du's noch, lieber Kamerad?

MANN *fängt jämmerlich an zu weinen.*

FRAU: Herr, es hat doch keinen Zweck, daß Sie zu ihm reden. Der erinnert sich nicht mehr. Er weint, weil er denkt, er muß weinen. Soviel kann er noch denken. Aber sonst ... Der Arzt sagt, ich werde ihn bald fortbringen müssen. Nun haben Sie ja wohl Ihr Schauspiel gehabt, Herr? Nun können wir wohl gehen?

Frau nimmt ihren Mann, der immer weiter jämmerlich weint und führt ihn fort.

FRIEDRICH: Wahnsinn befällt mich. Wohin? Wo bist du, Ahasver, daß ich dir folgen kann? Freudig will ich dir folgen. Nur fort von hier. Millionen von Armstümpfen recken sich um mich. Schmerzgebrüll von Millionen Müttern tost durch den Raum. Wohin, wohin? Dort Wimmern ungeborner Kinder, dort Weinen Irrer. O heiliges Weinen! Geschändete Sprache! Geschändete Menschen! ... Um des Vaterlandes willen ... Gott ... kann ein Vaterland das verlangen? Oder hat sich das Vaterland an den Staat verschachert? Spekuliert der Staat damit zu schmutzigen Geschäften? Ward der Staat Zuhälter und das Vaterland eine getretene Hure, die jeder brutalen Lust sich verkauft? Ausgestattet mit dem Segen der Kupplerin Kirche? Kann ein Vaterland, das das verlangt, göttlich sein? Wert, seine Seele dafür zu opfern? Nein, tausendmal nein. Lieber will ich wandern, ruhelos wandern, mit dir, Ahasver! *Stürzt auf die Statue.* Ich zertrümmere dich, Sieg des Vaterlands.

Er greift einen Hammer und zerschmettert die Statue. Sinkt in sich zusammen, nach einer Weile richtet er sich empor.

Nun muß ich wandern durch Wüsten, ruhelos und ewig ... Ich kann nicht, Ekel packt mich vor mir. Gabriele läßt ihren Mann um der Scholle willen ... Ich verrate mein Vaterland, an das ich glaubte, für das ich mich einsetzte, für das ich mein Lebenswerk schaffen wollte ... um eines Vagabundenpaares willen. Nein, gewiß nicht um eines Vagabundenpaares willen ... Gewiß nicht Verrat ... Den Weg, ich will ihn nicht schreiten. Er läuft durch Regennächte, durch verpestete Straßen, mündet in Wüsten. Leb wohl, Gabriele!

Geht zum Schreibtisch, entnimmt ihm einen Revolver.

Durch die offen gebliebene Tür tritt die Schwester ein, sieht die zertrümmerte Statue und Friedrich.

FRIEDRICH: Du kommst zu spät.

SCHWESTER: Ich komme zur rechten Zeit.

FRIEDRICH: Mein Weg ist verschüttet.

SCHWESTER: Dein Weg führt dich hinauf.

FRIEDRICH: Zur Mutter zurück?

SCHWESTER: Höher, doch auch zur Mutter.

FRIEDRICH: Zum Vaterland zurück?

SCHWESTER: Höher, doch auch zu deinem Land.
FRIEDRICH: Ich sehe ihn nicht, ich bin geblendet.
SCHWESTER: Laß mich deine Augen schützen und du wirst sehen. Dein Weg führt dich zu Gott.
FRIEDRICH: Haha, Gott am Dirigentenpult, den Reichen Konfetti zuwerfend.
SCHWESTER: Zu Gott, der Geist und Liebe und Kraft ist,
Zu Gott, der in der Menschheit lebt.
Dein Weg führt dich zu den Menschen.
FRIEDRICH: Zu den Menschen . . .
Ich bin ihrer nicht würdig.
SCHWESTER: Noch manche Würde, die dich heute Würde dünkt,
Wirst du wie eine Maske von dir werfen.
Wer weiß, wo du einst deine wahre Würde findest,
Wer zu den Menschen gehen will,
Muß erst in sich den Menschen finden.
Der Weg, den ich dich gehen heiße,
Führt dich durch alle Tiefen, alle Höhen,
Durch nächtiges Gestrüpp mußt du den Weg dir bahnen,
Gestrüpp, von Toren wohl verbrecherisch geheißen,
Nur bist du selber Angeklagter, selber Richter.
Friedrich vergräbt sein Gesicht in Händen. Dann steht er auf, taumelt, reckt sich.
FRIEDRICH: Sonne umwogt mich,
Freiheit durchströmt mich,
Meine Augen schauen den Weg.
Ich will ihn wandern, Schwester,
Allein, und doch mit dir,
Allein, und doch mit allen,
Wissend um den Menschen.
Schreitet ekstatisch zur Tür hinaus. Schwester lehnt am Fenster, die Augen geschlossen.

Die Bühne schließt sich.

ACHTES BILD

Hintere Bühne. Der Schlafbursche. *Nächtige Schlafkammer einer städtischen Mietskaserne. In den zwei Betten Frau, Kinder, Schlafbursche (Antlitz Friedrichs).*

SCHLAFBURSCHE *zur Tochter:* Bei dem Gestöhn soll unsereiner schlafen,
Ich halts nicht aus.
Komm, wie eine wolligweiche Kappe
Will ich dich auf mich stülpen.
TOCHTER: Bleib hier ... ich laß dich nicht
Seit einst die Nachricht kam,
Der große Hammer habe ihn zermalmt,
Stöhnt sie in jeder Nacht,
Das elfte Kind, das sie noch mit sich trug,
Erbrach sie – war natürlich tot,
Ein großes Glück.
Die Windeln hätte ich alleine waschen müssen,
Als Aufwartfrau will keiner sie behalten,
Weil mitten in der Arbeit
Sie zu tanzen anfängt und zu singen,
Dann wieder fromm Choräle betet ...
Die Flasche läßt sie nicht mehr aus der Hand.
Wer hat die Kleinen zu besorgen ...
Nur ich.
Und dabei muß ich zur Fabrik –
Ach bleib doch, alles tu ich was du willst –
SCHLAFBURSCHE: Ja, ich bleib.
Ich glaub, die hält mich hier
Mit ihrem Stöhnen und Gekreisch –
Ließ sie's denn zu, daß du als Hure gingst?
TOCHTER: Sie nickte mit dem Kopf.
Wenn mich der frühre Schlafbursch schlug ...
Bist du mir gram deshalb? ...
SCHLAFBURSCHE: Ach Torheit, gram –
Was konntest du dafür,
Wenn er dich zwang ...
Nur, weißt du, mich verfolgt das immer,
Ich halte dich in Armen
Und plötzlich kreischt sie oder stöhnt. –
TOCHTER: Die Kinder könnte man beneiden,
Am Tage schlafen sie vor Hunger,

Des Nachts vor Schmutz und Müdigkeit –
Sie wärn im Waisenhause
Besser aufgehoben.
SCHLAFBURSCHE: Das geht doch nicht ...
TOCHTER: Na ja, ich dachte nur daran.
SCHLAFBURSCHE: Sie nickt, wenn ihre Tochter schlägt ein Schuft
Und kreischt und stöhnt,
Wenn ihre Tochter mich umfängt
Wie sagtest du ... im Waisenhaus ...
Im Waisenhaus ...
Die Stube versinkt im Dunkel.
SCHLAFBURSCHE *träumend:* Im Waisenhaus ... Im Waisenhaus ...
Stille.
SCHLAFBURSCHE *träumend:* Jetzt wird sie nicht mehr kreischen, nicht mehr stöhnen ...
Bist du zufrieden ...
Nun kommen sie ins Waisenhaus ...
Ins Waisenhaus ...
Der nächtliche Besucher, um seinen Totenschädel einen dicken Schal gebunden, tritt ein.
DER NÄCHTLICHE BESUCHER: Schlafbursch, steh auf.
's ist Zeit zur Arbeit.
SCHLAFBURSCHE: Ja, ich komme schon.
DER NÄCHTLICHE BESUCHER: Beeile dich ...
SCHLAFBURSCHE: Willst du mich führen?
DER NÄCHTLICHE BESUCHER: Komm nur.
Bei mir bist du in gutem Schutz.
Phosphoreszierende Büschel flackern um den nächtlichen Besucher und den Schlafburschen, der in seinem Arbeitskittel vorne steht. Der nächtliche Besucher hakt sich in seinen Arm.
DER NÄCHTLICHE BESUCHER: Erblickst du schon das Haus ...
SCHLAFBURSCHE: Dort drüben glimmt es auf –
Wie komisch – führst du mich den rechten Weg –.
DER NÄCHTLICHE BESUCHER: Ich führe dich den rechten Weg –
Den krummen Weg! Den rechten Weg!
SCHLAFBURSCHE: Nein, das ist nicht die Fabrik.
DER NÄCHTLICHE BESUCHER: Streng deine Augen an.
Was ist es denn?
SCHLAFBURSCHE: Gefängnis scheints zu sein ...
Wie glänzt sein Dach!
Ich glaub, mit goldnen Talern ist's gepflastert.
DER NÄCHTLICHE BESUCHER: Stimmt, stimmt.
Was siehst du weiter?
SCHLAFBURSCHE: Hohe Mauern, auf denen Eisenspieße zacken
Und Löcher – stabvergittert.

DER NÄCHTLICHE BESUCHER: Stimmt, stimmt.
SCHLAFBURSCHE: Nein, das ist nicht die Fabrik –
Hier wuchert ein Gefängnis –
Laß los – ich will zur Arbeit –.
DER NÄCHTLICHE BESUCHER *packt ihn fest:* Zur Arbeit führ ich dich –
Die du und deinesgleichen schaffen müssen.
Tu deine Alltagsbrille ab
Und lerne sehen:
Man tat dem Hause ein Ballettkleid an,
Weil es sich nicht getraute und sich schämt –
Beim ersten Anblick wähnst mit Freude du
Oho – hier blüht ja ein Gefängnis –
Streng deine Augen an!
Schon sind wir angekommen!
Siehst du das Schild?
Du zitterst – laß mich lesen –
Ich betrüg dich nicht:
Die große Fabrik!
Finsternis.
Minutenlang Dröhnen hämmernder Kolben, Sausen wirbelnder Räder, Zischen glühendflüssiger Metallströme ...

NEUNTES BILD

Hintere Bühne. Tod und Auferstehung. *Erdgeschoß eines Gefängnisses. (Der großen Fabrik.) In den Gängen dreifach verriegelte Zellentüren. Die gewundenen Treppen, die zu den Obergeschossen führen, haben einen quadratischen Schacht, um übersichtliche Beobachtungen zu ermöglichen. Auf dem Zementboden unterhalb des Schachtes liegt ein Gefangener (Antlitz Friedrichs), den Kopf zurückgebeugt, die Arme gestreckt, als ob er gekreuzigt wäre. Die unberufenen Richter in schwarzen Mänteln mit Totenschädeln eilen vorüber.*

DIE RICHTER *drohend:* Der Tatbestand!
Der Tatbestand!
Gefangener zischt ... schrille Töne ... röchelt. Ein Wärter kommt mit einem Aufseher die Treppe hinunter.
WÄRTER: Mich trifft nicht Schuld –
Ich wollte ihn hinunterführen,
Wie Sie geheißen,
Zu seiner Frau, die Sprecherlaubnis hat.
Wärter und Aufseher eilen auf den Menschen zu, bemühen sich um ihn, reißen ihm den Knopf auf.
AUFSEHER: Er atmet noch.

WÄRTER: Ich wußt es, daß er gottlos ist.
Er wünschte einen unbequemen Menschen tot.
In jenem Traume hat die Alte er gemordet.
Nun mordet er sich selbst.
Der Kirche christliches Gebot
Hat zweimal er in Sünde übertreten.
AUFSEHER: Den, der hinunterstürzen will,
Soll man noch stoßen.
Die unberufenen Richter eilen vorüber.
RICHTER *höhnisch:* Der Tatbestand!
Der Tatbestand!
GEFANGENER *wimmert, klagend . . .*
WÄRTER: Gott steh mir bei . . .
Schreit so ein Mensch.
AUFSEHER: Der Teufel schrie!
GEFANGENER *stößt Schreie aus. Anklagen. Die bohren sich in die Zellentüren, sprengen sie.*
Alle Zellentüren springen auf . . .
An den Eingängen stehen mit schlaffen, herabfallenden Armen die Gefangenen. Ihre Augen starren verzückt nach oben.
GEFANGENER *beginnt leise, dann immer lauter zu sprechen:* Die Zellenwände bergen Grauen –
Wohin ich blickte – uferlose Sümpfe
Nur graue Sümpfe – immer graue Sümpfe,
In langen Dämmerstunden
Krochen Maden aus den Eisengittern.
Ich wehrte mich – doch dann – was konnt ich tun . . .
An meinem Leibe zerrten graue Maden.
DIE GEFANGENEN AN DEN ZELLENTÜREN: Hört zu! Wir sind vereint im Leiden.
Die Zellenwände bergen Grauen –
Uferlose Sümpfe –.
GEFANGENER: Einmal sah ich rote Blumen
Ich griff danach –
Da war's mein eigen Herz –
Und als ich's stumm in Händen hielt
Zerfressen war's von grauen Maden.
Da fraß ich mit.
DIE GEFANGENEN: Hört . . .
Vereint sind wir im Leiden.
Einmal sahn wir rote Blumen
Wie schien sie süß – die rote Blume,
Es war das eigne Herz –
Und als wir's stumm in Händen hielten
Zerfressen war's von grauen Maden –

Wir fraßen mit.
GEFANGENER: Ich blickte in den Treppenschacht
Da sah ich Grund –
Da sah ich Ufer –.
AUFSEHER: Und drinnen wartet Ihre Frau –
GEFANGENER: Wartet meine Frau ...
WÄRTER: Du übertratest christliches Gebot.
Bereue, eh du stirbst.
GEFANGENER: Was weißt denn, Bruder, du ...
Das liegt so fern von Gut und Schlecht
Von Pflichten und Gebot ...
Von Reu und himmlischer Vergeltung.
Ich hörte eine Stimme sprechen:
Ihr lerntet Irrwahn.
Nicht Römer schlugen ihn ans Kreuz
Er kreuzigte sich selbst.
DIE GEFANGENEN: Wir wissen drum ...
Wir wissen's längst ...
Er kreuzigte sich selbst ...
AUFSEHER: Denken Sie an Ihre Frau!
Ich soll es ihr berichten ...
Ich beneide mich nicht drum!
Was hab ich für ein Amt,
Ich Menschenhüter!
GEFANGENER: Ich denk an meine Frau,
Ich denk auch an das Kind,
Das sie in ihrem schmerzensvollen
Leibe entgegenträgt der Helle
Das Kind von mir ...
Dies ist die einz'ge Schuld,
Die ewig sich erneut:
Wir selber gingen schmerzende Stationen
Und schicken Kinder aus
Zur eignen Kreuzigung ...
Aus einer Tür im Hintergrund stürzt eine schwangere Frau, schreit auf ... wirft sich über den Mann ...
FRAU: Oh, warum tatest du's!
Ich wartete auf dich ...
GEFANGENER: Das ist ein tiefes Leid.
Es warten Menschen unserer –
Wir aber brechen letzte Brücken,
Wir stoßen Nacht auf jeden Pfad
Der gütig hin zu ihnen führt.
Wir wandern weiter ...
Wissen, daß sie warten

Und wandern weiter ...
Ja, wandern höhnisch weiter ...
Wenn wir selber auf uns warten.
FRAU: Das Kind ...
Galt dir dein Kind so wenig?
GEFANGENER: Es galt mir viel ...
Doch meine Schuld an ihm
Sie warf mich in verdorrten Abgrund,
Verdorrt seit jener Zeit, da Menschen
Taumelnd sich erhoben
Und sich hassend mordeten.
Dem Kind am wenigsten
Erwachsen wir als Retter ...
Hilflose schaun wir dem Passionsweg zu ...
WÄRTER: Er lästert ...
Heilige Mutter Gottes, vergib ihm.
GEFANGENER: Auch sie ist hilflos.
Lügt ein zitterndes Vergeben.
Wird ewig ihren Sohn beweinen,
Und daß sie's tut,
Nur darum ist sie rein und unbefleckt.
FRAU: Was ist mir Leben jetzt ...
Ich töt mich ... und das Kind ...
Wozu denn noch?
Wozu?
GEFANGENER: Wozu:
Komm näher, daß ich's sage.
Vielleicht gekreuzigt, kann es sich befrein,
Aus seinen Malen wachsen lichte Kräfte.
Vielleicht, gekreuzigt kann es sich erlösen,
Zu hoher Freiheit auferstehn.
DIE GEFANGENEN: Bruder, deine Worte künden Wege.
Gekreuzigt wolln wir uns befrein.
Gekreuzigt wolln wir uns erlösen
Zu hoher Freiheit auferstehn.
GEFANGENER: Frau ... Mutter ...
Gefangener stirbt.
AUFSEHER: Kommen Sie. Er ist erlöst.
WÄRTER: Mit Sünde hat er sich beladen. –
DIE GEFANGENEN: Von Sünde hat er sich befreit.
Zu schwach, sich zu erlösen. –
FRAU *schreit auf:* Mann ... *Frau windet sich in Wehen.*
AUFSEHER: Kommen Sie.
FRAU: Ich kann nicht ...
Das Kind ... Das Kind ...

Schweigen ...
Ein sanftes Tönen schwingt ...
Die Gefangenen treten aus ihren Zellen – bilden einen Halbkreis um die Frau, von Sonnenlicht umleuchtet.

GEFANGENE: Ein Kind.
Wie lange ist es her ...
Daß wir ein Kinderlachen hörten ...
Wie lange ist es her ...
Daß wir mit Kindern spielten.
Die Gefangenen schauen voll Ehrfurcht auf die Frau, die das Kind ihnen entgegenhält. Mit schmerzverzerrtem Gesicht, umspielt von frohen Lichtern. Die Decke wölbt sich zum unendlichen Himmel.

Dunkel.

ZEHNTES BILD

Hintere Bühne. Der Wanderer. *Dichter Nebel. Eine Landstraße ist zu erkennen. Aus dem Straßengraben erhebt sich der Wanderer (Antlitz Friedrichs).*

DER WANDERER: Mir ist, als ob ich heut
Zum erstenmal erwache,
Als ob ich eine schwere Grabesplatte fortgewälzt
Und auferstehe.
Das erdgefesselte Gefäß zerbricht.
Der Richter ward zum Angeklagten,
Der Angeklagte ward zum Richter.
Und beide reichen sich verzeihend blutbefleckte Hände.
Und beide tun ihre Würde, ihre Schmach
Wie Dornenkronen von sich ab.
Anbricht der Morgen.
Der Nebel teilt sich.
Ich weiß den Weg zur Arbeitsstätte,
Nun weiß ich ihn.

Dunkel.

Vordere Bühne. Abend. Volksversammlung. Saal nach Kriegervereinsmanier mit verlogenen Kriegsbildern und bunten Papierblumen geschmückt.

VORSITZENDER: Der alte Herr mit dem Abzeichen haben das Wort.
Alter Herr besteigt die Rednertribüne.

ALTER HERR: Ja, damals, als unsere sieggekrönten Brüder von Sieg zu Sieg stampften, als die Wilden wie feige Hunde vor uns herliefen, als ein Ruf durch das Land fieberte: Nieder mit dem Gesindel!
Friedrich tritt in den Saal.

ALTER HERR *fortfahrend:* Das war die große, die herrliche Zeit. Aber heute, da jammert ihr um Brot. Was will das bißchen Brot bedeuten. Wenn ihr arbeiten wollt, findet ihr Arbeit, und ob ihr Kartoffeln oder Braten eßt, ist schließlich doch gleich.
Volk murrt.
Habt ihr's denn schon vergessen, die Taten für unser Vaterland und das Blut der Helden?

EINER *ruft:* Sind wir denn weniger Helden, weil wir leben?
Der alte Herr verläßt die Rednertribüne.

VORSITZENDER: Der Herr Universitätsprofessor haben das Wort.
Universitätsprofessor besteigt die Rednertribüne.

UNIVERSITÄTSPROFESSOR: Ich aber, bescheidener Vertreter jener Wissenschaft, die einst eine hohe Kirche ancilla ecclesiae, Dienerin der Kirche nannte, und die heute stolz ist, Dienerin unseres Staates zu sein, der die Wahrheit ist und letzte Erkenntnis, denn darin findet sie ihren konkreten und abstrakten Lohn. Nun ich, bescheidener Diener der Wissenschaft, ich möchte mich meinem verehrten Vorredner anschließen. Nicht das Brot ist es, was uns not tut, die Wissenschaft, die Bildung. Geht, lernt, was es heißt, kausale Zusammenhänge, die Assoziationen verschiedener Erscheinungen zu begreifen! . . . Die Wissenschaft, die ich verkünde, ist voll von heiligem Ernst. Sie dient der Erhaltung des Staates, sie ist eine Apologie dieses vollkommensten ethischen Organismus.
Starkes Murren im Volk. Der Universitätsprofessor verläßt die Rednertribüne.

VORSITZENDER: Seine Ehrwürden, der Herr Pfarrer haben das Wort.
Pfarrer betritt die Rednertribüne.

PFARRER: Brüder in Christo. Laßt mich sprechen zu euch, den Christenmenschen. Da unser Heiland einst sprach: «Ich bin nicht gekommen, um euch den Frieden zu bringen, sondern das Schwert», so will ich auch sprechen, ich bin nicht gekommen, um euch laue Reden zu bringen, sondern die *eiserne* Wahrheit. Da ihr die Wilden bekämpftet, da predigte ich euch: Schlagt den Feind mit allen euren Waffen, mit giftigen Gasen und Flammenwerfern, mit Unterseebooten und der Gewalt des Hungers . . . und ihr seid gottgefällig, denn der Herr der Heerscharen war mit unsern Waffen und hat den Engel gesandt, der voranschritt mit blutigen Sensen und die Reihen der Feinde niedermähte. Gedenket der glorreichen Tage und vergeßt eure kleinen Sorgen, denkt an jenen, der am Kreuz starb.

VOLK: Herunter mit dem Pfaffen!
Hinaus mit den Reichen!
Wir hungern, wir hungern.

VORSITZENDER *schellt:* Der Herr Doktor hat das Wort.

Kommis des Tages besteigt die Rednertribüne.

KOMMIS: Recht habt ihr Brüder! Was sollen uns die Vereinler? Was sollen uns die Universitätsprofessoren? Was sollen uns die Pfaffen? Jesus ist der Familiengott der Reichen geworden. Wir brauchen ihn nicht mehr. Was wir brauchen, ist Brot. Was wir brauchen, ist Geld. Wir müssen die Dummheit bekämpfen und an seine Stelle den Verstand, d. h. euch die Masse setzen. Wir wollen einmal zerlegen, was die Kerle sagten: «*Staat*» ist ein neuer Ausdruck für Vaterland. Das ist eine Lüge. Das ist ein Begriff, der hat als Unterlage etliche tausend Quadratkilometer. Ein paar Sprachen, von denen die eine erlaubt, die andere unterdrückt ist. Und viele Tafeln, auf denen steht: Verboten. Will sagen: Erlaubt für die Reichen, verboten für die Armen. Und Steuern soll heißen: Eingeschränkt für die Reichen, unbegrenzt für die Armen. Wenn die Reichen noch nicht genug Paläste haben und raffinierte Lustvillen wünschen, sagen sie: Verdammt. Wir machen Krieg. Setzen sich hin, telephonieren ein paar Lügen in die Welt, lassen Krieg erklären. Gründen Vereine zugunsten der armen Verwundeten – ein paar mehr oder weniger macht gar nichts – damit also den Toten ein Denkmal gesetzt wird. «Spende des Herrn Geheimrats». Das wäre Staat. Nummer zwei. «*Wissenschaft*». Etwas kürzer abzumachen. Im Jahre soundso war dies, im Jahre soundso war das, usw. Ein paar Floskeln, darum wäre ein Spezies. Eine andere: Lehre vom Verdrehen des Einfachen, Lexikon dazu nötig, das man auswendig lernt. Lexikon von einigen tausend Fremdwörtern, in Sätze gebracht und das Einfache, Natürliche, Richtige ist kompliziert geworden, der gesunde Menschenverstand, das seid ihr, betrogen. Kommt dazu: Dienerin des Staates. Des Staates, den ich euch schilderte. Die Dienerin habe ich auch beschrieben, den Staat habe ich auch beschrieben, Mischung von beiden ergibt Nummer zwei «Wissenschaft». Bleibt Nummer drei «Kirche und Pfaffen». Soll ich auch die noch zerlegen?

VOLK: Nieder mit den Pfaffen!

KOMMIS: Ich wußte es. Also was bleibt uns? Den gesunden Menschenverstand repräsentiert durch die Masse auf den Thron setzen. So erhaltet ihr Brot und Wohlhabenheit und Arbeit und Rechte. Was müssen wir? Die Dummheit vom Thron stoßen und darum predige ich euch: Zertrümmert die Paläste! Oh, ich sehe euch, alle aufgespeicherten Kräfte frei, grandiose Bilder des Kampfes. Männer die Fahne der Freiheit schwingen! Frauen euch umfangen in heißer Umarmung! Massen wogen! Schüsse fallen! Verse und Pamphlete will ich euch dazu schreiben, die blutige Taten sind. Meine Zeitschriften sollen euch begleiten mit schmetternden Trompetenklängen! Blut fließt! Blut der Freiheit! Ich sage: Marschiert, marschiert!

VOLK: Ja, wir wollen marschieren!
Wir hungern, wir hungern.
Wir wollen marschieren!
Brot! Brot! Brot!

VORSITZENDER *schellt heftig mit der Glocke:* Ein gewisser Friedrich hat das Wort.

Friedrich drängt sich durch das Volk auf die Rednertribüne.

FRIEDRICH: Haltet ein, Brüder! Ich weiß, daß ihr Brot braucht. Ich weiß, daß Not an euren Leibern frißt. Ich weiß um euer Elend, weiß um eure armseligen, stinkenden Kammern. Weiß um eure Bedrücktheit und den Blick des Ausgestoßenen. Weiß auch um euren Haß. – Aber trotzdem rufe ich: Haltet ein, denn ich liebe euch.

VOLK: Bleibt, hört auf ihn.
Er hat recht.
Er liebt uns.

FRIEDRICH: Euren tiefen Widerwillen gegen die Schänder am Göttlichen, ich verstehe ihn. Aber ich warne euch vor den Worten des Mannes, der euch zurief: Marschiert! Warne euch vor den Halbwahrheiten, die in seinen Worten gleißen. Er wollte euch die Mittler und die Philosophen erklären und erklärte doch nur diese, die hier sprachen. Diese aber waren Drehorgelspieler, die ihren Beruf wie Zuhälter verkauften. Kennt ihr ihn? Gestern, da schrie er: Absonderung vom Volk! Heute ruft er: Das Volk ist Gott! Und morgen wird er verkünden: Gott ist eine Maschine. Darum ist das Volk eine Maschine. Er wird sich trotzdem freuen an den schwingenden Hebeln, wirbelnden Rädern, hämmernden Kolben. Volk aber ist für ihn Masse. Denn er weiß nichts vom Volk. Glaubt ihm nicht, denn ihm fehlt der Glaube an sich, an den Menschen. Ich aber will, daß ihr den Glauben an den Menschen habt, ehe ihr marschiert. Ich aber will, daß ihr Not leidet, so ihr ihn nicht besitzt.

VOLK: Er will, daß wir Not leiden!
Nieder mit ihm!
Herunter!
Wir werden marschieren!
Wir haben Hunger!
Hört ihn doch an!
Hört ihn doch an!

FRIEDRICH: Nicht spreche ich von der Not des Körpers, ihr Brüder. Nicht länger sollt ihr Hunger leiden. Aber wissen sollt ihr, daß es nicht damit getan ist, sich satt zu essen. Ich wünschte euch Sattheit und wünschte euch seelische Not. — Um der Liebe willen, die uns alle verbindet. Ich will nicht, daß ihr Darbende seid, die ihren Hunger stillen, Gierige, Geile. Ich will, daß ihr reich seid, Lebenserfüllte. Ich will mit euch gegen Armut und Elend kämpfen, noch morgen . . . aber wartet, einen Tag, wartet bis zum Mittag. Kommt auf den Marktplatz, dort will ich zu euch sprechen.

Erregter Tumult im Volk.

ARBEITER: Ich glaube, wir haben so lange gehungert, nun können wir auch noch bis morgen hungern.

VOLK: Jawohl warten!
Nein, nicht warten!
Wir haben Hunger!
Wir haben Hunger!
Doch warten!
Warten!
Wir werden warten!

Volk geht hinaus.

Zurück bleiben junge Menschen. Ein Student tritt zu Friedrich.

STUDENT: Was soll uns Bildung, da der Geist gemartert wird? Was soll uns unser Verstand, da wir an ihm leiden? Du sei uns Führer.

FRIEDRICH: Mitsammen wollen wir schreiten!

Studentin tritt auf Friedrich zu.

STUDENTIN: Um der Liebe willen, sei uns Führer. Die Liebe soll wieder durch die Menschen strömen. Wir wollen kein Kind mehr gebären, ehe die Liebe nicht mit Strahlenhänden uns umschließt. Du sei uns Führer!

FRIEDRICH: Nun öffnet sich, aus Weltenschoß geboren
Das hochgewölbte Tor der Menschheitskathedrale.
Die Jugend aller Völker schreitet flammend
Zum nachtgeahnten Schrein aus leuchtendem Kristall.
Gewaltig schau ich strahlende Visionen.
Kein Elend mehr, nicht Krieg, nicht Haß,
Die Mütter kränzen ihre lichten Knaben
Zum frohen Spiel und fruchtgeweihtem Tanz.
Du Jugend schreite, ewig dich gebärend,
Erstarrtes ewig du zerstörend,
So schaffe Leben gluterfüllt vom Geist.

Die jungen Menschen fassen sich an den Händen, zu zweien oder dreien verlassen sie den Saal, der nun im Halbdunkel liegt.

Da Friedrich gehen will, tritt aus einer Ecke die Studentin.

STUDENTIN: Du, meine Lippen wölben sich zu Wünschen. Mein Herz jagt Glutenströme . . . Du . . . Ich will dir dienen . . . Laß die andern, du vergewaltigst sie nur ... vergewaltigst sie zum Guten ... Ich will dir dienen.

FRIEDRICH: Diene dem Geist, diene deinem Gott.

STUDENTIN: Mich schaudert vor ihm, Kühle strahlt er aus.

FRIEDRICH: Flammenmeere!

STUDENTIN: Sie versengen mich. Aber du — — dich liebe ich ... Dir will ich mich bringen, umarme mich. Nimm ... meine heißen Brüste ... Mein Schoß stöhnt ... Ich sehne mich nach deinen Umarmungen ... Gib mir ein Kind ...

FRIEDRICH: Ich will nicht deine Umarmung. Gab ich jedem Recht auf meinen Körper?

Studentin geht langsam, den Kopf gesenkt, hinaus.

FRIEDRICH: Armes Weib! Ungelöste.

Ein Mann mit hochgeschlagenem Mantelkragen stürzt eilig hinein.

MANN: Ich hasse Sie.

FRIEDRICH: Ich aber nenne dich Bruder.

MANN: Ich hasse Sie, ich weiß, wer Sie sind, glauben Sie nicht, daß ich Sie verkenne. Ich schaue Sie. Sie sind der, den ich in meiner Kammer erblickte, in einsamen Nächten. Warum werden Sie nicht Mönch? Lassen Sie die Menschen in Ruhe. Warum gehen Sie zu dem Pöbel? Sie schände Gott.

FRIEDRICH: Ich heilige ihn.

Mann eilt hinaus.

MANN: Ich hasse Sie!

FRIEDRICH: Bruder, du betrügst dich.

Die Bühne schließt sich.

SECHSTE STATION

ZWÖLFTES BILD

Hintere Bühne. Die Bergsteiger. *Schroffe Felswand, die zu schmalem Grat hinaufführt. An der Felswand klettern zwei Menschen.*

ZWEITER BERGSTEIGER *(Antlitz des Freundes):* Halt ein, mich schwindelt.

ERSTER BERGSTEIGER *(Antlitz Friedrichs):* Ermanne dich, bald sind wir oben.

ZWEITER BERGSTEIGER: Der Grat ist schmal.
Wir stürzen wieder in den Abgrund.

ERSTER BERGSTEIGER: Mag sein, wohl noch in tiefern,
Was macht's! Der neue Grat,

Den wir erklettern,
Liegt höher noch und lichtbestrahlter.
ZWEITER BERGSTEIGER: Ich bitt dich, Freund, halt ein,
Denn oben wehet eis'ge Kühle.
ERSTER BERGSTEIGER: Dafür umtanzt uns Gletscherlicht.
ZWEITER BERGSTEIGER: Die Stille dort tönt Klagelaute.
ERSTER BERGSTEIGER: Du hörst Gespenster.
Nimm dein Seil und bind sie fest.
ZWEITER BERGSTEIGER: Soll ich dir danken,
Weil du mich aus Felsengespalt befreist,
Nun führst du mich in neue Schrecken.
ERSTER BERGSTEIGER: Nicht jeder, der befreit ward,
Ist drum frei.
ZWEITER BERGSTEIGER: Sie werden dich nicht hören droben.
ERSTER BERGSTEIGER: Nur ohne Sorgen –
Die Felsenwände lieben starke Stimmen
Und geben sie als Echo freudig weiter.
ZWEITER BERGSTEIGER: Ich will nicht weiter –
ERSTER BERGSTEIGER: Ich aber will.
ZWEITER BERGSTEIGER: Du läßt mich liegen,
Mich, den alten Weggenossen.
ERSTER BERGSTEIGER: Du läßt dich selber liegen.
ZWEITER BERGSTEIGER: Um unsrer Freundschaft willen
Bleib!
ERSTER BERGSTEIGER: Um unsrer Freundschaft willen *klettert nach oben*
Geh ich weiter.
ZWEITER BERGSTEIGER: Hörst du noch meine Stimme?
Denk an unsre Jugend!
ERSTER BERGSTEIGER: Deine Stimme wird Geröll
Das sich nicht halten kann und abrollt. –
Die Jugend wandert vor mir her,
Hei, wie behend sie klettert!
ZWEITER BERGSTEIGER: Zu weit schon gingst du
Denk an dich –
Ich habe Furcht um dich.
ERSTER BERGSTEIGER: Weil ich mich nicht verlassen will
fast oben Verlaß ich dich ...
Leb wohl! ...

Dunkel.

Vordere Bühne. Mittag. Platz vor der Kirche. Friedrich kommt, lehnt am Portal der Kirche.

FRIEDRICH: Sonne leuchtet auf den Dächern, streichelt die erblindenden Fenster enger Mansarden. Meine Brust weitet sich.
Die Mutter kommt in Trauerkleidung über den Platz.
Mutter!

MUTTER *kaum aufblickend:* Du hast mich die Jahre nicht gekannt, da fing ich an zu glauben, ich trüge dich wieder unterm Herzen wie einst.

FRIEDRICH: Alle meine Liebe bring ich dir, möchte dich gütig umfassen, deine müden Runzeln küssen.

MUTTER: Du lebst noch nicht! Du hast deine Familie verlassen, bist deinem Volk entfremdet.

FRIEDRICH: Ich stehe ihm näher, als damals zu Haus.

MUTTER: Zu den Fremden gehörst du.

FRIEDRICH: Zu den Fremden, doch auch zu dir.

MUTTER: Wer zu den Fremden hält, gehört nicht zu unserem Volk. Unser Volk ist ein stolzes Volk.

FRIEDRICH: Mutter! Fühlst du es nicht, wie die Erde gärt. Wie die Erde ein einziger gewaltiger Schoß ward, der zuckt in Wehen. Denk an die Qual, da du mich gebären solltest, so wälzt sich heute die Erde . . . Zerrissener, blutiger Schoß, um neu zu gebären die Menschheit.

MUTTER: Ich bin zu alt, mein Lebensmut erlosch. Ich verstehe dich nicht.

FRIEDRICH *birgt seinen Kopf in Händen:* Mutter!
Mutter geht davon.
Der Onkel kommt.

FRIEDRICH: Lieber Onkel!

ONKEL: Was soll das! Hast du kein Geld mehr? Rechne nicht auf mich. Ich kenne dich nicht mehr.

FRIEDRICH: Ich brauche dein Geld nicht, Onkel, aber ich will, daß du mich kennst.

ONKEL: Laß das, wozu? Erkläre mir, hast du so viel verdient, daß du dich ernähren kannst? Nein, denn dein Anzug ist schäbig.

FRIEDRICH: Onkel, du belügst dich.

ONKEL: Belügen? Lügen mußte ich, du zwangst mich dazu. Mein Geschäft war durch dich beinah ruiniert. «Ihr Neffe ist ein Staatsfeind», hieß es. Du brachtest Unglück über deine Familie.

FRIEDRICH: Tat ich das, dann mußte ich es wohl.

ONKEL: Du belästigst mich. Du hast kein Distanzgefühl.

FRIEDRICH: Onkel, ich werde gegen dich kämpfen, weil ich muß. Aber ich kämpfe ja nicht gegen dich, ich kämpfe gegen die Dünkelmauer und Sperren, die um dich gebaut sind.

ONKEL: Ich sah es voraus, du Verräter. Schamlos willst du dein eigenes Blut überfallen.

FRIEDRICH: Längst überfiel ich es, Onkel.

ONKEL: Du wirst mich gewappnet finden.

Geht weiter.

Arzt kommt.

FRIEDRICH: Guten Tag, Herr Doktor, erinnern Sie sich noch meiner?

ARZT: Ach ... Sie ... äh, ja, jenes uninteressante Fällchen damals. Erschlaffung des Mastdarms. Nun geht's wieder? Alles in Ordnung? ... Verdauung ungestört?

FRIEDRICH: Herr Doktor, glauben Sie an den Menschen?

ARZT: Dumme Frage. Höchst einfältige Frage. Ich glaube, daß die meisten Menschen eine gute Verdauung haben. Denjenigen, bei denen sie schlecht ist, muß man Rizinus geben, einen großen Löffel für Erwachsene, einen kleinen Löffel für Kinder. Dumme Frage. Höchst einfältige Frage. Muß mir den Fragesteller mal genau ansehen. – Bleiben Sie still. – Sagen Sie a – Schließen Sie die Augen – – – Psychose in hohem Stadium.

FRIEDRICH: Nicht durch Ihre Medizin gesundet der Mensch. Er, von den Abfallgruben verpesteter Städte befreit, schreitet aufrecht durch erlöste Welt.

ARZT: Melden Sie sich bei mir. Noch heute. Ich habe eine Heilanstalt gekauft. Vielleicht macht es noch eine Wasserkur. Bilden Sie sich aber nichts ein. Typischer, ganz alltäglicher Fall. Heute nachmittag kommen Sie, Zimmer 17, melden Sie sich beim Wärter.

Geht eilig fort.

Der Kranke mit dem unruhigen Blick schiebt sich heran.

KRANKER: Ja, Sie scheinen also wirklich daran zu glauben!

FRIEDRICH: An wen?

KRANKER: An Sie und überhaupt an den Menschen. –

FRIEDRICH: Ich glaube an ihn!

KRANKER: Hähähä – und an die Liebe.

FRIEDRICH: Ich will sie leben.

KRANKER: Und das alles ...

FRIEDRICH: Um die Menschen zu befreien.

KRANKER: Also nicht nur, um hygienische Orte zu erbauen. Denn wozu sonst? Ich will Ihnen etwas verraten, lieber Herr. – Eine Zeitlang versuchte ich es auch mit Liebe. Ich werde Ihnen gleich sagen wozu. – Um hygienische Orte einzurichten. Die Orte, die unsere Größe zeigen, liegen noch zu dunkel und versteckt. Zu welchem Endziel wollen Sie wissen. Um die Menschheit zu lehren, daß das wahre Heilmittel für sie allgemeiner Selbstmord ist. Ich habe eingesehen, durch die Liebe erreiche ich es nicht. Die verschleiert nur. Nun versuche ich es mit hygienischen Orten.

FRIEDRICH: Wollen Sie nicht einmal dem Arzt Ihren Vorschlag machen?

KRANKER: Bei dem war ich ein paarmal. Er braucht meine Pläne nicht, sagt er, denn er hat sie schon ausgeführt. Sonst wäre ich ganz gesund, hätte die beste Verdauung.

FRIEDRICH: Sie wollen also, daß alle Menschen sich töten?

KRANKER: Ja!

FRIEDRICH: Warum predigen Sie dann nicht den Krieg?

KRANKER: Nein, so nicht. So sollen sie sich nicht töten. Freiwillig sollen sie es tun. Also, wie wär's? Ich rate Ihnen, überlegen Sie es sich noch einmal. Bau von hygienischen Orten zum Zweck der Selbstvernichtung.

FRIEDRICH: Armer Mensch!

KRANKER: Sie haben Mitleid mit mir! Sie ... haben ... Mitleid ... mit ...

FRIEDRICH: Du bist krank. Dein Inneres gähnt tote Höhlen.

KRANKER *als ob er erwache, schreiend:* Ich kann ja an die Liebe nicht glauben, immer nur Dirnen ... immer nur Dirnen ... Nie hat mich jemand geliebt. *Läuft ständig den Kopf schüttelnd davon.*

FRIEDRICH: Ich werde ihn suchen müssen, noch heute — meine Mutter will ich bitten, ihn zu pflegen ... nein ... die Studentin.

Dame, die während der letzten Szene gekommen ist, nähert sich, ihren Leib in den Hüften wiegend, Friedrich.

DAME: Mann, was tun Sie ... Sehen Sie wirklich nicht, daß Liebe durch zerklüfteten Abgrund von Güte getrennt schweißzittert, daß Liebe wie dämonischer Rothund mit Zungen lüstern spielt und sprungbereit lauert ... Daß sich Liebe und Güte wie Todfeinde anstarren ... haha ... Sie scheitern doch. Antworten Sie mir nicht. Ich verzichte auf Ihre Antwort. Ich verzichte auf Ihre Güte ... Liebe peitscht Leiber. Laß mich mit meinen Zähnen deine Brust blutig reißen, laß mich deine Schenkel küssen ... Deine Güte ... hah ... Du bist ein Narr. Ein gequälter Narr. An deiner Güte würde ich ersticken.

FRIEDRICH: Und du?

DAME: Weib!

Dame geht davon.

Friedrich lehnt schweigend am Portal der Kirche.

Die Schwester kommt.

SCHWESTER: Dein Auge ward licht, Friedrich.

FRIEDRICH: Freundin.

SCHWESTER: Wirst du jetzt den Sieg der Menschheit gestalten, Friedrich?

FRIEDRICH: Was braucht es dafür besonderen Symbols? Was braucht es eines Beweises? Die Menschen haben ihn in sich geschaut. Die Menschen sollen ihn schauen in allen meinen Werken.

SCHWESTER: Du bleibst hier?

FRIEDRICH: Ich bleibe hier und werde doch meinen Weg weiter wandern. Durch verpestete Straßen und über Mohnfelder, auf sonnigen, schneeigen Gipfeln und durch Wüsten, wissend, daß ich nicht Entwurzelter bin, wissend, daß ich wurzle in mir.

SCHWESTER: So muß man sich töten und gebären, um seine Wurzeln zu finden.

FRIEDRICH: Dieses Wissen ist nur ein Anfang.

SCHWESTER: Und wohin weist es?

FRIEDRICH: Zum Menschen!

SCHWESTER: Und weiter!

FRIEDRICH: Weiter ...? Ich sorg mich nicht drum. Mir ist's, als wäre ich in einem unendlichen Meer verwurzelt. Es ist so schön, zu wissen, daß man Wurzeln hat und sich doch treiben lassen kann.

SCHWESTER: Leb wohl, Friedrich, ich will deinen Weg achten.

Schwester geht davon.

Volk strömt aus der Kirche und aus den Straßen.

VOLK: Dort steht er, der mit uns sprechen will.
Er sagt, daß wir bis zum Mittag warten sollen.
Nun muß er doch sprechen.
Wir haben ja gewartet.

FRIEDRICH: Ihr Brüder und Schwestern: Keinen von euch kenne ich und doch weiß ich um euch alle.

Du Kind gehst in die Schule und Angst befällt dich auf dem Weg. Das Schulzimmer sieht aus, als ob es Regentag wäre und dabei scheint doch die Sonne. Der Lehrer sitzt auf dem Katheder wie der böse Geist aus einem Märchen, das du heimlich lasest. Er blickt dich zornig an und schilt dich, weil du deine Aufgabe nicht behalten konntest. Und doch ist dein Herz so voll von seltsam Erlebten. Du möchtest ihn so gerne fragen, er aber herrscht dich an, und behauptet, du hättest keine Religionsgeschichte gelernt und wärest kein guter Christ.

Ich kenne dich, Mädchen, feinknochig und märzzart ... Vor ein paar Wochen verließest du die Schule froh, da du glaubtest, Jugend und Freiheit läuteten mit himmlischen Glocken ... Aber nun stehst du in der Fabrik. Von morgens bis abends schlägst du immer wieder einen Hebel zurück. Immer wieder denselben Hebel. Und dein Atem wird schwer in der stickigen Luft und deine Augen füllen sich mit Tränen, wenn du durch die verstaubten Fenster das Licht ahnst, und die Freiheit und Blumen und Jugend.

Ich kenne dich, Frau, verarbeitet und vergrämt, die du in enger Kammer mit deinen hungernden, frierenden Kindern hausest und mit dumpfer Seele und müden Händen deinem Manne die abendliche Türe öffnest.

Ich weiß auch um dich Mann, daß dich Grauen packt, nach Haus zu gehen, in die Stube, wo es übel riecht, und Elend hockt und Krankheit eitert. Weiß um deinen Haß gegen jene, die sich satt essen können und lachen, daß du ins Wirtshaus gehst und dich betrinkst sinnlos, sinnlos, um nichts mehr zu denken und zu sehen. –

Ich weiß um dich, du Mädchen, um deine wünscheheiße Nächte.
Ich weiß um euch junge Menschen, um euer Suchen nach Gott.
Um dich, du Reicher, der du Geld anhäufst, und alle verachtest, die andern und dich selbst.
Ich kenne dich Frau, fruchtbeladner Baum, den keiner kommt zu stützen, und der bricht und dorrt ob seiner Fülle.
Und du Soldat, eingezwängt in künstlichen Rock, der alles freudige Leben erstarren macht. Ich weiß um deinen erstaunten Blick, wenn du schreitenden Jüngling sahst, den ein Künstler geschaffen. –
Warum konnte der ihn gestalten?
Weil er da ist, wirklich da ist!
Und so seid ihr alle verzerrte Bilder des wirklichen Menschen!
Ihr Eingemauerte, ihr Verschüttete, ihr Gekoppelte und Atemkeuchende, ihr Lustlose und Verbitterte
Denn ihr habt den Geist vergraben ...
Gewaltige Maschinen donnern Tage und Nächte
Tausende von Spaten sind in immerwährender Bewegung, um immer mehr Schutt auf den Geist zu schaufeln.
Eure eignen Herzen sind auf Schusterleisten gespannt. Die Herzen eurer Mitmenschen sind für euch Klingelzüge an denen ihr nach Belieben ziehen könnt. Ihr werft glitzernde Goldstücke euch zu und redet euch ein, es wären Frühlingsvögel, die durch die Luft flögen und jubilierten. Ihr pflastert eure Wege mit Goldstücken und redet euch ein, ihr ginget über Wiesen von bunten Blumen überwachsen.
Eure Lippen murmeln erstarrte Gesetze, Eisenhäuser von Rost zerfressen. Eure Hände bauen Mauern um euch auf, und ihr sagt, jenseits wären die Wilden.
Ihr pflanzt Haß in eure Kinder, denn ihr wißt nicht mehr um die Liebe. Ihr habt Jesus Christus in Holz geschnitzt und auf ein hölzernes Kreuz genagelt, weil ihr selbst den Kreuzweg nicht gehen wolltet der ihn zur Erlösung führte ...
Ihr baut Zwingburgen und setzt Zwingherren ein, die nicht Gott, nicht der Menschheit dienen, sondern einem Phantom, einem unheilvollen Phantom.
Und was wißt ihr von den geahnten Tempeln?
Für die Gebärerinnen und ihre Kinder baut ihr raffinierte Pranger – denn ihr versteht euch auf die Mechanik des Folterns.
Ihr Frauen, die ihr Kinder gebärt und sie gleichgültig oder aus falschem Stolz und eitlen Lügen Scheingebilden opfert – ihr seid nicht mehr Mütter.
Ihr seid alle keine Menschen mehr, seid Zerrbilder euer selbst.
Und ihr könntet doch Menschen sein, wenn ihr den Glauben an euch und den Menschen hättet, wenn ihr Erfüllte wäret im Geist. –
Aufrecht schrittet ihr durch die Straßen und heute kriecht ihr gebückt. –

Froh leuchteten eure Augen und heute sind sie halb erblindet. Beschwingt wären eure Schritte und heute schleppt ihr Eisenklötze hinter euch her. –

Oh, wenn ihr Menschen wäret – unbedingte, freie Menschen.

Im Volk ist während der Rede immer stärker werdende Bewegung eingetreten.

Einige sind hingekniet. Andere vergraben weinend ihren Kopf in Händen. Einige liegen gebrochen am Boden. – Die recken sich freudig empor. Andere breiten die Hände zum Himmel.

Ein Jüngling stürzt vor.

JÜNGLING: Daß wir es vergaßen! Wir sind doch Menschen!

EIN PAAR FRAUEN UND MÄDCHEN *halblaut:* Wir sind doch Menschen!

ALLE *aufschreiend:* Wir sind doch Menschen!

ALLE *leis, als ob sie lächelten:* Wir sind doch Menschen!

Stille.

FRIEDRICH: Nun, ihr Brüder, rufe ich euch zu: Marschiert! Marschiert am lichten Tag! Nun geht hin zu den Machthabern und kündet ihnen mit brausenden Orgelstimmen, daß ihre Macht ein Truggebilde sei. Geht hin zu den Soldaten, sie sollen ihre Schwerter zu Pflugscharen schmieden. Geht hin zu den Reichen und zeigt ihnen ihr Herz, das ein Schutthaufen ward. Doch seid gütig zu ihnen, denn auch sie sind Arme, Verirrte. Aber zertrümmert die Burgen, zertrümmert lachend die falschen Burgen, gebaut aus Schlacke, aus ausgedörrter Schlacke. Marschiert – marschiert am lichten Tag. Brüder, recket zermarterte Hand

Flammender freudiger Ton!

Schreite durch unser freies Land

Revolution! Revolution!

Alle stehen nun aufrecht, die Hände gereckt.

Dann fassen sie sich an den Händen und schreiten davon.

ALLE: Brüder recket zermarterte Hand,

Flammender freudiger Ton!

Schreite durch unser freies Land

Revolution! Revolution!

Die Bühne schließt sich.

MASSE-MENSCH

Ein Stück aus der sozialen Revolution des 20. Jahrhunderts

Die erste Niederschrift entstand im Oktober 1919, im ersten Jahr der deutschen Revolution.
Festungsgefängnis Niederschönenfeld.

WELTREVOLUTION.
GEBÄRERIN DES NEUEN SCHWINGENS.
GEBÄRERIN DER NEUEN VÖLKERKREISE.
ROT LEUCHTET DAS JAHRHUNDERT
BLUTIGE SCHULDFANALE.
DIE ERDE KREUZIGT SICH.

Den Proletariern

BESETZUNG DER URAUFFÜHRUNG

Die Uraufführung fand am 2. Oktober 1921
in der Volksbühne (Berlin) statt.

Sonja Irene L.:	Mary Dietrich
Der Beamte, *ihr Mann*:	Heinz Bernecker
Der Offizier:	Hanns Neußing
Der Priester:	Ludwig Mayr
1. Gefangene:	Lilli Schönborn
2. Gefangene:	Hertha Wolff
Der Namenlose:	Edgar Klitsch
Arbeiterinnen:	Johanne Koch-Bauer Leonie Vogel Dora Gerson
Arbeiter:	Ferdinand Steinhofer Heinz Hilpert William Huch Hans Schultze Veit Harlan Walter Buhse
Arbeiter, Arbeiterinnen, Soldaten.	
Regie:	Jürgen Fehling
Musik:	Heinz Tiessen

SPIELER

Arbeiter
Arbeiterinnen
Der Namenlose
Gefangene Mädchen
Offizier
Priester
Mann (Der Beamte)
Sonja Irene L., eine Frau

TRAUMBILDER DER SONJA IRENE L.

GESTALTEN

Sonja Irene L.
Der Begleiter

Bankiers
Der Beamte
Wachen (Männer und Frauen)
Gefangene
Schatten

(Das dritte, fünfte und siebente Bild in visionärer Traumferne)

Es gibt Kritiker, die bemängeln, daß Sie, obschon die Traumbilder Traumantlitz trugen, den «realen Bildern» visionäres Antlitz gaben und so die Grenzen zwischen Realität und Traum milderten. Sie haben, ich möchte es Ihnen eigens sagen, in meinem Sinn gehandelt. Diese «realen Bilder» sind keine naturalistischen «Milieuszenen», die Gestalten sind (bis auf die Gestalt Sonjas) nicht individualbetont. *Was kann in meinem Drama wie ‹Masse-Mensch› real sein? Nur der seelische, der geistige Atem.*

Als Politiker handle ich, als ob die Menschen als einzelne, als Gruppen, als Funktionsträger, als Machtexponenten, als Wirtschaftsexponenten, als ob irgendwelche Sachverhältnisse reale Gegebenheiten wären. Als Künstler schaue ich diese «realen Gegebenheiten» in ihrer großen Fragwürdigkeit. («Es ist noch eine Frage, ob wir persönlich existieren.»)

Ich sehe auf einem Gefängnishof Sträflinge in eintönigem Rhythmus Holz sägen. Menschen, denke ich bewegt. Der mag ein Arbeiter sein, der ein Bauer, der vielleicht ein Notariatsgehilfe ... Ich sehe die Stube, in der der Arbeiter lebte, sehe seine kleinen Eigentümlichkeiten, die besonderen Gesten, mit denen er ein Streichholz wegwerfen, eine Frau umarmen, das Fabriktor abends durchschreiten mag. Ich sehe ebenso deutlich den breitrückigen Bauern dort, den kleinen schmalbrüstigen Notariatsgehilfen. Dann ... jäh ... sind das gar keine Menschen X und Y und Z mehr, sondern schauerliche Marionetten, von ahnungsvoll erfühltem Zwang schicksalhaft getrieben.

Zwei Frauen gingen einmal vor meinem Zellenfenster, an dessen Eisenstäben ich hing, vorbei. Scheinbar zwei alte Jungfern. Beide trugen kurz geschnittene, weiße Haare, beide trugen Kleider von gleicher Form, gleicher Farbe und gleichem Schnitt, beide trugen einen grauen Regenschirm mit weißen Tupfen, beide wackelten mit dem Kopf.

Nicht eine Augenblicksspanne schaute ich «reale Menschen», die im «realen Neuburg», in der schmalen Gerichtsgasse spazieren gingen. Ein Totentanz zweier alter Jungfern, einer alten Jungfer und ihres Spiegeltodes, glotzte mich an.

Das Drama ‹Masse-Mensch› als Totalität ist eine visionäre Schau, die in zweieinhalb Tagen förmlich aus mir «brach». Die beiden Nächte, die ich durch den Zwang der Haft in dunkler Zelle im «Bett» verbringen mußte, waren Abgründe der Qual, ich war wie gepeitscht von Gesichten, von dämonischen Gesichten, von in grotesken Sprüngen sich überpurzelnden Gesichten. Morgens setzte ich mich, vor innerem Fieber frierend, an den Tisch und hörte nicht eher auf, bis meine Finger klamm, zitternd den Dienst versagten. Niemand durfte in meine Zelle, ich lehnte die Reinigung ab, ich wandte mich in hemmungslosem Zorn gegen

Kameraden, die mich etwas fragen, die mir in irgend etwas helfen wollten.

Ein Jahr währte die müh-selige (selige) Arbeit des Neuformens und Feilens. —

Ich stehe dem Drama ‹Masse-Mensch› heute kritisch gegenüber, ich habe die Bedingtheit der Form erkannt, die herrührt von einer trotz allem! inneren Gehemmtheit jener Tage, einer menschlichen Scham, die künstlerischer Formung persönlichen Erlebens, nackter Konfession, scheu auswich, und die doch nicht den Willen zu reiner künstlerischer Objektivation aufbringen konnte. Das Ungeheure der Revolutionstage war nicht seelisches *Bild* der Revolutionstage geworden, es war irgendwie noch schmerzendes, qualvolles «Seelen*element*», Seelen-«*Chaos*».

Ich bin verwundert über die Verständnislosigkeit der Kritik. Die Ursache mag (und das ist am wahrscheinlichsten) ein Mangel der Gestaltung sein. Vielleicht ist aber auch Mitursache die Erscheinung, daß für den «bürgerlichen» Kritiker «Zeitungswort», «Leitartikelphrase» usw. bedeutet, was für unsereinen, der dem proletarischen Volk nahe lebt, um seine geistige, seine seelische Welt weiß, *der aus der seelischen und geistigen Welt des proletarischen Volks heraus schafft*, Ausdruck erschütterndster, aufwühlendster, den ganzen Menschen erfassender ideelicher Kämpfe bedeutet.

Es ist schon so: was in der sozialen Welt und deren künstlerischem Bild «dem Bürger» Streit um dürre Worte scheint, ist dem Proletarier tragischer Zwiespalt, bedrängender Ansturm. Was dem «Bürger» als Erkenntnis «tief», «bedeutend», als Ausdruck bewegtester geistiger Kämpfe erscheint, läßt den Proletarier gänzlich «un-angerührt». —

Daß auch proletarische Kunst im Menschlichen münden muß, daß sie im Tiefsten allumfassend sein muß — wie das Leben, wie der Tod, brauche ich nicht zu betonen. Es gibt eine proletarische Kunst nur insofern, als für den Gestaltenden die Mannigfaltigkeiten proletarischen Seelenlebens Wege zur Formung des Ewig-Menschlichen sind.

Festung Niederschönenfeld, Oktober 1921
Vorwort zur zweiten Auflage

ERNST TOLLER

ERSTES BILD

Angedeutet: Hinterzimmer einer Arbeiterschenke. In der Mitte ein klotziger Tisch, um den eine Frau und die Arbeiter sitzen.

ERSTER ARBEITER: Flugblätter sind verteilt,
Im großen Saal Zusammenkunft. –
Frühzeitig schließen morgen die Fabriken.
Die Massen gären.
Morgen wird Entscheidung.
Bist du bereit, Genossin?
DIE FRAU: Ich bins.
Mit jedem Atem wächst mir Kraft –
Wie sehnt ich diese Stunde,
Da Herzblut Wort und Wort zur Tat wird.
Lähmung befiel mich oft – zusammen krallt ich
Meine Hände vor Zorn und Scham und Qual.
Grölen die verruchten Blätter Sieg –
Packen Millionen Fäuste mich . . . .
Und gellen: *Du* bist schuldig, daß wir sterben!
Ja, jedes Pferd, deß Flanken zitternd schäumen,
Klagt stumm mich an – klagt an. –
Daß morgen ich Fanfare jüngsten Tages gellte,
Da mein Gewissen brandet in den Saal –
Bin *ich* es noch, die Streik verkünden wird?
Mensch ruft Streik, Natur ruft Streik!
Mir ists, als bellts der Hund, der an mir aufspringt,
Betrete ich mein Haus . . .
Als gischtet Streik der Strom!
Mein Wissen ist so stark. Die Massen
Auferstanden frei vom Paragraphenband
Der feisten Herrn am grünen Tisch,
Armeen der Menschheit werden sie mit wuchtender Gebärde
Das Friedenswerk zum unsichtbaren Dome türmen.
Die rote Fahne, . . . Fahne des Anbruchs,
Wer trägt sie voran?
ZWEITER ARBEITER: Du! Dir folgen sie.
Stille flackert.
DIE FRAU: Daß nur die Mittler schweigen!
Du glaubst, die Polizei ist ohne Kunde?
Wenn Militär den Saal mit Ketten fesselt?
ERSTER ARBEITER: Die Polizei ist ohne Kunde. Und wenn sies weiß,
So weiß sie nicht den wahren Zweck. –
Umfängt die Massen erst der Saal,
Sind sie gewaltige Flut, die keine Polizei

Zu Parkfontänen ruhig plätschernd formt.
Und dann: die Polizei wagt nicht mehr vollen Einsatz,
Zersetzung fraß den Rausch des Machtgefühls
Die Regimenter aber stehn zu uns —
Soldatenräte überall!
Morgen wird Entscheidung, Genossin.
Es klopft.

ERSTER ARBEITER: Verraten!

ZWEITER ARBEITER: Sie dürfen dich nicht fangen.

ERSTER ARBEITER: Nur eine Tür.

ZWEITER ARBEITER: Durchs Fenster!

ERSTER ARBEITER: Das Fenster stürzt in einen Lichtschacht.

DIE FRAU: So nah dem Kampf ...

Es klopft stärker. Die Tür öffnet sich. Der Mann, Mantelkragen hoch aufgeschlagen, kommt hinein, blickt sich schnell um, hebt den Hut aus steifem Filz.

DIE FRAU: Ein ... Freund und nichts zu fürchten ...
Du kommst zu mir,
Du findest mich.

DER MANN: Ich wünsche guten Abend.
Leise. Ich bitte mich nicht vorzustellen.
Kann ich dich sprechen?

DIE FRAU: Genossen ...

DIE ARBEITER: Gute Nacht.
Auf Morgen.

DIE FRAU: Gute Nacht, auf Morgen.

DER MANN: Klar wird dir sein,
Ich komm nicht her als Helfer.

DIE FRAU: Verzeih den Traum der blühenden Sekunden.

DER MANN: Bedrohte Ehre zwang den Schritt hierher.

DIE FRAU: Bin ich der Anlaß? Seltsam.
Ists Ehre bürgerlichen Standes?
Ward abgestimmt? Droht Mehrheit
Dich aus ihren Reihen auszuschließen?

DER MANN: Ich bitte, laß das Scherzen.
Die Rücksichtnahme, die dir fremd, ist mir Gebot.
Für mich besteht die sachlich strenge Ehrensatzung ...

DIE FRAU: Die euch zu Formeln prägt.

DER MANN: Die Unterordnung, Selbstzucht heischt ...
Du nimmst nicht teil an meinen Worten ...

DIE FRAU: Ich sehe deine Augen.

DER MANN: Verwirr mich nicht.

DIE FRAU: Du ... du ...

DER MANN: Um kurz zu sein,
Ich setze Riegel vor dein Wirken.

DIE FRAU: Du ...
DER MANN: Drang nach sozialer Tätigkeit
Kann auch Befriedigung in unserm Kreise finden.
Ich nenne: Heim unehelich geborner Kinder.
Gedanke liegt dem Arbeitsfeld zugrunde,
Der Zeuge ist für die Kultur, von dir verspottet.
Selbst deine sogenannten Arbeitergenossen
Verachten Mütter ohne Ehe.
DIE FRAU: Nur weiter ... weiter ...
DER MANN: Du bist nicht frei in deinem Handeln.
DIE FRAU: Ich bin frei ...
DER MANN: Annehmen darf ich ein gewisses Maß von Rücksicht,
Wenn nicht von deiner Einsicht, so von deinem Takt.
DIE FRAU: Ich kenne Rücksicht nur aufs Werk,
Dem diene ich, dem, hörst du, muß ich dienen.
DER MANN: Zergliedern will ich:
Wunsch nach äußerer Tätigkeit bestimmt dein Tun –
Wunsch, geboren aus verschiedenen Motiven.
Es liegt mir der Gedanke fern,
Daß diese Wünsche unedler Natur.
DIE FRAU: Wie du mir wehe tust mit jedem Wort ...
Kennst du die Bilder der Madonnen
In bäuerlichen Häusern?
Durchbohrt von Schwertern blutet Herz in dunklen Tränen.
Ihr häßlichen, ihr rührend frommen Drucke ...
So einfältig und groß ...
Du ... Du ...
Sprachst du von Wünschen?
Ich weiß ... Schlucht gräbt sich zwischen uns ...
Nicht Wunsch hat mein Geschick gewendet,
Not wars ... Not aus Menschsein,
Not aus meiner tiefsten Fülle.
Not wendet, höre, Not wendet!
Nicht Laune, Spiel der Langeweile,
Not aus Menschsein wendet.
DER MANN: Not? Hast du ein Recht
Von Not zu sprechen?
DIE FRAU: Mann ... du ... laß mich ...
Nun halt ich deinen Kopf ...
Nun küß ich deine Augen ...
Du ...
Sprich nicht weiter ...
DER MANN: Fern liegt mir dich zu quälen ...
Der Ort ... Man kann uns nicht belauschen?
DIE FRAU: Und hört uns ein Genosse,

Sie haben Taktgefühl auch ohne Ehrensatzung.
Oh, wenn du sie verstündest, Hauch nur spürtest ihrer Not.
Not ... die unsre ist ... sein muß!
Erniedrigt habt ihr sie ...
Erniedrigend euch selbst geschändet,
Zu eignen Henkern wurdet ihr ...
Sperr das Mitleid deiner Augen!
Ich bin nicht nervenkrank,
Bin nicht sentimental.
Weil ichs nicht bin, gehöre ich zu ihnen.
O eure jämmerlichen Stunden für soziales Tun bestimmt,
Beschwichtigung aus Eitelkeit und Schwäche.
Kameraden sind, die schämen sich für euch,
Wenn sie nicht ... hell auflachen ...
Siehst du, wie ich jetzt lache.

DER MANN: So magst du alle Wahrheit wissen.
Man weiß ... Behörde weiß von dir.
Ich leistete den Staatseid ... Frau.
Der Referent für Personalia ist unterrichtet,
Fortkommen im Beruf wär ausgeschlossen.

DIE FRAU: Und ... ?

DER MANN: Ich sag dir rücksichtslos,
Ich zieh die Konsequenzen,
Die ... sei versichert,
Auch mein Gefühl berühren würden ...
Zumal du neben dem Beruf des Gatten
Das Staatswohl schädigst ...
Du unterstützt den innren Feind.
Damit ist Scheidungs-Tatbestand gegeben.

DIE FRAU: Dann freilich ... wenn ich dich schädige,
Dir im Wege hemmend stehe ...

DER MANN: Noch wäre Zeit.

DIE FRAU: Dann freilich ...
Dann ... bin ich bereit ...
Ich trag die Schuld ...
Hab keine Angst, Prozeß wird dich nicht schädigen.
Du ...
Du ... meine Arme weiten sich dir
In großer Not.
Du, mein Blut blüht dir ...
Sieh, ich werde welkes Blatt ohne dich.
Du bist der Tau, der mich entfaltet.
Du bist der Sturm, deß märzne Kraft
Brandfackeln wirft in dürstendes Geäder ...
Nächte waren, Rufe schwellender Knaben,

Die sich bäumen in ihres Blutes Reife ...
Trag mich fort, in Wiesen, Park, Alleen,
Demütig will ich deine Augen küssen ...
Ich glaube, ich werde schwach sein
Ohne dich ... grenzenlos ...
Verzeih, ich wars nur eben.
Ich sehe klar die Lage, gerechtfertigt dein Tun.
Denn siehe, morgen steh ich vor den Massen –
Morgen spreche ich zu ihnen.
Morgen werde ich dem Staat, dem Eid du schwurst
Die Maske von der Mörderfratze reißen ...

DER MANN: Dein Tun ist Staatsverrat!

DIE FRAU: Dein Staat führt Krieg,
Dein Staat verrät das Volk!
Dein Staat ausbeutet, drückt, bedrückt,
Entrechtet Volk.

DER MANN: Staat ist heilig ... Krieg sichert Leben ihm.
Friede ist Phantom von Nervenschwachen.
Krieg ist nichts als unterbrochner Waffenstillstand,
In dem der Staat, bedroht vom äußren Feind,
Bedroht vom innren Feind, beständig lebt.

DIE FRAU: Wie kann ein Leib von Pest und Brand zerfressen leben?
Sahst du den nackten Leib des Staates?
Sahst du die Würmer daran fressen?
Sahst du die Börsen, die sich mästen
Mit Menschenleibern?
Du sahst ihn nicht ... ich weiß du schwurst dem Staate Eid,
Tust dein Pflicht und dein Gewissen ist beruhigt.

DER MANN: Bedeutet der Entscheid dein letztes Wort?

DIE FRAU: Bedeutet letztes Wort.

DER MANN: Gute Nacht!

DIE FRAU: Gute Nacht.
Da der Mann gehen will.

DIE FRAU: Ich darf mit dir gehen?
Zum letzten Male heut ...
Oder bin ich schamlos?
Oder bin ich schamlos ...
Schamlos in meinem Blut ...
Frau folgt dem Mann.
Die Bühne verdunkelt sich.

ZWEITES BILD
(Traumbild)

Angedeutet: Saal der Effektenbörse. Am Pult Schreiber, um ihn Bankiers und Makler. Schreiber: Antlitz des Mannes.

SCHREIBER: Ich notiere.
ERSTER BANKIER: Waffenwerke
350.
ZWEITER BANKIER: Ich überbiete
400.
DRITTER BANKIER: 400
Biete an.
Der vierte Bankier zerrt den dritten nach vorn. Im Hintergrund Gemurmel der Bietenden und Verkaufenden.
VIERTER BANKIER *zum dritten:* Gehört?
Rückzug
Notwendig.
Große Offensive
Wird mißlingen.
DRITTER BANKIER: Reserven?
VIERTER BANKIER: Menschenmaterial
Wird schlecht.
DRITTER BANKIER: Ernährung ungenügend?
VIERTER BANKIER: Auch das.
Obwohl
Professor Ude
Meint,
Daß Roggen,
Nach Prozentsatz 95
Ausgemahlen,
Schlemmernahrung
Ist.
DRITTER BANKIER: Die Führung?
VIERTER BANKIER: Ausgezeichnet.
DRITTER BANKIER: Nicht Alkohol genug?
VIERTER BANKIER: Die Schnapsfabriken
Brennen
Unter Hochdruck.
DRITTER BANKIER: Was fehlt?
VIERTER BANKIER: Der General
Hat 93 Professoren
Ins Hauptquartier berufen.
Auch unsre Koryphäe
Geheimrat Gluber.

Man munkelt Resultate.
DRITTER BANKIER: Die sind?
VIERTER BANKIER: In bürgerlichen Sphären
Zu verhüllen.
DRITTER BANKIER: Schwächt Männerliebe
Die Soldaten?
VIERTER BANKIER: Merkwürdig nein.
Mann haßt Mann.
Es fehlt.
DRITTER BANKIER: Es fehlt? . . .
VIERTER BANKIER: Mechanik
Alles Lebens
Wurde offenbart.
DRITTER BANKIER: Es fehlt?
VIERTER BANKIER: Masse braucht Lust.
DRITTER BANKIER: Es fehlt? . . .
VIERTER BANKIER: Die Liebe.
DRITTER BANKIER: Das genügt!
So ist der Krieg
Als unser Instrument,
Das mächtige gewaltge Instrument,
Das Könige und Staaten,
Minister, Parlamente,
Presse, Kirchen
Tanzen läßt,
Tanz über Erdball,
Tanz über Meere,
Verloren?
Sprechen Sie: Verloren?
Ist das Bilanz?
VIERTER BANKIER: Sie kalkulieren schlecht.
Die Fehlerquelle ist erkannt.
Wird ausgeglichen.
DRITTER BANKIER: Wodurch?
VIERTER BANKIER: Auf internationalem Weg.
DRITTER BANKIER: Ist das bekannt?
VIERTER BANKIER: Im Gegenteil.
Wird vaterländisch echt frisiert
Und unabhängig
Von Valuta.
DRITTER BANKIER: Auch gut fundiert?
VIERTER BANKIER: Konzern der größten Banken
Leitet Unternehmen.
DRITTER BANKIER: Der Profit?
Die Dividende?

VIERTER BANKIER: Wird regelmäßig ausgeschüttet.
DRITTER BANKIER: Die Form des Unternehmens gut.
Doch Inhalt?
VIERTER BANKIER: Die Maske heißt Erholungsheim
Zur Siegeswillenstärkung.
Der Inhalt:
Staatliches Bordell.
DRITTER BANKIER: Grandios!
Ich zeichne 100 000.
Noch eine Frage,
Wer ordnet die Dynamik?
VIERTER BANKIER: Erfahrene Generale,
Beste Kenner
Erprobten Reglements.
DRITTER BANKIER: Der Plan
Entworfen?
VIERTER BANKIER: Nach Reglement,
Wie ich schon sagte.
Drei Preise.
Drei Kategorien.
Bordell für Offiziere:
Aufenthalt die Nacht.
Bordell für Korporäle:
Eine Stunde.
Mannschaftsbordell:
15 Minuten.
DRITTER BANKIER: Ich danke.
Wann wird der Markt eröffnet?
VIERTER BANKIER: Jeden Augenblick.
Im Hintergrund Lärm.
Dritter und vierter Bankier nach hinten.
DER SCHREIBER: Zugelassen neu:
Die nationale Aktie
Kriegserholungsheim
A.-G.
ERSTER BANKIER: Ich habe keinen Auftrag.
ZWEITER BANKIER: Die Dividende lockt mich nicht.
DRITTER BANKIER: Ich zeichne 100 000
Nennwert.
SCHREIBER: Ich notiere.
VIERTER BANKIER: Die gleiche Anzahl.
ERSTER BANKIER *zum zweiten:* Der Kühle zeichnet ...
Was meinen Sie? ...
ZWEITER BANKIER: Soeben Telegramm:
Die Schlacht im Westen

Verloren . . .
ERSTER BANKIER: Meine Herren!
Die Schlacht im Westen ist verloren!
Rufe, Geschrei, Kreischen.
STIMMEN: Verloren!
STIMME: Waffenwerke
Biete an
Zu 150.
STIMME: Flammenwerfer Trust
Ich biete an.
STIMME: Kriegsgebetbuch m. b. H.
Ich biete an.
STIMME: Giftgaswerke
Biete an.
STIMME: Kriegsanleihe
Biete an.
DRITTER BANKIER: Ich zeichne nochmals
100 000.
STIMME: Hoho . . .
Bei dieser Baisse? . . .
STIMME: Wer sagte, daß die Schlacht verloren?
STIMME: Ist wahr die Nachricht?
Oder Börsencoup?
Der Kühle
Zeichnet Zweimalhunderttausend.
ZWEITER BANKIER: Schiebung!
Ich kaufe.
150.
STIMME: Ich überbiete.
200.
STIMME: Ich kaufe.
300.
STIMME: Wer bietet an?
400.
Ich kaufe.
SCHREIBER: Ich notiere.
VIERTER BANKIER *zum dritten:* Der Fuchs errät . . .
DRITTER BANKIER: Verzeihen Sie die Frage.
Unser stärkstes Instrument
Gerettet?
VIERTER BANKIER: Wie können Sie nur zweifeln?
Mechanik alles Lebens
Ist so einfach —
Ein Leck war da . . .
Es ist entdeckt

Und schnell verstopft.
Die Baisse
Oder Hausse heute
Ist nebensächlich.
Das Wesentliche:
Mechanisches Gesetz stabil.
Die Folge:
Das System gerettet.

SCHREIBER: Ich notiere.

Der Begleiter tritt ein. Sein Gesicht, das eine magische Ähnlichkeit mit dem Gesicht der Frau zeigt: ein Verwobensein von Zügen des Todes und Zügen angespanntesten Lebens. Er führt die Frau.

DER BEGLEITER: Meine Herrn,
Sie notieren zu voreilig.
Blut und System!
Mensch und System!
Der Satz ist brüchig.
Ein Fußtritt,
Und die Mechanik
Ist zerbrochnes
Kinderspielzeug.
Achtung!
Zur Frau: Sprich du!

DIE FRAU *leise:* Meine Herren:
Menschen.
Ich wiederhole:
Menschen!

Der Begleiter und die Frau verblassen. Jähe Stille.

DRITTER BANKIER: Hörten Sie?
Ein Grubenunglück,
Scheints.
Menschen in Not.

VIERTER BANKIER: Ich schlage vor:
Wohltätigkeitsfest.
Tanz
Ums Börsenpult.
Tanz
Gegen Not.
Erlös
Den Armen.
Wenns gefällig ist,
Ein Tänzchen,
Meine Herrn.
Ich spende:
Eine Aktie

Kriegserholungsheim
A.-G.

STIMME: Doch Weiber?

VIERTER BANKIER: Soviel
Sie wollen.
Man befehle
Dem Portier:
Fünfhundert
Raffinierte Mädchen
Her!
Inzwischen . . .

DIE BANKIERS: Wir spenden!
Wir tanzen!
Erlös
Den Armen!

Musik klappernder Goldstücke. Die Bankiers im Zylinder tanzen einen Foxtrott um das Börsenpult.

Die Bühne verdunkelt sich.

DRITTES BILD

Die Bühne bleibt dunkel.

MASSENCHÖRE *wie aus der Ferne:* Wir ewig eingekeilt
In Schluchten steiler Häuser.
Wir preisgegeben
Der Mechanik höhnischer Systeme.
Wir antlitzlos in Nacht der Tränen.
Wir ewig losgelöst von Müttern,
Aus Tiefen der Fabriken rufen wir:
Wann werden Liebe wir leben?
Wann werden Werk wir wirken?
Wann wird Erlösung uns?

Die Bühne erhellt sich. Angedeutet: Großer Saal. Auf der Tribüne ein langer schmaler Tisch. Links sitzt die Frau. Im Saal Arbeiter und Arbeiterinnen dicht gedrängt.

GRUPPE JUNGER ARBEITERINNEN: Und Schlacht speit neue Schlacht!
Kein Zaudern mehr mit jenen Herren,
Nicht Schwanken und nicht schwachen Pakt.
Einer Schar Genossen Auftrag:
In die Maschinen Dynamit.
Und morgen fetzen die Fabriken in die Luft.
Maschinen pressen uns wie Vieh in Schlachthaus,
Maschinen klemmen uns in Schraubstock,

Maschinen hämmern unsre Leiber Tag für Tag
Zu Nieten ... Schrauben ...
Schrauben ... drei Millimeter ... Schrauben ... fünf Millimeter,
Dörren unsre Augen, lassen Hände uns verwesen
Bei lebendigem Leibe ...
Nieder die Fabriken, nieder die Maschinen!

VEREINZELTE RUFE IM SAAL: Nieder die Fabriken, nieder die Maschinen!

Am Tisch auf der Tribüne erhebt sich die Frau.

DIE FRAU: Einst Blinde noch und angefallen
Von Marterkolben saugender Maschinen,
Verzweifelt schrie ich jenen Ruf.
Es ist ein Traum, der eure Blicke hemmt,
Ein Traum von Kindern, die vor Nacht erschreckt.
Denn seht: Wir leben zwanzigstes Jahrhundert.
Erkenntnis ist:
Fabrik ist nicht mehr zu zerstören.
Nehmt Dynamit der ganzen Erde,
Laßt eine Nacht der Tat Fabriken sprengen,
Im nächsten Frühjahr wärn sie auferstanden
Und lebten grausamer als je.
Fabriken dürfen nicht mehr Herr,
Und Menschen Mittel sein.
Fabrik sei Diener würdigen Lebens!
Seele des Menschen bezwinge Fabrik!

GRUPPE JUNGER ARBEITER: So sollen die und wir verkommen.
Sie, unsre Worte zerstriemen sich in Wut und Rache,
Die Herren bauen sich Paläste,
Da Brüder in den Schützengräben faulen.
Und Tanz quillt auf und Wiesen, bunte Spiele,
In Nächten lesen wir davon und heulen auf!
Und Sehnsucht ist in uns nach Wissen ...
Das Höchste nahmen sie,
Und es ward böse.
Nur manchmal in Theatern springt es uns entgegen
Und ist so zart ... und schön ... und höhnisch wieder!
In Schulen haben unsre Jugend sie zerstört,
In Schulen unsre Seelen zerbrochen.
Einfache Not ists, die wir rufen ...
Riecht wohl — diese Not gebeizter Dämpfe!
Wer sind wir heute?
Wir *wollen* nicht warten!

EINE GRUPPE VON LANDARBEITERN:
Verstoßen hat man uns von unsrer Mutter Erde,
Die reichen Herren kaufen Erde sich wie feile Dirnen,
Belustgen sich mit unsrer gnadenreichen Mutter Erde,

Stoßen unsre rauhen Arme in Rüstungsfabriken.
Wir aber siechen, von Scholle entwurzelt,
Die freudlosen Städte zerbrechen unsre Kraft.
Wir wollen Erde!
Allen die Erde!
MASSE IM SAAL: Allen die Erde!
DIE FRAU: Durch die Quartiere ging ich.
Von Schindeldächern tropfte grauer Regen,
An Stubenwänden schossen Pilze aus der Feuchte.
Und eine Kammer traf ich, saß darin ein Invalide,
Der stotterte: «Da draußen war es besser fast . . .
Hier leben wir im Schweinekober . . .
Nicht wahr . . . im Schweinekober?» . . .
Und schamhaft Lächeln fiel aus seinen Augen.
Und mit ihm schämt ich mich.
Den Ausweg, Brüder, wollt ihr wissen?
Ein Ausweg bleibt uns Schwachen,
Und Hassern der Kanonen.
Der Streik! kein Handschlag mehr.
Streik unsre Tat!
Wir Schwachen werden Felsen sein der Stärke,
Gewaltlos werden wir die Ketten sprengen,
Und keine Waffe ist gebaut, die uns besiegen könnte.
Ruft unsre stummen Bataillone!
Ich rufe Streik!
Hört ihr:
Ich rufe Streik!
Der Moloch frißt das sechste Jahr die Leiber,
Auf Straßen brechen Schwangere zusammen,
Vor Hunger sind sie nicht mehr fähig,
Zu tragen Last der Ungebornen.
In euren Stuben stiert die Not,
Stiert Seuche, Wahnsinn, Hunger, grüner Hunger.
Dort aber, schaut nach dort:
Die Börsen speien Bacchanalien,
Sekt überströmt errungene Siege,
Wollüstig Prickeln tanzt Geschehen
Um goldene Altäre. Und draußen?
Saht ihr das fahle Antlitz eurer Brüder?
Fühlt ihr die Leiber,
Klamm im abendlichen
Feuchten Frost?
Riecht ihr Verwesung Hauch?
Hört ihr die Schreie? frage ich.
Hört ihr den Ruf?

«Die Reihe ist an euch!
Wir angekettet an Kanonenrohre,
Ohnmächtig wir,
Wir schrein euch zu:
Ihr! seid uns Helfer!
Ihr: seid die Brücke!!»
Hört ihr! Ich rufe Streik!
Wer weiter Rüstungswerkstatt speist,
Verrät den Bruder. Was sage ich: verrät?
Er tötet eignen Bruder.
Und Frauen ihr!
Kennt ihr Legende jener Weiber,
Die ewig fruchtlos,
Weil sie Waffen mitgeschmiedet?
Denkt eurer Männer draußen!
Ich rufe Streik!

MASSE IM SAAL: Wir rufen Streik!
Wir rufen *Streik!*
Aus der Masse im Saal eilt der Namenlose auf die Tribüne, stellt sich rechts an den Tisch.

DER NAMENLOSE: Wer Brücke bauen will,
Muß auch für Pfosten sorgen.
Streik ist heute Brückensteg, dem Pfosten fehlen.
Wir brauchen mehr als Streik.
Das Kühnste angenommen.
Durch Streik erzwingt ihr Frieden,
Einen Frieden.
Schafft Ruhepause nur. Nicht mehr.
Der Krieg muß enden
In alle Ewigkeit!
Doch vorher letzten, rücksichtslosen Kampf!
Was nützts, wenn ihr den Krieg beendet?
Auch Friede, den ihr schafft,
Läßt euer Los unangetastet.
Hie Friedensmaske, altes Los!
Hie Kampf und neues Los!
Ihr Toren, brecht die Fundamente,
Brecht Fundamente! rufe ich.
Dann mag die Sintflut
Das verweste Haus, durch goldne Ketten
Vor Verfall bewahrt, fortschwemmen.
Wir bauen wohnlicher System.
Den Arbeitern gehören die Fabriken
Und nicht dem Monsieur Kapital.
Vorbei die Zeit, da er auf unsern krummen Rücken

Nach fernen Schätzen gierig Umschau hielt
Und fremdes Volk versklavte, Kriege sann,
Papierne Lügenmäuler kreischen ließ:
«Fürs Vaterland! Fürs Vaterland!»
Doch immer mitschwang wahre Melodie:
«Für mich! Für mich!»
Vorbei die Zeit!
Ein Ruf der Massen aller Länder:
Den Arbeitern gehören die Fabriken!
Den Arbeitern die Macht!
Alle für Alle!
Ich rufe mehr als Streik!
Ich rufe: Krieg!
Ich rufe: Revolution!
Der Feind dort oben hört
Auf schöne Reden nicht.
Macht gegen Macht!
Gewalt . . . Gewalt!
EINE STIMME: Waffen!
DER NAMENLOSE: Ja, nur Waffen braucht ihr!
Drum holt sie euch, erstürmt das Stadthaus!
Der Kampfruf: Sieg!
DIE FRAU: Hört mich!
Ich will . . .
DER NAMENLOSE: Schweigen Sie, Genossin!
Mit Händedruck, Gebet und brünstgen Bitten
Erzeugt man keine Kinder.
Schwindsüchtige werden nicht gesund durch Wassersuppen,
Zum Bäumefällen brauchts die Axt.
DIE FRAU: Hört mich . . .
Ich will nicht neues Morden.
DER NAMENLOSE: Schweigen Sie, Genossin.
Was wissen Sie?
Sie fühlen unsre Not, ich geb es zu.
Doch waren Sie zehn Stunden lang im Bergwerk,
In blinden Kammern Kinder heimatlose,
Zehn Stunden Bergwerk, abends jene Kammern,
So Tag für Tag das Los der Massen?
Sie sind nicht Masse!
Ich bin Masse!
Masse ist Schicksal.
MASSE IM SAAL: Ist Schicksal . . .
DIE FRAU: Doch überlegen Sie,
Masse ist ohnmächtig.
Masse ist schwach.

DER NAMENLOSE: Wie fern Sie der Erkenntnis sind!
Masse ist Führer!
Masse ist Kraft!
MASSE IM SAAL: Ist Kraft.
DIE FRAU: Gefühl zwängt mich in Dunkel,
Doch mein Gewissen schreit mir: Nein!
DER NAMENLOSE: Schweigen Sie, Genossin!
Der Sache willen.
Was gilt der Einzelne,
Was sein Gefühl,
Was sein Gewissen?
Die Masse gilt!
Bedenken Sie: ein einzger blutiger Kampf
Und ewig Frieden.
Kein Maskentand, wie früher Frieden,
Wo unter Hülle Krieg,
Krieg der Starken gegen Schwache,
Krieg der Ausbeutung, Krieg der Gier.
Bedenken Sie: aufhört das Elend!
Bedenken Sie: Verbrechen werden Märchen,
An Morgenhorizonten leuchtet Freiheit aller Völker!
Glauben Sie, daß leicht ich rate?
Krieg ist Notwendigkeit für uns.
Ihr Wort bringt Spaltung,
Um der Sache willen
Schweigen Sie.
DIE FRAU: Du . . . bist . . . Masse
Du . . . bist . . . Recht
DER NAMENLOSE: Die Brückenpfosten eingerammt, Genossen!
Wer in den Weg sich stellt, wird überrannt!
Masse ist Tat!
MASSE IM SAAL *hinaus stürmend:* Tat!!!
Tat!!!
Die Bühne verdunkelt sich.

VIERTES BILD
(Traumbild)

Angedeutet: Hochummauerter Hof. Nacht. In der Mitte des Hofes auf der Erde eine Laterne, die ein kümmerliches Licht tränt. Aus den Hofwinkeln tauchen Arbeiterwachen auf.

ERSTE WACHE *singt:* Meine Mutter
Hat mich

Im Graben geboren.
Lalala la
Hm, Hm,

ZWEITE WACHE: Mein Vater
Hat mich
Im Rausche verloren.

ALLE WACHEN: Lalala la
Hm, Hm,

DRITTE WACHE: Drei Jahre
War ich
Im Zuchthaus geschoren.

ALLE WACHEN: Lalala la
Hm, Hm,

Von irgendwo nähert sich mit gespenstigen lautlosen Schritten der Namenlose. Stellt sich neben die Laterne.

ERSTE WACHE: Herr Vater
Vergaß
Aliment zu zahlen.

ALLE WACHEN: Lalala la
Hm, Hm,

ZWEITE WACHE: Meine Mutter
Trippelt
Den Strich in Qualen.

ALLE WACHEN: Lalala la
Hm, Hm,

DRITTE WACHE: Ich störte
Bürger
Bei Königswahlen.

ALLE WACHEN: Lalala la
Hm, Hm,

DER NAMENLOSE: Zum Tanz!
Ich spiele auf!

DIE WACHEN: Halt!!
Wer bist du?

DER NAMENLOSE: Fragt ich
Nach eurem Namen,
Namenlose?

DIE WACHEN: Parole?

DER NAMENLOSE: Masse ist namenlos!

DIE WACHEN: Ist namenlos.
Der Unsern einer.

DER NAMENLOSE: Ich spiele auf.
Ich Melder
Der Entscheidung.

Der Namenlose beginnt auf einer Harmonika zu spielen. In aufpeit-

schenden, bald sinnlich sich wiegenden, bald stürmischen Rhythmen. Verurteilter, einen Strick um den Hals, tritt aus dem Dunkel.

VERURTEILTER: Im Namen
Der zum Tode
Verurteilten:
Wir bitten letzte
Gnade:
Einladung zum Tanz.
Tanz ist der Kern
Der Dinge.
Leben,
Aus Tanz geboren,
Drängt
Zum Tanz,
Zum Tanz der Lust,
Zum Totentanz
Der Zeit.

DIE WACHEN: Verurteilten
Soll man
Die letzte Bitte
Stets erfüllen:
Eingeladen.

DER NAMENLOSE: Nur her!
Die Farbe
Bleibt sich gleich.

VERURTEILTER *ruft ins Dunkel:* Die zum Tode
Verurteilten
Antreten!
Zum letzten Tanz!
Gefaßte Särge
Stehen lassen.

Die Verurteilten, Strick um den Hals, treten aus dem Dunkel. Wachen und Verurteilte tanzen um den Namenlosen.

DIE WACHEN *singend:* Im Graben geboren.

Tanzen weiter. Nach kurzer Pause.

DIE WACHEN *singend:* Im Rausche verloren.

Tanzen weiter. Nach kurzer Pause.

DIE WACHEN *singend:* Im Zuchthaus geschoren.

Tanzen weiter. Der Namenlose bricht jäh ab. Die Dirnen und die zum Tode Verurteilten laufen in die Ecke des Hofes. Nacht frißt sie. Die Wachen postieren sich.

Stille windet sich um den Namenlosen. Durch die Mauer ist der Begleiter in Gestalt eines Wachmannes getreten. Preßt das Weib (Antlitz der Frau) an sich.

DER BEGLEITER: Die Wanderung

Beschwerlich.
Effekt
Belohnt die Müh.
Schau dorthin:
Sogleich
Beginnt das Drama.
Lockt dich die Sensation,
Spiel mit.
Eine Wache bringt den Gefangenen (Antlitz des Mannes), führt ihn zum Namenlosen.
DER NAMENLOSE: Vom Tribunal
Verurteilt?
EINE WACHE: Sprach selbst
Sich Tod:
Er schoß auf uns.
DER GEFANGENE: Tod?
DER NAMENLOSE: Erschrickst du?
Höre zu:
Wache! Gib Antwort!
Wer lehrte
Todesurteil?
Wer gab Waffen?
Sagte «Held» und «gute Tat»?
Wer heiligte Gewalt?
DIE WACHE: Schulen.
Kasernen.
Krieg.
Immer.
DER NAMENLOSE: Gewalt . . . Gewalt.
Warum geschossen?
DER GEFANGENE: Ich schwur
Dem Staate Eid.
DER NAMENLOSE: Du stirbst
Für deine Sache.
DIE WACHEN: An die Mauer!
DER NAMENLOSE: Gewehre geladen?
DIE WACHEN: Geladen . . .
DER GEFANGENE *an der Mauer:* Leben!
Leben!
Weib reißt sich vom Begleiter los.
WEIB: Nicht schießen!
Der dort mein Mann!
Vergebt ihm,
Wie ich ihm demütig vergebe.
Vergeben ist so stark

Und jenseits allen Kampfes.
DER NAMENLOSE: Vergeben
Die uns?
WEIB: *Kämpfen*
Die für Volk?
Kämpfen
Die für Menschheit?
DER NAMENLOSE: Die Masse gilt.
DIE WACHEN: An die Mauer!
EINE WACHE: Vergeben ist Feigheit.
Gestern entfloh ich
Den Feinden drüben.
An der Mauer schon stand ich.
Den Leib zerstriemt.
Neben mir der Mann,
Der mich
Erschlagen sollte.
Mein Grab
Mußt ich graben
Mit eigner Hand.
Vor uns
Der Photograph,
Begierig,
Mord
In seine Platte einzubrennen.
Ich scheiß auf die
Revolution,
Wenn wir uns
Äffen lassen
Von den höhnischen Mördern
Drüben.
Ich scheiß auf die
Revolution!
DIE WACHEN: An die Mauer!
Das Antlitz des Gefangenen verwandelt sich in das Einer Wache. Die Frau zu Einer Wache.
DIE FRAU: Gestern standst du
An der Mauer.
Jetzt stehst du
Wieder an der Mauer
Das bist du,
Der heute
An der Mauer steht.
Mensch
Das bist du.

Erkenn dich doch:
Das bist du.
Eine Wache: Die Masse gilt.
Die Frau: Der Mensch gilt.
Alle Wachen: Die Masse gilt.
Die Frau: Ich geb
Mich hin ...
Allen hin ...
Böses Gelächter der Wachen.
Die Frau *stellt sich neben den Mann:* So schießt!
Ich sag mich los! ...
Die Bühne verdunkelt sich.

FÜNFTES BILD

Angedeutet: Der Saal. Morgengrauen schleicht durch die Fenster. Tribüne von trübem Licht erhellt. Am langen Tisch sitzen links die Frau, rechts der Namenlose. An den Türen des Saales Arbeiterwachen. Im Saal hocken vereinzelt an Tischen Arbeiter und Arbeiterinnen.

Die Frau: Sind Nachrichten gekommen letzte Stunde?
Ich schlief, verzeihen Sie, Genosse.
Der Namenlose: Meldung auf Meldung kommt.
Kampf ist Kampf,
Ist blutiges Kräftespiel und kühl zu wägen.
Vor Mitternacht besetzten wir den Bahnhof.
Um eins war er verloren.
Jetzt rücken Bataillone an
Zum neuen Sturm.
Das Postgebäude ist in unserem Besitz.
In diesem Augenblick
Verkündet Telegramm den Völkern unser Werk.
Die Frau: Das Werk! Welch heiliges Wort!
Der Namenlose: Ein heiliges Wort, Genossin!
Es fordert erzne Panzer,
Es fordert mehr als Rede heißen Herzens.
Es fordert rücksichtslosen Kampf.
Sekundenlang flackernde Stille im Saal.
Die Frau: Genosse, im letzten überwind ichs nicht.
Kampf mit Eisenwaffen vergewaltigt.
Der Namenlose: Auch Kampf mit Geisteswaffen vergewaltigt.
Ja, jede Rede vergewaltigt. –
Nicht so bestürzt, Genossin,
Ich packe nackte Dinge.

Dächt ich wie Sie, ich würde Mönch
In jenem Kloster ewigen Schweigens.
Stille will sich schwer auf den Saal senken. Erster Arbeiter tritt ein.
ERSTER ARBEITER: Ich bringe Meldung.
Wir rückten dreimal gegen den Bahnhof.
Der Platz bäumt sich vor Toten.
Die drüben liegen gut verschanzt,
Mit allen Waffen ausgerüstet,
Mit Flammenwerfern, Minen, giftgen Gasen.
DER NAMENLOSE: Ihr rücktet dreimal an.
Beim viertenmal?
ERSTER ARBEITER: Wir kamen nicht zum viertenmal,
Die drüben wagten Ausfall.
DER NAMENLOSE: Ihr hieltet Stand.
Braucht ihr Verstärkung?
ERSTER ARBEITER: Wir sind zersprengt.
DER NAMENLOSE: Rückschlag war zu erwarten.
Merk auf – geh in den dreizehnten Bezirk,
Dort liegen die Reserven.
Geh – eile dich.
Arbeiter geht.
DIE FRAU: Er sprach von Toten.
Viele hundert.
Schrie ich nicht gestern gegen Krieg??
Und heute ... laß ichs zu,
Daß Brüder in den Tod geworfen? –
DER NAMENLOSE: Ihr Blick ist unklar,
Im Kriege gestern warn wir Sklaven.
DIE FRAU: Und heute?
DER NAMENLOSE: Im Kriege heute sind wir Freie.
Stille fiebert.
DIE FRAU: In ... beiden Kriegen ... Menschen ...
In ... beiden Kriegen ... Menschen ...
Stille taumelt. Zweiter Arbeiter stürzt herein.
ZWEITER ARBEITER: Das Postamt verloren!
Die Unsern fliehen!
Feind gibt kein Pardon.
Gefangener Schicksal Tod.
Erster Arbeiter eilt herein.
ERSTER ARBEITER: Ich komm vom dreizehnten Bezirk,
Vergeblich Mühen.
Die Straßen gesperrt.
Bezirk hat sich ergeben.
Sie liefern Waffen ab.
DRITTER ARBEITER: Die Stadt ist verloren!

Das Werk mißlang!
DIE FRAU: Es mußt mißlingen . . .
DER NAMENLOSE: Noch einmal: Schweigen Sie Genossin!
Das Werk ist nicht mißlungen.
War heute unsere Kraft zu schwach,
Morgen dröhnen neue Bataillone.
VIERTER ARBEITER *schreit in den Saal:* Sie rücken an!
O furchtbares Gemetzel. Erschossen meine Frau,
Erschossen mein Vater!
DER NAMENLOSE: Sie starben für die Masse.
Aufrichtet Barrikaden!
Noch sind wir Schützer!
Trächtig ist unser Blut zum Kampf!
Sie sollen kommen!
Arbeiter stürmen in den Saal.
FÜNFTER ARBEITER: Sie metzeln alles nieder.
Männer, Frauen, Kinder.
Wir liefern uns nicht aus,
Daß sie uns töten, eingefangnes Vieh.
Alle metzeln sie nieder, wir müssen uns wehren!
Die jenseits der Grenzen schützte Völkerrecht,
Uns meucheln sie wie ausgebrochne, wilde Tiere,
Setzen Prämien auf unsre Leiber. –
Waffen sind uns in Händen.
Gefangene Bürger führen wir mit uns,
Ich gab Befehl, die Hälfte zu erschießen,
Die andere folgt, greift Sturmtrupp an.
DER NAMENLOSE: Ihr rächtet eure Brüder.
Masse ist Rache am Unrecht der Jahrhunderte.
Masse ist Rache.
DIE ARBEITER: Ist Rache!
DIE FRAU: Einhaltet Kampfverstörte!
Ich fall euch in den Arm.
Masse soll Volk in Liebe sein.
Masse soll Gemeinschaft sein.
Gemeinschaft ist nicht Rache.
Gemeinschaft zerstört das Fundament des Unrechts.
Gemeinschaft pflanzt die Wälder der Gerechtigkeit.
Mensch, der sich rächt, zerbricht. –
Die Hälfte ist erschossen!
Die Tat nicht Notwehr.
Blinde Wut! nicht Dienst am Werk.
Ihr tötet Menschen.
Tötet ihr mit ihnen Geist des Staats,
Den ihr bekämpft?

Die draußen schütze ich.
Ich war bereit,
Mein Gewissen zu lähmen,
Der Masse willen.
Ich rufe:
Zerbrecht das System!
Du aber willst die Menschen zerbrechen.
Ich kann nicht schweigen, heute nicht.
Die draußen Menschen,
Im Blute stöhnender Mütter geboren . . .
Menschen, ewige Brüder . . .

DER NAMENLOSE: Zum letzten: Schweigen Sie Genossin!
Gewalt . . . Gewalt . . .
Die drüben schonen unsre Leiber nicht.
Mit frommem Blick ist harter Kampf
Nicht durchzuführen. –
Hört nicht auf diese Frau.
Geschwätz von Weiberröcken.

DIE FRAU: Ich rufe: Haltet ein!
Und Sie . . . wer . . . sind . . . Sie?
Treibt dich entfesselte Wollust des Herrschens
In Käfig gesperrt seit Jahrhunderten?
Wer . . . sind . . . Sie?
Gott . . . wer . . . sind . . . Sie?
Mörder . . . oder . . . Heiland?
Mörder . . . oder . . . Heiland . . .?
Namenloser: Ihr Antlitz?
Sie sind . . .?

DER NAMENLOSE: Masse!

DIE FRAU: Sie . . . Masse!
Ich ertrag Sie nicht!
Die draußen schütze ich.
In vielen Jahren war ich euch Gefährtin.
Ich weiß . . . Ihr littet mehr als ich . . .
Ich bin in hellen Stuben aufgewachsen,
Litt niemals Hunger,
Hört nie das Wahnsinnslachen der verfaulenden Tapeten.
Doch – fühle ich mit euch
Und weiß um euch.
Seht, ich komme bittend Kind.
Ich bringe alle Demut.
Hört auf mich:
Zerbrecht die Fundamente des Unrechts,
Zerbrecht die Ketten der geheimen Knechtschaft,
Doch zerschellt die Waffen der verwesten Zeit.

Zerschellt den Haß! Zerschellt die Rache!
Rache ist nicht Wille zur Umgestaltung,
Rache ist nicht Revolution
Rache ist Axt, die spaltet
Den kristallnen, glutenden,
Den zornigen, erzenen Willen zur Revolution.

DER NAMENLOSE: Wie wagst du Frau aus jenen Kreisen,
Die Stunde der Entscheidung zu vergiften?
Ich höre andern Ton aus deinem Mund.
Du schützest sie, die mit dir aufgewachsen.
Das ist der tiefre Grund.
Du bist Verrat.

MASSE IM SAAL *bedrängt drohend die Frau:* Verrat!

RUF: Die Intellektuelle!

RUF: Zur Wand mit ihr!

DER NAMENLOSE: Dein Schutz Verrat.
Die Stunde fordert Handeln,
Rücksichtsloses Handeln.
Wer nicht mit uns, ist wider uns.
Masse muß leben.

MASSE IM SAAL: Muß leben.

DER NAMENLOSE: Du bist verhaftet.

DIE FRAU: Ich ... schütze ... sie ... die mit mir aufgewachsen?
Nein, ich schütze euch!
Ihr selbst steht an der Mauer!
Ich schütze unsre Seelen!
Ich schütze Menschheit, ewige Menschheit.
Wahnsinniger Ankläger ...
In meinen Worten Angst ...
So niedrig nie ...
Ich wählte ...
Du lügst ... du lügst ...
Ein Arbeiter betritt den Saal.

ARBEITER: Bellt einer auf von den Gefangenen
Bellt monoton, bellt immer wieder,
Er will zur Führerin!

DER NAMENLOSE: Beweis.

DIE FRAU: Noch einmal ... du lügst ... –
Wer will mich sprechen ... wer?
Vielleicht der Mann.
Um ihn beging ich heute nimmermehr Verrat ...
Jetzt verrietet ihr euch selbst ...
Ich weiß nichts mehr ...
Der Namenlose verläßt die Tribüne, taucht in der Masse im Saal unter. Von draußen dringen Arbeiter ein.

Die Arbeiter: Verloren.
Rufe: Fliehen! Kämpfen!
Draußen vereinzelte Schüsse. Die Arbeiter drängen zur Tür.
Rufe: Die Tür ist verrammelt.
Gekesselt wie Hasen!
Schweigen der Todeserwartung.
Ruf: Sterben!
Einer beginnt die Internationale zu singen. Die andern fallen ein. Mächtig.
Lied: Wacht auf im Erdenrund, ihr Knechte,
Ihr Angeschmiedete der Not,
Aus Tiefen donnern neue Rechte.
Der Tag bricht an, die Fackel loht.
Frei die Bahn, heran zum Handeln,
Packt an! ihr Massen, erwacht:
Die Welt will sich von Grund aus wandeln,
Wir Sklaven ergreifen die Macht.
Völker hört die Signale,
Reiht euch ein, der Würfel fällt.
Die Internationale
Erkämpft – befreit die Welt.
Plötzlich kurzes Maschinengewehrfeuer. Das Lied zerbricht, Tür am Haupteingang und seitliche Türen werden mit einem Ruck eingestoßen. Soldaten mit Gewehren im Anschlag stehen an den Türen.
Offizier: Widerstand ist nutzlos!
Hände hoch!
Hände hoch, befehle ich.
Wo ist die Führerin?
Warum streckst nicht die Hände hoch?
Legt ihr Fesseln an.
Soldaten fesseln die Frau.
Die Bühne verdunkelt sich.

SECHSTES BILD
(Traumbild)

Unbegrenzter Raum. Im Kern ein Käfig, von einem Lichtkegel umzuckt. Darin zusammengekauert eine Gefesselte (Antlitz der Frau). Neben dem Käfig der Begleiter in Gestalt des Wärters.

Die Gefesselte: Wo bin
Ich?
Der Wärter: Im
Menschenschauhaus.

Die Gefesselte: Vertreib die Schatten.
Der Wärter: Vertreib sie selbst.
Von irgendwo ein grauer Schatten ohne Kopf.
Erster Schatten: Kennst mich, Erschossenen?
Mörderin!
Die Gefesselte: Ich bin nicht
Schuldig.
Von irgendwo ein zweiter grauer Schatten ohne Kopf.
Zweiter Schatten: Auch Mörderin
An mir.
Die Gefesselte: Du lügst.
Von irgendwo graue Schatten ohne Kopf.
Dritter Schatten: Mörderin
An mir.
Vierter Schatten: Und mir.
Fünfter Schatten: Und mir.
Sechster Schatten: Und mir.
Die Gefesselte: Herr Wärter!
Herr Wärter!
Der Wärter: Haha! Hahahaha!
Die Gefesselte: Ich wollt nicht
Blut.
Erster Schatten: Du schwiegst.
Zweiter Schatten: Schwiegst beim Sturm
Aufs Stadthaus.
Dritter Schatten: Schwiegst beim Raub
Der Waffen.
Vierter Schatten: Schwiegst zum Kampf.
Fünfter Schatten: Schwiegst beim Holen
Der Reserven.
Sechster Schatten: Du bist schuldig.
Alle Schatten: Du bist schuldig.
Die Gefesselte: Ich wollt
Die Andern
Vor Erschießen
Retten.
Erster Schatten: Betrüg dich nicht.
Vorher
Erschoß man uns.
Alle Schatten: Mörderin du
An uns.
Die Gefesselte: So bin ich . . .
Die Schatten: Schuldig!
Dreimal schuldig!
Die Gefesselte: Ich . . . bin . . . schuldig . . .

Die Schatten verblassen. Von irgendwo Bankiers im Zylinder.

ERSTER BANKIER: Aktie Schuldig,
Biete an
Zum Nennwert.

ZWEITER BANKIER: Aktie Schuldig
Ist nicht mehr
Zugelassen.

DRITTER BANKIER: Verspekuliert!
Aktie Schuldig
Fetzen Papier.

DIE DREI BANKIERS: Aktie Schuldig
Als Verlust zu buchen.

Die Gefesselte richtet sich auf.

DIE GEFESSELTE: Ich ... bin ... schuldig.

Die Bankiers verblassen.

DER WÄRTER: Törin
Vom sentimentalen
Lebenswandel.
Wären sie am Leben
Sie tanzten
Um vergoldeten Altar,
Dem Tausende geopfert.
Auch du.

DIE GEFESSELTE: Ich Mensch bin schuldig.

DER WÄRTER: Masse ist Schuld.

DIE GEFESSELTE: So bin ich zwiefach
Schuldig.

DER WÄRTER: Leben ist Schuld.

DIE GEFESSELTE: So mußte ich
Schuldig werden?

DER WÄRTER: Jeder lebt sich.
Jeder stirbt seinen Tod.
Der Mensch,
Wie Baum und Pflanze,
Schicksalsgebundne
Vorgeprägte Form,
Die werdend sich entfaltet,
Werdend sich zerstört.
Erkämpf die Antwort selbst!
Leben ist Alles.

Von irgendwo kommen im Abstand von fünf Schritt die Gefangenen in Sträflingskleidung. Auf dem Kopf spitze Kappe, an der ein Fetzen Tuch mit Augenschlitzen befestigt, das Gesicht verhängt. Auf der Brust jedes Gefangenen eine Nummer. Im Quadrat gehen sie im eintönigen Rhythmus lautlos um den Käfig.

DIE GEFESSELTE: Wer ihr?
Zahlen!
Antlitzlose!
Wer seid ihr?
Masse
Antlitzloser?
VON FERNE DUMPFES ECHO: Masse ...
DIE GEFESSELTE: Gott!!
ECHO VERHALLEND: Masse ...
Stille tropft.
DIE GEFESSELTE *aufschreiend:* Masse ist Muß!
Masse ist schuldlos!
DER WÄRTER: Mensch ist schuldlos.
DIE GEFESSELTE: Gott ist schuldig!
ECHO VON FERN: Schuldig ...
Schuldig ...
Schuldig ...
DER WÄRTER: Gott ist in dir.
DIE GEFESSELTE: So überwind ich Gott.
DER WÄRTER: Wurm!
Gottesschänderin!
DIE FRAU: Schändete ich
Gott?
Oder schändete
Gott
Den Menschen?
O ungeheuerlich
Gesetz der Schuld,
Darin sich
Mensch und Mensch
Verstricken *muß.*
Gott
Vor ein Gericht!
Ich klage an.
ECHO VON FERNE: Vor ein Gericht.
Die schreitenden Gefangenen bleiben stehen. Ihre Arme schnellen aufwärts.
DIE GEFANGENEN: Wir klagen an.
Die Gefangenen verblassen.
DER WÄRTER: Du bist geheilt,
Komm aus
Dem Käfig.
DIE GEFESSELTE: Ich bin frei?
DER WÄRTER: Unfrei! Frei!
Die Bühne verdunkelt sich.

Angedeutet: Gefängniszelle. Kleiner Tisch, Bank und Eisenbett in Mauer eingelassen. Vergittertes Lichtloch durch Milchglas undurchsichtig. Am Tisch sitzt die Frau.

DIE FRAU: O Weg durch reifes Weizenfeld
In Tagen des August ...
Vormorgenwanderung in winterlichen Bergen ...
O kleines Käferchen im Hauch des Mittags ...
Du Welt ...
Stille breitet sich sanft um die Frau.
DIE FRAU: Sehnt ich ein Kind?
Stille schwingt.
DIE FRAU: O Zwiespalt alles Lebens,
An Mann geschmiedet und an Werk.
An Mann ... an Feind ...
An Feind?
An Feind geschmiedet?
An mich geschmiedet?
Daß er käme ... ich will Bestätigung.
Die Zelle wird aufgeschlossen. Herein kommt der Mann.
DER MANN: Frau ... ich komme.
Komm, weil du mich riefst.
DIE FRAU: Mann ... !
Mann ...
DER MANN: Ich bringe frohe Kunde dir,
Nicht weiter dürfen Gossen ihren Sud
Auf deinen ... meinen Namen willkürlich entleeren.
Die Untersuchung gegen jene Mörder
Ergab, daß schuldlos du am Frevel der Erschießung.
Sei mutig, noch ist Todesurteil nicht bestätigt.
Trotz Staatsverbrechen achtet rechtlich Denkender
Motive, edel, ehrenhaft.
DIE FRAU *weint leise auf:* Ich bin schuldlos ...
Ich bin schuldlos schuldig ...
DER MANN: Du bist schuldlos.
Dem rechtlich Denkenden ist es Gewißheit.
DIE FRAU: Dem rechtlich Denkenden ...
Ich bin so wund ...
Und froh, daß ohne Schmach dein Name ...
DER MANN: Ich wußte, daß du schuldlos.
DIE FRAU: Ja ... du wußtest ...
Achtung vor Motiven ... so wohlanständig bist du ...
Ich seh dich jetzt so ... klar ...

Und bist doch schuldig ... Mann,
Du ... Schuldiger am Mord!

DER MANN: Frau, ich kam zu dir ...
Frau ... dein Wort ist Haß.

DIE FRAU: Haß? nicht Haß,
Ich liebe dich ... ich liebe dich aus meinem Blut.

DER MANN: Ich warnte dich vor Masse.
Wer Masse aufwühlt, wühlt die Hölle auf.

DIE FRAU: Die Hölle? Wer schuf jene Hölle?
Wer fand die Folter eurer goldnen Mühlen,
Die mahlen, mahlen Tag um Tag Profit?
Wer baute Zuchthaus ... wer sprach «heilger Krieg»?
Wer opferte Millionen Menschenleiber
Dem Altar lügnerischen Spiels der Zahl?
Wer stieß die Massen in verweste Höhlen,
Daß heute sie beladen mit dem Sud des Gestern,
Wer raubte Brüdern menschlich Antlitz,
Wer zwang sie in Mechanik,
Erniedrigt sie zu Kolben an Maschinen?
Der Staat! ... Du! ...

DER MANN: Mein Leben Pflicht.

DIE FRAU: O ja ... Pflicht ... Pflicht am Staat.
Du bist ... wohlanständig ...
Ich sagte ja, ich sehe dich so klar.
Du bist wohlanständig.
Du, sag den rechtlich Denkenden,
Sie hätten niemals Recht ...
Schuldig sind sie ...
Schuldig wir alle ...
Ja, ich bin schuldig ... schuldig vor mir,
Schuldig vorm Menschen.

DER MANN: Ich kam zu dir.
Ist hier ein Tribunal?

DIE FRAU: Hier wächst ein Tribunal.
Ich Angeklagte bin der Richter.
Ich klage an ... und spreche schuldig,
Spreche frei ...
Denn letzte Schuld ... ?
Ahnst du ... wer letzte Schuld trägt?
Menschen müssen Werk wollen,
Und Werk wird rot von Menschenblut.
Menschen müssen Leben wollen,
Und um sie wächst ein Meer von Menschenblut.
Ahnst du ... wer letzte Schuld trägt? ...
Komm gib mir deine Hand,

Geliebter meines Blutes.
Ich hab mich überwunden . . .
Mich und dich.
Zittern bricht aus dem Mann. Ein jäh aufquellender Gedanke zerwühlt sein Gesicht. Er taumelt hinaus.

DIE FRAU: Gib deine Hand mir . . .
Gib deine Hand mir, Bruder,
Auch du mir Bruder. –
Du bist gegangen . . . mußtest gehn . . .
Letzter Weg führt über Schneefeld.
Letzter Weg kennt nicht Begleiter.
Letzter Weg ist ohne Mutter.
Letzter Weg ist Einsamkeit.
Die Tür wird geöffnet. Eintritt der Namenlose.

DER NAMENLOSE: Vom Wahn geheilt? Zerstäubt die Illusion?
Drang Einsicht spitzer Dolch ins Herz?
Sprach Richter «Mensch» und «Ich vergebe dir»?
Heilsam war dir die Lehre.
Ich gratuliere zur Bekehrung. Jetzt wieder unser.

DIE FRAU: Du? Wer schickt dich?

DER NAMENLOSE: Die Masse.

DIE FRAU: Man hat mich nicht vergessen?
Die Botschaft . . . Die Botschaft . . .

DER NAMENLOSE: Mein Auftrag ist dich zu befrein.

DIE FRAU: Befreien! Leben!
Wir fliehn? Ist alles vorbereitet?

DER NAMENLOSE: Zwei Wärter sind bestochen.
Den dritten, den am Tore, schlag ich nieder.

DIE FRAU: Schlägst nieder . . . meinetwillen . . . ?

DER NAMENLOSE: Der Sache willen.

DIE FRAU: Ich hab kein Recht,
Durch Tod des Wächters Leben zu gewinnen.

DER NAMENLOSE: Die Masse hat ein Recht auf dich.

DIE FRAU: Und Recht des Wächters?
Wächter ist Mensch.

DER NAMENLOSE: Noch gibt es nicht «den Menschen».
Massenmenschen hie!
Staatsmenschen dort!

DIE FRAU: Mensch ist nackt.

DER NAMENLOSE: Masse ist heilig.

DIE FRAU: Masse ist nicht heilig.
Gewalt schuf Masse.
Besitzunrecht schuf Masse.
Masse ist Trieb aus Not,
Ist gläubige Demut . . .

Ist grausame Rache . . .
Ist blinder Sklave . . .
Ist frommer Wille . . .
Masse ist zerstampfter Acker,
Masse ist verschüttet Volk.
DER NAMENLOSE: Und Tat?
DIE FRAU: Tat! Und mehr als Tat!
Mensch in Masse befrein,
Gemeinschaft in Masse befreien.
DER NAMENLOSE: Der rauhe Wind vorm Tore
Wird dich heilen.
Eil dich,
Minuten bleiben uns.
DIE FRAU: Du bist nicht Befreiung,
Du bist nicht Erlösung.
Doch weiß ich, wer du bist.
«Schlägst nieder!» Immer schlägst du nieder!
Dein Vater der hieß: Krieg.
Du bist sein Bastard.
Du armer neuer Henkermarschall,
Dein einzger Heilweg: «Tod!» und «Rottet aus!»
Wirf ab den Mantel hoher Worte,
Er wird papierenes Gespinst.
DER NAMENLOSE: Die Mördergenerale kämpften für den Staat!
DIE FRAU: Sie mordeten, doch nicht in Lust.
Sie glaubten gleich wie du an ihre Sendung.
DER NAMENLOSE: Sie kämpften für den Unterdrücker Staat,
Wir kämpfen für die Menschheit.
DIE FRAU: Ihr mordet für die Menschheit,
Wie sie, Verblendete, für ihren Staat gemordet.
Und einige glaubten gar
Durch ihren Staat, ihr Vaterland,
Die Erde zu erlösen.
Ich sehe keine Unterscheidung:
Die einen morden für ein Land,
Die andern für die Länder alle.
Die einen morden für tausend Menschen,
Die andern für Millionen.
Wer für den Staat gemordet,
Nennt ihr Henker.
Wer für die Menschheit mordet,
Den bekränzt ihr, nennt ihn gütig,
Sittlich, edel, groß.
Ja, sprecht von guter, heiliger Gewalt.
DER NAMENLOSE: Klag andre, klag das Leben an!

Soll ich Millionen ferner unterjochen lassen,
Weil ihre Unterjocher ehrlich glauben?
Und wirst du weniger schuldig,
Wenn du schweigst?

DIE FRAU: Nicht Fackel düsterer Gewalt weist uns den Weg.
Du führst in seltsam neues Land,
Ins Land der alten Menschensklaverei.
Wenn Schicksal dich in diese Zeit gestoßen,
Und dir die Macht verheißt:
Zu vergewaltigen, die verzweifelt
Dich ersehnen wie den neuen Heiland,
So weiß ich: dieses Schicksal haßt den Menschen.

DER NAMENLOSE: Die Masse gilt und nicht der Mensch.
Du bist nicht unsre Heldin, unsre Führerin.
Ein jeder trägt die Krankheit seiner Herkunft,
Du die bürgerlichen Male:
Selbstbetrug und Schwäche.

DIE FRAU: Du liebst die Menschen nicht.

DER NAMENLOSE: Die Lehre über alles!
Ich liebe die Künftigen!

DIE FRAU: Der Mensch über alles!
Der Lehre willen
Opferst du
Die Gegenwärtigen.

DER NAMENLOSE: Der Lehre willen muß ich sie opfern.
Du aber verrätst die Masse, du verrätst die Sache.
Denn heute gilts sich zu entscheiden.
Wer schwankt, sich nicht entscheiden kann,
Stützt die Herren, die uns unterdrücken,
Stützt die Herren, die uns hungern lassen,
Ist Feind.

DIE FRAU: Ich verriete die Massen,
Forderte ich Leben eines Menschen.
Nur selbst sich opfern darf der Täter.
Höre: kein Mensch darf Menschen töten
Um einer Sache willen.
Unheilig jede Sache, dies verlangt.
Wer Menschenblut um seinetwillen fordert,
Ist Moloch:
Gott war Moloch.
Staat war Moloch.
Masse war Moloch.

DER NAMENLOSE: Und wer heilig?

DIE FRAU: Einst . . .
Gemeinschaft . . .

Werkverbundnes freies Volk . . .
Werkverbundne freie Menschheit . . .
Werk – Volk.
DER NAMENLOSE: Dir fehlt der Mut, die Tat, die harte Tat
Auf dich zu nehmen.
Durch harte Tat erst wird das freie Volk.
Sühne durch den Tod.
Vielleicht dein Tod von Nutzen uns.
DIE FRAU: Ich lebe ewig.
DER NAMENLOSE: Du lebst zu früh.
Der Namenlose verläßt die Zelle.
DIE FRAU: Du lebtest gestern.
Du lebst heute.
Und bist morgen tot.
Ich aber werde ewig,
Von Kreis zu Kreis,
Von Wende zu Wende,
Und einst werde ich
Reiner,
Schuldloser,
Menschheit
Sein.
Eintritt der Priester.
DER PRIESTER: Ich komme, letzten Beistand dir zu geben,
Auch dem Verbrecher wird der Schutz der Kirche nicht versagt.
DIE FRAU: In wessen Auftrag?
DER PRIESTER: Die Staatsbehörde hat mich unterrichtet.
DIE FRAU: Wo waren Sie am Tage des Gerichts?
Gehen Sie! . . .
DER PRIESTER: Gott vergibt auch dir. Ich weiß um dich.
Der Mensch ist gut – so träumtest du
Und sätest namenlosen Frevel
Wider heilgen Staat und heilge Ordnung.
Der Mensch ist böse von Anbeginn.
DIE FRAU: Der Mensch *will* gut sein.
DER PRIESTER: Die Lüge fallender Zeiten,
Geboren aus Verfall, Verzweiflung, Flucht,
Geschützt durch wächserne Hülle
Erbettelten, ersehnten Glaubens,
Bedroht vom schlechten Gewissen.
Glaub mir, er *will* nicht einmal gut sein.
DIE FRAU: Er *will* gut sein. Auch wo er Böses tut,
Hüllt er sich in die Maske Guttun.
DER PRIESTER: Völker werden, Völker verfallen,
Nie sah die Erde Paradies.

Die Frau: Ich glaube.
Der Priester: Erinnere dich:
Machtgier! Lustgier! Der irdische Rhythmus.
Die Frau: Ich glaube!!
Der Priester: Alles Irdische ewiger Wechsel von Formen.
Menschheit bleibt hilflos. In Gott ruht Erlösung.
Die Frau: Ich glaube!!!
Mich friert . . . Gehen Sie!
Gehen Sie!
Der Priester verläßt die Zelle. Eintritt der Offizier.
Der Offizier: Hier das Urteil.
Mildernder Umstand anerkannt.
Trotzdem. Staatsverbrechen heischt Sühne.
Die Frau: Sie werden mich erschießen lassen?
Der Offizier: Befehl Befehl. Gehorchen gehorchen.
Staatsinteresse Ruhe Ordnung.
Offizierspflicht.
Die Frau: Und der Mensch?
Der Offizier: Jede Unterhaltung mir verboten.
Befehl Befehl.
Die Frau: Ich bin bereit.
Offizier und Frau gehen hinaus. Einige Sekunden die Zelle leer. Zwei weibliche Gefangene in Sträflingskitteln huschen hinein. Bleiben an der Tür stehen.
Erste Gefangene: Sahst du den Offizier? So goldne Uniform?
Zweite Gefangene: Ich sah den Sarg. Im Waschraum. Gelbe Bretterkiste.
Die erste Gefangene sieht auf dem Tisch Brot liegen, stürzt sich darauf.
Erste Gefangene: Da Brot! Hunger! Hunger! Hunger!
Zweite Gefangene: Mir Brot! Mir Brot! Mir Brot!
Erste Gefangene: Da Spiegel. Ei, wie schön.
Verstecken. Abends. Zelle.
Zweite Gefangene: Da, seidnes Tuch.
Nackte Brust, seidnes Tuch.
Verstecken. Abends. Zelle.
Von draußen dringt der harte Knall einer Salve in die Zelle. Die Gefangenen werfen erschreckt gespreizte Hände von sich. Erste Gefangene sucht aus ihren Röcken den versteckten Spiegel. Legt ihn hastig auf den Tisch zurück. Weint auf, sinkt in die Knie.
Erste Gefangene: Schwester, warum tun wir das?
In einer großen Hilflosigkeit taumeln ihre Arme in die Luft. Zweite Gefangene sucht aus ihren Röcken das versteckte seidne Tuch. Legt es hastig auf das Bett zurück.
Zweite Gefangene: Schwester, warum tun wir das?
Zweite Gefangene bricht zusammen. Birgt den Kopf im Schoß.
Die Bühne schließt sich.

DIE MASCHINENSTÜRMER

Ein Drama aus der Zeit der Ludditenbewegung in England in fünf Akten und einem Vorspiel

Geschrieben im Winter 1920/21
im Festungsgefängnis Niederschönenfeld.

Den englischen Kameraden

im besonderen:
Marthe Hartley, der schwesterlichen Weberin in Lancashire,
Wilfred Wellock, dem Genossen und Kämpfer

BESETZUNG DER URAUFFÜHRUNG

Die Uraufführung fand am 10. Juli 1922 im Großen Schauspielhaus in Berlin statt.

VORSPIEL:	
LORDKANZLER:	Aribert Wäscher
LORD CASTLEREAGH:	Carl Wallauer
LORD BYRON:	Ferdinand Hart
DRAMA:	
URE, *Fabrikant*:	Carl Wallauer
OFFIZIER:	Kurt Lukas
INGENIEUR:	Paul Günther
NED LUD, *ein Weber*:	Gerhard Ritter
MARGRET, *seine Frau*:	Leonie Duval
JOHN WIBLE, *ein Weber*:	Hans Rodenberg
MARY, *seine Frau*:	Friedel Harms
TEDDY, *beider Kind*:	Gertrud von Hoscheck
DER ALTE REAPER, *Marys Vater*:	Alexander Granach
JIMMY COBBETT:	Ferdinand Hart
HENRY COBBETT, *Jimmys Bruder, Geschäftsführer bei Ure*:	Aribert Wäscher
JIMMYS UND HENRYS MUTTER:	Elise Zachow-Vallentin
BETTLER:	Fritz Rasp
GEORGES: (*Weber und Weberinnen*)	Erich Fiedler
WILLIAM: (*Weber und Weberinnen*)	Willy Fritsch
BOB: (*Weber und Weberinnen*)	Max Kowa
ALBERT: (*Weber und Weberinnen*)	Gerhard Bienert
ARTUR: (*Weber und Weberinnen*)	Karl Hannemann
CHARLES: (*Weber und Weberinnen*)	Walter Redlich
EDUARD: (*Weber und Weberinnen*)	Wilhelm Hiller
TOM: (*Weber und Weberinnen*)	Fritz Hahn
ERSTES WEIB: (*Weber und Weberinnen*)	Lotte Fließ
ZWEITES WEIB (*Weber und Weberinnen*)	Else Lorenz
DRITTES WEIB (*Weber und Weberinnen*)	Käte Revill
HAUSIERER:	Bruno Klein
BLINDER:	Georg Hilbert
TAUBSTUMMER:	Gustav Deimling
Regie:	Karlheinz Martin
Bühnenbilder und Kostüme:	John Heartfield
Musik und Zwischenspiele:	Klaus Pringsheim

PERSONEN DES VORSPIELS

Lordkanzler · Lord Castlereagh · Lord Byron · Andere Lords

PERSONEN DES DRAMAS

Ned Lud, *ein Weber*
Margret, *seine Frau, Weberin*
Luds Kinder, *darunter: der junge Lud*
John Wible, *ein Weber*
Mary, *seine Frau, Weberin*
Teddy, *beider Kind*
Der alte Reaper, *Marys Vater*
Jimmy Cobbett
Henry Cobbett, *Jimmys Bruder, Geschäftsführer bei Ure*
Jimmys und Henrys Mutter
Georges
William
Bob
Albert
Artur
Charles
Eduard
Jack
Tom
Erstes Weib
Zweites Weib
Drittes Weib
Viertes Weib
Fünftes Weib
} *Strumpfwirker, Weber und Weberinnen*
Weberkinder
Bettler
Zwei Betrunkene
Louis mit der Karre
Ure, *Fabrikant*
Ures kleine Tochter
Sein Gast, *Regierungsvertreter*
Ingenieur
Aufseher
Ausrufer
Volk
Soldaten
Ort: Nottingham in England
Zeit: Um 1815

VORSPIEL

Westminsterpalast, Sitzungssaal des englischen Oberhauses. Das Vorspiel kann mit einfachen Mitteln vor dem Vorhang dargestellt werden. In der Mitte ein Pult, an dem der Lordkanzler sitzt. Rechts und links Stühle für Lord Byron und Lord Castlereagh. In der ersten Reihe des Zuschauerraums andere Lords. Der Darsteller Jimmys könnte in Lord Byrons Maske auftreten, der Darsteller Ures in der Maske des Lord Castlereagh.

LORDKANZLER: Bill der Regierung: Zum Tode verurteilt, wer übt Zerstörung der Maschinen. Die Bill mit großer Mehrheit in erster Lesung angenommen. Wir treten in die zweite und die dritte Lesung ein. Lord Byron hat das Wort.

LORD BYRON: Sie kennen alle, meine Lords, die Taten der Zerstörung.
Die Arbeitsmänner haben sich verbündet,
Gewalt gebraucht, Revolten angezettelt.
Wer aber lehrte sie ein solches Tun?
Wer untergrub das Wohl des Landes? –
Die Politik der «großen Männer»!
Die Politik der Räuberkriege!
Die Politik der großen Helden,
Von denen Ihre Bücher zeugen,
Die Politik, die Fluch ward für das lebende Geschlecht! –
Oh, können Sie sich wundern, meine Lords,
Wenn in den Zeiten, da Betrug und Wucher, Diebstahl, Gier
Wie ekler Schimmel unsere hohen Klassen angepelzt,
Das Werkvolk angesichts des ungeheuerlichen Elends
Die Bürgerpflicht vergißt und sich mit Schuld belädt?
Vergleichbar nur mit jener Schuld, die Abgeordnete
In Parlamenten Tag um Tag begehen.
Was aber ist der Unterschied?
Der hochgestellte Missetäter kennt die Mittel,
Um zu durchschlüpfen Maschen des Gesetzes.
Der Arbeiter allein büßt für Vergehen,
In die ihn Hunger, Hunger trieb.
Maschinen stahlen ihm die Arbeitsplätze,
Maschinen drängten ihn in Not,
In seinem Herzen schrie Empörung:
Natur will, daß wir alle leben!
Natur will nicht, daß einige sich Gold erraffen,
Die anderen aber hungern!
Der Arbeiter, er war bereit,
Die brachen Länder zu bebauen,
Allein der Spaten war nicht sein!

Er bettelte. Wer stand in England auf
Und sprach: Wir lindern deine Not! –
Verzweiflung trieb ihn in den Abgrund blinder Leidenschaften.
Sie nennen diese Leute Pöbel, meine Lords,
Und rufen: Man schlag' dem Ungeheuer seine Köpfe ab,
Man hänge alle Führer auf! –
Wo Milde not tut, lechzt der Staat nach Blut.
Noch immer war das Schwert das dümmste Mittel!
Betrachten wir den Pöbel, meine Lords.
Es ist der Pöbel, der in Ihren Feldern Arbeit leistet,
Es ist der Pöbel, der in Ihren Küchen dient,
Es ist der Pöbel, der den Schiffen und Armeen Soldaten stellt,
Es ist der starke Arm, der Sie instand setzt,
Einer Welt von Feinden Trotz zu bieten –
Und der auch Ihnen trotzen wird,
Wenn Sie ihn in den Sackweg der Verzweiflung peitschen!
Und eins noch lassen Sie mich sagen:
Für Kriege war Ihr Beutel immer weit geöffnet.
Ein Teil des Geldes, das Sie,
Als sich Portugal in Kriegsnot fand,
Dem fremden Land zum Kriege führen «menschenfreundlich» überließen ...
Ein Teil des Geldes hätt' genügt,
Die Not daheim zu lindern,
Uns zu befreien von Barmherzigkeit der Galgen.
Ich sah im Türkenland die größten Despotien,
Doch nirgends solches Elend wie in jenem England,
Das sich christlich nennt. –
Und wie heißt Ihre Medizin? Die Todesstrafe!
Das Kräutlein all der großen Scharlatane,
Die wühlen in dem Leib der Staaten.
Klebt nicht genug des Blutes an Gesetzen?
Soll Blut so lange vergossen werden,
Bis es zum Himmel schreit und Zeugnis ablegt wider Sie?
Ist Todesstrafe Medizin für Hunger und Verzweiflung?
Gesetzt den Fall, Sie nehmen, meine Lords,
Die Todesstrafe an. Betrachten Sie den Mann,
Den Ihre Bill dem Richter überliefert.
Vom Hunger ausgemergelt, durch Verzweiflung stumpf,
Verachtet er das Leben – das nach Ihrer Schätzung weniger wert
Denn eine Strumpfmaschine ist. Betrachten Sie den Mann!
Entrissen seiner Frau, entrissen seinen Kindern,
Denen er kein Brot verschaffen konnte (und wollt' es doch so gerne!),
Vor ein Gericht geschleppt – wer wird das Todesurteil fällen?
Zwölf Ehrenmänner? ... Niemals!

Bestellen Sie zwölf Schlächter als Geschworene,
Und einen Henker, meine Lords, bestellen Sie zum Präsidenten des Gerichts!

Während der Rede hat sich bei den Lords ironisches Gelächter erhoben. Huzza-Rufe.

LORDKANZLER: Lord Castlereagh hat das Wort.

LORD CASTLEREAGH: Sie hörten, meine Lords,
Die Rede dieses ehrenwerten Gentleman.
Er sprach wie ein Poet, nicht wie ein Staatsmann.
Poeten können Dramen schreiben, Verse dichten,
Doch Politik ist Handwerk harter Männer.
Sich des Gesindels anzunehmen, mag man gelten lassen
Als poetische Marotte. Dem Staatsmann gilt allein Prinzip der Wirtschaft.
Die Armut ist ein gottgewolltes, ewiges Gesetz.
Mitleidsgefühle sind im Parlamente nicht am Platz.
Der Pfarrer Malthus wies uns nach, daß Hunderttausende
Zuviel in England leben. Natur versagt
Den Hunderttausenden die Nahrung. Wir sehen Grausamkeiten ...
Es sind die Waffen Gottes, vor denen wir
In Ehrfurcht stumm uns neigen müssen.
In jedem Jahre richten Kriege, Elend, Laster
Die überschüssige Bevölkerung zugrunde.
Sollen wir das göttliche Naturgesetz bekämpfen?
Das hieße handeln wider die Moral!
Wir müssen das Gesetz erkennen
Und ihm mit allen Kräften Hilfe leihen.
Die Armen unterstützen heißt: zum Zeugen sie ermuntern!
Das arme Volk in England *darf* sich nicht vermehren!
Und jeder Weg ist recht, der diesem Ziele dient –
Sofern er sittlich und im Einklang ist mit dem Gebot der Kirche.

Zwischenruf LORD BYRONS: Die Kinder verhungern lassen!

LORD CASTLEREAGH *zu Lord Byron:*
Ich achte Ihre große Geste, ehrenwerter Lord.
Als Staatsmann muß ich kühl erwidern:
Je mehr der Tod die Kinderscharen lichtet,
Je größer ist das Glück der künftigen Geschlechter.
Wir haben zuviel Menschen, hochgeschätzter Dichter.
Das herzlichste Gefühl
Kann diesen erznen Satz nicht wanken machen.

LORD CASTLEREAGH *wendet sich an die anderen Lords:*
Vor allem bitte ich die ehrenwerten Lords
An eins zu denken: Das Wohl des Königreichs
Steht auf dem Spiel! Verschwörung wider Ruh' und Ordnung ward entdeckt! –

Die Bill ist ein Tribut dem Altar der Gerechtigkeit!
Dem Dichter sind Gefühle wohl erlaubt,
Dem Staatsmann ward gegeben rechnender Verstand.
Bravorufe der Lords.

LORDKANZLER: Erschöpft die Rednerliste. Debatte ist geschlossen. Wir stimmen ab. Wer von den ehrenwerten Lords gibt seine Stimme für die Bill?
Alle Lords außer Lord Byron erheben sich.

LORDKANZLER: Die Gegenprobe, bitte.
Lord Byron erhebt sich. Gelächter.

LORDKANZLER: Ich zähle eine Stimme. Die Bill ist angenommen. Die Sitzung wird vertagt auf morgen.
Die Bühne verdunkelt sich.

ERSTER AKT

Kirchplatz im Arbeiterviertel von Nottingham.
Sonniger Frühlingstag, Kinder sitzen um drei galgenartige Gerüste herum. Ihre Kleidung dürftig und zerlumpt. Die Gesichter sind eingefallen und greisenhaft. Teilnahmslos hocken sie. Aus einer Seitenstraße kommt Jimmy Cobbett, Kleidung eines Handwerksgesellen. Jimmy betrachtet schweigend die Kinder.

JIMMY: Seid fern der Arbeit . . . gibts ein Fest?
ERSTER JUNGE: Drei Puppen werden aufgehängt.
JIMMY: Drei Puppen?
ERSTES MÄDCHEN: Beim Weber John sind sie im Haus versteckt.
ZWEITER JUNGE: Ich habe sie gesehen.
JIMMY: Seid alle schon in der Fron?
ERSTER JUNGE: Was meint Ihr, Herr, bei uns zu Hause heißt es rüstig sein. Mein Bruder ist vier Jahre alt. Steht schon am Webstuhl.
ERSTES MÄDCHEN: Der Teddy kann kaum laufen und verdient drei Pence den Tag; drei echte Pence.
ZWEITES MÄDCHEN *beginnt zu weinen.*
JIMMY: Was weinst du, kleines Mädchen?
ZWEITES MÄDCHEN *weint, antwortet nicht.*
JIMMY: Verrat es mir . . . Ich will es niemand weiter sagen.
ZWEITES MÄDCHEN *hilflos:* Ach, Herr, ich weiß es nicht . . . Die Sonne scheint so warm . . .
JIMMY *schweigt. Sonnenkringel tanzen auf den Gesichtern der Kinder*
JIMMY: Wißt ihr auch Spiele, Kinder?
ERSTES MÄDCHEN: Uns hungert sehr, Herr!
Stille.

JIMMY: Hört ihr Märchen gerne, Kinder?
ZWEITER JUNGE: Was ist das, «Märchen», Herr?
JIMMY: Geschichten, sonderbare, von fernen Wunderländern. Von bunten Wiesen, drinnen Kinder spielen.
ZWEITES MÄDCHEN: Ach spielen! . . . Erzählt uns eines, Herr.
JIMMY: Ein reicher Mann, mit Namen Goldbauch,
Der viele Schlösser sich erbaut . . . wißt ihr,
So schöne Schlösser, wie Herr Ure hat . . .
Besaß ein einzig Kind, er nannt es Sorgenlos.
Das trug ein goldnes Röcklein, spielte Tag um Tag
Mit goldnem Spielzeug in einem goldnen Garten.
ERSTER JUNGE: Mit goldnem Spielzeug?
ERSTES MÄDCHEN: Stand nie am Webstuhl?
JIMMY: Stand nie am Webstuhl. Ich sagt es ja,
Der Mann war reich. Sein Kind hieß Sorgenlos.
Und nah' dem Schlosse wohnt ein Baumwollweber,
Der auch ein Kind sein eigen nannte,
Das hieß er Immerelend. War nur ein schmächtiges Kind
Mit dürren Ärmchen und schmaler Brust, und Beinchen
Dünn wie Weidenruten . . . ein Knirps wie du . . .
Und eines Tages kam der kleine Immerelend
Mit einem Korb voll Leinwand, der ihn schier erdrückte,
Ins Haus des Kindes Sorgenlos. Er sah das goldne Spielzeug,
Sah den goldnen Garten . . .
Dritter Junge hat sich während der letzten Worte zur Seite geschlichen. Sucht im Rinnstein.
DRITTER JUNGE:: Hurra, ich hab' ein Stückchen Brot gefunden!
ERSTES MÄDCHEN: Gib mir 'nen Bissen ab.
ERSTER JUNGE: Betrüger du! Wir hören zu, und du suchst Brot. Das ist nicht schön von dir. Gib her. Wir teilen es.
Kinder balgen sich mit dem dritten Jungen.
DRITTER JUNGE: Ich geb's nicht her . . . ich beiße . . . Au . . .
ZWEITER JUNGE: Ich werd' dich lehren . . . beißen . . .
Unter den Kindern entsteht eine Prügelei. Sie raufen sich um das Brot. Dritter Junge rennt davon. Die andern Kinder ihm nach.
JIMMY: Hieß Sorgenlos . . . hieß Immerelend . . .
Aus einer Seitenstraße kommt ein Zug Arbeiter und Arbeiterinnen in zerlumpter Kleidung. Die Frauen gehüllt in Gewänder von dürftigem buntem Kattun. Männer zerrissene Anzüge aus Baumwollsammet. Viele Männer tragen statt Mützen viereckige niedrige Kappen aus Papier. Voran werden drei Puppen getragen, die drei Streikbrecher vorstellen sollen.
Johlen der Menge. John Wible steigt auf das Postament vor dem Galgen.
JOHN WIBLE *zu den Puppen:*

Verräter ihr! Verdammte Buben! Meisterknechte!
Den Streik gebrochen! Lumpen! Knobsticks!
Pack, das sich nährt vom Hungerschweiß der Armen ...
Einstimmig ward der Streik beschlossen:
Kein Handschlag an Maschinen! ... Und diese Säckel,
Diese fetten Ärsche ... gehen hin zum Meister,
Betteln: Stellt uns ein! ... Daß euch die Hölle brät
Und das Gebein mit tausend Zangen zwickte!
Der Nachtmahr soll euch Äxte in die darren Brüste schlagen! ...
Mit Stricken, die in heißes Öl getränkt,
Die Gurgel drosseln! Gekettet trag man euch vor Bottiche voll Whisky ...
Und wenn ihr gierig trinken wollt ... so mögen alte Vetteln
Kommen und drein brunzen!

Die Puppen werden unter Hallo der Menge hochgezogen. Zwei Arbeiter stellen sich rechts und links neben das Gerüst. Sie singen eintönig nach Art der Litaneien.

ERSTER ARBEITER: Dem Meister dienten sie, Arbeiter verrieten sie.

ZWEITER ARBEITER: Wenn die in den Himmel kommen, wer wird dann erlöset werden?

MENGE *johlend um das Gerüst tanzend:*
Bäh! ... Bäh! ... Schwarzes Schaf!
Bäh! ... Bäh! ... Schwarzes Schaf!

ERSTER ARBEITER: Streikbrecher, hast du Wolle?

ZWEITER ARBEITER: Ja, Herr, drei Säcke voll. Einen für den Ausbeuter. Einen für den Knecht. Und einer soll geteilet werden unter die Verräter.

MENGE: Bäh! ... Bäh! ... Schwarzes Schaf!
Bäh! ... Bäh! ... Schwarzes Schaf!

ERSTER ARBEITER: Weh, weh, weh und weh,
Ob Elend, Sklaverei und Not!
Hört vom Moor, aus dumpfen Ställen,
Fiebergassen, Arbeitshöllen,
Hört Alt-Englands Grablied gellen:
Arbeit oder Tod.

ZWEITER ARBEITER: Fort, fort, fort und fort,
Tyrannen, Schmarotzer, Laffen!
Was, für Bummler Müh' und Plag'?
Wer nicht emsig schaffen mag,
Ist dem freien Lande Schmach!
Gut Recht, gut Waffen!

Die Arbeiter reißen die Stangen, an denen die Puppen hängen, aus dem Boden. Menge zieht singend davon.

LIED: Auf, auf, auf und auf.
Dem Feind ins Aug gesehen!

Vorbei die Nacht, das Licht gewinnt.
Das Maß ist voll, der Sand verrinnt,
Der Richter sitzt, der Spruch beginnt,
Wer wird bestehen?

Ned Lud, Charles bleiben zurück.

NED LUD: Ich wette drum ... nicht zehne tragen Hemden.

Ein Hausierer geht über den Platz.

HAUSIERER: Parrs Lebenspillen! Parrs Lebenspillen! Kein Weber braucht mehr zu hungern. Ohne Fleisch, ohne Speck sieht jeder blühend aus wie Englands Königin! Parrs Lebenspillen! Parrs Lebenspillen!

Alter Bettler sucht die Straßen nach Brot ab.

BETTLER: Ich merk es wohl, es ist kein Werkeltag. Die Kinderbrut ... die Teufelsbrut ... grast ab ... grast alles ab.

Bettler geht auf Jimmy zu.

BETTLER: Herr, gebt mir einen halben Penny.

JIMMY: Ich bin ein Mann, der Arbeit sucht. Ein Tramper. Arm wie du. An einen Hungerleider wendest du dich, Freund.

BETTLER: Da fand ich den rechten. Glaubst, du, ich würde mich an einen Fettsack wenden? Wenn es nur Reiche auf Erden gäbe, da müßten die Bettler verhungern. Die Armen teilen mit uns. Dafür kommen sie auch ins Himmelreich.

JIMMY: Woher weißt du das?

BETTLER: Kennst du nicht die Worte von unserm Herrn Jesus Christ: Eher geht ein Kamel durch ein Nadelöhr, denn ein Reicher in das Himmelreich ein. Die Reichen raffen und schenken nicht gerne. Darum haben sie so dicke Bäuche. Und die Tür zum Himmelreich ist eine gar enge Pforte. Gerade recht für schwindsüchtige Hungerleider, wie es unsere Armen sind. Und sehr niedrig ist die Pforte. Wer von großer Statur ist wie du, den hindert die Mütze. Dein Seelenheil steht auf dem Spiel, Mann.

JIMMY: Du hast deinen Beruf verfehlt, Freund. Du hättest Pfaffe werden sollen oder Abgeordneter im Unterhaus.

Jimmy gibt dem Bettler seine Mütze.

BETTLER: Ich bin auch kein gewöhnlicher Bettler. Ich bin ein Bettler, der um Ehre geizt. Ich suche den Wohltäter, der mir Land schenkt, das 300 Pfund Sterling wert ist. Ich habe in meiner Jugend Westminster von außen gesehen. Ich möchte das Haus einmal von innen betrachten. Leb wohl, Freund. Wer jung ist wie du, den liebt die Sonne. Und du hast der Sonne nur einen Liebesdienst geleistet, wenn du ihr den nackten Kopf hinhältst. Auf das Hinhalten zur rechten Zeit kommt es an.

JIMMY: Dich liebt, scheint es, der Schnaps. Und darum fürcht' ich, du möchtest dem Schenkwirt meine Mütze zum Einwechseln hinhalten.

BETTLER: Freund, du bist ein Ire. Du ißt zuviel Kartoffeln. Die wirken schlecht auf die Verdauung. Und wer schlecht verdaut, der predigt

Moral. Schaff' dir ein Schwein an, Freund. Doch paare dich nicht mit ihm. Man sagt, die Iren lieben ihre Schweine so sehr, daß sie mit ihnen in einem Bett schlafen. Es gäbe eine Nachkommenschaft mit Schweinsköpfen. Und wir haben genug Schweinsköpfe in England.

Bettler geht davon. Zwei Betrunkene, Arm in Arm, kommen.

ERSTER BETRUNKENER *grölt:* Schärfet die Sichel! Die Ähren sind schwer,
Und die Kinder schreien nach Brot.
Das Feld hat bewässert ihr Tränenmeer
Und gedüngt ihrer Väter Tod!
Hoffnung starb, und das Herz, das brach,
Sie haben den Samen gestreut ...

ZWEITER BETRUNKENER *grölt:* Selig sind die geistig Armen, spricht der Herr. Und wen er liebt, dem ... schenkt ... er ... Fusel ... Fusel, Fi ... Fa ... Fusel ... Ach, was sind wir elend ... Hast du noch einen Penny?

ERSTER BETRUNKENER *in singendem Ton:* Einen Penny! Ha, ha! Wo Könige mit den Pfunden der Easterlinge die Latrinen pflastern! Ich habe hundert Schilling, Mann ... in meinem Bauch, verstehst du ... Mein Weib trinkt mit mir Fusel ... Und meine Kinder sollst du sehen ... die trinken ... Fusel ... be ... besser als ... wie du ... Der Säugling wird genährt mit Fusel ... Fu ... sel ...

BEIDE BETRUNKENE *grölen:* Fusel ... Fi ... Fa ... Fusel ...

Gehen vorüber. Jimmy tritt auf Ned Lud zu.

JIMMY: Du bist Ned Lud?

NED LUD: Der bin ich. Doch wer bist du?

JIMMY: Ein Arbeitsmann gleich dir.

NED LUD: Aus Nottingham?

JIMMY: In Nottingham geboren. Seit vielen Jahren auf der Wanderschaft und heut zum erstenmal wieder hier. Trieb mich in England, auf dem Kontinent umher ...

NED LUD: So grüß ich dich als Kamerad in deiner alten Heimat.

JIMMY: Dank' dir, Ned Lud ... Ihr seid im Streik?

CHARLES: Die Maschine ist in der Stadt!

NED LUD: In ungeheuerliche Knechtschaft will man unsere Leiber zwängen.

JIMMY: Darum der Kampf?

NED LUD: Sie wollen uns in Fesseln schlagen. Sie wollen uns schmieden an ein furchtbar Ungeheuer. An eine Mühle, die von Dampf getrieben, den Menschen krallt und schleudert und zu Tode dreht!

JIMMY: Die Mule ist im Dorf?

NED LUD: Ein jeder Mensch auf Gottes Erde hat ein natürlich Recht zu leben von der Hände mühseliger Arbeit. Ein jeder Mensch ist frei geboren und hat das Recht auf ein Gewerbe. Ein unverbrüchlich heiliges Recht. Wer dieses Recht uns nimmt, ist ein Verräter! Verräter sind die Meister, die Maschinen in die Städte trugen! Was gilt der Hände Arbeit noch!

JIMMY: Ihr hattet doch die Weberjenny?

CHARLES: Schon die war eine Sünde wider unsre Menschenrechte.

NED LUD: Statt einer Spindel treibt sie achtzehn. Fünf Spinnern raubt jede Weberjenny täglich Brot. Tausend Spindeln, heißt es, treibt die Mule. Es kommt der Tag, da Ure uns auf den Schinderacker jagt. «He, verreckt! Ich habe die Maschine!» Wir müssen uns zusammentun. Kein Handschlag an Maschinen! Von unserer Hände Arbeit wollen wir leben wie bisher. Man weiß doch, daß man Mensch ist. Maschinenlohn ist Teufelslohn. Wir taten uns zusammen. John Wible ist der Führer. Heute abend tagt das Gewerk bei ihm.

JIMMY: Kampf führt ihr gegen die Maschine?

NED LUD: Noch sind unser die Fäuste!

JIMMY: Ich kenne die Maschine und sage, was geschieht, ist Wahnwitz.

NED LUD: Und wenn es Wahnwitz ist, und wenn es zwecklos ist. Wir *müssen* kämpfen, weil wir *Menschen* sind. Schweigen wir, so sind wir Tiere, die sich stumm ins Joch beugen.

JIMMY: Ich weiß, daß die Maschine unser unentrinnbar Schicksal ist.

NED LUD: Deine Worte sind mir fremd, ich versteh dich nicht.

JIMMY: Ich werde euch den Star im blinden Auge stechen. Ich komme hin zum Weber Wible. Dort laßt mich sprechen.

NED LUD: Da schau . . . Soldaten . . .

Aus einer Nebenstraße ein Zug Soldaten, begleitet von einer Menschenmenge.

DER AUSRUFER: Kund und zu wissen gibt die Majestät des Königs —
Tut eure Mützen ab, verfluchtes Pack! —
Es ward der Obrigkeit bekannt, daß Untertanen
Sich zusammenfinden in geheimnisvollen Bünden,
Die Ruh und Ordnung unsres Königreichs bedrohen.
Und so befehlen wir: Verboten ist,
Zusammen sich zu rotten, um den gerechten Arbeitslohn
Gewaltsam zu erhöhen und die Arbeitszeit zu mindern.
Verboten ist,
Den fleißigen Untertanen, der ehrlich und gewillt
In Arbeit tritt, am Schaffen zu verhindern,
Sei es durch Drohung, Überredung oder Bitte.
Verboten ist
Den Arbeitern, den übernommenen Dienst gemeinsam zu verlassen.
Verboten ist
Für Zeiten, da die Arbeiter den Dienst versagen,
Geld zu sammeln und die Streikenden zu unterstützen.
Den ehrenwerten Unternehmern steht es frei,
Die Arbeitszeit, den Arbeitslohn nach eigenem Ermessen zu bestimmen.
Wer die Verbote übertritt, wird angesichts der gottlosen Verbrechen

Zu Zuchthaus bis zu Jahren zehn bestraft.
Der treue Untertan, der anzeigt die geheimen Bünde
Und findig macht verruf'ne Kassen, erhält die Hälfte
Des verbrecherischen Geldes.
Die andere Hälfte aber ist Besitz der Majestät des Königs.
Trommelwirbel, die Soldaten ziehen ab.

NED LUD: Die eine Hälfte für den Bruder Denunzianten. Die andere für den Bruder König. Ein ehrenwert Gespann.
Vorhang.

ZWEITER AKT

ERSTE SZENE

Ein kleinbürgerlich eingerichtetes Wohnzimmer. Am Tisch beim Mittagbrot Henry Cobbett und seine Mutter.

HENRY: Ich hasse diese Knoblauchsauce, dies Gewürz des Pöbels ...
MUTTER *demütig:* Der Vater ...
HENRY: Der Vater! Der Vater! Ich kenne diese Weise. Beim Hochzeitsmahl die Krone des Festes: Rindsbraten mit Knoblauchsauce! Später ... Weihnachten, Ostern, Pfingsten die Weihe: Knoblauchsauce. Des Vaters eigne Schuld.
MUTTER: Der Lohn ...
HENRY: Unsinn. Mangelnde Tüchtigkeit. Er blieb Strumpfwirker bis ans Ende, ich errang kaufmännische Würde mit dreißig Jahren. Der Unterschied! Ich bitte, dieses Thema abzubrechen. Die Erinnerungen an jene Zeiten verderben den Appetit, zerstören das notwendige Wohlbehagen, schaden der normalen Tätigkeit der Magenorgane.
Jimmy tritt ein.
JIMMY: Mutter!
MUTTER: Daß ich dich noch sehen darf ...
JIMMY: Guten Abend, Henry.
HENRY: Du bist ein Mann geworden ... Endlich. Wenn ich dein Gewand anschaue ... Große Güter hast du kaum erworben?
MUTTER: Du wirst müde sein und hungrig. Iß mit uns.
Jimmy setzt sich an den Tisch.
JIMMY: Welch schöne Wohnung ihr besitzt!
HENRY: Welchen Beruf hast du?
JIMMY: Bin Tramper, Handwerksbursche, der Arbeit sucht.
HENRY: Das ist kein Beruf.
JIMMY: Bin Arbeitsmann, bin Weber.

Henry: Das ist keine Ehre.
Jimmy: Die Königin hat keine größere zu verschenken.
Henry: Eine sonderbare Ehre ... Pöbel sein ...
Jimmy: Nennst du dich Pöbel? Der Vogel beschmutzt sein Nest.
Henry: Du irrst dich.
Mutter: Henry ist nicht mehr Weber. Er hat sich heraufgearbeitet. Wurde Geschäftsführer bei Herrn Ure.
Jimmy: Wenn er die Arbeitsmänner beschimpft, beschimpft er mich.
Henry: Es ist nicht meine Schuld, daß mein Bruder sich als Vagabund herumtreibt.
Jimmy: Du ... warum kannst du behaglich wohnen und gut essen? Weil die Vagabunden, der Pöbel, ihre Kraft, ihr Leben opfern.
Henry: Gesetz der Natur. Damit die Stärkeren leben können, müssen die Schwächeren zugrunde gehen. Verlangst du, daß ich wieder *sinken* soll, verlangst du von mir, daß ich fallen lasse, was ich mit meinem Schweiß errang?
Mutter: Du bleibst in Nottingham, Jimmy?
Jimmy: Ich kam zur rechten Zeit an. Die Arbeiter kämpfen.
Henry: Was heißt das?
Jimmy: Die Arbeiter kämpfen um ihr Menschenrecht.
Henry: Das sind Phrasen.
Jimmy: Elend Phrase? Hunger Phrase? Kinderarbeit Phrase?
Henry: Du bist ein Aufrührer.
Jimmy: Nennst du für Gerechtigkeit kämpfen Aufruhr, dann bin ich ein Aufrührer.
Henry: Du wirst nicht in Nottingham bleiben.
Jimmy: Es ist kein Anlaß, fortzugehen.
Henry: Ich verliere meine Stellung.
Jimmy: Ich kann keine Rücksicht darauf nehmen.
Henry: Mutter, wir bekommen einen sauberen Gast.
Mutter: Du scherzest ... Jimmy?
Jimmy: Man treibt mit Herzblut keinen Scherz, Mutter.
Henry: Schau dir das Gesindel an, für das du kämpfst. Am Sonntag, am Gottestag, wälzt es sich betrunken durch Schenkhäuser ... Das Weibsvolk hurt ... Mädchen von zwölf Jahren bieten sich feil ... Kinder stehlen ... Vor einigen Wochen suchte die Polizei in Trent ein Kind und fand ... sechzig! sechzig hingemordete Kinder!
Jimmy: Wer waren die Väter? Du, deine Freunde, deine Herren, die Gold haben, sich ein Mädchen zu kaufen. Warum warfen die Mütter ihre Kinder, ihre heiligen kleinen Kinder ins Wasser? Weil keiner der Väter ihnen hilft, ihre Kinder zu ernähren? Weil eure Kirche sie verfemt und Schande nennt, was göttlich, unbegreiflich Wunder ist und Ehrfurcht heischt. Warum liegen die Männer trunken in Schenken? Weil ihre Wohnungen Ställe sind, stinkend in Unrat! Die Arbeitsmänner sind gut, sind besser als deine Herren! Jeder ist schuldig, der

weiß, daß ein Kind hungert und er hilft ihm nicht zu Brot. Für jeden, der friert, jeden, der verkommt, jeden, der kein Obdach hat und keine Bleibe, jeden, der nach Schönheit, nach Freiheit sich sehnt und im Schmutz leben muß, bist du, du verantwortlich.

HENRY: Die Arbeiter kämpfen gegen die Maschine. Du wirst dieses Verbrechen unterstützen?

JIMMY: Die Arbeiter werden die Maschinen erobern!

HENRY: Ich habe nichts mehr zu sagen. Geh du deiner Wege, ich gehe die meinen. Ich werde dich zu verleugnen wissen. Weder identisch noch verwandt. Weder identisch noch verwandt. Mutter, du hast die Wahl.

Henry verläßt das Zimmer.

MUTTER *nach einer Weile, mit schwerer Gebärde:* Nein ... Junge ... Nein ... Noch einmal das alte Elend von vorne anfangen ... Ich kann es nicht ... Nein ... Die Jahre des Hungerns ... die frierenden Winter ... Morgens nicht wissen, ob das Geld reicht für ein paar Kartoffeln ... Der Schmutz ... Die Kälte ... ich bin alt ... ich bin krank ... ich kann es nicht ... nein ...

JIMMY: Das heißt, ich soll gehen?

MUTTER *aufschluchzend:* Ich bin sechzig Jahre alt ... Noch einmal ... Nein ...

Mutter geht hinaus.

JIMMY: Als ich ein kleiner Junge war, stand ich vorm Bild unserer Lieben Frau, immer betete ich meine Mutter an.

Der Bettler tritt ein.

BETTLER: Eine milde Gabe, werter Herr.

JIMMY: Das bist du, Freund. Du kommst zu Unzeit.

BETTLER: Zeit ist nicht Unzeit, Freund. Du hast keine Lebensweisheit. Wenn die Zeit auf einem Rennpferd reitet, macht sie Überzeit ... und wenn sie einen alten Klepper besteigt, holpert sie eine langweilige Zeit. Reitet sie aber auf einem jungen Weibchen, zeugt sie eine trächtige Zeit. Hat dir dein Liebchen Valet gesagt?

JIMMY: Man wies mir die Tür. Mutter und Bruder wiesen mir die Tür.

BETTLER: Da bist du nicht am schlechtesten dran. Vergangenheit und Gegenwart wiesen dir die Tür. Mir stellte die Zukunft den Stuhl vors Haus. Mein Herr Sohn fand, daß ers nicht nötig habe, einen zu beherbergen, der einarmig sei und nichts verdiene. Er fand, ich hätte mich an ihm verlustieret, bevor er geboren wurde, und er wolle sich auch einmal verlustieren, nachdem er geboren sei. Dabei wäre ich ihm unbequem. Er hat so unrecht nicht.

JIMMY: Dann geht es dir wie mir. Wir könnten Freundschaft schließen.

BETTLER: Gern. Ist dort dein Teil vom Mittagbrot auf dem Tisch? Ich will ihn einstecken, als Morgengabe deiner Freundschaft ... trotzdem du so unhöflich warst, mich nicht aufzufordern. Willst du Bettler werden?

JIMMY: Nein, Freund, ich nehme Arbeit an. Wir werden einen Kampf führen, Alter, einen großen Kampf. Die Arbeitsmänner sind aufgewacht. Sie marschieren.

BETTLER: Du willst also Gewerkschaftssekretär werden? Nun, dann werde ich dir noch oft aushelfen müssen mit Brotkrumen des Rinnsteins. Arbeiter als Wohltäter ... Es gibt keine besseren! Arbeiter als Dienstherren ... Du wirst deine apokalyptischen Wunder erleben. Unternehmer setzen dir eine spanische Fliege auf die Brust ... Arbeiter deren drei, eine auf deine Brust, eine auf deine Schenkel, eine auf deine Hoden. Guten Appetit, Freund.

JIMMY: Alter, deine Rachsucht spricht.

BETTLER: Meine Wahrheitssucht, Freund.

JIMMY: Weil dein Sohn dich vor die Türe setzte, meinst du, daß alle wären wie dein Sohn.

BETTLER: Freundchen ... liebes Freundchen ... Hast du ein Dach heute nacht?

JIMMY: Nein.

BETTLER: Dann gebe ich mir die Ehre, dir in meinem Palast das Prunkgemach anzuweisen. Du kannst vorerst dort wohnen als Gastfreund. Die Lords Ratten werden den Kammerdienst versehen, die Ladies Läuse dir ein duftendes Bad bereiten, die Jungfern Flöhe dir Kurzweil machen zur Nacht.

JIMMY: Zeig mir deine Wohnung. Ich habe ein wichtiges Geschäft heut abend zu erledigen. Danach komme ich zu dir.
Die Bühne verdunkelt sich.

ZWEITE SZENE

Inneres einer Cottage. John Wibles Wohnung. Feuchte Kammer. Wohngerät: ein Tisch, zwei zerbrochene Stühle, zwei Webstühle. Am Fenster der alte Reaper.

DER ALTE REAPER: Denn es ist geschrieben: So wahr als Ich lebe, spricht der Herr. Mir sollen alle Knie gebeugt werden, und alle Zungen sollen Gott bekennen. Und hier steht einer, dessen Knie nicht gebeugt werden, dessen Zunge nicht bekennet Gott ...

TEDDY: Großvater, mich hungert.

DER ALTE REAPER: Läßt er dich hungern?

TEDDY: Großvater!

DER ALTE REAPER *schweigt.*

TEDDY: Großvater, ich möchte laufen, wie die Kinder von Herrn Ure. Aber meine Beine ... guck sie dir an ...

DER ALTE REAPER *schweigt.*

TEDDY: Hätte ich Brot, hei! Würde ich spielen.

DER ALTE REAPER *schweigt.*

TEDDY: Großvater, warum gibst mir nicht Brot? Mich hungert ... mich hungert ...

DER ALTE REAPER *hilflos:* Ich hab' doch keins ... ich hab' doch keins ... ich hab' doch keins ... Er ... Er ... Er da oben hat doch alles ... alles, Er da oben. Er läßt die Gerechten hungern und die Ungerechten prassen ... O du ... O du ... O du Kindermörder du ... Doch still, Teddy: Es kommt der Tag der Tat! Auf Tod und Leben kämpfen wir ... Auf Tod und Leben ... Teddy, wo ist mein Gewehr?

TEDDY: Hier, Großvater, hier ist der Stock.

DER ALTE REAPER: Das ist kein Stock, Teddy. Das ist ein Gewehr. Einer muß fallen.

Der alte Reaper nimmt den Stock und zielt in die Luft. Macht die Gebärde des Abdrückens. Läßt den Stock sinken.

DER ALTE REAPER *weinerlich:* Der Hahn ist verrostet ... Es ... geht ... nicht ... los.

TEDDY: Großvater, hast du schon eine Maschine gesehen? Sie soll hundert Köpfe haben.

DER ALTE REAPER: Vielleicht ist es Gott ... Vielleicht ist es Gott ... Wo ... wo steht die Maschine?

TEDDY: Soll ich dich hinführen? ... Aber Vater darf nichts davon erfahren. Versprichst du's mir?

DER ALTE REAPER: Führe mich nur hin ... Führe mich nur hin ... Mich deucht, ich bin ihm auf der Spur.

TEDDY: Morgen abend ... wenn Vater schläft ...

John Wible tritt ein.

JOHN WIBLE: Die Mutter noch nicht hier?

TEDDY: Nein, Vater.

JOHN WIBLE: Alter, putzest dein Gewehr? Wirst ihn ja doch nicht treffen.

DER ALTE REAPER: Da sie sich für Weise hielten, sind sie zu Narren geworden.

JOHN WIBLE *lacht.*

TEDDY: Vater, ein Maulwurfsloch ist im Hof. Wollen wir den Maulwurf fangen?

JOHN WIBLE: Laß das Tierlein leben.

DER ALTE REAPER: Ist schartig schon ... Ist schartig schon. Gewehr, du liebes ...

Mary tritt ein. Eine junge, schöne Frau.

MARY: Grüß Gott euch.

JOHN WIBLE: Hat dich der Cobbett gut entlohnt?

MARY *wirft Geld auf den Tisch:* Fünf Pence.

JOHN WIBLE: Der Schuft! Der Schuft!

MARY: Laß mir die Hälfte. Nicht ein Brot im Haus. Ich gab dir letzte Woche all das Sündengeld.

JOHN WIBLE: Die Taschen leer.

MARY: Du hast gespielt?

JOHN WIBLE: Und hätte ich gespielt! Wär' ich ein Herr, ich würde huren! Ich brauch es nicht für mich.

MARY: Zerschlissen ist das Moosdach. Regen tropft und quält uns in der Nacht. Das feuchte Stroh ... Ich hab' kein Geld. Die Handwerksleute aber heischen Geld. Kein einziger kommt zu unsereinem, wenn du den Lohn gezählt nicht auf den Tisch gebreitet.

JOHN WIBLE: Schulden beim Krämer?

MARY: Fünf Schilling. Oh, dieser Armeleutebetrüger! Den Zucker vermischt er mit gestoßenem Reis, das Mehl mit Gips und Kreide, den Pfeffer mit Hülsenstaub. Als Margrets Kind krank war und sie mit Wucherzinsen Kakao kaufen mußte, fand sie braune Erde darin, die mit Hammelfett eingerieben war.

JOHN WIBLE: Hast du ein Abendbrot?

MARY: Wenn du ein paar Kartoffeln willst?

JOHN WIBLE: Gib sie mir später. Sei vernünftig, Mary. Geh hin, und laß dich zärtlich küssen. Ohne dich verliere ich meine Stellung. Er gibt dir Geld. Sei ihm zu Willen und tue wie die Werkelleute tun. Bevor du küßt, den Lohn gezählt ... gezählt! gezählt! Die Freunde kommen heut' zu mir. Du bist uns jetzt im Weg.

MARY: Ach, lieber Gott, ich tu's ja. Was hat unsereiner für ein Leben. Komm, Teddy, leg' dich in die Kammer und schlaf'. Und wenn du morgen aufwachst, liegt ein frischer Wecken Brot auf deinem Bett. Gute Nacht auch, Vater. Leg' dich schlafen.

DER ALTE REAPER: Bade in Balsam deine Glieder, Tochter. Denn bald nahet der Tag, da du gekrönet sein wirst unter den Töchtern.

MARY *hinausgehend:* Mit Prügeln, Vater.

JOHN WIBLE: Nur Mut, Alter, es kommt der Tag der Tat!

Eintreten Charles, Bob, William, Eduard, Artur, Georges und andere Arbeiter.

CHARLES: Sie ist im großen Arbeitsschuppen aufgestellt!

BOB: Vielarmig ist der Juggernaut und aufgetan mit hundert Rachen!

WILLIAM: Ein Dämon, der uns packt und rasch zermalmt!

EDUARD: Dem Gottseibeiuns haben sich die Herren verschrieben!

GEORGES: Wir aber sind der Blutlohn!

DIE ARBEITER: Der Blutlohn wir und immer wir!

DER ALTE REAPER: Sie haben verlassen den richtigen Weg und gehen irre.

JOHN WIBLE: Schweig, alter Narr. Laßt uns beraten, Nachbarn. Sie spotten unseres Streiks.

Der alte Reaper geht hinaus.

CHARLES: In Kirchen wettern ihre Pfaffen gegen Streik und hetzen uns die Weiber auf den Hals!

BOB: Der König hat verboten jeglichen geheimen Bund.

JOHN WIBLE: Mit dem Gedärm des letzten Pfaffen
Mag der letzte König hingewürget werden!
CHARLES: So sei's.
BOB: Was aber gibt's zu tun?
JOHN WIBLE: Sind Wachen ausgestellt?
CHARLES: Auf hundert Meter rings im Kreise stehn Stafetten.
JOHN WIBLE: Zur Ware, die man kauft, und, wenn sie rissig,
Fortwirft, drückte uns der Ure. Jetzt hat er die Maschine,
Und sein Sieg wird taumelnder Triumph.
Es heißt, das höllische Maschinenungeheuer
Frißt tausend Webern die gerechte Arbeit.
CHARLES: Wer Menschen Arbeit stiehlt, der sündigt wider die Natur!
RUFE: Der sündigt wider die Natur!
JOHN WIBLE: Die Männer wird man aus den Städten jagen
Und unsere Kinder an die Höllenketten legen . . .
Dreijährige Kinder, heißt es, lenkt das Ungeheuer.
ALBERT: Und läßt man uns an die Maschine, was ist der Dienst? Wir knüpfen gebrochene Fäden und bewachen wie angebundene Knechte das reißende Tier!
EDUARD: Wir werden nicht mehr weben, nicht mehr werkeln?
JOHN WIBLE: Dem Teufel hat euch der Ure verkauft! Dem Teufel verschreibt ihr die Seele! Ihr seid der Blutlohn!
ARTUR: Was . . . wird aus uns?
ALBERT: Drei Tage ließ ich mich in Carlton an Maschinen fesseln . . .
Dann floh ich. Wie eine Höllenzange
Packt euch der Dämon Dampf . . .
Reißt euch das Herze aus dem Leib . . .
Und sägt und sägt und sägt
In Stücke den lebendigen Körper.
Du Charles wirst Bein: Du trittst . . .
Du trittst . . . Du trittst dein ganzes Leben . . .
Und deine Arme werden schlaff,
Die Augen blind, der Rücken krumm . . .
Du Georges wirst Hand und knüpfst . . . und knüpfst . . . und knüpfst.
Und deine Ohren werden taub . . . Dein Hirn verdorrt . . .
Dein Blut gerinnt . . .
CHARLES: Ich werde Bein!
GEORGES: Ich werde Hand!
WILLIAM: Und wenn die Maschine still steht . . . wenn der Tyrann
Den Dienst aufsagt . . . was tun die Knechte dann?
JOHN WIBLE: Was tun gestutzte Raben, wenn sie der Herr hinaustreibt
In die Winternacht? Verfrieren und verkommen!
Verfrieren und verkommen!
CHARLES: Wir sind doch Menschen!
JOHN WIBLE: Vorbei! Vorbei!

CHARLES: Das darf nicht sein! Das ist ja Sünde!
GEORGES: Fluch dem Tyrannen Dampf!
EDUARD: Die Pest über ihn!
WILLIAM: Ohnmächtig sind wir!
RUFE *dumpf:* Ohnmächtig ...
JOHN WIBLE: Ein Mittel gibt's! Wir sagen Fehde der Maschine.
Ein Moloch lebt in Nottingham. Erschlagt ihn!
Bis morgen mehrt er sich und heckt zu Tausenden
Die Ungeheuer! ... Wir schwören Fehde, schwören Haß!
DIE ARBEITER: Wir schwören Haß!
JOHN WIBLE: Wenn sich in seinem schwarzen Blut der Moloch wälzt,
Wird Ure nicht mehr wagen,
Mit neuer Höllenbrut uns einzukesseln!
Zerstörung der Maschine!
Krieg dem Tyrannen Dampf!
Zerstörung der Maschine!
Krieg dem Tyrannen Dampf!
DIE ARBEITER: Zerstörung der Maschine!
Krieg dem Tyrannen Dampf!
Jimmy und Ned Lud treten ein, die Arbeiter wenden sich erschreckt gegen Jimmy.
NED LUD: Ein Kamerad aus Nottingham. War auf der Wanderschaft die letzten Jahre.
Jimmy begrüßt die Arbeiter.
NED LUD *zu Wible:* Entschlossen?
JOHN WIBLE: Entschlossen.
Jimmy tritt hinzu.
JIMMY: Beschlüsse sind gefaßt?
JOHN WIBLE: Noch heute nacht zerstören wir die Maschine.
JIMMY: Sinnlose ihr!
JOHN WIBLE: Hat auch dich die Maschine gekauft?
JIMMY: Gebt eine Stunde freie Rede mir.
JOHN WIBLE: Was soll's? Wir haben keine halbe zu verschenken.
NED LUD: Man soll ihn hören!
RUFE: Man soll ihn hören!
JIMMY: Erschreckt vom schauerlichen Antlitz der Maschine hat euch Verzweiflung überrannt. Ein Gott dünkt euch die Maschine, ein Dämon, des verruchte Hände des Menschen Seele einkrallt ... Ein Dämon, der euch spannt in seine Fron ... euch knebelt, stückelt ... euern Dienst entwürdigt ... euch zerkrümmt ...
ALBERT: So ist es!
JIMMY: Es leben andere Feinde, gewaltiger als das Gerüst von Eisen, Schrauben, Drähten, Holz, das man Maschine nennt.
JOHN WIBLE: Er will uns verhöhnen!
CHARLES: Er soll schweigen!

NED LUD: Wir gaben ihm freie Rede!

JIMMY: Ein Feind lebt in euch! Er hält eure Seelen umklammert ... Er atmet in eurem Blut ... Er wandelte euren Geist in Starre und Dumpfheit.

JOHN WIBLE: Ein Pfaffe!

CHARLES: Wir sind in keiner Kirche, du!

ALBERT: Zu Männern sprichst du, nicht zu Weibern!

NED LUD: Wir gaben ihm eine Stunde freie Rede.

JIMMY: Schaut in euch hinein, Brüder! Wie lebt ihr freudlos und dumpf und voll Unrast! Wißt ihr noch, daß Wälder sind ... Dunkle, geheimnisvolle Wälder, die in Menschen erwecken verschüttete Quellen ... Wälder der schwingenden Stille ... Wälder der Andacht ... Wälder heiteren Tanzes ...

Was ist euch Arbeit? Habt ihr wirklich als freie Menschen gewebt? ... War euch Arbeit Werk, dem ihr dientet in Schaffenslust, in Schaffensdemut? Eure Arbeit war Frondienst, Lohndienst, Notdienst ...

Schaut eure Kinder an ... gemergelt, siech ... Zehnjährig holpern sie wie Greise.

JOHN WIBLE: Ist Elend unsere Schuld?

JIMMY *gewaltig*: Eure Schuld ist, daß ihr nicht kämpftet, daß ihr euch nicht eintet zum Arbeitsbund! Daß ihr nicht Gemeinschaft *lebt*, daß ihr nicht baut am Hause der Gerechtigkeit!

Der Tod ist unter euch! Er blickt in euren müden Augen ... Er lastet in euren Schritten, den ruhelosen, schweren ... Er hat das Lachen getötet und die Freude ...

Und doch ist Traum in euch! Traum vom Land der Wunder ... Traum vom Land der Gerechtigkeit ... vom Land der werkverbundenen Gemeinden ... vom Land des werkverbundenen Volks ... vom Land der werkverbundenen Menschheit ... vom Land der schaffenden, freudigen Werkarbeit ...

Brüder! Bündet euch! Beginnt! Beginnt! Nicht Ich und Ich und Ich! Nein: Welt und Wir und Du und Ich! Wollt die Gemeinschaft allen Werkvolks, und ihr werdet sie erkämpfen. O eure Seele wird die mächtigen, verschütteten Schwingen entfalten!

Die Erde wird euch wieder Schoß der Kraft sein! Und der Tyrann Maschine, besiegt vom Geiste schaffender Menschen ... wird euer Werkzeug, wird euer Dienst!

NED LUD *leise:* Wird unser Werkzeug ...

JIMMY: Denkt, wenn ihr einzig schafftet, was ihr braucht, nicht Zweckdienst, Zinsdienst leistet Moloch Mammon.

Denkt, wenn ihr statt sechzehn Stunden acht nur schafftet ... Und die Maschine wär' euch Helfer, nicht Feind! Und eure Kinder, frei von der Fron, in hellen Schulen, auf Wiesen, Bergen aufwüchsen ...

Die Not würgt euch! Schon könnt ihr kaum noch atmen! Ermannt euch! Kämpft! Brecht auf! Was morsch ist, soll verdorren, soll nicht schwelen! Beginnt, ihr Brüder! Einet euch im Bund der Schaffenden. *Stille.*

John Wible: Ich höre Worte, Worte, Worte. Wir Arbeiter uns bünden, ha! Ausgeschlossen sind wir vom Parlament. Haben keinerlei Wahlrecht! Das Wahlrecht hat, wer Gold geheckt!

Jimmy: Es geht um mehr als Wahlrecht! Den Schaffenden das Land, nicht den Schmarotzern! Die großen Lords regieren England. Für Pöbel ist kein Platz im Hohen Haus. Sie führen Kriege, den Profit zu mehren, fremdes Volk zu unterjochen. Und nennen ihre Räuberkriege Kriege für das Wohl des Landes. Wer aber blutet für das Land? Der Mammon?

Die Arbeiter: Nein, wir und immer wir!

Jimmy: Die Schaffenden von England bereiten den Kampf vor. In London haben wir geheimen Bund gegründet, der alle Werkenden des Königreichs umfassen soll. In vielen Städten regt sich schon der Feuerstrom erwachten Willens! Gemeinschaft soll führen, nicht der Mammon! Der Mensch soll führen, nicht die Maschine!

Artur: Der ... der ... Mensch ... Mensch ... soll führen ... nicht ... nicht die Maschine ...

Jimmy: Seid ihr bereit, den Brüdern euren Arm zu leihen?

Die Arbeiter: Wir sind's! Wir sind's!

Jimmy: Der Kampf ist schwer und heischt Geduld, ihr Brüder. Der Kampf ist schwerer, als ihr heute ahnt. Aufnehmen müßt ihr Dienst an der Maschine. Die alte Bürde müßt ihr tragen manchen Tag ... müßt sehen eure Weiber, eure Kinder hungern ... und hungernd euch anklagen, euch verfluchen sehen.

Die Arbeiter: Wir sind bereit!

Ned Lud: Wir wählen dich zum Führer!

Jimmy: Ein jeder dient dem Volk, ein jeder dient dem Werk, ein jeder Führer!

Die Arbeiter: Ein jeder dient dem Volk, ein jeder dient dem Werk! *Die Arbeiter umjubeln Jimmy. Heben ihn auf ihre Schultern. Tragen ihn davon. John Wible bleibt zurück.*

John Wible: Auf Schultern hob ihr Jubel diesen hergelaufnen Iren. Kaum eine Stunde ist er da und reißt mir die Führung aus den Händen. Diese einfältigen Tölpel wollen auf Erden herrschen und wollen ein Paradies erkämpfen. Narren mögen daran glauben! Ich nicht! *Vorhang.*

ERSTE SZENE

Ein Zimmer in Ures Villa.

HENRY: Ich ließ Sie rufen. Wollen ohne Flausen sprechen. Sie kennen den neuen Agitator?

JOHN WIBLE: Jawohl, Herr Cobbett.

HENRY: Wissen, wie er heißt?

JOHN WIBLE: Jimmy Cobb ...

HENRY: Gut. Man erzählt mir, Sie hatten Zwist mit ihm, Meinungsverschiedenheiten? ...

JOHN WIBLE: Nicht, daß ich wüßte ...

HENRY: Keine Maske! Ich kenne Ihre Rolle. Hören Sie? Ich kenne Ihre Rolle in allen Einzelheiten. Ich brauchte Sie nicht zu rufen, Wible ... ich hätte es einfacher erreicht, Sie herschaffen zu lassen ... in Fesseln ... in Fesseln!

JOHN WIBLE: Das müßte erst bewiesen werden!

HENRY: Ach, lassen wir doch überflüssige Beteuerungen! Wir haben beide nichts zu gewinnen. Wollen also mit aufgedeckten Karten spielen. Mein Bruder muß Nottingham verlassen. Ich gebe vierundzwanzig Stunden. Ure darf nicht erfahren, wer der Agitator ist. Ich kann die Bedenkzeit nur kurz bemessen. Sie werden mit Ihrer Belohnung zufrieden sein.

JOHN WIBLE: Wir spielen mit aufgedeckten Karten ... Ich ... ich ... ich willige ein.

HENRY: Wie Sie es anstellen, Ihre Sache.

JOHN WIBLE: Ein gewagtes Spiel wär's ...

HENRY: Haben Sie einen Plan?

JOHN WIBLE: Die Maschine doch zerstören ... ihn unauffällig wissen lassen, daß wir es tun ... dann muß er Nottingham verlassen ...

HENRY: Ihre Sache! Ich bleibe aus dem Spiel.

JOHN WIBLE: Kann ich mit Herrn Ure sprechen?

HENRY: Ist das notwendig?

JOHN WIBLE: Ja.

HENRY: Warten Sie.

Henry Cobbett verläßt das Zimmer.

JOHN WIBLE *allein:* Pack! Zum Geschäftsführer wie bei dem Schleicher Henry langte es auch bei mir. Das Gesindel hätte nichts zu lachen! Zum Teufel, ich bin am Meilenstein vorbeigegangen! Aber was übrig bleibt, kann immerhin eine fette Mahlzeit werden. Ich muß meinen Rücken polstern, der hat ein sozusagen menschliches Anrecht auf Fett ... auf ein fettiges Menschentum ...

Ure tritt ein.

URE: Der Weber John Wible?

JOHN WIBLE: Zu Befehl, Herr Ure.

URE: Wünschen Arbeit?

JOHN WIBLE: Ich wollte ... ich arbeitete in Herrn Ures Manufaktur zwölf Jahre ...

URE: Ich kann auf einzelne keine Rücksicht nehmen. Der nationalen Industrie hat sich jeder unterzuordnen. Das muß ich ebensogut wie Sie.

JOHN WIBLE: Ich komme nicht um Arbeit ...

URE: Sondern?

JOHN WIBLE: Weil ich nicht will, daß ... die Leute durcheinandergehetzt werden ... weil ich so lange bei Herrn Ure mein Brot aß ...

URE: Kurz. Was gibt es?

JOHN WIBLE: Weil ein Putsch in Vorbereitung ist ... weil die Maschine zerstört werden soll ...

URE: Bitte, nehmen Sie Platz. Eine Zigarre? Ich ersuche um klare Darstellung aller Einzelheiten.

JOHN WIBLE: Ein fremdländischer Agitator aus London ist in Nottingham ... Keiner kennt den Namen ... Ein Kommunist ... Einer vom geheimen Gewerkschaftsbund ... Er hat die Arbeiter aufgewiegelt, sie sollen die Maschinen zerstören ... Waffen hat er ihnen versprochen ... Es müsse Blut fließen ...

URE: Es gibt also auch für Sie eine Grenze, wo Sie nicht mehr mittun. Freut mich, Wible. Das lebendige Band der Gemeinschaft zwischen Fabrikanten und Arbeitern ist keine Legende. Ich wußte es. Arbeit kittet.

JOHN WIBLE: Ich will tun, was Herr Ure befehlen ...

URE: Eigentlich nicht viel. Ich fürchte die Maschinenzerstörung nicht. Im Gegenteil. In einer Zeit wie der gegenwärtigen könnte der Tatbestand einer Maschinenzerstörung unsere Position festigen. Das würde der schlappen Regierung endlich die Augen öffnen. Der materielle Verlust würde ausgeglichen durch Aussicht auf geregelte, ordnungsgemäße Zukunft. Hm ... Sie verstehen mich ... Sie werden also über jeden Vorfall mir Bericht erstatten?

JOHN WIBLE: Jawohl, Herr Ure.

URE *schreibt auf ein Blatt einige Zeilen:* Hier, geben Sie das dem Kassierer.

JOHN WIBLE: Jawohl, Herr Ure.

Ures kleine Tochter läuft ins Zimmer. Schmiegt sich an Ure. Läuft wieder hinaus.

URE: Ja, Wible, da wird von Kluft zwischen Fabrikanten und Arbeitern gesprochen. Unsinn! Zum Beispiel: Kindesliebe. Ist da ein Unterschied? Wenn unsere Kinder krank sind, fühlen wir den Schmerz der Kleinen als eigenen. Sie wie ich. Guten Tag, Wible.

Ure verläßt das Zimmer.

John Wible *allein:* Du ... Du Blutsauger du! Der eine hungert, der andere läßt hungern ... ist da ein Unterschied? Das eine Kind wird all der Schleckereien überdrüssig, dem andern Kind ist Weißbrot ein Schlaraffenmärchen ... ist da ein Unterschied? Alles Pack! Da wie da! Alles Pack! Und wenn du glaubst, Ure, daß ich dir auf deinen Goldseim gekrochen bin wie eine Laus auf deinen ranzigen Speckwanst ... bäh ... bäh ... Ich Verräter? Unsinn! Proleten müssen mit Ochsenziemern angetrieben werden. Blut heißt die Peitsche, die sie aus trägem Schlafe reißt!

John Wible verläßt das Zimmer.

Vorhang.

ZWEITE SZENE

Schmutzige, unratbedeckte Straße vor John Wibles Cottage. Meist einstöckige Häuser.

Jimmy: In der Fabrik arbeiten Streikbrecher.

John Wible: Ich weiß es.

Jimmy: Wir dürfen es nicht zulassen.

John Wible: Geduld hast du gepredigt. Ihr wollt an Maschinen arbeiten, ihr verhandelt heute mit Ure ... bitte ihn, er soll die fremden Arbeiter heimschicken!

Jimmy: *Weil* wir noch verhandeln, dürfen keine Streikbrecher arbeiten. Wir müssen uns ans Fabriktor stellen, wenn sie zur Arbeit wollen.

John Wible: Wir müssen sie in der Fabrik überfallen, und die davonkommen, wie Hasen heimwärts jagen!

Jimmy: Warum die Leute überfallen, da Überzeugen uns zum Ziele führt? Es sind Arbeiter, unwissende, irregeführte Arbeiter.

John Wible: Es wäre eine Tat! Es wäre eine Aktion!

Jimmy: Ist jede Tat ein Altar, der Menschenknie zur Andacht beugt? Sinnlose Tat ist Rausch der Feigen und der Toren!

John Wible: Wir brauchen Niederlagen. Nur tiefstes Elend schafft Rebellen. Gib ihnen Fett, gib ihnen Schnaps, sie furzen dir auf die Erkenntnis und sühlen sich im Trog wie vollgefreßne Säue.

Jimmy: Elend schafft Rebellen. Doch laßt das Elend wachsen, bis es jedem einzelnen den Hals zuschnürt ... daß keiner mehr weiß, wo ein Stück Brot hernehmen und wo den Kopf hinbetten ... Glaubst du, daß die Menschen dann noch Rebellen sind? Verlange von ihnen Solidarität, Treue, Opferwilligkeit, Hingabe, Verzicht auf eigenen Vorteil, Verzicht auf Gold des Tages, sie werden dich verhöhnen! Sie werden jedes Gauklers Beute, die ihren gierigen Wünschen Wortpracht leiht! Sie werden Landsknechte, Söldner, Freiwild jedes Generals, der ihnen Beute verheißt.

JOHN WIBLE: Man muß sie wie wilde Tiere aufhetzen! Blut heißt die Peitsche, die sie aus trägem Schlafe reißt!

JIMMY: Wie du verächtlich von den Arbeitsmännern sprichst, die du befreien willst! Wie deine Augen schwelen in hämischer Bosheit! Man meinte, du wolltest nicht die Arbeitsmänner befreien, sondern dich, dich rächen! Wer die niederen Kräfte und Triebe der Massen aufruft, den überrast ihr Sturm. Heute entfacht er den Orkan, heute ist er Führer, morgen wird er vom Felssturz blindwütiger Leidenschaften zermalmt, morgen ist er tausendfach bespieener Verräter!

JOHN WIBLE: Ich kann nicht Bücher lesen ... Wer das Arbeitsvolk besser versteht, wird sich erweisen. Das Arbeitsvolk fühlt anders, denkt anders als du ... Also: Wir sollen uns heute vor der Mittagsschicht am Fabriktor versammeln?

JIMMY: Es wäre gut.

JOHN WIBLE: Unmöglich die Kameraden rechtzeitig zu rufen!

JIMMY: Ich meine ...

JOHN WIBLE: Unmöglich. Bis morgen haben wir Zeit. Ich will die Freunde für morgen abend vor die Fabrik bestellen, ehe die Nachtschicht beginnt ... wollen sehen, wie lange das Arbeitsvolk mit dir marschiert.

John Wible geht davon. Der alte Reaper kommt eilends aus dem Haus.

DER ALTE REAPER: Hast du ein wenig Zeit für mich, Jimmy? Mein Leben währt nun achtzig Jahre ... und es war nicht köstlich, trotz Mühe und Arbeit ... und der alte Reaper möchte nicht auferstehen zu neuem Leben ... der alte Reaper möchte Erde werden ... englische Wiesenerde ... aus seinem Schoß sollen Blumen wachsen ... seine Gräser sollen die Schafe fressen ... und ein Quell soll plätschern, lustig wie ein Ziegenböcklein ... aber bevor sie den alten Reaper in die Grube senken, möchte er eines wissen: Warum das Leben, Jimmy? Wie ist hier alles ohne Zweck und Sinn ...

JIMMY: Weißt du, warum der Baum dort wächst, warum er Blätter treibt und kahl und welk im Herbst wird? Fragst du nach Zweck? ... Fragst du nach Sinn? ... Ich bin ... du bist ... wir sind ... das, Alter, ist die letzte, reiche Schau ... Den Sinn, den gibt der Mensch dem Leben.

DER ALTE REAPER: Glaubst du an Gottes Reich ... ans Reich des Friedens?

JIMMY: Ich kämpf', als glaubte ich daran.

DER ALTE REAPER: Sag' mir, wo find' ich Gott?

JIMMY: Ich hab' ihn nicht erfahren, deine Hingabe findet ihn vielleicht.

DER ALTE REAPER: Du kämpfst doch wider Gott?

JIMMY: Ich kämpf', als glaubte ich an Gott.

DER ALTE REAPER: Er ist von Sinnen, hi hi hi! Er kämpft gegen die Maschine und weiß nicht, wo Gott ist. In deinem Kopfe stimmt nicht alles, Jim. Es nimmt kein gutes Ende, Jim, mit dir.

Jimmy geht lächelnd davon. Ein Mann mit einer vierrädrigen Karre, genannt Louis mit der Karre, kommt des Wegs.

DER ALTE REAPER: He, Freund mit der Karre, sag', wo find' ich Gott? Ich will dir auch helfen, die Karre zu ziehen.

MANN MIT DER KARRE *grimmig:* Ich bin kein Mann. Ich bin städtischer Beamter und heiße Louis. Ich bin Abfallkehrer der Stadt Nottingham. Das ist keine Karre. Eine Karre hat nur zwei Räder. Das ist ein vierrädriger Wagen. Ein Leben lang schob ich eine Karre. Endlich bekomme ich einen Wagen. Und jetzt nennst du meinen Wagen eine Karre!

DER ALTE REAPER: Es handelt sich nicht um die Karre, Freund, es handelt sich um Gott.

MANN MIT DER KARRE: Was schert mich Gott! Such' ihn, so wirst du ihn finden. Es handelt sich um den Wagen, den du Karre heißest. Karre! Karre! Karre! heißt er meinen vierrädrigen Wagen!

DER ALTE REAPER: Ich wollte dir ziehen helfen.

MANN MIT DER KARRE: Schöne Hilfe! Den Erfolg der anderen mit scheelen Augen ansehen! Karre! Karre! Karre! Es fehlte noch, daß du meinen Wagen Maschine heißest!

DER ALTE REAPER: Die suche ich ja ... Die suche ich ja ...

Mann mit der Karre geht davon. Ein Blinder, von einem Taubstummen geführt, tastet sich vorwärts.

DER ALTE REAPER: He, Bruder Blinder, sag', wo find' ich Gott?

DER BLINDE: Ich hör' ihn nicht. Frag' du den Führer.

DER ALTE REAPER: He, Bruder, sag', wo find' ich Gott?

Der Taubstumme macht Gebärde des Nichtverstehens. Der Blinde lacht.

DER ALTE REAPER: Was meckerst du?

DER BLINDE: Er ist taubstumm, und er sieht ihn nicht.

DER ALTE REAPER: Der Blinde hört ihn nicht ... Der Taube sieht ihn nicht ... Ich hab' zwei gute Augen und zwei gute Ohren ... ich find' ihn nicht ...

Die Bühne verdunkelt sich.

DRITTE SZENE

Frühe Dämmerung. Konturen der Häuser verwischt. Die Szene huscht wie ein gespenstisches Flackern vorüber.

JOHN WIBLE: In zwei Stunden. Warum erschrickst du?

ALBERT *sich schüttelnd:* Die Maschine ...

JOHN WIBLE: Jimmy ist gekauft.

ALBERT: Die Maschine hat ihn gekauft!

JOHN WIBLE: Albert, wenn wir mehr täten, als die Streikbrecher davonjagen ... Wenn wir den Kampf aufnähmen, den Kampf gegen unsern Feind, den Kampf gegen die Maschine?

ALBERT *in singendem Ton:* Unsere Rettung! Unsere Erlösung! Erlö ... sung.

JOHN WIBLE: Du hilfst mir.

ALBERT: Ich gäbe mein Blut hin! Doch Jimmy hat die Arbeitsmänner betört.

JOHN WIBLE: Ha! Das Schöngeschwätz erhitzte ihre Sinne für eine Nacht. Schon murren sie wider Ures Bedingungen, schon zweifeln sie, daß Jimmy ehrlich handelt, schon raunen sie Gerüchte, die von Schlingen und Fallen sagen. Laß sie die Maschine schauen – Jimmys Reden sind verweht wie Spreu. Die Weiber tun das ihre. Halte dich an die Weiber, Albert! Jimmy wird heute nicht in der Fabrik sein. Er denkt, wir sammeln uns erst morgen nacht.

ALBERT: Die Weiber ... vorher die ersten, nachher die letzten! Doch Ned Lud! Ich besaß einmal einen Hund. Der biß sich im Nacken einer jungen Ziege fest. Ich mußte ihn totschlagen, er ließ nicht los. So ist Ned Lud.

JOHN WIBLE: Weißt du, daß Henry Cobbett Jimmys Bruder ist?

ALBERT: Du hast es mir heute mittag erzählt. Doch Jimmy wohnt nicht bei ihm.

JOHN WIBLE: Was tut's! Ned Lud werden wir gewinnen. Und steht Ned Lud zu uns, dann nimm dich in acht, Jimmy!

ALBERT: O Gott, o Gott! ...

JOHN WIBLE: Was hast du?

ALBERT *voll Angst:* Es ist wer in unserer Nähe, der uns belauscht. Die Maschine ist in unserer Nähe.

JOHN WIBLE: Hol' der Teufel, du machst, daß man eine Gänsehaut bekommt. Mut! Hilf mir die Nacht! Wir bleiben Sieger.

Die Bühne verdunkelt sich.

VIERTE SZENE

Platz vor Ures Villa. Hohe Mauer grenzt den Park ab. In der Mitte Haupttor. Seitlich kleine Pforte.

ERSTER JUNGE: Ich habe sie gesehen!

ERSTES MÄDCHEN: Ich auch!

ZWEITER JUNGE: Und ich!

ERSTER JUNGE: Sie glänzt wie lauter Gold.

ZWEITES MÄDCHEN: Der liebe Gott hat sie geschickt!

ERSTER JUNGE: Du Dumme!

ZWEITES MÄDCHEN: Der Pfarrer sagt, die Engel trugen sie zur Erde.

ERSTER JUNGE: Wenn du den Tag, die Nacht daran geschuftet hast, dann magst du sagen: Dank schön, lieber Gott.

ZWEITER JUNGE: Der alte Webstuhl ist ein garstig Ding.

ERSTES MÄDCHEN: Ich freue mich auf die Maschine!

DRITTER JUNGE: Kommt hin zum Schuppen! Sieht mich der Vater, muß ich an die Webertretbank.

ERSTER JUNGE: Wir haben Streik. Du brauchst nicht an die Webertretbank.

DRITTER JUNGE: Soll ich dir was verraten? Mein Vater webt auch heute ...

ERSTES MÄDCHEN: Und meiner auch.

ERSTER JUNGE: Die halten nicht zusammen ... pfui! Kommt hin zum Schuppen!

Kinder gehen davon. Ein Zug von zerlumpten Weibern zieht gegen die Mauer.

DIE WEIBER: Wir wollen keine Maschine! Wir wollen keine Maschine!

Stille.

ERSTES WEIB: Wie Holzklötze schweigen, so schweigen diese Menschen ... Wenn ein Jagdhund hier bellte, dem würde eher aufgetan. Ich mußte mein letztes Stück Möbel verkaufen, ein Bett. Wie ein Blutegel saß mir der Krämer auf. In diesem Bett schliefen der Sohn, die Tochter, der Schlafbursche, der Vater, der Mann und ich. Bei Gott, ich weiß nicht, wer mich manche Nacht umarmte! Ich habe dieses eine Bett versetzen müssen.

ZWEITES WEIB *ruft gegen das Haus:* Heda, ihr Herren! ... Gebt uns Antwort! Wir bitten euch, wir sind ja keine Strauchdiebe, die bei Nacht kommen und euch ausplündern. Wir kommen am hellen Tage. Wir betteln ja nur ... Wir betteln ...

Stille. Die Balkontür öffnet sich. Der Geschäftsführer Henry Cobbett tritt heraus.

DIE WEIBER: Wir wollen keine Maschine! Wir wollen keine Maschine!

GESCHÄFTSFÜHRER: Die Maschine steht bereit! Gebt den sinnlosen Streik auf und ihr habt morgen Brot. Ich bekomme soviel billige Hände, wie ich brauche. Und keine schlechten!

DIE WEIBER: Werden alle eingestellt?

GESCHÄFTSFÜHRER: Es tut uns leid. Die meisten Männer müssen wir entlassen. Aber alle eure Kinder werden eingestellt. Auch die drei- und vierjährigen. Und junge, flinke Weiber. Seid vernünftig, Frauen! Die Delikatesse des Gewerbes erfordert besondre Fingerzartheit.

ERSTES WEIB: Herr, lieber Herr, schafft die Maschine aus der Stadt. Ihr laßt keine Taube verhungern und kein Reh. Ihr seid ein guter Herr. Ihr stellt im Winter den Spatzen Futter hin, Ihr laßt Kästen bauen für die Stare. Wir sind nur Menschen, Herr ... Aber um Christi willen habt Mitleid mit uns ... Es reicht ja nicht zum Leben, wenn nur die jungen Weiber und die Kinder arbeiten dürfen ... Der Teufel will Euch versuchen, und er sandte Euch die Maschine. Herr, lieber Herr, schafft die Maschine aus der Stadt.

DIE WEIBER: Herr, lieber Herr, schafft die Maschine aus der Stadt!

GESCHÄFTSFÜHRER: Wir tun unsre Schuldigkeit im Dienste Englands. Gewiß, die Maschine verdrängt die Männer. Aber nur geringe Zeit. Warum? Ich will euch Rechnung legen. Wir werden die Ware in großen Fabriken erzeugen. Der Erfolg: Die Ware um fünfzig Prozent billiger. Um fünfzig Prozent! Wißt ihr, was das heißt? Ihr müßt heute für ein Begräbnis dem Herrn Pfarrer vier Schilling zahlen, Erde im Ausmaß, sagen wir, zwei Meter lang, ein Meter breit, kostet sechs Schilling. Nun käme eine Stunde, die diese frohe Botschaft brächte: Der Herr Pfarrer beansprucht nur zwei Schilling, das Erdhaus kostet nur drei Schilling. Würdet ihr nicht beruhigter sterben im Gedanken, daß eure Familie von nun an statt eines Wochenlohns nur einen halben verlöre. So wie ihr mit Freudensprüngen in die billige Erdgrube galoppiertet, so galoppieren die Käufer auf die billige Ware. Der neue Erfolg: Der Warenumsatz wird erhöht, die Nachfrage steigt. Ware! brüllen die Konsumenten. Ware! heulen die Sirenen der Frachtschiffe. Ware! rattern die Eisenbahnzüge. Ware! Ware! Ware! Und die Folge: Die alten Fabriken sind außerstande, die Bedürfnisse der Völker zu befriedigen, neue Fabriken, gewaltige Fabriken, kolossale Fabriken werden den Brotlosen die Tore öffnen. England hat gar nicht so viel Brotlose, wie diese Gigantenmäuler von Fabriken in prächtigen Bissen hinunterwürgen, würgen, würgen ... Habt Geduld, Frauen. Mein persönlicher Rat: Die heute keine Arbeit bekommen, mögen aufs Land zurückgehen ... Wenn es nach unserem Willen ginge, liebe Frauen ... Allein der Absatz in Europa stockt zur Zeit. Europa ist verschuldet seit dem großen Krieg. Ihr seid Engländerinnen, ihr seid Patriotinnen, ihr müßt verstehen, daß unser Vaterland das Nationalvermögen nicht bankrotten Schuldnern kreditieren, will sagen, leihen kann. Das Vaterland über alles!

Geschäftsführer tritt ins Haus zurück. Betroffene Stille.

LANGGEZOGENES HEULEN DER WEIBER: Nieder die Maschinen!

Stille.

LANGGEZOGENES HEULEN DER WEIBER: Nieder die Maschinen!

Aus der Gartenpforte huscht Mary. Bleibt erschrocken stehen. Will davonlaufen. Einige Weiber stürzen sich auf sie. Zerren sie nach vorne. Sprechen Schlag auf Schlag.

ERSTES WEIB: Wo kommst du her?

ZWEITES WEIB: In Cobbetts Bett verriet sie unsre Männer.

DRITTES WEIB: Wie gut es die hat!

VIERTES WEIB: Du Hure rekelst dich im Bett der Herren! Wir aber stehn und betteln ... betteln um drei Bissen Brot.

Zweites Weib stürzt sich auf Mary.

ZWEITES WEIB: Vom Leib reißt ihr den bunten Tand! Zerkratzt mit Ginster ihre Larve!

VIERTES WEIB: Peitscht aus! Peitscht aus die Dirne! ...

FÜNFTES WEIB: An eine Leiter bindet nackt sie an! Anspeien sollen sie die Kinder!

ZWEITES WEIB *brutal auflachend:* Sie braucht was Warmes! Klemmt ihr heiße Kolben in die Fut!

ERSTES WEIB: Ein Proletar war ihr zu grob, zu roh ... Der hat nicht schöngepflegte Hände ...

WEIBER *schlagen auf Mary ein:* Du Pestweib! Hurenpritsche! Strichmatratze!

Ned Lud kommt.

NED LUD: John Wibles Frau? Seid ihr Hyänen? Ruhe gebt! Warum verprügelt ihr das Weib?

ERSTES WEIB: Grüß Gott dich, Lud. Das Weib ist schlecht ...
Ist schlechter als die Dirnen in den öffentlichen Häusern ...
Wir Frauen hungern ... ich hab' seit sieben Wochen
Keinen warmen Schluck im Leib ... tun uns zusammen,
Raffen auf das schlotternde Gebein ...
Ziehn hin zu Ures Schloß ... und schreien ...
Schreien gegen die Tore: Befreit uns von Maschinen!

VIERTES WEIB: Wärst du ein Weib, Ned Lud, du wüßtest,
Was es heißt ... ein Kind gebären ...
Und es mit gebundenen Armen Hungers sterben lassen ...
Wie's einem da das Herz zukrampft!

FÜNFTES WEIB: Was weiß ein Mann davon!

ERSTES WEIB: Unser Not und Qual und Sorge!

DRITTES WEIB: Ich weiß nicht, ist die Frau vom Ure
Keine Mutter? Die müßte fühlen unsre Not!

ZWEITES WEIB: Die Frau vom Ure, ha! Wenn die in Not ist,
Wird die weise Helferin geholt. Ein Pfund –
Und abgetrieben ist der Balg!

ERSTES WEIB: Und Ures Knecht, der Cobbett sagt uns,
Die Maschine bleibt in Nottingham, die meisten Männer
Und die alten Weiber werden nicht mehr eingestellt ...
Sagt's uns, als ob man einem ausgedienten Hofhund sagt:
Troll dich davon! ... Und lag mit dieser da ...
Mit einer Proletarierfrau ... deren Mann
Er auf die Straße wirft ... im warmen Pfühl ...

Weiber auf Mary eindrängend.

WEIBER: Peitscht aus! Peitscht aus die Hure!

Ned Lud stößt die Frauen zurück.

NED LUD: Peitscht ihr ein Kind, das gierig sich auf Brocken Brotes stürzt?
Sag', Mary, warum warst du dort?

MARY *leise:* Ich bin ... so arm ... wie diese da ...
Ich tu's ja ... nicht für mich ...

NED LUD: Wie wilde Katzen überfielt ihr dieses Weibchen!
Denkt mit dem Kopf und nicht mit eurem Unterleib!

Wärt ihr so schön wie diese da, ihr tätet grade so
Wie sie. Als ihr noch jung wart, tatet ihr es alle,
Ihr neid'schen, eifersücht'gen Ratschen.
Komm, Mary, es geschieht dir nichts ... Ich bringe dich nach Haus.
Zum ersten Weib. Besuch mich, wenn du bei Sinnen bist.
Ned Lud und Mary gehen davon.

ZWEITES WEIB: Mag der Teufel sie beschicken!

RUFE DER WEIBER: Tod der Maschine! Hin zu den Wucherkrämern! Blut oder Brot! Tod der Maschine!
Die Weiber sammeln sich zu einem Zug, ziehen singend davon.

LIED: Schaffen! Schaffen! Schaffen!
Sobald der Haushahn wacht!
Und schaffen, schaffen, schaffen,
Bis die Sterne glühn durchs Dach!
Oh, lieber Sklavin sein
Bei Türken und bei Heiden ...
Während der Szene ist der alte Reaper gekommen.

DER ALTE REAPER: Sie werden ihr Silber hinaus auf die Gassen werfen und ihr Gold als einen Unflat achten; denn ihr Silber und Gold wird sie nicht erretten am ... am ... Tag derer ... die Ihn nicht fürchten ... und werden ihre Seele davon nicht sättigen, noch ihren Bauch damit füllen; denn es ist ihnen gewesen ein Ärgernis zu ihrer Missetat. Wär' ich der droben, ich ließe Manna regnen ... Doch der da droben regt sich nicht. Wann regt er sich? Wenn Posaunen Siegestriumph blasen und goldgeschmückte Orgeln ein Loblied jubeln den Königen und großen Herren! Aber die Armen haben keine Orgeln und Posaunen. Ihr Klagelied tönt leiser denn der Herzschlag eines Kindes. Man muß ein gutes Ohr haben, um es zu hören ... Man muß sich sehr nahe an ihre ungewaschene, stinkende Brust schmiegen, um es zu hören ... Ich will ein wenig Trost den Frauen geben ...
Der alte Reaper nimmt seinen Stock. Er macht die Gebärde des Geigespielens. Zwei Weiber gehen vorüber.

ERSTES WEIB: Schau dort: der närrisch alte Mann ...

DER ALTE REAPER *sich im Kreise drehend, als spräche er zu vielen tanzenden Frauen:* Ihr hört schon auf? Drei Takte hab' ich erst gespielt ... wie meint ihr? ... Ihr sollt tanzen und könnt kaum stehen? ... Ihr sollt tanzen und könnt kaum stehen ... Ja ... so ... ja ... so ...
Die Bühne verdunkelt sich.

VIERTER AKT

ERSTE SZENE

Ein Zimmer in Ures Villa. Am Pult arbeitet Henry Cobbett. Jimmy Cobbett tritt ein.

HENRY: Du hier! ... Was wollen Sie? Gehen Sie! Sofort! Ich lasse die Torhüter rufen, die mit Hundspeitschen ausgerüstet sind ... die Polizei, die über verwahrloste Landstreicher wacht ... die Soldaten des Königreichs, die für Aufrührer eine Kugel im Patronengurt oder einen Strick im Mantelsack tragen.

JIMMY: Melde mich Herrn Ure, mein Bruder.

HENRY: Bruder? Ich kenne keinen Bruder.

JIMMY: So melde mich als einen Fremden.

HENRY: Nein.

JIMMY: Jeder Besucher findet, so er Wichtiges zu melden weiß, das Ohr von Herrn Ure. Soll ich mich an die Torhüter wenden? An einen Dienstboten, an die Kammerdiener, an Ures Frau, an Ures Kind?

HENRY: Wenn ein Hauch brüderlichen Empfindens in dir lebt ... geh fort ... verlaß Nottingham ... England ist groß ... überall findest du ... Spießgesellen, die auf dich hören ... Warum willst du dich an mir rächen? Denn du willst dich an mir rächen ... Ich weiß, ich habe dich in der Jugend mit Ruten gezüchtigt ... es war unrecht von mir ...

JIMMY: Beschwört die Angst um deine «Ehrenstellung» dein Gewissen? So erinnerst du dich gewiß, wie du die seltenen guten Bissen für dich behieltest ... sie nie mit mir teiltest ... und mich schlugst, wollte ich erzählen, wie du es mit mir triebst. Weißt du noch, wie du die Eltern belogst und aus den Schandflicken deiner Verleumdungen dir ein Kleid aus Tugend und Kindesliebe und Gottesfürchtigkeit schneidertest? Du verstandest dich auf Schneiderkünste.

HENRY: O über meine Ahnung! Du bist zurückgekommen, um dich an mir zu rächen.

JIMMY: *Ein* Schoß gab uns Leben, in Katarakten unendlich fernen Geistes verströmen wir's ... Nimm mein Wort, Henry, nie wird Ure meinen Namen hören, nie erfahren, wessen Bruder ich bin. Und damit nicht Albdruck Felsgeröll in deine Nächte wirft, daß sie auf dich donnern wie zu Tale stürzende Lawinen, will ich dir dies Versprechen geben: Ein, zwei Wochen nur bleibe ich in Nottingham ... wenn das Fundament ruht und die Zimmerer den First mit Kränzen krönen ... will ich davongehen. Leb wohl, Bruder, grüß' mir die alte Frau ... sag' ihr, ich wüßte, wie es ihr ums Herz ist ...

HENRY: Hier nimm Geld ... mein Monatsgehalt ... geh heute .. jetzt ... in dieser Stunde ...

JIMMY *das Geld zurückweisend:* Mich hat eine englische Mutter geboren und hat mich die Sprache englischer Menschen gelehrt. Ich kenne die Fibel nicht, aus der du das Abc der Menschen lerntest ... Melde mich, Henry.

HENRY *zögert.*

JIMMY: Oder soll ich selbst klopfen?

HENRY: Barmherziger Gott ... ich bin verloren ... ich bin ruiniert ... Wenn ich mein Brot verliere ... und die Mutter verhungert ... alle Flüche ihrer Todesstunde über dein Haupt!

JIMMY *allein:* Und sind *ein* Blut.

Ure tritt ein.

URE: Sie heißen?

JIMMY: Nennen Sie mich «Namenlos». Oder nennen Sie mich «Vollzeitler», wie Sie Ihre Arbeiter nennen. Vollzeitler, wenn sie die volle Zeit, Halbzeitler, wenn sie die halbe Zeit Ihren Webstühlen gefügige Arbeitsware sind.

URE: Sie sprechen eine kühne Sprache. Meine Zeit ist allzu knapp bemessen, um Scherze ertragen zu können. Was wollen Sie? ... Ich gebe aus Prinzip und wahrer Humanität Bettlern keinen Pfennig. Wenden Sie sich an den Pfarrer!

JIMMY: Vielleicht bin ich Ihnen doch nicht ganz unbekannt. Man nennt mich den landfremden Rebellen, der die Arbeiter in Nottingham lehrte ... daß auch Arbeiter Menschen sind.

URE: Sie wagen?

JIMMY: Ich wage. Der Geist kennt keine Knechtschaft,
Keine feige Unterwürfigkeit vor Herren dieser Erde,
Des Geistes ewiges Gesetz, am Firmament
Der Menschheit mit demantnen Lettern eingemeißelt,
Ruft auf zur Treue an erlebter Wahrheit.
Wer furchtsam die Idee verläßt, verrät sein eigen Ich.
Ich spreche hier für Tausende, die dumpf in Sielen
Ungeheuerlicher Seelenschändung das rechte Wort
Nicht finden, das im Pulsschlag ihres Blutes
Lebt. Herr Ure, keiner hat das Recht, dem andern
Jenes kümmerliche Brot zu rauben, ohn' das er,
Wie ein abgemähter Halm, verdorren muß.
Wie rieft Ihr emsig: Arbeit nur kann uns erretten,
Und heute stellt Ihr Eure besten Arbeitsmänner aus!
Millionen Frauen, Kindern fehlt ein Hemd
Des Leibes Blöße zu umhüllen, Ihr aber laßt
Die Baumwollballen roh vernichten, schränkt
Die Arbeit ein und mindert, Eure Macht als Peitsche nützend,
Den kargen, jämmerlichen Lohn.
Noch rinnt aus Kriegesquellen
Das Herzblut von Europens Ländern,

Das Elend schreit und schreit im Kerker der Verzweiflung,
Hier hungern Menschen, dort verfault der Reis in Speichern,
Hier mangelt Kohle, friert das Volk,
Dort stau'n sich Kohlenberge an den Schächten,
Die Förderung steht still, nur weil ein mörderisch
System, von Euch geheiligt, es so will.
Der Absatz stockt?
Ihr laßt den Massen kaum den Hungerpfennig
Und jammert: «Unser Absatz stockt.»
Oh, blind seid Ihr, und da Ihr Blinde seid,
Ward uns gegeben, mit klaren Augen diese Welt zu schauen.
Herr Ure, schaffen Sie den Menschen Arbeit,
Verkürzen Sie die Arbeitszeit, Sie geben Tausenden das Tagesbrot.
Zerstören Sie nicht freventlichen Sinnes Menschenleben,
Die, gleich wie Sie, in diese Welt gezwängt,
Den Weg des namenlosen Schicksals schreiten
Und vollenden müssen. Sie töten Gott,
Wenn Sie das Leben Ihrer Brüder töten.

URE: Wer sind Sie, Herr?
Ihr Anzug deutet nicht auf Fertigkeit des Geistes.
Gott und Geschäft verbindet nichts. Gott ist
Der Hort des einsam stummen Menschen,
Zu dem in Stunden irdischer Bekümmernis
Er hoffend schaut. Gott ist zu gut
Für Pein und Schmutz des Tages. Gott ist
Das ewig reine Licht, das über aller Menschennot
Im Unermeßlichen voll Gnade leuchtet.
Es hieße den allgütigen Schöpfer schänden,
Wollt' ich ihn bannen in Alltäglichkeit des Werks.
Was wollen Sie? Sie kommen in das friedlich stille
Nottingham. Sie werfen Fackeln der Empörung
In unverständige Gehirne tierischtoller Menschen,
Die unser Staat mit mühselig erdachten Mitteln
In Ordnung gittert. Was wollen Sie?
Zerstören? Sind Sie der Widersacher frommer Ruhe,
Der nimmer rastet, nimmer ruht, bis Blut
Und Aufruhr, ein Vulkan, gewalt'ge Lavamassen
In die Städte, in die Dörfer stößt, zu Schutt
Die Fundamente alles Menschenwerks zerflammend?

JIMMY: Ihr werft die Kampfesfackel in die Menschenreihen,
Ihr löst den einzelnen vom bluterfüllten Leib der Menschheit,
Daß er verlassen, einsam, seiner Brüder Antlitz nicht mehr
Kennt und sie gleich Feinden überfällt.
Ihr wandelt unsre Erde in ein ewig Schlachtfeld,
Auf dem die Starken Zarte unterdrücken,

Die Hinterlistigen die Reinen schänden,
Die Feigen sich mit gold'nem Solde Mörder dingen,
Die Opfer Narren heißen und die blutbefleckten Unterdrücker Helden.
URE: Sie träumen, junger Mensch, gefährliche Gesichte.
Sie gehen wie ein Blinder über diese Erde.
Im Kampfe aller gegen alle reift das Leben,
Der starke Hirsch verdrängt den schwachen Nebenbuhler,
Und zeugt ein adlig mächtiges Geschlecht.
Der Sieger pflanzt sich fort, nicht der Geschwächte!
Dem rücksichtslosen Kampf der Interessen
Entwächst die Harmonie der Welt.
Wer oben bleibt, bleibt oben nach Naturgesetzen,
Die unserm Menschensinn für immer unergründlich
Bleiben. Nur so entwickelt sich Kultur.
JIMMY: Oh, greift als Feind den schwachen Hirschbock an,
Der starke stellt sich schützend seinem schwachen Bruder
An die Seite und leiht ihm seine Kraft.
Ihr sprecht von Freiheit, sprecht vom Kampf der Interessen,
Vom Herrentum, das Sieger bleibt
Nach dem Naturgesetz der Starken.
Freiheit für alle! ruft Ihr. Welche Freiheit bleibt
Dem Arbeitsmann? Die Freiheit für den Tod,
Nicht für das Leben!
Welch herrlich Los war einst das Los der Sklaven!
Der Herr war ihr Beschützer, nährte sie und ließ
Sie nicht erfrieren in Gossen mitleidsloser Straßen!
Beneidensvoll war einst das Los der Zunftgesellen,
Die im Vereine mit dem Meister Werk zum höhern Werke
Türmten ... Und heute? Freie, tragen wir an Ketten
Eine Hungerbürde, die jede Lebensader tausendfach umwürgt.
Was sind wir? Ware! Ding! Ein jeder hassendes, gehaßtes
Ding! Den tiefen Quellen ahnungsvoll erfühlten Lebens
So fern wie jeder Webstuhl Eurer Lohnkasernen.
Ja, blickt in die Natur! Wo lebt ein Tier,
Das einsam lebt? Der Adler, ruhevoll im Äther kreisend,
Erspäht ein totes Wild. Mit lautem Schrei
Verkündet er's den andern Adlern, in Gemeinschaft
Fliegen sie zur Waldeswiese, teilen friedevoll
Erspähte Beute. Die satte Emse gibt
Den Hungrigen von der genoßnen Speise,
Der Totenkäfer ruft die Freunde, die ihm helfen
Der ungebornen Kinder Wohnung zu bereiten,
Der Neger, der Barbar lebt friedlich mit den Brüdern
Gemeinschaft heitren, wundersamen Lebens,

Vom Bruder eignen Stammes trennt kein Klassenabgrund.
Allein die freien Menschen der Kultur sind taub
Der Gnade: DU, dem göttlichen: EINANDER.
URE: Man fühlt, Ihr glaubt den eig'nen Worten . . .
In unsern Zonen herrscht nach dem Gesetz, das ich Euch hieß,
Der Adel starker Männer.
JIMMY: Ich nenne Euch das ewige Naturgesetz,
Von dem Ihr spracht. Das ewige Naturgesetz heißt
Geld! Wer Geld besitzt, kann Arbeit schaffen,
Und so er Arbeit schafft, zum Herren über Massen
Sich erküren.
Nicht Geist erwählt den Adel! Geld bestimmt ihn!
Der Dschingis-Khan der Arbeitsvölker!
Und Ihr, der eben Herr des Gelds sich wähnte,
Ihr werdet übermächtigt, werdet willenloser Knecht.
Das Geld bestimmt den Weg! Das Geld heißt Euch
Indianerstämme, holde Kinder maienlicher Erde,
Aus Sucht nach neuem Gelde niedermetzeln!
Das Geld heißt Euch, in Chinas, Indiens Wunderländer
Durch Opium, Gift und Feuerwasser Schrecken
Grausam teuflischer Vernichtung tragen!
Das Geld heißt Euch, die frommen Früchte reifer Länder
Verbrennen um des Zinses willen!
Oh, was Ihr Tugend nennt, Naturgesetz, Gebot der Starken,
Ist Name Eurer tiefen, tiefsten Not,
Der Sklaverei, in die Ihr schuldverknüpft Euch selbst verstricktet,
Ist Name Eures Dämons, der von Krieg
Zu Krieg Euch treibt!
Zum Kriege gegen brüderliches Blut,
Zum Krieg der Völker gegen Völker,
Zum Krieg der Rasse gegen Rasse,
Zum Krieg der Kontinente gegen Kontinente,
Zum Kriege, wahrlich! aller gegen alle,
Zum Kriege gegen Euer eigen SELBST!
URE: Und Ihr?
JIMMY: In unsern Herzen lebt entfaltungsehend,
Wie eine Knospe, deren Hülle Wunder über Wunder birgt,
Das DU. Und jenes Du bezwingt den Bibelfluch der Arbeit,
Was Qual in unsern Zeiten, Schandmal des Verfemten,
Wird wieder seliges, beseeltes Werk.
Stille.
URE: Ihr träumt. Doch liebte ich, daß Ihr an meiner Seite träumt . . .
Von dieser Stunde seid Ihr meinem Hause eingereiht.
JIMMY: Nein.
Wollt Ihr den Arbeitsmännern Arbeit geben, Herr?

Ure *wieder Repräsentant:* Ihr kehrt zu den Geschäften des Tages zurück. Es bleibt bei meiner Botschaft. Die Bedingungen sind bekannt. Ich lehne Verhandlungen über Entschlüsse ab, die Ergebnisse reiflicher Überlegung sind. Im Geschäft hat Zweckmäßigkeit zu entscheiden, nicht Gefühl.

Jimmy: Ich kämpfe wider Euch! Und doch für Euch,
Für Euer Kind und Euer Kindeskind,
Auf meiner Fahne flammt das Licht: Gerechtigkeit.
Der Gott, den Ihr verstoßen habt,
Wir wollen ihn mit Tanz und Festen
In morgendliche Stätten heimgeleiten!
Jimmy geht.

Ure *allein:* Ein Narr ... Ein sonderbarer Narr ... Ein gläubiger Narr ... Ein gefährlicher Narr ... Ein Mann! Ein Mann!
Henry ist eingetreten.

Ure: Ein Mann war in meinem Haus! Ein Mann!

Henry *verdutzt:* Wie meinen der Herr Ure?

Ure *sich besinnend:* Schärfste Überwachung dieses Mannes! ... Für vollzählige Bedienung der Maschine ist gesorgt?

Henry: Eben traf der letzte Trupp Arbeitswilliger aus Carlton ein.

Ure: Sie können gehen.
Die Bühne verdunkelt sich.

ZWEITE SZENE

Kellerstube von Ned Lud. Wohngerät: ein Tisch und einige Schemel. Im Hintergrund Strohschütte, auf der die Kinder liegen. Margret und Ned Lud sitzen am Tisch. Margret hat das Jüngste im Arm.

Margret *singt:*

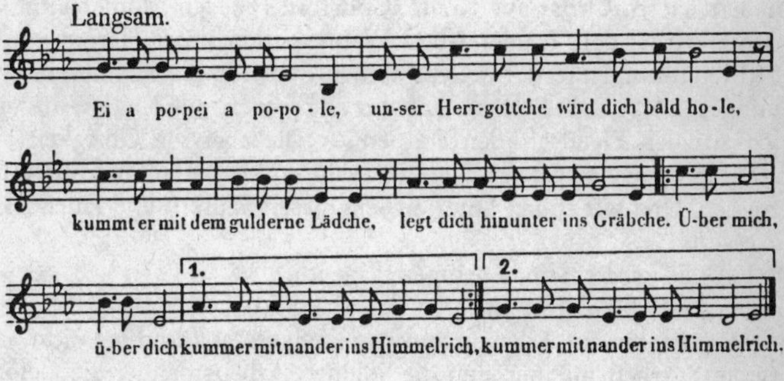

Eia popeia popole,
Unser Herrgottche wird dich bald hole.
Kummt er mit dem gulderne Lädche,
Legt dich hinunter ins Gräbche.
Über mich ...
Über dich ...
Kummer mitnander ins Himmelrich.

Margret bettet das Kind ins Stroh. Setzt sich wieder an den Tisch.

MARGRET: In unserm Haus die Kasse. Leid' es nicht.

NED LUD: Mein Weib ist ein garstiger Besen! Vertreib mir nicht den Sonnenschein, der wie ein schüchterner Gast in unsere Kammer blinzelt.

MARGRET: Du bleibst der alte dumme Narr. John Wible mag das Geld bei sich verwahren.

NED LUD: Hast Angst, die Polizei durchstöbert unser Haus?

MARGRET: Ich habe dreizehn Kinder.

NED LUD: Ich auch.

MARGRET: Schau dir sie an. Betrachte nur den jüngsten Buben. Wenn ich ihn bette ins verlauste Stroh, dann ... Gott vergeb' mir' ... ich wünschte manchmal, ich legte ihn ins Grab.

NED LUD: Schwindsüchtig kam er auf die Welt.

MARGRET: Trag' ich die Schuld? Bis zu meiner schweren Stunde stand ich am Spinnrad ... und nachher? Nach drei Tagen ließ mir der Aufseher sagen, ob ich am vierten kommen würde. Was sollte ich tun? Am vierten Tag, morgens um halb fünf ging ich in die Stickluft der Manufaktur. Mußte Leinengarn naß spinnen. Den Tag über floß mir die Milch aus der Brust. Wie mich meine Brüste schmerzten! Wenn ich abends um neun Uhr die Manufaktur verließ, troffen meine Kleider von Milch. Ich war zu müde oft, um einen Bissen Brot zu essen. Vor drei Uhr morgens kam ich nicht ins Bett.

NED LUD: Wer spricht von Schuld?

MARGRET: Die Schuld ... die Schuld ... ich glaub', sie schlagen alle Tage unsern Herrn Christ ans Kreuz. Gott fordert jeden Mörder vors Gericht: Wo ist dein Bruder Abel? Wann wird er unsre Herren vor die Richterschranken fordern: Gebt Rechenschaft für alle Männer, die verhungerten ... Gebt Rechenschaft für alle Frauen, alle Kinder, die zahllos auf den Elendsstraßen starben ... Die aber die Obrigkeit sind ... die vorgeben, Gottes Diener zu sein ... sie saufen und huren und fressen. Und wir sollen untertan sein diesen Säufern und Hurern und Fressern ...

NED LUD: Es wird ein Ende nehmen, sage ich.

MARGRET: Du Maulaufreißer!

NED LUD: Ich bin ein Arbeitsmann von England, und ich lüge nicht.

MARGRET: Arbeitsmänner sind die Söldner, Arbeitsmänner die Gefängniswärter, Arbeitsmänner die Henker, Arbeiterfäuste bauen ihnen die

Galgen! Hu! Deine Augen sind Kartaunen! Kartätsche los. Ich fürchte mich nicht ... Es ist die Kasse vom geheimen Bund?

NED LUD: Willst du mich zum Plappern bringen?

MARGRET: Kein Sterbenswörtchen sagst du deiner Frau. Bin für die Nächte gut! Bin gut, die Kinder zu versorgen!

NED LUD: Sieh einer dieses Keifmaul an! Das Weib eines Arbeitsmannes und lockt den Mann zum Ofen.

Ned Lud umarmt Margret.

MARGRET *hinausgehend:* Du Weiberschlecker! Du Raufbold! Du Hans in allen Gassen!

NED LUD *lachend:* Du Keifmaul! Du Muhme Neugier! Du Männerschrekken!

MARGRET *sich umwendend:* Mir langt's an dreizehn Kindern, merk dir das ...

Einige Sekunden Ned Lud allein. Der junge Lud, angetrunken, kommt herein. An seinem Arm eine Dirne.

DER JUNGE LUD *singend:* Ins Bett ... ins Bett ... und wenn das Bett auch Stroh ist.

NED LUD: Was soll das heißen?

DER JUNGE LUD: Daß ich mit meiner Braut heut nachmittag hier schlafe.

NED LUD: Pack dich!

DER JUNGE LUD: Jawohl, ins Stroh!

NED LUD: Das Mensch aus dem Zimmer, sag' ich!

DER JUNGE LUD: Du beleidigst meine Braut.

NED LUD: Pack dich oder ich vergreife mich!

DER JUNGE LUD: Oho, Alter. Hab' ich nicht für euch gearbeitet seit meinem vierten Jahr? Wer hat sich denn um mich gekümmert? Die Mutter? Oder du? Zahle ich nicht Logis? Würdet ihr nicht schon längst verhungert sein, wenn ich nicht arbeitete in der Manufaktur? Ich muß euch ernähren helfen, und ihr wollt mir mein Vergnügen schmälern.

NED LUD: Hinaus! Schämst du dich nicht vor deiner Mutter?

DER JUNGE LUD: Die tat es in ihrer Jugend geradeso wie meine Braut. Wir können auch im Wald schlafen. Und überdies, ich kündige. Von heute ab bekommt ihr keinen Penny mehr. Guten Abend, alter Dummkopf. *Singend.* Ins Bett ... ins Bett ... und wenn das Bett auch Moos ist.

Der junge Lud und Dirne torkeln hinaus. Ned Lud setzt sich an den Tisch. Vergräbt seinen Kopf in den Händen. John Wible kommt.

NED LUD: Gott grüß' dich, John.

JOHN WIBLE: Der schert sich was um Weberknechte! Du hast ... die Mary ... heute ... nach Haus gebracht ... und ... Jimmy war dabei ...

NED LUD: Laß es gut sein, John ... Ich bin kein Pfaffe. Wer Elend kennt, wie ich ... der weiß ...

JOHN WIBLE: Heimzahlen werden sie die Lust mit blutigen Tränen!

NED LUD: Unsere Frauen haben drei Krämerläden ausgeplündert.

JOHN WIBLE: Sie taten recht. Ihr wart beim Ure?

NED LUD: Am Vormittag.

JOHN WIBLE: Und der Bescheid?

NED LUD: Kein guter.

JOHN WIBLE: Wir werden alle eingestellt?

NED LUD: Von hundert Mann werden fünfundsiebzig entlassen. Die siechen Weiber dürfen nicht mehr in die Fabrik kommen. Die Kinder werden alle eingestellt. Und was sollen die arbeitslosen Männer tun, fragten wir. Bedenkt: Arbeitslose, Brotlose! Oh, meinte Herr Ure, voraussichtlich bauen wir bei gutem Absatz später neue Fabriken. Die Männer hätten inzwischen Zeit, sich auf ihr unsterblich Teil zu besinnen. Und, was er noch sagen wollte, die Maschinen brauchten keine Starken, sondern Gelenkige. Unsere Hände seien grobknochig, schwer und klobig, für Arbeit an der Maschine wenig geeignet.

JOHN WIBLE: Gut. Gut. Auf unser unsterblich Teil sollen wir uns besinnen. Daneben unsere Hände pflegen mit Salben und Ölen, daß sie zart und gelenkig werden. Ein vortrefflich Mittel! – Und der Lohn?

NED LUD: Fünf Pence für Kinder. Acht Pence für Weiber, einen Schilling für Männer.

JOHN WIBLE: Die Bedingungen?

NED LUD: Die sind schwer, John. Wir müssen uns verpflichten für ein Jahr. Der Ure kann jeden Arbeiter ohne Kündigung entlassen, wenn er schlecht arbeitet oder nicht Ruhe und Ordnung hält. Wenn wir bei der Arbeit Weberschiffchen, Bürsten, Ölkannen, Räder zerbrechen, müssen wir sie bezahlen. Und die Strafen! Die sind höher als der Lohn! Wer seine Schere vergißt, zahlt einen Penny. Wer seinen Platz an der Maschine verläßt, zahlt drei Pence. Wer austritt ohne Erlaubnis des Aufsehers, zahlt fünf Pence. Wer mit einem anderen Arbeiter spricht, wer singt oder pfeift, zahlt vier Pence. In Ures Cottagen müssen wir wohnen bleiben, und den halben Lohn bekommen wir in Waren.

JOHN WIBLE: Gut. Gut. Mit Strafgeldern läßt er sich die Löhne zurückzahlen. Und was sagt Jimmy?

NED LUD: Jimmy rät, wir sollten uns verpflichten. Der Herren Tage seien gezählt. In Blackborn, in Bolton, in Lancashire, in Wigan, in Rochdale, in Leicester, in Derby, in Manchester, in allen Städten wird gerüstet.

Ein Haufen Weiber dringt herein. Auch Margret kommt. Erstes Weib wirft aus ihrer Schürze Brot den Kindern zu.

ERSTES WEIB: Hier, Kinder, eßt euch satt. Es kommen wieder sieben magere Jahre.

Die Kinder stürzen sich gierig auf das Brot.

NED LUD: Das Krämerbrot ... geraubtes Brot! ... ich leid' es nicht.

ZWEITES WEIB: Ha, ha, er leid't es nicht! Daß ich nicht Krämpfe krieg'. Er leid't es nicht! Der Tugendmann! Der Ehrenmann! ... Wie die vergessenen eingesperrten Hunde nach Tagen sich auf Knochen gierig stürzen, so nagen deine Kinder jetzt am Krämerbrot. Nimm's ihnen fort, Ned Lud! Zeig' deinen Mut ... nimm's fort ... das Diebesbrot ... das unrecht Gut ... ha, jetzt zieht er seinen Schwanz ein ... und ... Tränen ... Tränen hat der Mann ... was seh ich ... der eiserne Ned Lud und Tränen!

Stille.

Zweites Weib: Ist es wahr, daß ihr an den Maschinen arbeiten wollt?

Ned Lud: Das ist wahr.

Erstes Weib: Und mit Ure paktiert?

Ned Lud: Wir wollen in mühseligem Kampf Gerechtigkeit für jedermann erringen. Nicht die Maschine ist unser Feind.

Erstes Weib: Das heißt?

Zweites Weib: Verstehst du's nicht, sie lassen uns im Stich!

John Wible: Wenn ihr's so nennen wollt ... wir lassen euch im Stich ...

Erstes Weib: Ha, ha, «Gerechtigkeit»! Wir kämpfen für «Gerechtigkeit»! Wir gehen nicht an die Maschine... niemals! ... niemals!

John Wible: Man muß sich drein schicken ... wir werden Rosenkränze beten ...

Erstes Weib: Der Wible ... auch der rote Wible betet wie ein Pfaffe! Habt ihr alle kein Mark mehr in den Knochen? Lahmärsche seid ihr! Hätte keine Lust, mit euch die Nacht zu schlafen.

Ned Lud: Warum der Zorn? Ihr Weiber werdet eingestellt. Uns Männer trifft das schwere Los.

Erstes Weib: Ihr werdet Stuben kehren, ihr werdet kochen, Strümpfe stopfen. Ein edles Männerwerk!

Ned Lud: Wenn ihr Ures Bedingungen abweist, werden eure Kinder verhungern.

Zweites Weib: Dann mögen sie verhungern! Ich wollte, sie wären nie geboren. Werden wir denn Zeit haben für unsere Kinder? Kaum, daß wir sie stillen können. Aufwachsen werden sie wie Kuckucksbrut. Wir müssen sie ausmieten. Familie! Mutterliebe! Die großen Herren haben gut reden! Wo gibt es denn bei uns Familie? Der Webstuhl ist mir vertrauter als mein eigen Kind. Was weiß ich von dem? Daß es da ist und essen will.

Erstes Weib: Schafft unsern Männern Brot, sagen wir. Sonst werden wir, die Weiber, uns zusammentun.

John Wible: Was wollt ihr tun?

Zweites Weib: Wenn ihr die Maschine leben laßt und gut heißt, daß man die siechen Weiber und unsere Männer davonjagt ... so werden wir zu Ure gehen und bitten: Statt der fünfundzwanzig Männer stellt Weiber ein! Macht den Versuch. Wir leisten, was verlangt wird. Wir arbeiten, wenn es sein muß, zwanzig Stunden. Wir schaffen für den halben Lohn.

NED LUD: Pfui Teufel! Ihr verrietet eure Brüder! Ihr verrietet die Gewerkschaft!

ERSTES WEIB: Ich pfeif' auf das Gewerk. Wenn ich und meine Kinder in das Elendsgras beißen, soll ich dann Wiegenlieder singen: Gewerk, Gewerk? Schafft einen Ausweg!

ZWEITES WEIB: Wir wollen Taten sehen.

NED LUD: Hört Jimmy an. Er meint es gut mit uns. Er sagt, was wir alle fühlen ... was wir alle wollen ... John, mir fehlen die Worte ... erkläre ihnen, was uns Jimmy sprach.

JOHN WIBLE: Schon als Knabe schlief ich in der Kirche bei der Predigt ein. Es erging mir gestern abend wie gewöhnlich, und es hieße unseren alten Pfarrer beleidigen, vergliche ich seine Litanei mit der Litanei Jimmys. Ich wachte auf, als ihr alle draußen wart.

ZWEITES WEIB: Wir sind keine Männer, daß wir vor jedem hergelaufenen Prediger uns beugen!

ERSTES WEIB: Zwei Tage habt ihr Frist ... Schlappschwänze, die ihr seid!

Die Frauen gehen hinaus.

JOHN WIBLE: Doch Jimmy sagt, man muß sich unterwerfen.

NED LUD: Wir dürfen einer nicht den anderen verraten. Die Arbeiter müssen zusammenstehen. Der einzelne ein Halm, den jeder Säuselwind zerknickt. Als Masse sind wir mächtig nur.

JOHN WIBLE: Kennst du die neue Zeitung? Zweihundert Arbeitslose holte man aus Carlton. Die schaffen in der Fabrik.

NED LUD: Die Knobsticks! Die Streikbrecher!

JOHN WIBLE: Ich sprach mit Jimmy.

NED LUD: Was rät er?

JOHN WIBLE: Geduld!

NED LUD: Geduld?

JOHN WIBLE: Er weiß nichts von der Ehre der Arbeitsmänner. Er ist ... mag er auch zu uns stehen ... kein Arbeitsmann mehr. Er kann lesen und schreiben wie die Herren!

NED LUD: Wir müssen uns wehren.

JOHN WIBLE: Das meinten die andern. Wir sammeln uns heute nacht beim kleinen Schuppen. Wir wollen den schwarzen Schafen ein Denkmal einkerben.

NED LUD: Heute nacht?

JOHN WIBLE: Ja.

NED LUD: Ich komme.

JOHN WIBLE: Trotz Jimmy?

NED LUD: Ich heiße Ned Lud ... Sind alle unterrichtet?

JOHN WIBLE: Nur Bobby fehlt. Ich gehe zu ihm.

John Wible geht. An der Tür wendet er sich um.

JOHN WIBLE: Ein Buchhalter vom Unternehmer sagte, der Jimmy ginge aus und ein dort. Ja, sagte sogar, daß Jimmy riet, die Arbeitslosen einzustellen ... Das aber glaub' ich nicht ...

John Wible geht hinaus. Ned Lud schweigt.

MARGRET: Seit die Maschine in der Stadt, ist alles wie behext.

NED LUD: Du meinst?

MARGRET: Der Frauen Rede ist nicht unrecht.

NED LUD *zornig:* Margret!

MARGRET: Schlappschwänze seid ihr! Betet frommen Blickes Amen, wenn eure Frauen und Kinder in die Gruben fahren. Ned Lud wird Töpfe putzen. Ich geb' dir einen alten Unterrock. Zieh ihn dir an und flenne!

Säuglingsgeschrei. Margret läuft nach hinten.

MARGRET *aufweinend:* Das Kind! Das Kind! ... Heilige Mutter Gottes ... das Kind liegt in Zügen ... tot ... verhungert ... verhungert ...

NED LUD: Wie steht man dumm im Kreis der schweren Dinge ... Da ist die Maschine und da? ... Wie klar schien alles, da Jimmy zu uns sprach ... Man müßte aufs Land zurück ... Wir haben das Blut der großen Städte wie Gift in unserm Leib. Die großen Städte sind nicht gläubig ... Man müßte Erde haben. So hätte man einen Pfahl im Boden seines Heimatlandes. Wir sind wie die Leprosen ... Wie Bäume, denen die Wurzeln zerschnitten wurden, und die sich wehren im Sturm ... und doch verdorren.

Vorhang.

FÜNFTER AKT

ERSTE SZENE

Inneres einer alten Kartoffelmiete. Auf dem Boden Stroh. Jimmy sitzt auf dem Stroh. Schreibt. Der Bettler tritt ein.

BETTLER: Du bist hier?

JIMMY: Werde ich gesucht?

BETTLER: Im Gegenteil, Freund.

JIMMY: Im Gegenteil?

BETTLER: Die dich suchen könnten, tanzen ...

JIMMY: Gib mir keine Rätsel auf.

BETTLER: Was tust du da?

JIMMY: Ich schreibe ein Flugblatt.

BETTLER: Ich meine ... Flugblätter sind wie Flugsand. Wenn sie wehen, verstopfen sie Augen und Ohren, aber sie dringen nicht ins Herz ... Sag' einmal, Freundchen ... Du bist deiner Leute sicher?

JIMMY: Es sind Arbeitsmänner!

BETTLER: Doch Menschen.

JIMMY: Arbeitsmänner halten ihr Wort!

BETTLER: Einige schon. Alle? ... Das ist frglich. Halten *alle* Menschen ihr Wort, sind *alle* Menschen mutig, aufrecht, treu, selbstlos? Nein. Warum sollten es alle Arbeitsmänner sein? Weil sie «Arbeitsmänner» sind? Du siehst sie, deucht mich, wie du sie sehen *möchtest*. Du hast dir neue Götter erschaffen, die heißen «heilige Arbeitsmänner». Reine Götter ... treue Götter ... weise Götter ... vollkommene Götter ... Englische Arbeitsmänner von 1815, du Träumer! Freundchen, mit Göttern verbündet kämpfen, heißt zum Sieg kommen, wie eine Apfelblüte zum Apfel kommt. Erwache, erkenne, daß du mit kleinen Menschlein, gutwilligen, böswilligen, gierigen, selbstlosen, kleinlichen, großmütigen ... kämpfst, und versuchs trotzdem! Wenn du mit denen den Sieg erkämpfst und sie sich kämpfend wandeln, will ich den Hut vor dir ziehen. Wenn ich wieder einen habe! Denn der deine ertrank. Er liegt warm. Wer die Menschen nicht sieht, wie sie sind, darf nicht von Verrat und Undankbarkeit sprechen, wenn er nicht verstanden wird und Backenstreiche einheimst.

JIMMY: Der Sieg der Arbeiter wird der Sieg der Gerechtigkeit sein.

BETTLER: Ich habe drei Regierungen erlebt. *Alle* Regierungen betrügen das Volk, die einen mehr, die andern weniger. Die weniger betrügen, nennt man gute Regierungen.

JIMMY: Du bist ein Graunzer, ein Knotterer, ein Nörgler, ein Krauterer.

BETTLER: Jimmy, du bist ein studierter Arbeiter ... ein Aristokrat. Alle Aristokraten wollen regieren ... wollen mächtig sein ... auch die Arbeiter haben ihre Aristokraten. Werde nicht zornig, Freund ... wenn du auch regieren willst, kannst du doch zu denen gehören, die gut, sogar sehr gut regieren werden.

JIMMY *lacht. Nach einer Weile:* Kennst du John Wible?

BETTLER: Den krummen Wible? ... Meinst du den?

JIMMY: John Wible.

BETTLER: Sein Vater trank mich unter den Tisch. Und das will etwas heißen. Kam er betrunken nach Hause, schlug er Weib und Kinder. Den John warf er einmal wie eine Katze an die Wand. Fiel aber nicht auf seine Füße, sondern blieb liegen. Als er wieder auf seine Füße kam, war er krumm. Die Mutter erhängte sich, weil sie beim Bäcker ein Brot gestohlen hatte in ihrer Not und ins Gefängnis sollte. Der Bäcker sagte, es wären drei Brote gewesen, doch glaube du den Bäckern. Sie sagen auch, sie backen Roggenbrot. Allein der Roggen stinkt oft nach geriebenem Alaun.

JIMMY: Die Arbeiter achten John Wible?

BETTLER: Er kann herrisch sein.

JIMMY: Ich verstehe dich nicht.

BETTLER: Er kann herrisch sein, hat ein gutes Maulwerk und warf einmal nach dem Geschäftsführer mit einem Stein ... im Dunkeln ...

JIMMY: Sein Kind ist ein Krüppel?

BETTLER: Nicht verkrüppelter als die anderen Weberkinder. Die Hebammen sagen, man wisse bei der Geburt nicht mehr, ob die Kinder Knochen hätten. Sie fühlten sich an wie Gummi.

JIMMY: O könnte man die Kinder retten! Heilige kleine Kinder, preisgegeben erbarmungslosem Schicksal. Angefressen die künftige Generation im Mark!

Stille.

BETTLER: Jimmy ... Freund ... Deine Leute wollen heute ... die Maschinen zerstören.

JIMMY: Du lügst.

BETTLER: Weil ich berichte, was du nicht hören *willst*?

JIMMY: Wo treffe ich sie?

BETTLER: In der Fabrik. Dorthin hat John Wible sie bestellt, um die Streikbrecher zu überfallen. Doch ich kenne den Fuchs Wible.

JIMMY: Leb wohl!

Jimmy eilt davon.

BETTLER *ihm nachrufend:* Freundchen, liebes Freundchen ... nimm dich in acht ... glauben sie dir nicht mehr, hängen sie dich auf ... fühlen sie, daß sie unrecht taten, hängen sie dich erst recht auf ... Darf ich dein Hemd behalten, Jimmy? Er hört nicht mehr ... Ich will es an mich nehmen ... Zwei Jahre trug ich kein Hemd mehr ... Wer ein Hemde trägt, fühlt sich wie ein Lord ...

Die Bühne verdunkelt sich.

ZWEITE SZENE

Mondnacht. Spärlich erleuchteter Fabrikraum. Gigantische Dampfmaschine und mechanische Webstühle in einem Raum. An Webstühlen arbeiten Kinder und einige Weiber. An der Dampfmaschine zwei Männer. Eine Symphonie tönender Geräusche erfüllt den Raum. Man hört deutlich das Surren der Transmissionen. Verschiedenartigste Summlaute schwingen. Hellklingendes Singen schnellaufender Wellen. Tiefes Brummen der Steuerhebel. Taktmäßiges klirrendes Klappern der Schiffchen.

AUFSEHER: Neun Uhr! Anfangen!

AUFSEHER: Du! Was starrst du in die Luft?

KLEINES MÄDCHEN: Ich kann am Tage nicht schlafen, Herr ... und jetzt kann ich die Augen kaum aufhalten ...

Aufseher schlägt das Kind mit einem Riemen. Wortlos setzt das Kind seine Arbeit fort. Ein kleiner Junge kommt zur Tür herein.

AUFSEHER: Neun Uhr zwei Minuten. Zur Arbeit kommst du zwei Minuten später, als die Hausordnung vorschreibt. Muß dich ins Strafbuch schreiben. Marsch! Lohnabzug zwei Pence.

Kleiner Junge geht an seinen Platz.

AUFSEHER *nach einer Weile:* Neun Uhr zehn Minuten! Die Türe schließen!

Ein Weib schließt die Tür; kaum ist die Tür geschlossen, wird daran gepocht.

AUFSEHER: Wer dort?

STIMME VON DRAUSSEN: Mary Anne Walkley.

AUFSEHER: Neun Uhr zwölf Minuten zeigt die Uhr. Nach neun Uhr zehn wird niemand mehr eingelassen. Bis ein Uhr mußt du draußen warten. Eintragung in deine Strafrubrik, abgezogen ein halber Lohn.

STIMME VON DRAUSSEN: Ach Herr, ich bin unwohl heute ... und ... verlor ... soviel Blut ... unterwegs ... und ... ich versäumte mich ...

AUFSEHER: Dein Blutverlust wird andere Gründe haben. Geht mich im übrigen nichts an. Mich geht die Vorschrift an! Vorschrift! Erster Paragraph der Ordnung!

Schritte entfernen sich. Erneutes Klopfen an die Tür.

AUFSEHER: Wer dort?

STIMME VON DRAUSSEN: Ure.

AUFSEHER: Jawohl, jawohl. Öffne sofort.

Aufseher öffnet die Tür. Der Fabrikant Ure und sein Gast, Regierungsvertreter, treten ein. Aufseher voll kriecherischer Unterwürfigkeit.

URE: Alles in Ordnung?

AUFSEHER: Alles in Ordnung, Herr.

URE: Sind die Hände Vollzeitler?

AUFSEHER: Alle!

URE *zu seinem Gast:* Hier sehen Sie die Fabrik. Agenten fremdländischer Konkurrenz nennen sie auch «Schlachthaus» oder «Haus des Schreckens» — Hetzer lieben starke Worte. Es sei offen zugegeben: Die Maschine zwingt Rebellenhände in Lenksamkeit. Gott sei Dank. — Betrachten Sie die Kinder, sehr verehrter Herr. Bemerken Sie da Müdigkeit, schlechte Laune oder gar Mißhandlung? ... Wie heiter ihre Augen blicken! Wie sie sich am leichten Spiele ihrer Muskeln freuen! Wie sie die natürliche Beweglichkeit des jugendlichen Alters in vollem Maß genießen! Nach drüben schauen Sie! Entzückend ist die Hurtigkeit, mit der das kleine Mädchen die verrissenen Fäden wieder anknüpft! Wie alle diese lieben kleinen Kinder Freude zeigen, vor meinem Gast ihre Künste aufzuführen. Ein ästhetischer Genuß, nicht wahr?

GAST: Man hört von Stimmen, die den Kinderlohn zu niedrig finden.

URE: Gewäsch der Herren am grünen Tisch, die von den Erfahrungen der Praxis unberührt bleiben. Der Lohn *muß* so niedrig bleiben. Der niedrige Lohn ist des Fabrikanten einziges Abwehrmittel gegen gierige Eltern. Die schicken sonst uns ihre Kinder schon mit einem Jahr in die Fabrik. Es gibt keine schlimmeren Ausbeuter als Arbeitereltern. Die treiben geradezu Raubbau an der Arbeitskraft und Gesundheit ihrer Kinder.

GAST: Durch Nachtarbeit wird die Gesundheit nicht geschädigt?

URE: Keineswegs. Im übrigen erlaubt uns die Konkurrenz nicht, Nachtarbeit auszuschalten. Entschlössen wir uns dazu, so wäre die Folge Stillegung des Werkes.

GAST: Im Parlament will man die Tages-Kinderarbeit auf die Zeit von dreizehn Stunden beschränken.

URE: Das Parlament! Das Parlament! Dies Gesetz bedeutet die Einschränkung der vollkommenen Arbeitsfreiheit! Man muß dem Arbeiter erlauben, so lange zu arbeiten, wie er es will.

GAST: Die Kinder haben Essenspause?

URE: Zu unserem aufrichtigen, herzlichen Bedauern können wir diese Einrichtung nicht durchführen. Bedenken Sie: Man müßte den Maschinenkessel weiterfeuern. Ein Quantum Kohle wäre nackter Reinverlust.

GAST: Der Aufseher ist ein ehemaliger Arbeitsmann?

URE: Jawohl, ein ehemaliger Arbeitsmann. Dem Tüchtigen freie Bahn! ... Sofern er anständig, gesund, gehorsam, fleißig ist. Mit Aufsehern, die ehemalige Arbeiter waren, machten wir die besten Erfahrungen. Sie lösen rasch alle Beziehungen zu ihren früheren Kameraden und assimilieren sich. Sie sind gewissenhaft, zuverlässig, unbeugsam streng und leisten uns ausgezeichnete Dienste.

GAST: Ein erhebender Gedanke für die Leute. Wann, glauben Sie, wird dieser dumme Streik abgebrochen?

URE: Wir können es erwarten. Uns steht genug Material zur Verfügung, Arbeitslose, Waisenkinder aus dem Armenhaus zu Carlton, Kinder, die Maschinenarbeit kennen. – Es steckt in unserm Pöbel der verruchte Geist der Auflehnung. Die gefährliche Romantik englischer Freiheitsduselei, geschützt von eitlen, arbeitsscheuen Literaten. Wir wollen das Beste für unsere Arbeitsmänner. Auch sie sind getaufte Christen. So etwas vergißt man nicht. Wir sind doch Menschen. Und der Lohn? Der Lohn ist Undank, verehrter Herr ... Kommen Sie ...
Ure und sein Gast verlassen die Fabrik.

AUFSEHER: Weiterarbeiten und nicht gaffen! Du hast gesungen! Welches Lied?

KLEINER JUNGE: «Niemals, niemals werden Briten Sklaven sein ...»

AUFSEHER: Ich trage dich ins Strafbuch ein. Ein Penny Lohnabzug ... Was seh' ich ... he!
Aufseher geht an einen Webstuhl, an dem kleines Mädchen hingekauert eingeschlafen ist.

AUFSEHER: Wie voller Sünde ist die Welt ... das Ding schläft ein am Webstuhl! – He!
Aufseher rüttelt brutal das kleine Mädchen. Dieses springt auf. Arbeitet automatisch weiter.

KLEINES MÄDCHEN: Ach, Herr, der weite Weg. Die Füße sind so wund.
Starkes Pochen an der Tür.

STIMME VON DRAUSSEN: Macht auf! macht auf! Ein Haufen Weber, mit Stöcken, Pickeln, Spaten ausgerüstet, rückt gegen die Fabrik an!

AUFSEHER: Ihr bleibt am Webstuhl. *Zu einem Kind.* Du läufst aufs Rathaus! *Zu einem andern.* Und du gibst Kunde unserm Ingenieur.

Die beiden Kinder verlassen die Fabrik. Johlen der Menge brandet näher und näher. An die Tür wird gepocht.

RUFE: Macht auf! Macht auf!

Die Tür wird eingedrückt. Menge, darunter Ned Lud, John Wible, Charles, Georges, Eduard, Albert, Artur, stürmt in den Saal.

RUFE DER MENGE: Streikbrecher ihr! Streikbrecher! Zur Höll' mit euch! Du Aufseher, du Deserteur!

Die an den Webstühlen tätigen Kinder und Weiber weichen scheu in eine Ecke.

RUFE DER MENGE: Es sind Kinder!

ALLE: Kinder!!

RUF: Der eiserne Mann!

Die Menge erblickt die Maschine. Überwältigt vom Wunder der Maschine, hält sie betroffen inne. Jähe Stille.

NED LUD: So mögen Gottes Mühlen mahlen ...

Der Ingenieur eilt herein.

AUFSEHER: Herr Ingenieur! Herr Ingenieur! ... O Gott ... O Gott ... Der Fabrikant jagt mich davon ...

INGENIEUR: Maschinen abgestellt!

Die Maschinen werden abgestellt, der Ingenieur springt auf eine Kiste.

INGENIEUR: Was wollt ihr tun?
Der guten Vorsehung einfältig trotzen?
Wie Sklaven tratet ihr den Webstuhl, und harte Fron
Verkrümmte eure Leiber. Maschine ist Erlösung!
Auf lohender Esse zittert der dampfgeschwängerte Kessel ...
Ein Griff! ... und eingeschaltet ist Kraft in Maschine!

Aufseher schaltet die Maschine ein. Mit einem Ton, der wie Seufzen eines Menschen klingt, setzt das Werk ein.

INGENIEUR: Schwungräder atmen ... dehnen sich ...
Wirbeln im Rhythmus brausender Takte!
Riemen packen die Transmissionen ...
Ein Griff! Gewechselt ist Rahmen der Fäden ...
Ein Griff! ... der Einschuß in rechter Form.
Nicht mehr Verfilzung, wenn Hände ermüdet ...
Wie flinke Tauben huschen die Schiffchen ...
Treiben Bobinen zu emsigem Tun.
Ein Griff! Gebändigt ruht die Maschine ...

Aufseher schaltet die Maschine aus.

INGENIEUR: Geschaffen vom Geist des Menschen!
Gebändigt vom Geist des Menschen!
Wer wider die Maschine kämpft,

Kämpft wider göttliche Vernunft!
Der Dämon Dampf ist überwunden
Und beugt sich dem Gesetz der Zahl.
Die Kraft, die menschenklammernde,
Gestürzt vom Throne der Tyrannen,
Gehorcht dem früh'ren Untertanen Mensch.
Den Dingen waret ihr versklavt,
Jetzt seid ihr Meister, königliche Meister.
Der Schöpfung letzte hohe Stunde
Wölbt Freiheitsbogen des Triumphs:
Der Mensch ward Herr der Erde!
John Wible springt auf ein Gerät.

JOHN WIBLE: Ihr glotzt verstummt, zu Stein erstarrt ...
Schaut euch die Ausgeburt der Hölle an und leiht nicht
Diesem Ureknecht das Ohr! Habt ihr vergessen,
Was euch Albert sagte?

CHARLES: Sie bindet uns, sie stückelt uns!

GEORGES: Sie fesselt uns, sie martert uns!

EDUARD: Wir waren freie Menschen!

WILLIAM: Wir waren Herren am Webstuhl!

ALBERT: Wir webten Gottesblumen in das Werk der Hände!

JOHN WIBLE: Ist dieser Hundedienst des Menschen würdig?
Stellt Automaten hin und keine Briten.

INGENIEUR: Was hilft es euch, zu kämpfen wider die Maschine?
In allen Städten Englands ... auf dem Kontinent ...
Beginnt sie ihr gewaltig Leben. Sie leuchtet Zukunft!
Fortschritt triumphiert!

JOHN WIBLE: Wer Unterwerfung unter die Maschine rät,
Der meint's nicht gut mit uns. Denkt an Ures Botschaft!

NED LUD: Vergeßt nicht Jimmy.

JOHN WIBLE: Jimmy riet Geduld! ... Geduld! Geduld! –
Das ist die Sprache der Verräter.
Wenn Menschen sich verkaufen sollen für alle Ewigkeit –
Wer wagt es, da zu sagen: Geduld!
Was schert uns Parlament, was schert uns Staat!
Wir wollen kämpfen gegen unsern nächsten Feind.
Wir wollen kämpfen gegen die Maschine.
Wollt ihr Maschinenknechte werden?

DIE ARBEITER: Nein!

JOHN WIBLE: Arme? Beine? Schrauben? Hebel? Zangen?

DIE ARBEITER: Nein! Nein!

ALBERT: Wir wollen schaffen, wie wir früher schafften!

JOHN WIBLE: Dann werden wir ein Herrenleben uns erkämpfen.

NED LUD: Wir gaben Jimmy unser Wort!

JOHN WIBLE: Jimmy ist ein Verräter!

NED LUD: Das ist nicht wahr.
JOHN WIBLE: Henry Cobbett heißt der Schurke,
Der uns verriet und Ures Sklave wurde.
Jimmy Cobbett ist sein Bruder!
RUFE: So ist's! So ist's!
NED LUD: Henry Cobbett ist sein Bruder ...
JOHN WIBLE: Was zauderst du? Wenn du nicht mit uns
Kämpfen willst ... wenn du dich fürchtest, geh!
NED LUD: Mich fürchten? ... Sieh, ich lächle.
JOHN WIBLE: Denk' an dein Weib!
CHARLES: An deine Kinder!
GEORGES: An den Teufel!
WILLIAM: An den Tyrannen Dampf!
EDUARD: Unsere Weiber kämpfen!
CHARLES: Drei Wucherkrämern legten sie das Handwerk.
TOM: Und wir schwätzen!
ARTUR: Was ... was ... gilt's zu tun?
JOHN WIBLE: Nun zeige, Lud, daß du zu uns gehörst.
Auflodert altes Ziel! Tod der Maschine!
Einige Sekunden jäher Stille. Ned Lud geht auf die Dampfmaschine zu. Ingenieur, Aufseher, Streikbrecher, Weiber, Kinder entfliehen.
NED LUD: Henry Cobbett ist sein Bruder ...
Tod und Tod der Teufelsbrut!
Ned Lud schlägt zu, trifft den Einschalthebel der Maschine. Das Werk setzt ein. Die Webstühle beginnen zu arbeiten. Bestürzung. Die Arbeiter weichen scheu zurück.
CHARLES *schreit:* Ein Höllenwerk! Ein Dämon!
ARTUR *nach einer Weile:* Ich ... ich ... k ... kann ... nicht ... reden ... so ... so ... wie John und Jimmy ... Aber ... aber ... Artur ... der kann ... seinen ... Spaten nehmen ... und ... und sich nicht fürchten ... und ... und ... seinen Mann stellen ... und ... und ... zuschlagen ...
Artur haut auf die Dampfmaschine ein. Das Schwungrad packt ihn.
ARTUR *schreit gräßlich auf:* Mu ... Mu ... Mutter!
EDUARD: Des Menschen Feind hat ihn zermalmt ...
NED LUD: Des Menschen Feind hat ihn zu sich gezogen.
Fast alle sind in Lethargie versunken. Auch Ned Lud. Da erblickt er einen Arbeiter, der ein Kupfergerät stiehlt. Er erwacht aus seiner Erstarrung.
NED LUD *packt den Arbeiter:* Das Kupfer aus den Taschen, Dieb! Beraubst im Krieg du deinen toten Feind? Wir sind im Kriege, Bursche ... Standrecht herrscht! Wer plündert, wird erschossen! ... Was lachst du? Lachst du, wenn du im Kriege Menschen töten mußt? ... Ein Spuk hat uns genarrt, ihr Brüder!
Ned Lud stürzt sich auf die Maschine. Schlägt zu.

NED LUD: Du Hexe! Du Satansbrut!

Die andern, beschämt ob ihres Schreckens, stürzen mit gedoppelter Wut auf die Maschine. Zertrümmern sie.

RUFE: He, bind' mich, schwarzer Eisenmann! Du Juggernaut! Du Hundsfott! Brich mir das Rückgrat doch!

Draußen hat sich wildes Unwetter erhoben, das während des Aktes anhält. Sturm schlägt die Türen zu. Die Lampen verlöschen. Man hört ein stoßweises, wahnsinniges Lachen.

LACHEN: Hihuhaha ... hihuhaha ...

GEORGES: Allmächtiger Gott! ... Die Maschine lacht!

LACHEN: Hihuhaha ... hihuhaha ...

RUFE: Fliehen! Fliehen!

LACHEN: Hihuhaha ... hihuhaha ...

RUF: Wo ist die Tür? Wo ist die Tür?

LACHEN: Hihuhaha ... hihuhaha ...

RUFE: Sturm preßt die Tür! Sturm und Maschinen im höllischen Bund!

ALBERT *visionär:* Hihuhaha ...
Ich aber sage euch, die Maschine ist nicht tot ...
Sie lebt! Sie lebt! ... Ausstreckt sie die Pranken,
Menschen umklammernd ... krallend die zackigen Finger
Ins blutende Herz ... Hihuhaha ... hihuhaha ...
Gen die umfriedeten Dörfer wälzen sich stampfende Heere ...
Hindorren die Gärten, verpestet vom schwefligen Hauch ...
Und es wachsen die steinernen Wüsten, die kindermordenden,
Und es leitet ein grausames Uhrwerk die Menschen
In freudlosem Takte ...
Ticktack der Morgen, ticktack der Mittag ... ticktack der Abend ...
Einer ist Arm, einer ist Bein ... einer ist Hirn ...
Und die Seele, die Seele ... ist tot ...

ALLE *in magischer Andacht:* Und die Seele, die Seele ist tot.

Stille.

RUF: Albert lacht! Albert ist besessen!

RUF: Besessen vom Geist der Maschine!

ALBERT: Hihuhaha ... hihuhaha ...
Aufstehen werden die Völker wider die Völker ...
Getrieben vom gierigen Rachen, dem erzelechzenden!
Recht wird entrechtet! ... Sitte entsittet!
Feind wird der Bruder! ...
Und am Ende, am Ende Verfall ... Verfall!
Aufstehen werden die Völker wider die Erde ...
Morden die Tiere, die göttlichen Tiere ...
Morden die Wälder, die göttlichen Wälder ...
Schänden die allumfassende Mutter!
Und am Ende, am Ende Verfall ... Verfall!

JOHN WIBLE: Fangt ihn! Er hat den bösen Blick! Er ist besessen!

RUFE: Schlagt ihn tot! Schlagt ihn tot!

Verwirrung. Man sucht Albert zu fangen. In der Dunkelheit rennen Arbeiter wider Arbeiter. Albert läuft hin und her. Verwirrung steigert sich. Sprecher Schlag auf Schlag.

ALBERT *vorne:* Maschine . . . Maschine . . . hihuhaha . . . hihuhaha . . .

RUF: Nicht mich! . . . Nicht mich! . . .

ALBERT *aus dem Hintergrund:*
Ich Weiser des Neuen im Blute geboren . . .
Hihuhaha . . . hihuhaha . . .

RUF: Den drüben pack! . . . Den drüben pack! . . .

RUF: Nicht mich . . . Nicht mich . . .

ALBERT *von oben:* Nicht euer Feind . . . nicht euer Feind . . .
Hihuhaha . . . hihuhaha . . .

RUF: Es hat . . . mich ins Herz gestochen . . .
Mich . . . Jack Lodgers . . . mich . . . nicht Albert . . .

ALBERT *wie aus der Ferne:* Immer verfolgt . . . immer gekreuzigt . . .
Hihuhaha . . . hihuhaha . . .

NED LUD: Der Jüngste Tag . . .

ALBERT *mächtig singend:* Aus der Tiefe rufe ich . . .

Minutenlang Stille.

GEORGES: Am Fenster hängt ein Mensch . . .

CHARLES: Ein Holzarm . . . es ist Abert . . .

NED LUD: Wen der Geist besaß, des Leben ist erfüllt . . .

Stille. Jimmy stürzt herein.

JIMMY: Eidbrecher ihr! Eidbrecher!

RUFE *sinnlos keifend:* Schlagt ihm das Hirn ein! Reißt aus dem Leib ihm das Gedärm!

JIMMY: Ihr! Ihr bracht den Eid. In England wuchs der Bund . . . Ihr fielt ihm in den Rücken . . .

JOHN WIBLE: Leimruten sind die heuchlerischen Worte . . . Ist dein Bruder Ures Geschäftsführer?

JIMMY: Was tut die Frage hier?

JOHN WIBLE: Antwort! Ja oder Nein?

JIMMY: Ja.

RUFE: Verräter! Verräter!

JOHN WIBLE: Wer verhöhnte die Weiber, dein Bruder oder ein Fremder?

JIMMY: Mein Bruder und doch ein Fremder.

JOHN WIBLE: Die Kette ist geschlossen.

RUFE: Er wollte uns dem Tyrannen Dampf ausliefern! Teufelsknecht! Teufelsknecht!

JIMMY: Laßt mich erklären.

RUFE: Schweig! Schweig!

NED LUD: Den Kopf hätt' ich gesetzt für diesen Mann.

JOHN WIBLE: Wollt ihr die Zunge leben lassen, die Zunge des Verrats?

Wollt ihr die Augen leben lassen, die Augen des Verrats? Reißt ihm die Zunge aus dem Mund! Reißt ihm die Augen aus den Höhlen!

NED LUD: Verräter du!

Schlägt Jimmy mit einem Faustschlag zu Boden. Jimmy schaut ihn ruhig an. Ned Lud weicht scheu zurück. John Wible geht auf Jimmy zu. Speit ihn an.

JOHN WIBLE: Hier, wenn du Durst hast! Letzter Schluck, bevor du zur Hölle fährst.

JIMMY: Bestie! Bestie!

Sich aufrichtend.

O Kameraden ... Freie dünktet ihr mich und waret Knechte!
Immer Knechte! Von Herren euer Weib gekauft ...
Und ducktet euch ... ihr Knechte!
Gepreßt in Kriegsrock, rieft Hurra!
Und ducktet! Ihr Knechte!
Und eure Tat ist Tat des Knechtes,
Der sich auflehnt. Was wollt ihr?
Herrschen wie die Herren ... Knechte!
Drücken wie die Herren ... Knechte!
Wohlleben wie die Herren ... Knechte!
Wer euch *hineinpeitscht* in Befreiung,
Dem nur folgt ihr ... Knechte!

Stille.

Vergebt mir ... Jähzorn schrie ...
Ihr armen Brüder Knechte ... War keiner,
Der's euch anders lehrte ... Ihr kämpftet
Gegen den unrechten Feind!
O Brüder, wenn die Schaffenden von England
Abtrünnig werden ihrer heiligen Sendung ...
Die Schaffenden des Kontinents, die Schaffenden der Erde ...
Sich nicht zur großen Menschheitstat vereinen ...
Aufrichten Weltgemeinschaft allen Werkvolks ...
Den Menschheitsbund der freien Völker ...
Dann, Brüder, bleibt ihr Knechte bis ans Ende aller Tage!

JOHN WIBLE: Ihr schweigt und schweigt und schweigt! Seid ihr Memmen? Die Zunge aus dem Mund! Die Augen aus den Höhlen!

Alle außer John Wible stürzen sich auf Jimmy. Erschlagen ihn. John Wible kehrt sich um.

Stille.

NED LUD *auf John Wible zugehend:* John ... warum ... warum hast gerade du nicht zugeschlagen?

JOHN WIBLE: Den ersten und den letzten Schlag trieb ich ihm ins Genick!

NED LUD: Das lügst du.

JOHN WIBLE: Bereust du, daß er tot ist?

NED LUD: Bereue nichts, da er Verräter war. Nur ... ich versteh's nicht, daß du dich abseits hieltest ... zuerst da schriest du: Die Zunge reißt ihm aus dem Mund! Die Augen aus den Höhlen!

JOHN WIBLE *zitternd:* Die Augen ... habt ihr es getan?

NED LUD: Du hast nicht einmal hingeschaut?

JOHN WIBLE: Ich ... ich ...

NED LUD: Ah ... ah ... jetzt verstehe ich ... Du Feigling ...

Ned Lud packt John Wible am Kragen. Schleift ihn zur Leiche.

NED LUD: Totschlagen belfertest du ... und schlägst nicht zu ...

JOHN WIBLE *wimmert:* Ich ... ich ... kann kein Blut sehen ... oh ... oh ... oh ...

John Wible winselt, weint.

NED LUD: Was? ... Was? ... Blut wolltest du saufen und kannst kein Blut sehen! Blut! und Blut! und Blut! ... und kannst kein Blut sehen ... Totschlagen riefst du und kannst nicht totschlagen ... Du elendiger Feigling du ... ich möchte dich würgen und mich ekelt, als wär' dein Hals ein einzig grüner Schleim ... Was mögen wir getan haben? ...

BETTLER *stürzt herein:* Jimmy! Eine Nachricht!

NED LUD: Jimmy ist tot.

BETTLER: Ihr habt ihn erschlagen?

NED LUD: Ja.

BETTLER: Warum habt ihr ihn erschlagen?

CHARLES: Sein Bruder ist Ures Knecht.

BETTLER: Und er?

NED LUD: Sein Helfer.

BETTLER: Ihr Toren! Ihr Narren! Ihr blinden Säckel! Ihr habt einen erschlagen, der Mutter und Bruder verließ ... Euretwillen! ... Der Pfründe verschmähte ... Euretwillen! Doch wen erschlagt ihr nicht ... Ihr Menschenvolk!

Stille.

GEORGES *nach einer Weile:* Gemordet, und wissen nicht warum.

WILLIAM: Gemordet, weil einer rief Blut.

EDUARD: Gemordet, weil einer rief Verrat.

NED LUD: Weil der da drüben rief Verrat! Was mögen wir getan haben?

GEORGES: Der da drüben?

NED LUD: John Wible.

GEORGES: Wo?

NED LUD: Da ... da stand ... doch Wible? ...

WILLIAM: Schlich sich davon! Buckelte sich zur Tür hinaus! Floh!

NED LUD: Was mögen wir getan haben?

GEORGES: Lief vielleicht zum Ure! Winselt: Ich habe nicht zugeschlagen. Paktiert gegen uns! Verrät die eigenen Brüder für dreißig Silberlinge.

BETTLER: Ob er euch für dreißig Silberlinge verrät, weiß ich nicht. Aber daß er euch verrät, weiß ich. Er paktiert mit Ure ... gegen euch!

NED LUD: Was mögen wir getan haben?

BETTLER: Vorher, vorher hättet ihr an eure Brust schlagen sollen, ihr Herren! Warum ich kam ... die Polizei rückt gegen die Fabrik an ... Es ist genug, daß einer hingemordet wurde ...

In diesem Augenblick wird an die Tür geklopft.

BETTLER: Zu spät!

STIMME DES OFFIZIERS: Ergebt euch! Die Fabrik umstellt!

NED LUD: So sperrt uns ein! Wir wissen, was wir taten!
Und wollen sühnen, daß wir den erschlugen,
Andere werden kommen ...
Wissender, gläubiger, mutiger als wir.
Es wankt schon euer Reich, ihr Herren Englands!

Tür wird geöffnet. Arbeiter verlassen die Fabrik. Man sieht, wie sie draußen von Polizei umstellt werden. Eine Weile bleibt die Bühne leer. Der alte Reaper und Teddy treten ein. Der alte Reaper hält seinen Stock geschultert, als trüge er ein Gewehr.

DER ALTE REAPER: Ist hier Gott?

TEDDY: Hier steht die Maschine ...

DER ALTE REAPER: Es nahet die Entscheidung. Er, Er ist die Maschine!

TEDDY: Großvater, hier liegt ein Mensch ... Großvater, es ist Onkel Jimmy.

DER ALTE REAPER *zielt:* Piff! Paff!

TEDDY: Sieh doch ... sieh doch ... alles zerbrochen ... alles zerbrochen.

DER ALTE REAPER *erblickt die Leiche Jimmys:* Hurra! Hurra! Hurra!

TEDDY: Nach Haus ... Ich hab' solche Angst ...

DER ALTE REAPER: Nicht brauchen mehr Angst zu haben die Kinder ... alles Elend hat ein Ende ... Ich habe Gottes Sohn erschossen ... Ich, der Sohn einer Leibeigenen ... Heute abend bei Untergang der himmlischen Sonne ... Gottes Sohn erschossen ... Da liegt er ... Sohn unser, der du liegst im Turme, getroffen und erschossen. Man muß für ein Begräbnis sorgen ... Auf den Gottesacker? Auf den Schindacker mit ihm!

Ach, wie er daliegt ... ach, wie er daliegt ... und die Augen ... und die Augen ... Du armer, lieber Gottessohn ... Präsentiert das Gewehr ... Du armer, lieber Gott ... Ich hab' die Tat erlebt ... Und hab' sie überlebt ... wie müde macht das Leben ... Ich möchte sterben ... Ach, du armer, lieber Gott.

Der alte Reaper beugt sich weinend über Jimmys Leiche und küßt sie.

Und ich will den Vater bitten ... Und er soll euch einen andern Tröster geben, den Geist der Wahrheit ... Welchen die Welt nicht kann empfahen, denn sie siehet ihn nicht ... und sie kennet ihn nicht ... Ach, du armer, lieber Gott ... Man muß für ein Begräbnis sorgen ... man muß einander helfen und gut sein ...

Die Bühne schließt sich.

HINKEMANN

Eine Tragödie in drei Akten

Geschrieben 1921/22
im Festungsgefängnis Niederschönenfeld.

Wer keine Kraft zum Traum hat
hat keine Kraft zum Leben

BESETZUNG DER URAUFFÜHRUNG

Die Uraufführung fand am 19. 4. 1924 im Residenz-Theater (Berlin) statt.

Hinkemann:	Heinrich George
Grete:	Renée Stobrawa
Die alte Hinkemann:	Frigga Braut
Grosshahn:	Fritz Kampers
Knatsch:	Werner Kepich
Immergleich:	Artur Peiser
Singegott:	Georg Wiezoreck
Unbeschwert:	Erich Otto
Fränze:	Claire Selo
Budenbesitzer:	Hugo Döblin
Arbeiterin:	Lina Paulsen
1. Dirne:	Hertha v. Walter
2. Dirne:	Elli Scheinert
3. Dirne:	Herta Müller-Schlee
4. Dirne:	Charlotte Küter
Liebesmaschinchen:	Hete Gruhl
1. Mädchen:	Else Rieck
2. Mädchen:	Hertha Lerch
Kleiner Junge:	kl. Gertrud Lippitz
Ziegeldecker:	Conrad Ernst
Kontrollzähler:	Artur Peiser
1. Jude:	Karl Schmog
2. Jude:	Benno Berg
Gummiknüppel:	Heinz Wehrbach
Schieferdecker:	Gustav Gross
Flammenwerfer:	Wigo Stautz
1. Zeitungsjunge:	Manfred Laske
2. Zeitungsjunge:	Fritz Reissenweber
1. Werkelmann:	Hans Fliesser
2. Werkelmann:	Walter Issberner
3. Werkelmann:	Artur Zander
4. Werkelmann:	Gerhard Konzak
5. Werkelmann:	Leo Auster
6. Werkelmann:	Karl Schmog
Regie:	Emil Lind und Erwin Berger
Dekorationen:	Prof. Cesar Klein

MENSCHEN DER TRAGÖDIE

HINKEMANN
GRETE HINKEMANN, *seine Frau*
DIE ALTE FRAU HINKEMANN
PAUL GROSSHAHN
MAX KNATSCH
PETER IMMERGLEICH
SEBALDUS SINGEGOTT
MICHEL UNBESCHWERT
FRÄNZE, *Gretes Freundin*
BUDENBESITZER

VERSCHIEDENE ARBEITER UND ARBEITERINNEN
ALLERLEI TYPEN UND VOLK DER DEUTSCHEN STRASSE

Um 1921 • Deutschland

ERSTER AKT

ERSTE SZENE

Angedeutet: Küche einer Arbeiterwohnung, die zugleich als Wohnraum dient. Grete Hinkemann hantiert am Kochherd. Hinkemann kommt. Setzt sich an den Tisch. Seine rechte Hand, die auf dem Tisch liegt, umkrallt einen kleinen Gegenstand. Er starrt unaufhörlich auf diese Hand. Hinkemann spricht weder «fließend» noch «pathetisch»: Immer hat seine Sprache das Ausdrucksschwere, Dumpfe der elementarischen Seele.

GRETE HINKEMANN: Hat Mutter dir Kohlen gegeben?

HINKEMANN *schweigt.*

GRETE HINKEMANN: Eugen! ... Ich fragte dich nur, ob Mutter dir Kohlen gab ... Gib doch Antwort ... Als ob er nicht im Zimmer wäre! ... Eugen, sprich doch! ... Am Verzweifeln bin ich! Kein Stückchen Holz! Keine Kohle! ... Eugen, soll ich mit unserm Bett den Ofen anschüren?

HINKEMANN: Ein Tierchen ... ein buntes kleines Tierchen ... Wie sein Herzchen klopft ... Mit den Händen spürt mans. Und sitzt in Nacht. Immer in Nacht.

GRETE HINKEMANN: Was hältst du in der Hand, Eugen?

HINKEMANN: Kannst du noch ruhig am Herd stehen? Fallen dir die Töpfe nicht aus den Händen? Spürst du nicht, wie eine große Finsternis sich über dich wirft? Ein Tierchen, ein Geschöpf der Erde, wie du, wie ich ... eben noch seines Lebens froh ... tirili tirili. Hörst dus jeden Morgen? tirili tirili ... das ist die Freude am Licht ... tirili ... Und jetzt! jetzt! Ich kam hinzu, wie sie mit einer glühenden Stricknadel dem Tierchen die Augen blendete ... *Aufstöhnend.* Oh! Oh!

GRETE HINKEMANN: Wer? Wer?

HINKEMANN: Deine Mutter. Deine leibliche Mutter. Eine Mutter! eine Mutter blendet mit rotglühender Stricknadel ihrem Distelfinken die Augen, weil so ein Zeitungsblatt geschrieben hat, blinde Vögel sängen besser ... Ich habe ihr die Kohlen vor die Füße geschmissen, die zehn Mark, die sie mir gegeben, ich hab ... Grete ... ich hab deine Mutter gezüchtigt, wie man ein Kind züchtigt, das Tiere quält ... Aber dann ließ ich sie los ... Ein Gedanke zerrte mich. Schrecklich war der Gedanke, schrecklich! Hätte ich nicht früher das gleiche getan? Ohne Bedenken? Was war mir früher der Schmerz eines Tieres? Ein Tier, nun gut. Man dreht ihm den Hals um, man sticht es tot, man schießt es. Was weiter. Als ich gesund war, erschien mir das alles, als müßte es so sein. Nun ich ein Krüppel bin, weiß ich: Es ist etwas Ungeheuerliches! Es ist Mord am eigenen Fleisch! Schlimmer als Mord! Foltern bei lebendigem Leib! ... Aber früher! ... Wie mit Blindheit geschlagen ist der gesunde Mensch!

Grete Hinkemann: Was hast du angerichtet? ... Gar keine Hoffnung mehr.

Hinkemann: Denk doch: Eine Mutter blendet ein lebendiges Geschöpf! Ich faß es nicht! Ich werde es nie fassen! Ich faß es nicht!

Grete Hinkemann *geht hinaus.*

Hinkemann: Du mein armes Vögelchen du ... Du mein kleiner Kumpel ... Wie haben sie uns zugerichtet, dich und mich. Menschen haben das getan. Menschen. Wenn du sprechen könntest, Teufel würdest du heißen, was wir Menschen nennen! ... Grete! ... Grete! ... Sie ist fortgegangen. Unsere Gesellschaft langweilt sie wohl. *Sucht im Zimmer.* Brosamen ... einen Käfig ... Einen Käfig? Damit einer dem andern seine Not weist? ... Nein, nein, ich will nicht grausam sein. Ich will Schicksal spielen. Ein Schicksal, das gütiger ist als meines. Denn ich ... ich habe dich ja lieb ... lieb ...

Hinkemann läuft hinaus. Kommt nach einigen Sekunden wieder zurück.

Hinkemann: Klatsch! Ein rotes Fleckchen an der Steinmauer ... Ein paar Federn fliegen ... Aus! ... Ein Gedanke – und alles wankt! Hätten sie mir früher einen gezeigt wie mich, ich weiß nicht, was ich getan hätte. Es gibt Umstände, da weiß man nicht, was man tun würde, so wenig kennt man sich ... Vielleicht hätte ich gelacht ... vielleicht hätte ich ... gelacht! Und sie? ... Ihre Mutter hat einem Finken die Augen geblendet ... Weißt du, was sie tun wird? *Lacht irr auf. In schreiendem Singen.* Ah ... Ah ...

Während Hinkemann singt, tritt Grete ins Zimmer, sieht ihn erschreckt an. Wie von Ekel geschüttelt, hält sie sich die Ohren zu. Plötzlich schluchzt sie laut auf.

Grete Hinkemann: Ach du lieber Herr Jesus ... Ach du lieber Herr Jesus ...

Hinkemann *erblickt Grete, wendet sich gegen sie in triebhafter Wut:* Was denn ... was weinst du denn, Weib? ... Gib Antwort! ... Was flennst du, sprich! ... sprich! ... Weinst du, weil ich ... weil ich dich ... Weil die Menschen mit Fingern auf mich deuten würden wie auf einen Clown, wüßten sie, wie es um mich bestellt ist? Weil mich der Heldenschuß einer verfluchten Kreatur zum elenden Krüppel ... zum Gespött machte? Weil du dich meiner schämst? ... Sag die Wahrheit ... die Wahrheit ... alles wankt ... alles wankt ... die Wahrheit muß ich wissen! *Flehend. Innig.* Warum weinst du?

Grete Hinkemann: Ich ... ich hab dich lieb ...

Hinkemann: Liebst du mich, oder ... oder zittert nur Mitleid, wenn du meine Hand hältst?

Grete Hinkemann: Ich hab dich lieb ...

Hinkemann: Ein Hund war um einen sein Lebtag ... man hat mit ihm gespielt als Kind ... es war ein gutes Tier, ein treues Tier ... es war ein Hund, der es nicht litt, daß einer uns was zuleide tat ... Und nun bekommt dieser Hund die Räude. Sein Fell wird strubblig, die Augen eitern ... man kann ihn nicht mehr anfassen, man möchte sich rein ekeln ... wenn, ja siehst du, wenn da nicht eine Erinnerung wäre an den Hund von früher, der einen aus so merkwürdigen, aus so menschlichen Augen ansah, wenn man seines Lebens sich nicht mehr freuen konnte ... Und dann bekommt man es nicht mehr fertig, den Hund zum Abdecker zu bringen ... man duldet ihn in der Stube ... man duldet ihn, wenn er sich aufs eigene Bett legt ... *Aufschreiend.* Grete! bin ich so'n Hund?

Grete Hinkemann *hält sich die Ohren zu, verzweifelt:* Ich halts nicht mehr aus! Ich nehm einen Strick! ... ich mach den Gashahn auf! ... Ich halts nicht mehr aus!

Hinkemann *hilflos:* Ja, Gretchen, was hast du denn? Ich tu dir ja nichts. Ich bin ja ein verlorner Mann. Ich bin ja eine heimliche Krankheit. Ich bin ja ein Hampelmann, an dem sie so lange gezogen haben, bis er kaputt war ... Die Rente läßt uns nicht genug zum Leben und zuviel zum Sterben ... Grete, ich würde ja meine eigenen Kameraden verraten, ich glaube, ich würde ... Streikbrecher werden, wenn ... wenn ich nur wüßte ... wenns nur nicht würgte und würgte ... Siehst du, hier, hier sitzts wie ein Bündel aus lauter Stecknadeln und sticht und sticht: Du bist ein räudiger Hund für dein Weib ... *Leise, geheimnisvoll.* Und Grete, seit heute ... seit ich das bei deiner Mutter erlebte, seit der Gedanke da war, der schreckliche Gedanke ... Da jagt es mich jagt es mich jagt es mich ... Stimmen hör ich ... Gesichter blecken mich an ... Im Nacken sitzt ein Grammophon, das ist wie ein unheimlich Tier und grölt seine Musik mir in die Ohren: Eugen Lächerlich! Eugen Lächerlich! ... Und dann auf einmal seh ich dich. ... Du stehst in einer Stube, ganz allein, du stehst am Fenster, während ich auf der Straße gehe ... hinter der Gardine versteckst du dich ... und deine Lungen plustern sich, dein Bauch kollert sich vor Lachen ... *Nach einer Weile, einfach.* Gretchen, nicht wahr, du könntest nicht über mich lachen, das könntest du mir nicht antun?

Grete Hinkemann: Was soll ich dir nun sagen, Eugen? ... Du glaubst mir ja nichts.

Hinkemann: Ja! Ja, ich glaube es, Grete! Närrisch möchte ich werden vor Freude! Ich glaubs! ... Ich schaff Arbeit! ... Und wenn ich gleich mich ducken müßt wie ein Tier! ...

Paul Großhahn kommt.

Paul Grosshahn: Guten Abend zusammen.

Hinkemann. Grete Hinkemann: Guten Abend.

Paul Grosshahn: Lustige Gesellschaft! Kann man wohl das Lachen lernen?

Hinkemann: Du brauchst es doch nicht zu lernen, Paule! Hast deinen Verdienst: wirst bald Werkmeister.

Paul Grosshahn: Essig! Wegen Betriebseinschränkung adschö! Armes

Volk ist schlechter dran als Vieh ... Das wird wenigstens gemästet, auf die Wiese gebracht, und erst wenn es so recht fett, so recht kugelrund fett ist, wirds geschlachtet.

GRETE HINKEMANN: Sie versündigen sich am Herrgott.

PAUL GROSSHAHN: Wie kann armes Volk sündigen? Selbst wenn es so was wie ein Jenseits gäbe, müßte das Volk die ewige Seligkeit gewinnen, einmal, weil es keine Zeit hat zu sündigen vor lauter Schuften und Schinakeln ... und dann, weil es dafür belohnt werden muß, daß es seinen Peinigern die Seligkeit auf Erden verschafft ... Übrigens bin ich Atheist. Ich glaube nicht mehr an Gott. An welchen sollte ich denn glauben? An den Judengott? An den Heidengott? An den Christengott? An den französischen Gott? An den deutschen Gott?

HINKEMANN: Vielleicht sind sie alle zusammen im Drahtverhau hängengeblieben ... die ewigen Schlachtenlenker.

GRETE HINKEMANN: Ich hab an Gottes Gerechtigkeit mein Leben lang geglaubt, und den Glauben kann mir keiner nehmen.

PAUL GROSSHAHN: Wenn Gott gerecht wäre, müßte er auch gerecht handeln, Frau Hinkemann. Und wie handelt der gerechte, liebe, gute Gott? Hä? Brauche ich es Ihnen noch zu sagen? Mit Gott für König und Vaterland, mit Gott für Menschenmord, mit Gott für Obergott Mammon. Alles gottgewollt. Man meint bald, wenn die Herren es nicht für nützlich halten, wenn sie sich schämen, «Ich» zu sagen, dann sagen sie «Gott». Das klingt besser ... und darauf fällt das Volk leichter herein ... Den Glauben überlaß ich denen, die Profit draus schlagen. Wir kämpfen nicht um den Himmel, wir kämpfen um die Erde, wir kämpfen um die Menschen.

HINKEMANN: Um die Menschen kämpfen, das mag wohl gehen. Aber um die Maschine ... Die zerbricht uns unsere Knochen, ehe wir noch so recht aufgestanden sind. Mir graut vor jedem neuen Arbeitstag, und wenn ich morgens die Arbeit aufnehme, kann ich mir kaum vorstellen, daß man das den ganzen Tag aushalten soll. Und wenn abends die Fabrikglocke geht, stürme ich zum Fabriktor hinaus, als wenn ich besessen wäre!

PAUL GROSSHAHN: Mich drückt die Maschine nicht. Ich bin der Herr und nicht die Maschine. Wenn ich an der Maschine stehe, packts mich mit Teufelslust: Du mußt den Knecht da fühlen lassen, daß du der Herr bist! Und dann treibe ich das heulende und surrende und stöhnende Ding bis zur äußersten Kraftleistung, daß es Blut schwitzt ... sozusagen ... und ich lache und freue mich, wie es sich so quält und abrackert. So, mein Tierchen, rufe ich, du mußt gehorchen! Gehorchen! Und das wildeste Stück Holz laß ich die Maschine verschlingen und laß es sie formen nach meinem Befehl! Nach meinem Befehl! Sei ein Mann, Eugen, dann bist du der Herr.

HINKEMANN *leise:* Es gibt Fälle auf Erden, wo einer eher ein Gott werden kann als ein Mann.

GRETE HINKEMANN *starrt Großhahn unverwandt an:* Wie wild Sie blikken können, Herr Großhahn.

PAUL GROSSHAHN: Och ...

HINKEMANN: Der hat das Wildblicken gelernt, aber nicht an der Maschine.

GRETE HINKEMANN: Sondern?

HINKEMANN: Wo, willst du wissen? Bei den Frauensleuten.

PAUL GROSSHAHN: Was hat denn so'n Prolet von seinem Leben? Wenn er auf die Welt kommt, flucht der Alte, daß wieder ein Esser mehr da ist. Hungrig geht er morgens in die Schule, und wenn er abends ins Bett geht, zwiebelt ihm der Hunger das Gedärm. Na, und dann kommt er in die Fron. Er verkauft seine Arbeitskraft, wie man einen Liter Petroleum verkauft, und gehört dem Unternehmer, dem Prinzipal. Er wird ... sozusagen ... ein Hammer oder ein Stuhl oder ein Dampfhebel oder ein Federhalter, oder er wird ein Bügeleisen. Es ist doch so! ... Was bleibt sein einziges Vergnügen? *Die Liebe!* Wo keiner ihm etwas dreinzureden hat? – *Die Liebe!* Wo er frei ist, wo er dem Herrn Unternehmer und Polizisten sagen kann: Hier ist meine Villa! Eintritt verboten!? – *Die Liebe!!* Sehen Sie, die reichen Leute haben so viele Sachen, mit denen sie sich amüsieren ... Badereisen und Musik und Bücher ... Aber unsereiner? Man liest ja auch mal ein Buch, aber doch nicht jeden Tag. Dazu haben wir in der Schule zuwenig gelernt, dazu fehlt es an Grips. Und Musik? Der ‹Lohengrin› ist ja ganz schön, aber wenn ich ins Varieté oder ne Operette gehen kann ... in den ‹Grafen von Luxemburg› ... oder in den ‹Walzertraum› ... oder in die ‹Lustige Witwe› ... kennen Sie die ... *Singend.* «Vilja, o Vilja, du Waldmägdelein» ... oder wenn der Musikautomat für zehn Pfennige einen Walzer spielt und ich mit meinem Mädel eins tanzen kann ... ist es mir doch lieber ... Für uns Proleten ist die Liebe ganz was anderes als für die reichen Leute. Sie ist für uns ... sozusagen ... der Lebenskern. Wenn der angefault ist, dann lieber gleich einen Strick. Ist es nicht so, Eugen?

HINKEMANN: Du magst wohl recht haben ...

PAUL GROSSHAHN: Sie sind eine verheiratete Frau, Frau Hinkemann, man kann deshalb ein offenes Wort mit Ihnen reden. Was hätte unsereiner wohl vom Leben, wenn er nicht jeden Tag einmal bei seinem Mädchen sein könnte.

HINKEMANN *beobachtet gespannt Grete.*

PAUL GROSSHAHN: Was sagen Sie, Frau Hinkemann?

GRETE HINKEMANN: Was ich sage? ... *Scheu.* Alle Frauen sind nicht gleich.

HINKEMANN *aufspringend:* Ich schaff Arbeit, Grete, da kannst du dich drauf verlassen ... ich will dir doch was schenken können zu Weihnachten! ...

PAUL GROSSHAHN: Kannst dir den Weg sparen.

HINKEMANN: Abwarten, Paule! Auf Wiedersehen, Grete.

Hinkemann verläßt das Zimmer.

Einige Minuten Stille.

PAUL GROSSHAHN: Ein Mann wie ein Ringkämpfer. Doch jammerschade, daß der brachliegen muß. Und immer Humor. Sie sind wohl recht glücklich, Frau Hinkemann?

GRETE HINKEMANN *sieht ihn starr an:* Ja.

PAUL GROSSHAHN: Ich bin immer neidisch auf den Eugen, wenn ich Sie beide so sehe.

GRETE HINKEMANN *stützt weinend den Kopf in ihre Hände.*

PAUL GROSSHAHN: Was ist denn, Frau Hinkemann? ... Ich habe doch nichts Übles gesagt? Sie weinen ja ... Was ist denn? ... soll ich dem Eugen nachlaufen? Vielleicht erreiche ich ihn noch ...

GRETE HINKEMANN *fassungslos aufweinend:* Mein Kopf zerbricht! ... Mich können sie ins Irrenhaus schaffen! ... Ich schrei! ... Ich schrei!

PAUL GROSSHAHN *besorgt:* Sind Sie krank, Frau Hinkemann? Kann ich Ihnen helfen? Oder sind Sie gar in guter Hoffnung? ... Da bekommen manche Frauen die Fallsucht.

GRETE HINKEMANN: Ach du lieber Herr Jesus, ach du lieber Herr Jesus ... in andern Umständen ... *Krampfhaft auflachend.* In Umständen, daß ich froh wäre, wenn sie mich heut begraben täten ...

PAUL GROSSHAHN: Ist der Eugen nicht gut zu Ihnen? Schlägt er Sie?

GRETE HINKEMANN: Ich sags ... ich sags ... ich sags ... ich bin ein armes Menschenkind ... mein Eugen ... mein Eugen ... mein Eugen, der ist ja gar ... der ist ja gar kein Mann ...

PAUL GROSSHAHN: Sind Sie wirklich nicht krank, Frau Hinkemann? Vielleicht haben Sie Fieber?

GRETE HINKEMANN: Nee ... mein Eugen ... mein Eugen, den haben sie im Krieg draußen so zugerichtet ... und jetzt ist er ein Krüppel ... ich schäm mich ja so ... ich kanns nicht erklären ... Verstehen Sie mich doch, Herr Großhahn, er ist gar kein Mann mehr ... *Hält sich wie erschreckt über sich selbst den Mund zu.*

PAUL GROSSHAHN *prustet einen kurzen, rohen Lachlaut.*

GRETE HINKEMANN: Ach Herr Jesus ... was hab ich nu angerichtet? Was hab ich nu gesagt? Wie Sie mich jetzt auslachen ... pfui! pfui! Das hätt ich nicht gedacht ... das hätt ich Ihnen nicht zugetraut.

PAUL GROSSHAHN: Entschuldigen Sie, Frau Hinkemann, es kommt mir nur ... es kommt mir nur so die Kehle herauf ... Wenn ein Mann das hört, da muß er eben lachen. *Entrüstet.* Aber der Eugen, der ist ja ein Egoist! Was hält der Sie? Der liebt Sie nicht, sonst würde er Sie gehen lassen ...

Großhahn streichelt Grete. Grete lehnt sich an ihn.

GRETE HINKEMANN: Das ist alles viel schwerer, wie Sie sich das denken, Herr Großhahn. Man findet sich nicht zurecht. Eben ist es hell, und dann ist es wieder finstere Nacht ... Der Mensch dauert mich so ...

Was war das für ein Mann vor dem Krieg! Das blühende Leben! Aber heute . . . nur noch grübeln kennt er. Er hadert mit Gott und hadert mit den Menschen . . . Und wenn er mich anschaut, meine ich, er will mich durch und durch schauen, als ob ich ein Ding wäre und kein Mensch. Und manchmal, da fürchte ich mich vor ihm . . . da mag ich ihn nicht leiden . . . da ekelt er mich! . . . *Sich schüttelnd.* Da ekelt er mich! . . . Herr Jesus, wie soll das enden? . . .

PAUL GROSSHAHN *immer zärtlicher werdend:* Weinen Sie nur, Frau Grete, weinen Sie nur . . . Tränen, die man zurückhält, sind wie Steine, die einem auf dem Herzen liegen, hat meine Mutter selig immer gesagt . . .

GRETE HINKEMANN: Sie werden ihm nichts verraten, Herr Großhahn? Ich ginge ins Wasser!

PAUL GROSSHAHN: Nichts werde ich ihm sagen, Grete. Kein Sterbenswörtchen. Da kannst du ohne Sorge sein. Ich hab schon einmal einen Monat Gefängnis auf mich genommen, weil ich versprochen hatte, reinen Mund zu halten . . . Da kannst du ohne Sorge sein . . . Du bist ein junges Weib . . . guck mich mal an . . . zum Teufel, du machst es nicht mehr ein Jahr, wenn du dich so weiter grämst . . . Greteken . . . Greteken . . . *Küßt sie.*

GRETE HINKEMANN: Nu werde ich doch schlecht . . .

PAUL GROSSHAHN: Schlecht? Wie kann schlecht sein, was aus der Natur kommt? . . . sozusagen . . . aus dem Blut . . . Schlecht, mit dem Wort jonglieren die Pfaffen und die Kapitalisten . . . Schlecht wärst du gegen dich, wenn du einem Mann, der kein Mann ist, die Treue halten wolltest. Und überhaupt Treue. Auch ein Gottseibeiuns fürs arme Volk. Für die reichen Leute längst ein Ammenmärchen. Mein Freund hatte sogar eine Liebschaft mit . . . einer Frau Kommerzienrat . . .

GRETE HINKEMANN: Ich höre jemand auf der Treppe . . . Wenn es Eugen ist . . .

PAUL GROSSHAHN: Dann will ich lieber gehen . . . Greteken, magst du mal zu mir kommen? Du weißt, wo ich wohne . . . Brauchst keine Bange zu haben, mich besucht niemand . . . Du kannst dein Herz bei mir ausschütten . . . sozusagen . . . Du kannst dich ruhig bei mir ausweinen . . . Kommst du zu mir?

GRETE HINKEMANN: Ich weiß es noch nicht . . .

PAUL GROSSHAHN: Erinnerst du dich noch, wie wir zusammen am großen Sandhaufen im Stadtpark Burgen bauten, Greteken? . . . Ich hatte schon ein Auge auf dich geworfen, als du noch eine kleine Milchdirn warst . . . Greteken, kommst du zu mir?

GRETE HINKEMANN *schüttelt widerstrebend den Kopf.*

PAUL GROSSHAHN *plötzlich brutal:* Ohne Ziererei . . . Du kommst! . . .

GRETE HINKEMANN: Ich . . .

PAUL GROSSHAHN: Du kommst!

GRETE HINKEMANN: Ja . . .

Paul Grosshahn: Adschö auch, Greteken, adschö.
Großhahn geht.

Grete Hinkemann *allein:* Man ist nur ein armes Weib. Und das Leben ist so verworren.
Vorhang.

ZWEITER AKT

ERSTE SZENE

Angedeutet: Vor einem grünen Wagen. Auf einem Klotz zwischen Gerätschaften sitzt der Budenbesitzer. Hinkemann steht vor ihm.

Hinkemann *weist auf ein Zeitungsblatt:* Da!

Budenbesitzer: Was ... «da»? ...

Hinkemann: Hier steht es doch. *Liest langsam jedes Wort betonend.* «Für sensationelle Nummer ein kräftiger Mann gesucht. Hoher Verdienst. Nur erstklassiges Menschenmaterial möge sich melden.»

Budenbesitzer: Deswegen. Mal ins Licht, Mann. *Betastet Hinkemann.* Der Bikleps schwammig ... Brust ... Oberschenkel ... Waden ... schwammig. Aber gerade sowas habe ich gesucht. Das täuscht Bärenmuskeln vor. Prima! Primissima! Engagiert! Top!

Hinkemann: Und was muß ich tun?

Budenbesitzer: Ach so. Kinderleicht. Mal aufgepaßt! Volk ist keine Lämmerherde. Nur Friedensapostel glauben die Rosine. Haben keine Ahnung vom Geschäft. Volk will Blut sehen!!! Blut!!! Trotz zweitausend Jahren christlicher Moral! Mein Unternehmen trägt dem Rechnung. So harmoniert Volksinteresse mit Privatinteresse. Verstanden? Keinen Dunst natürlich. *Greift nach einer Flöte.* Was ist das? *Spielt auf der Flöte einige Töne.* Altjungfernfutter! Süßliche Schalmei! Zichorienbrühe mit Sacharin! Brrr! ... Was ist das? *Ergreift zwei Paukenschlegel. Beginnt auf einer großen Trommel zu pauken.* Was ist das? *Paukenwirbel.* Volksmusik! *Paukenwirbel.* Rausch! *Paukenwirbel.* Ekstase! *Paukenwirbel.* Leben!

Hinkemann: Wollten Sie mir nicht sagen? ...

Budenbesitzer: Mitten im Zug! Hier ein Käfig mit Ratten! Hier ein Käfig mit Mäusen! Kleines Vermögen drin! Ihre Nummer: Beißen in jeder Vorstellung einer Ratte und einer Maus die Kehle durch. Lutschen eine paar Züge Blut. Geste! Weg! Volk rast vor Lust!

Hinkemann: Lebendigen Tieren?! ... Nein, Herr, ich muß ablehnen

Budenbesitzer: Quatsch! Achtzig pro Tag. Freie Kost. Alles in allem fünfzig Minuten Arbeit ... Keine Vorurteile, Mann! Alles Gewöhnung. Und dann der Nebenverdienst! Mit Heiratsanträgen können Sie einheizen. Moralische Bazillen pfeffern Sie über Bord. Jungfrauenehre ist heute reparierbar. Dafür gibt's Spezialärzte.

HINKEMANN *gierig:* Achtzig Mark ...

BUDENBESITZER: Angebissen? Hahaha.

HINKEMANN: Entsetzlich ... Le ... ben ... digen Tieren! ...

BUDENBESITZER: Versuchen Sie doch ne andere Arbeit zu bekommen, Mann. Alles besetzt! Hahaha! Entweder – oder!

HINKEMANN *schluckend:* Es ... ist ... nur ... um ... meine ... Frau ... *Herausstoßend.* Wenn man von einem Menschen geliebt wird! Wenn man Angst hat, man könnte das bißchen Liebe verlieren! Unsereiner hat nicht viel Liebe! ... Können Sie mich nicht sonstwo beschäftigen, Herr?

BUDENBESITZER: Entweder – oder!

HINKEMANN *stammelnd, fast wimmernd:* Och ... och ... och ... och ... achtzig Mark ... och ... Unsereiner ... unsereiner! ... Wie'n ... Karussell muß man sich drehen! Immer rundum! Immer rundum! ... Ich tus, Herr.

BUDENBESITZER: Na also! Könige, Generale, Pfaffen und Budenbesitzer, das sind die einzigen Politiker. Die packen das Volk an seinen Instinkten! *Bühne verdunkelt sich.*

ZWEITE SZENE

Schwacher Kerzenschein. An der hinteren Wand werden die Silhouetten Großhahns und Grete Hinkemanns sichtbar.

PAUL GROSSHAHN: Du liebst mich?

GRETE HINKEMANN: Dich. Dich.

PAUL GROSSHAHN: Und der Eugen glaubt ...

GRETE HINKEMANN: Laß! laß Eugen! Ich hasse ihn, hasse ihn!

PAUL GROSSHAHN: Komisch, ihr Weibsbilder ... Warum liefst du nicht gleich fort, gleich, als er kam ... als dus erfuhrst?

GRETE HINKEMANN: Ach, ich weiß nicht. Ich weiß nichts mehr ... Ich glaube, ich schämte mich vor den andern.

PAUL GROSSHAHN: Armer Kerl eigentlich, wenn man nachdenkt.

GRETE HINKEMANN: Du sollst nicht nachdenken. Ich wills nicht.

PAUL GROSSHAHN: Schließlich ist Eugen mein Freund.

GRETE HINKEMANN: Du sollst nicht! Du sollst nicht!

PAUL GROSSHAHN *nach einer Weile:* Wie wars denn am ersten Abend? Hat er versucht?

GRETE HINKEMANN: O Paul ... schweig doch!

PAUL GROSSHAHN: Und wenn er gesund wäre, würdest du auch zu mir kommen? ...

Paul Grosshahn: Warum bist du aufgestanden? Was tust du?

Grete Hinkemann: Daß dir Gott die Sprache nähme! Und mir! Und ihm! Und allen! Das Wort ward die Hölle!

Bühne verdunkelt sich.

DRITTE SZENE

Angedeutet: Rummelplatz. Vor einer Bude, deren grellbemalte Wände das Getöse übertönen. Leierkastenmusik. Posaunen. Auf dem Podium vor der Bude eine tätowierte Frau und Hinkemann, der ein fleischfarbenes Trikot trägt.

Budenbesitzer *schnarrend, abgehackt sprechend:* Herren und Damen! Treten Sie nur immer näher ... nur immer näher! Hören Sie! Sehen Sie! Staunen Sie! In erster Abteilung führen wir Ihnen vor: Monachia, tätowierte Dame, die wundervollste Kunstwerke eines Rembrandt, eines Rubens ... auf Vorderseite ... und modernste expressionistische, futuristische, dadaistische Königsbilder ... auf Hinterseite ihres nackten Körpers trägt! Dame entblößt nicht nur Beine, Dame entblößt nicht nur Arme, Dame entblößt nicht nur Rücken, Dame entblößt alle Körperteile, die anzuschauen nach Vorschriften des Gesetzes und der Kirche nurrr ... Damen und Herren über achtzehn Jahre erlaubt ist. Als Einlage sehen Sie, wie Kind enthauptet wird, wahrhaft lebendes Kind! Das haben Sie noch nicht gesehen! Das sieht man nicht in Afrika, das sieht man nicht in Asien, das sieht man nicht in Australien, das sieht man einzig und allein in Amerika und in Europa! Zum Schluß *auf Hinkemann deutend,* Homunkulus, deutscher Bärenmensch! Frißt Ratten und Mäuse bei lebendigem Leibe vor Augen des verehrten Publikums! *Der* deutsche Held! *Die* deutsche Kultur! *Die* deutsche Männerfaust! *Die* deutsche Kraft! *Der* Liebling der eleganten Damenwelt! Zermalmt Steine zu Brei! Schlägt mit bloßer Hand Nägel durch stärkste Schädelwände! Erwürgt mit zwei Fingern zweiunddreißig Menschen! Wer ihn sieht, muß fliehen! Und wer flieht, muß sterben von seiner Hand! Den müssen Sie gesehen haben, wenn Sie Europa gesehen haben wollen! Aber Sie sehen noch mehr bei uns! Sie sehen Überraschungen, denen ich hier nicht spinnefeine, durchsichtige Unterröcke hochheben will und kann. Darrr ... rrrum treten Sie ein! Sie zahlen heute keine Mark, Sie zahlen keine fünfzig Pfennige, Sie zahlen heute, da wir auf Massenbesuch rechnen, Kopf für Kopf dreißig Pfennige! Nurrrrrr immer herrrrr-rrein, Herren und Damen! Wer zuerst kommt, erhält beste Plätze! Kapelle gibt letztes Zeichen! Künstler begeben sich zur Bühne! *Glockengebimmel.* Kassa! Kassa!

Mädchen *auf Hinkemann deutend:* Du, Therese, wenn man dem mal auf die Armmuskeln tippen könnte!

ANDERES MÄDCHEN: Oder auf den Brustkasten ...

BUDENBESITZER *der das Gespräch gehört hat:* Jawoll, meine Damen, tippen Sie nurrr! Sie tippen nicht auf Pappe! Sie tippen nicht auf Kulissen! Sie tippen auf Homunkulus, *die* ... fleischgewordene deutsche Kraft!

Es kommen Paul Großhahn und Grete Hinkemann in zärtlicher Umarmung. Sie blicken vorerst nicht auf die Bude. Während sie sprechen, ist Lärm und Getöse vor der Bude nicht hörbar. In gleicher Bewegtheit schaubar die Gesten der agierenden Menschen.

PAUL GROSSHAHN: Ist das Leben nicht schön, Grete? Man möchte rein aufjauchzen! Willst du noch einmal Karussell fahren, Grete? Das kannst du jetzt alles haben!

GRETE HINKEMANN: Das träum ich alles wohl nur ... Wie ein Märchen ... Sechs Jahre vergraben in Kummer und Sorge und Leid. Wie eine Maus saß ich, die in ihrem Loch verkrochen liegt und sich nicht getraut, ans Licht zu laufen. Nicht, daß ich große Ansprüche ans Leben stellte, Paule ... das brauchst du von mir nicht zu glauben ... Was ein Proletariermädchen ist, das sieht schon zu Haus, was es erwartet. Wenns gut geht, ein Leben voll Mühe, bis man alt wird und auf die Kinder angewiesen ist. Wenns schlecht geht, Zank, Streit, Prügel. Aber, daß es mir so ergehen sollt! ...

PAUL GROSSHAHN: Jetzt beginnt ein ander Leben.

GRETE HINKEMANN *zart:* Du, Paule ...

PAUL GROSSHAHN: Was denn, Grete?

GRETE HINKEMANN: Du ...

Grete Hinkemann küßt Großhahn lang und innig.

PAUL GROSSHAHN *selbstgefällig:* Wie sich die Scham verliert ... vor allen Leuten ... das hab ich gleich gewußt ... Scham, das ist auch nur so'n ... Begriff ... sozusagen ...

Man hört die Stimme des Budenbesitzers.

BUDENBESITZER: Homunkulus, deutscher Bärenmensch!

Die Stimme wird unhörbar.

GRETE HINKEMANN: Paul! Paul!

PAUL GROSSHAHN: Was schreist du denn so, Grete?

GRETE HINKEMANN: Schau mal dorthin, Paul! ... Weißt du, wer das ist?

PAUL GROSSHAHN: Wer?

GRETE HINKEMANN: Der Akrobat im Trikot?

PAUL GROSSHAHN: Woher soll ich den wohl kennen? Das ist ein fahrender Schauspieler. Ein Heutehier-Morgendort.

GRETE HINKEMANN: Das ist er!

PAUL GROSSHAHN: Wer?

GRETE HINKEMANN: Eugen!

Man hört die Stimme des Budenbesitzers.

BUDENBESITZER: Frißt Ratten und Mäuse bei lebendigem Leibe vor Augen verehrten Publikums. *Der* deutsche Held! *Die* deutsche Männerfaust! Homunkulus, mal mit Muskeln gedonnert! Achtung, verehrtes Publikum!

Hinkemann stellt sich in Ringerpositur und läßt seine Muskeln spielen. Die Stimme wird unhörbar.

PAUL GROSSHAHN: Aber das ist ja erbärmlicher Betrug! So sieht der deutsche Held aus! Einer ohne ... Ein Eunuch ... Hahahaha! So mag der deutsche Heimatkrieger ausgesehen haben! So mögen die Etappenschreier, die Brüsseler Fettsäcke, die Zeitungskerls, die Kriegsgewinnler, die Durchhalterufer, die Revancheritter ausgesehen haben! ... Du, der Budenbesitzer macht Profit mit Pappe!

GRETE HINKEMANN: Schweig still ... schweig still ... o wie kannst du herzlos sein! Und ich, was bin ich für ein Weib! Ich bin schlechter als eine arme Hure ... Die verkauft ihren Körper, und ich verkaufe meinen Mann ...

PAUL GROSSHAHN *hält Grete Hinkemann fest im Arm:* Schrei nicht so! Hör auf mit den Sentimentalitäten!

GRETE HINKEMANN: Hast es denn nicht gehört? Er ißt Ratten und Mäuse bei lebendigem Leibe! Der Mann konnt keiner Fliege was zuleide tun! Der Mann hat sich einmal an meiner Mutter vergriffen, weil sie ihrem Finken die Augen geblendet hat. Der Mann hat mir nicht erlaubt, eine Schlagfalle in der Küche aufzustellen, weil das eine sündhafte Quälerei für Mäuse sei ... Und nu ißt er lebendige Ratten und Mäuse ...

PAUL GROSSHAHN: Brauchst ihn nicht mehr zu küssen von heute an!

GRETE HINKEMANN: Ich küsse ihn ... hier ... hier an dieser Bude ... vor aller Augen küsse ich ihn! Wie habe ich an dem Mann gehandelt! Was konnte er für den Schuß! Schuld habe ich, daß ich ihn in den Krieg ziehen ließ! Schuld hat seine Mutter! Schuld hat eine Zeit, in der es sowas gibt!

PAUL GROSSHAHN: Halt dein Maul! Die Leute kieken schon auf uns. Komm weg! Es kann sein, daß er dich sieht.

GRETE HINKEMANN: Er soll mich sehen, meine Schande soll er sehen! Ich will mich auf die Knie werfen: Ich bin von Gott verworfen. Ich bin ein Ungeziefer vor seiner Hand. Laß mich los, daß ich zu ihm laufen kann!

PAUL GROSSHAHN *Grete an sich pressend:* Und wenn dich wieder vor ihm ekelt?

GRETE HINKEMANN *einfach:* Dann will ich ihn um so tiefer lieben.

PAUL GROSSHAHN *reißt Grete mit sich fort:* Du bist wohl nicht recht gesund, Weib! Komm!

Man hört die Stimme des Budenbesitzers.

BUDENBESITZER: Herrein, Herrschaften! Sie sehen Überraschungen!

Der Budenbesitzer geht in das Zelt hinein.

EINE ARBEITERFRAU *zu einer anderen:* Wenn ich diese Hemden auch ins Leihhaus trage, so brauchen Sie nicht zu glauben, daß ich keine Hemden mehr im Schrank habe ... ich besitze sogar eine teure, piekfeine seidene Mantilje ... von meiner Großmutter her ... Aber es ist nichts mehr von Wert im Haus ... da müssen eben die Hemden herhalten ...
Gehen vorüber. Großhahn und Grete Hinkemann auf der anderen Seite der Bühne.

GRETE HINKEMANN *von Großhahn immer noch festgehalten. Sich sträubend:* N ... ein!

PAUL GROSSHAHN: Du kommst nicht mit mir?

GRETE HINKEMANN: N ... nein!

PAUL GROSSHAHN: Und wenn er merkt, daß du schwanger bist?

GRETE HINKEMANN: Er wird mir verzeihen ... er ist gut ...

PAUL GROSSHAHN: Er wird dir den Buckel vollhauen!

GRETE HINKEMANN: Es ist mein Schicksal ... Jetzt erkenn ich, wozu Gott mich bestimmt hat. Gott hat mich nicht ganz verstoßen. Gott hat mir eine Sühne auferlegt. Ich nehm sie demütig auf mich. Ich will Eugen dienen, als wär er mein Heiland.

PAUL GROSSHAHN: Ich werde zu ihm gehen ... gleich ...

GRETE HINKEMANN: Wir wollen beide zu ihm gehen ...

PAUL GROSSHAHN: Und ihm sagen, daß du ihn betrogst ...

GRETE HINKEMANN: Warum drohst du mir, Paul? Ich komm doch nicht mit dir. Mein Leben gehörte niemals mir. Als ich klein war, habe ich immer auf das Leben gewartet. Später sah ich es von weitem. Aber wenn ich danach greifen wollte, dachte ich auf einmal daran, daß ich grobe, schmutzige Hände hätte, und das Leben sah so aus, als ob es immer in seidenen Kleidern ginge ... und da wagte ich nicht mehr die Hände unter der Schürze vorzuziehen. Warum sollte jedermann meine Hände sehen! Heut ist es mir, als ob das Leben auch schmutzig wär und es sich nicht lohnte, danach zu greifen.

PAUL GROSSHAHN *in seiner Eitelkeit gekränkt und darum mit äußerster Gereiztheit:* Dann scher dich zum Teufel, zimperliche Kuh! Gibt genug andere ... Ich brauch nur den kleinen Finger auszustrecken ... fliegen drauf wie Bienen auf blaue Blumen ...
Werden fortgedrängt. Der Budenbesitzer ist aus seiner Bude getreten. Mit ihm Hinkemann.

DER BUDENBESITZER: Damen und Herren! Treten Sie nur immer näher! Nurrr immer näher! Hören Sie! Sehen Sie! Staunen Sie!
Bühne verdunkelt sich.

Angedeutet: Inneres einer kleinen Arbeiterwirtschaft. Schenktisch, hinter dem eine beleibte Wirtin mit energischen, freundlichen Gebärden bedient. An ungedeckten Holztischen sitzen die Gäste. Max Knatsch, Peter Immergleich, Sebaldus Singegott u. a. Zwei Arbeiter, ein Schieferdecker und ein Ziegeldecker, stehen am Schenktisch. Noch bevor der Vorhang aufgeht, hört man zankende Stimmen.

SCHIEFERDECKER: Und wenn hundertmal Revolution war! Da kann keine Revolution was ändern! Dekorationsmaler ist was Besseres als Tüncher, Buchdrucker was Besseres als Tapetendrucker, Zeitungssetzer was Besseres als Tabellensetzer, Kupferschmied was Besseres als Kesselschmied, herrschaftlicher Kutscher was Besseres als gewöhnlicher Fuhrmann. Wir bleiben Schieferdecker, und ihr bleibt Ziegeldecker!

ZIEGELDECKER: Dumme Eitelkeit! Lächerlich! Dünkel! Wir setzen uns an einen Tisch mit euch! Wenn wir auch nur lumpige Ziegeldecker sind und keine wohlgeborenen Schieferdecker. Ziegeldecker sind wir! Mit Stolz! Jawohl! Ziegeldecker!

SCHIEFERDECKER: Mit Schiefer arbeiten, das ist Kunst! Mit Ziegel arbeiten, das ist Tagelöhnerdienst!

ZIEGELDECKER: Wir müssen geradesoviel schuften wie ihr. Da ist kein Unterschied.

SCHIEFERDECKER: Leistung machts! Wie war es denn vor dem Krieg? War unser Tariflohn nicht fünf Pfennig höher als der eurige? Heißt das kein Beweis? Schieferdecker, bleib bei deinen Leisten! Wenn du heute von mir verlangtest, ich soll Ziegeldeckerarbeit tun . . . mein jüngster Sohn würde sich schütteln vor Lachen! An meine Ehre kann keiner ran! Auch keine Revolution!
Beide zahlen und gehen. Im Hinausgehen.

ZIEGELDECKER: Aufgeblasener Schieferdecker!

SCHIEFERDECKER: Simpler Ziegeldecker!

ZIEGELDECKER: Herr von Schieferdecker!

SCHIEFERDECKER: Der Neid! Der Neid! Du Ziegelbachulke!

MAX KNATSCH: Die Einigkeit des Proletariats. Das aufgeklärte Proletariat. Es gibt keine Unterschiede im Proletariat. Potz Teufel! *Bemerkt Hinkemann, der inzwischen eingetreten ist und sich an einem freien Tisch niedergesetzt hat.* Eugen Hinkemann? Wie kommst denn du hierher?

HINKEMANN *stoßweise, rauh:* Meine Kehle war so trocken. Ich hatte einen Geschmack drin wie von Tierblut . . . einen ekligen Giftgeschmack, der meine Kehle zerbiß . . . Ich mußte einen Schnaps trinken . . . Herrgott, ich bin doch kein Abstinentenprediger, daß du dich zu verwundern brauchst!

MAX KNATSCH: Verwundern? I bewahre. Was soll ich mich denn wundern? Bei mir brauchts keinen «Giftgeschmack», um mich ins Wirtshaus zu treiben. Wenn ich zu Haus die Küche sehe, die unser Salon ist und unser Wohnzimmer, unser Waschraum und unser Trockenboden ... wenn ich die armseligen Kinder sehe ... wenn ich an die Frau denke, die Frau, die keift und keift ... dann mache ich auf der Treppe kehrt und gehe meinen Heilsweg ... zur Heinrichen! Zwar ... wir Männer sind nicht ohne Schuld. Maulfaul sind wir. Maulfaul. In jeder Versammlung reden wir zu fremden Menschen vom neuen wahrhaften Leben ... bei der eigenen Frau bringen wir kein Wort über die Lippen.

Während Knatsch spricht, ist Michel Unbeschwert gekommen.

MICHEL UNBESCHWERT *hat die letzten Worte gehört, beginnt schon an der Tür:* Ja, das Glück wohnt heute in den Palästen, in den Villen. Wo sie zwanzig Zimmer haben und ihnen die Wohnung zu eng ist. Dieser Krieg aber hat den Grundstein erschüttert. Schon knistert und knackt es, schon sieht man Risse aufspringen in den Wänden, schon schlottern die Knie derer, die ein schlechtes Gewissen nicht schlafen läßt, schon hört man ihre Zähne klappern im bleichen Gesicht. Es wird Licht, Genossen!

SEBALDUS SINGEGOTT: Dein Licht ist nicht das wahre Licht. Dein Licht ist ein Flackern vor den Toren der himmlischen Burg. Du scheinst zu meinen, daß jeder Arbeiter Parteisoldat sei. Es gibt viele Arbeiter, die suchen ihr Ideal ganz woanders. Das überseht ihr immer.

HINKEMANN: Du sprichst von Glück, Genosse Unbeschwert. Ich habe lange darüber nachgedacht, was denn nu eigentlich das Glück ist. Und ... weißt du ... ich bin zu dem Ergebnis gekommen, daß wir das Glück auch nicht *jedem* bringen können ... das wahre Glück meine ich ... daß das Glück etwas ist, *schwer atmend* was einer hat oder was einer nicht hat.

MICHEL UNBESCHWERT: Bürgerliche Ideologien, Genosse Hinkemann. Deine Worte klingen mir wahrlich komisch. *Mit dem Pathos des Versammlungsredners.* Aus dem Schoße der historischen Entwicklung der Verhältnisse wird die neue Gesellschaftsordnung herausgeboren. So wie die Ostsee und die Nordsee immer mehr und mehr sich ins Land hineinfressen, ohne daß wir es im Inland merken, so werden wir in den sozialistischen Staat hineinwachsen, auch ohne daß wir es merken. Das ist keine Phantasterei! Das ist wissenschaftlich bewiesen! ... Dann geht es analog den Parteibeschlüssen. Das ist sehr einfach. Wie sollte es an Glück fehlen? Da produzieren wir zuerst nicht mehr seidene Hemden, weil ein paar faule Dämchen seidene Hemdchen brauchen, sondern wir produzieren zuerst billige Wollhemden, damit die, die gar keine Hemden haben, sich wärmen und kleiden können. Es entstehen so Verhältnisse, die die Vernunft regelt. Mit drei Worten: eine vernünftige Menschheit ... Und eine vernünftige

Menschheit produziert ein glückliches Dasein. Damit springt die Menschheit aus dem Reich der Notwendigkeit ins Reich der Freiheit. Das ist doch sehr einfach. *Gegen Knatsch gewandt.* Jene aber, die glauben, sie können die historischen Zwischenstufen überspringen — jene radikalen Sendlinge und Schwärmer aus dem Osten, die den Glauben an die Stelle der Wissenschaft setzen wollen . . .

MAX KNATSCH: Trifft euer Bannfluch, ich weiß schon. Wenn ihr nur eine Formel gefunden habt! Dir fehlt nur das Barett zum Pfaffen, mein Lieber. Wendet euch an den Willen der Menschen! Wenn die Menschen nicht revolutionären Willens sind, helfen alle «Verhältnisse» nicht! Und wenn die Menschen revolutionären Willens sind, können sie in allen Verhältnissen ein neues Leben beginnen. Gleich. Noch heute. Keine besonderen «Verhältnisse» brauchen sie abzuwarten. Aber ihr! Gehorchen: ja. Verantworten: nein. Übrigens habt ihr noch immer versagt, wenn die «Verhältnisse» reif waren und Taten verlangten.

SEBALDUS SINGEGOTT: Auch dein Licht ist nicht das wahre Licht, Max Knatsch. Ich bin aufgewacht, Genossen. Ich habe das Licht leuchten sehen und bin zu ihm gepilgert, zum himmlischen Licht.

PETER IMMERGLEICH: Mir ist alles gleich, wenn ich nur meine Ruhe habe . . . Meine Ruhe, wenn mir einer nimmt . . . alsdann!

MICHEL UNBESCHWERT: Du bist in keiner Partei, Knatsch. Du bist Anarchist . . . Wer in keiner Partei ist, fühlt sich nicht verantwortlich. Mit dir lohnt es nicht, sich zu streiten. Erst schaff dir ein Parteibuch an. Und du, Singegott, bist nicht aufgeklärt, bist nicht klassenbewußt. Ich sage noch einmal: die Verhältnisse! Alles andere ist einfach.

HINKEMANN *antwortet Unbeschwert:* Vielleicht ist es einfach. Vieles ist ja so richtig, was du sagt . . . da hast du mir ganz aus der Seele gesprochen . . . das mit den Wollhemden und das mit den Seidenhemden . . . Der Mensch ist nicht gut, wenn er hungert . . . man muß ihm erst Obdach und Nahrung und ein bißchen Schönheit geben, ehe man von ihm verlangen darf, daß er gütig sei . . . Vielleicht bin ich zu schwerfällig, um alles fassen zu können, so klar zu sehen, so richtig zu begreifen wie du . . . Du bist Parteifunktionär, und du begreifst rascher . . . *Da Michel Unbeschwert sich getroffen fühlt und eine Geste des Ärgers zeigt.* Nicht, daß ich etwas gegen die Partei sage. Für den Proletarier bedeutet die Partei etwas anderes als für den Bürger. Für den Bürger ist sie Partei, nichts weiter. Für den Proletarier ist sie . . . trotz aller Flecken . . . trotz aller Schmutzspritzer . . . *mehr.* Seinen Menschenglauben, seine Religion bringt er der Partei . . . Aber sage mir . . . wenn ein Mensch nun krank ist . . . von Natur krank und innen krank, unheilbar krank . . . oder außen krank, unheilbar krank . . . können dann vernünftige Verhältnisse einen solchen Menschen glücklich machen?

MICHEL UNBESCHWERT: Ich verstehe dich nicht ganz.

HINKEMANN: Ja, seit meiner Verwundung im Kriege meine ich selbst, ich bin ein bißchen verworren im Denken ... Jeden Tag, wenn ich morgens aufstehe, kostet es mich ungeheure Anstrengung, um in all das, was in mir ist, was mich anfällt, was auf mich einbricht, mich betastet, mich befühlt, durch ein paar Worte, ein paar Gedanken Ordnung hineinzubringen ... Das Leben ist so merkwürdig ... soviel drängt auf einen ein, was man nicht versteht, nicht erfaßt, wovor man sich geradezu bangt ... man sieht gar keinen Sinn ... man fragt sich, ob man das Leben überhaupt erfassen kann ... ob das nicht so ist, als wollte man sich unterstehen, ein Meer auszuschöpfen ... ob das nicht gerade so ist, als wollte man sich selbst begreifen, nicht wahr, das kann man nicht ... man kann sich nur ausleben, aber wenn man zurückschaut, ist es doch wieder ein anderes als was man lebte ... man sagt sich manchmal, man ist ein Stück Leben und lebt, damit basta ... wer «Wahrheit» herausstudieren will oder gar «Zweck», der beginnt das gleiche wie jener Mensch, der aus einem wachsenden Zwetschgenbaum Wahrheit und Zweck herausstudieren wollte ... Bis ich mich zurechtgefunden habe ... Morgens, wenn man aufsteht, ist Chaos in einem da, und wenn man sich abends zu Bett legt, ist wieder Chaos da ... Wie vor der Schöpfung ist es ... Also ... ich will versuchen, mich deutlicher zu erklären ... Also, wir haben doch soviel Krüppel seit dem Krieg. Was wird mit denen?

MICHEL UNBESCHWERT: Die werden natürlich genährt, gekleidet, von der Gesellschaft unterstützt und können dann genauso glücklich leben wie die andern Menschen.

HINKEMANN: Wenn einer zum Beispiel keine Arme hat?

MICHEL UNBESCHWERT: Der bekommt künstliche Arme. Wenn es ihm möglich ist zu arbeiten, wird ihm eine leichte Arbeit zugewiesen.

HINKEMANN: Und wenn einer keine Beine hat?

MICHEL UNBESCHWERT: Dem hilft die Gesellschaft ähnlich wie dem ohne Arme.

HINKEMANN: Und wenn einer krank ist an seiner Seele?

MICHEL UNBESCHWERT *robust, unsentimental:* Der kommt in eine Heilanstalt, aber in keine solche Heilanstalt, wo die Wärter glauben, sie haben ein Tier vor sich. Die Kranken werden mit Liebe behandelt, sie werden gut behandelt, sie werden wie Menschen behandelt.

HINKEMANN: Ich denke nicht an solche, die krank sind im Kopf oder im Gehirn ... Ich meine solche, die gesund sind und doch krank in ihrer Seele.

MICHEL UNBESCHWERT: Das gibt es nicht! Wer einen gesunden Körper hat, hat auch eine gesunde Seele. Das sagt einem doch die Menschenvernunft. Oder er ist im Gehirn krank, und dann gehört er in eine Heilanstalt.

HINKEMANN: Dann eine andere Frage. Wenn nun einem ... der im Krieg war, *schluckend* zum Beispiel ... zum Beispiel ... das Geschlecht ... Geschlecht fortgeschossen wurde ... was ... was würde in der neuen Gesellschaft mit dem geschehen?

Peter Immergleich gluckst ein leises Lachen.

MICHEL UNBESCHWERT *sich mit einem Taschentuch den Schweiß von der Stirn wischend:* Was für verwickelte Fragen du einem vorlegst! Mir wird ganz heiß ... Da ist nichts dabei zu lachen, Genosse Immergleich. So etwas kann vorkommen.

MAX KNATSCH: Weinen kann man darüber, aber nicht lachen.

SEBALDUS SINGEGOTT: Zu dem müßte das himmlische Licht von selbst kommen aus barmherziger Liebe.

MICHEL UNBESCHWERT: Ja, wenn ich dir darauf antworten soll ... wenn ich dir darauf antworten soll ... die materialistische Wissenschaft kennt, soweit mir bekannt ist, dieses Problem nicht ... O ich Narr! Hahaha! Jetzt hab ichs. Die künftige Gesellschaft kennt gar keine Kriege. Das sagt doch die Vernunft! Das ist doch ganz einfach.

HINKEMANN: So einfach doch nicht. Wenn die neue Gesellschaft errichtet wird, können solche Krüppel da sein, wie werden die glücklich? Oder es kann einer bei der Maschine oder irgendwo sonst ... sein ... sein Geschlecht verlieren. Wie wird der glücklich?

MICHEL UNBESCHWERT: Wieder so eine Frage. Eine verteufelt verzwickte Frage.

MAX KNATSCH: Spitzfindigkeiten! Der Mensch ist am glücklichsten, wenn er an sowas nicht denkt. Und wir Proleten brauchen im revolutionären Kampf an solche Spitzfindigkeiten gar nicht zu denken. Die Menschen, denen sowas zustößt, sind eben Opfer. Das Proletariat hat ein Recht auf Opfer.

HINKEMANN: Der Ansicht bin ich auch. Aber man kann doch über solche Fragen reden. Solche Frage ist doch ein Stück Leben. Und weil wir schon drüber reden, will ich euch die Antwort geben. Ich will euch eine Geschichte erzählen ... Es war einmal ein Mann. Kein besonderer Mann. Kein Führer. Einer aus der Masse. Ein Arbeiter. Es war ein Freund von mir. Ich mochte ihn gern. Mit zwanzig Jahren verheiratete er sich. Seine Frau hatte er in der Fabrik kennengelernt. Es war ein stattliches Paar. Ich freute mich immer, wenn ich die beiden sah. Sie ein zartes Frauchen, er ein Kerl wie aus Stahl ... Wohl noch kräftiger als ich ... Und was er stolz war auf seine Kraft ... Als der große «Heldenkrieg» ausbrach, zogen sie ihn ein. Als Infantristen. Kinder hatte er keine. Dazu langte der Lohn nicht. Als er noch zu Hause war, hatte er sein Weib lieb, das versteht sich. Aber erst da draußen im Feld glaubte er sie zu sehen wie sie war. So gut ... so lieb ... ihm wurde warm ums Herz, wenn er an sein Weib dachte. Er dachte immer an sie. Ein großer Wunsch kam so allmählich in ihm auf: Ein Kind! Nein, zwei ... drei ... vier ... fünf Kinder! Jungens! Mädels! Was mußte sein Weib für eine Prachtmutter werden! Vergessen war, wie es wirklich in einer Arbeiterfamilie ausschaut, wenn viele Kinder da sind. Was wußten wir vom Leben, von der Natur, von der Erde, vom Wald! Wir lebten die Woche in der Fron. Und sonntags gingen wir in ein dumpfiges Kino und sahen uns verlogene Bilder an. Vom reichen Schloßherrn, der ein armes Mädchen aus dem Straßenschmutz zu sich heraufzog und anderes dummes Zeug. Herrgott, was führten wir denn für ein Leben! Ein Ersatzleben wars, aber kein Leben! Ein Maschinenleben! ... Einmal in der Schlacht bekam er einen Schuß. Einen Heimatschuß, dachte er, und war ganz glücklich. Er hatte nämlich noch keinen Urlaub. Als er im Lazarett aufwachte, betastete er seinen Körper. Er fühlte einen Verband am Bauch. Aha, dachte er, ein Bauchschuß. Da hörte er aus dem Nachbarbette eine Stimme: «Unser Eunuch wird auch schon wach. Der wird staunen, wenn er sieht, wie sie ihn zugerichtet haben.» Meinen sie mich, dachte er. Warum sagen sie Eunuch? Ganz steif blieb er liegen. Schloß schnell wieder die Augen. So schließt man wohl die Augen, wenn man etwas Unangenehmes sehen soll. Die Nacht schlief er nicht. Am nächsten Morgen erfuhr ers. Erst brüllte er, brüllte tagelang ... wie ein gestochener Eber ... Aber da plötzlich merkte er, daß sein Brüllen ein schrilles Fisteln war. Und da verstummte er wieder. Er wollte an seine Frau denken. Aber wenn er das zu tun versuchte, schloß er gleich wieder die Augen und legte sich steif hin, als ob er ohne Bewußtsein wäre, wie ers am ersten Tage nach der Operation getan hatte ... Er wollte sich aufhängen. Ihm fehlte die Courage ... Er kam nach Haus. Er kam zuerst zu mir. Wir waren gute Freunde. Was sollte er tun? Wie es seiner Frau sagen? Mir wurde es unbehaglich. So einer bist du jetzt, dachte ich, so einer ... Ich hatte Mitleid mit ihm, allein ich hatte auch ein bißchen Widerwillen gegen ihn. Wenn ich es mir überlegte, fand ich seine Lage ... lächerlich. Ich wußte keinen Rat. Ich beobachtete ihn. Ich beobachtete seine Frau. Ich sah, wie er litt. Doch was sehen wir voneinander? Da sitzt du, und da sitz ich. Ich sehe dich. *Wie* sehe ich dich? Ein paar Handgriffe sehe ich, und ein paar Worte höre ich. Das ist alles ... Nichts sehen wir voneinander ... nichts wissen wir voneinander ... *Ausbrechend.* Er muß durch die Hölle gegangen sein! Er muß geblut haben, geblut! und geblut! ... Daß er leben konnte, es war ein Wunder ... Aber eines Tages kam er zu mir, und ich merkte gleich, er sah schöner aus. Man sagt es nicht von einem Mann, daß er schöner aussieht, doch es war so. Man hatte das Gefühl, er sei ein ganz anderer, einer, der reich ist, einer, der glücklich ist. Und der Grund? Sein Weib verachtete ihn nicht, sein Weib haßte ihn nicht, sein Weib verlachte ihn nicht ... Sie konnte tun, was sie wollte, sie war ein gesundes Weib und er ein kranker Mann ... Aber er wußte, sie hatte ihn lieb, trotz allem. Das Weib hatte ... wie soll ich es nur sagen ... man sollte es nicht für möglich halten ... Das Weib hatte .. seine Seele lieb.

Stille.

Paul Großhahn, der merklich berauscht ist, tritt ein.

PAUL GROSSHAHN: 'n Abend! Was hier eine Stille ist bei euch! Musik! Musik!

Paul Großhahn wirft ein Geldstück in den Musikautomaten. Der Musikautomat geigt, grölt, klappert, trommelt einen Militärmarsch. – Paul Großhahn hat sich an den Tisch von Hinkemann gesetzt.

PAUL GROSSHAHN: 'n Abend, Eugen!

HINKEMANN: 'n Abend.

PAUL GROSSHAHN *mit der schweren Zunge des Betrunkenen:* Daß deine Grete dich gehen ließ ... du ... haha ... du deutscher Held!

HINKEMANN: Was heißt das?

PAUL GROSSHAHN: Du fleischgewordene deutsche Kraft! Haha! Frißt Ratten und Mäuse bei lebendigem Leibe! Haha!

HINKEMANN: Woher weißt dus, Paul? Sprich leise ... Es ist so furchtbar, was ich tue. Mit Worten läßt sich das nicht sagen. Furchtbarer ist es, als wenn ich mir selbst die Schlagader durchbeißen müßte. Es gibt Taten, die niemals getan werden dürfen. Und doch tue ich eine solche Tat ... Wie soll ich es dir erklären? ... Die Grete ist kränklich! Unterstützung reicht nicht aus. Ich kann ja nichts dafür, daß wir arbeitslos sind. Aber weißt du, Frauen fassen leicht einen Haß gegen den Mann, wenn ihnen das Nötige fehlt. Das brauchts doch nicht. Und darum ... Du wirst Grete nichts erzählen, gib mir dein Wort, gib mirs.

PAUL GROSSHAHN: Das geb ich dir.

HINKEMANN: Grete ist so eigentümlich. Wenn sie hört, daß ich Rattenblut und Mäuseblut schlucke ... ich weiß nicht ... es würde sie ekeln.

PAUL GROSSHAHN *plötzlich, in ehrlicher Entrüstung:* Du ... das mit dem stärksten Mann, das mit dem deutschen Held ist Schwindel. Wenn die Polizei man nicht dahinter kommt!

HINKEMANN *mißtrauisch:* Wie meinst du das?

PAUL GROSSHAHN: Wie ich das meine? Wie das ist! Warum ich dir mein Wort geben kann, will ich dir auch sagen. Grete hat dich nämlich schon gesehen.

HINKEMANN *erregt:* Was hat sie gesagt? Hat sie geweint? ... Sprich ... sprich ...

PAUL GROSSHAHN: Geweint? Da ist den Teufel was zu weinen! Sie hat gelacht! Erst hat sie sich geekelt ... dann hat sie gelacht ...

HINKEMANN *fassungslos:* Erst hat sie sich geekelt, dann hat sie gelacht ... Ge ... gelacht ... ge ... lacht ... hahaha ... gelacht ...

PAUL GROSSHAHN: Soll man nicht über einen lachen, der ... der ... haha ... der sich als stärkster Mann ausgibt und ist doch gar kein Mann! Ist doch gar kein Mann!

HINKEMANN *wieder sehr ruhig:* Wer ... wer hat dir das gesagt?

PAUL GROSSHAHN: Wer? Grete.

HINKEMANN: Wann?

PAUL GROSSHAHN: Vor der Bude.

HINKEMANN: Wie kommt ihr vor die Bude?

PAUL GROSSHAHN: Soll das junge Weib wie eine Nonne leben? Wie wir vor die Bude kamen – was das für eine Frage ist! Schämen sollst du dich!

HINKEMANN: Schämen? Ich mich schämen?

PAUL GROSSHAHN: Vielleicht ich? Oder Grete? Wer gibt dir das Recht, deine Frau zu behalten? Überhaupt ist das ein gesetzlicher Scheidungsgrund! Sogar für die katholische Kirche, die sonst sowas wie Ehescheidung nicht kennt.

HINKEMANN *ruhig, bitter lächelnd:* Siehst du, das hatte ich ganz vergessen. Erst schickt mich das Vaterland hinaus und läßt mich zum Krüppel schießen. Und weil ich ein Krüppel bin, hat meine Frau den gesetzlichen Ehescheidungsgrund. Das hatte ich vergessen, daß die Welt so eingerichtet ist ... Und was willst du tun ... ich meine mit Grete?

PAUL GROSSHAHN: Was geht es dich an?

HINKEMANN: Du hast recht. Eigentlich geht es mich nichts an. Ich bin ein gesetzlicher Ehescheidungsgrund, so wie ich da sitze ... Aber nehmen wir mal an, Grete sei ein fremdes Weib und ich dein Freund. Was hast du vor?

PAUL GROSSHAHN *stier:* Mein Vergnügen.

HINKEMANN: Grete ist doch keine Hur ... Ich meine ... wir können das ruhig annehmen, es wird auch so kommen ... Der Mann gibt die Grete frei. Willst du sie als dein Weib nehmen?

PAUL GROSSHAHN: Das will sie gar nicht. Die sucht auch nur ihr Vergnügen. Daß dus weißt. Und wenn sie bei mir nicht genügend Vergnügen findet, dann lasse ich sie auf'n Strich gehen ... dann fahr ich zweispännig.

HINKEMANN *leise, doch in geballtem Zorn:* Du ... Du Lump du!

PAUL GROSSHAHN: So ... so ... ein Lump bin ich ... Du glaubst wirklich, ich laß sie auf'n Strich gehen! Und du nennst dich mein Freund!

MAX KNATSCH: Was habt ihr denn? Warum zankt ihr euch im Wirtshaus? Zankt euch zu Hause mit euern Frauensleuten!

PAUL GROSSHAHN: Wir zanken uns nicht, wir lachen nur.

MAX KNATSCH: Dann möchte ich hören, wenn ihr euch zankt.

PAUL GROSSHAHN: Wir waren nämlich auf dem Rummel und haben ...

HINKEMANN *packt Großhahn am Arm:* Paul ... nicht um meinetwillen, um Gretes willen, schweig!

PAUL GROSSHAHN: ... und haben da den stärksten Mann von der Welt gesehen. Ein Bärenkerl! Der fraß Ratten und Mäuse bei lebendigem Leibe ...

MAX KNATSCH: Nur Europäer können an sowas Gefallen finden!

PAUL GROSSHAHN: Und als ich den Kerl so richtig betrachte, da erkenn ich ihn und lache laut auf: Der stärkste Mann der Welt war ein Bekanter von mir, dem sie beide ... *Gebärde* piff! paff! ... es war gar kein Mann mehr, es war ein Eunuch!

Alle, auch Sebaldus Singegott, auch Michel Unbeschwert, lachen wiehernd auf. Das Lachen bannt Hinkemanns weit aufgerissene wunde Augen.

PAUL GROSSHAHN *in das Lachen der anderen hineinschreiend*: Es war ...

In diesem Augenblick steht Hinkemann von seinem Stuhl auf. Er steht im Kern einer Lichtgarbe.

HINKEMANN *anfangs schwerfällig und trotz seiner Leidenschaft nach Worten suchend, zum Schluß in der Wucht großer Einfachheit:* Es war Eugen Hinkemann! Nun lacht ihr doch! Alle, alle lacht ihr! Wie das Weib gelacht hat! Lacht nur weiter! So ein Schauspiel habt ihr noch nie erlebt! Sehr her, hier steht ein leibhaftiger Eunuch! Wollt ihr mich singen hören? *Mit Fistelstimme singend.* «Warum denn weinen, wenn man auseinander geht» ... Sing ich nicht so gut wie ein geblendeter Distelfink? ... Ihr Toren! Was wißt ihr von der Qual einer armseligen Kreatur? Wie müßt ihr anders werden, um eine neue Gesellschaft zu bauen! Bekämpft den Bourgeois und seid aufgebläht von seinem Dünkel, seiner Selbstgerechtigkeit, seiner Herzensträgheit! Einer haßt den andern, weil er in ner anderen Parteisekte ist, weil er auf'n andres Programm schwört! Keiner hat Vertrauen zum andern. Keiner hat Vertrauen zu sich. Keine Tat, die nicht erstickt in Hader und Verrat.

Worte habt ihr, schöne Worte, heilige Worte vom ewigen Glück. Die Worte sind gut für *gesunde* Menschen! Ihr seht eure Grenzen nicht ... es gibt Menschen, denen kein Staat und keine Gesellschaft, keine Familie und keine Gemeinschaft Glück bringen kann. Da wo eure Heilmittel aufhören, da fängt unsere Not erst an.

Da steht der Mensch allein
Da tut sich ein Abgrund auf, der heißt: Ohne Trost
Da wölbt sich ein Himmel, der heißt: Ohne Glück
Da wächst ein Wald, der heißt: Hohn und Spott
Da brandet ein Meer, das heißt: Lächerlich
Da würgt eine Finsternis, die heißt: Ohne Liebe
Wer aber hilft da?

Einige Sekunden Stille.

Hinkemann taumelt zur Tür hinaus.

MAX KNATSCH: Wohin läufst du?

HINKEMANN *als ob ein Gesicht seine Stimme verzerrte:* Gelacht hat das Weib!

Die nächste Szene spielt sich rasch ab. Die Bühne im Zwielicht. Die einzelnen Gestalten nur in ihren Konturen zu erkennen.

MICHEL UNBESCHWERT *stürzt zur Tür hinaus:* Hinkemann! Hinke-

Mancher, der ein Buch liest, murrt . . .

... wenn er Werbung findet, wo er Literatur suchte. Reklame in Büchern!!!? Warum nicht auch zwischen den Akten in Bayreuth oder neben den Gemälden in der Pinakothek?

«Rowohlts Idee mit der Zigarettenreklame im Buch (finde ich) gar nicht anfechtbar, vielmehr sehr modern. Hauptsache, es hat Erfolg und nützt dem Buch, was die deutsche Innerlichkeit dazu sagt, ist allmählich völlig gleichgültig, die will ihren Schlafrock und ihre Ruh und will ihre Kinder dußlig halten und verkriecht sich hinter Salbadern und Gepflegtheit und möchte das Geistige in den Formen eines Bridgeclubs halten – dagegen muß man angehen ...»

Das schrieb Ende 1950 – Gottfried Benn.

An Stelle der «Zigarettenreklame» findet man nun in diesen Taschenbüchern Werbung für Pfandbriefe und Kommunalobligationen. «Hauptsache, es hat Erfolg und nützt dem Buch.» Und es nützt auch dem Leser. (Für die Jahreszinsen eines einzigen 100-Mark-Pfandbriefs kann man sich beispielsweise zwei Taschenbücher kaufen.)

mann! ... Fort ... Wenn man nur geahnt hätte ... Die Schandwelt ist schuld, in der wir leben!

SEBALDUS SINGEGOTT *ekstatisch:* Ich habe das himmlische Licht ausgelöscht! Ich habe einen Menschen am Kreuz verhöhnt!

PAUL GROSSHAHN *weinerlich lallend:* Da muß man ihm doch zu Hilfe kommen ...

PETER IMMERGLEICH: Daß dus weißt, Großhahn ... Du bist ein Schuft!

MAX KNATSCH *mit hartem Ruck aufstehend:* Alles ist einfach! Nichts ist einfach! ... Zahlen, Frau Heinrich!

Vorhang.

DRITTER AKT

ERSTE SZENE

Angedeutet: Eine Straße im Westend. Dämmerung. Nach Aufgehen des Vorhangs sieht man im Vordergrund Hinkemann an eine Laterne sich klammernd. Ein kleiner Junge tritt an Hinkemann heran.

KLEINER JUNGE: Schwester dreizehn Jahre alt.

HINKEMANN *wie abwesend:* Das kann wohl sein.

KLEINER JUNGE: Schwester schön. Schwester erst dreizehn Jahre alt.

HINKEMANN *mechanisch:* Hast du Hunger?

KLEINER JUNGE: Schwester hat ein extra Zimmer. Schwester erst dreizehn Jahre alt.

Hinkemann kauft von einer Waffelverkäuferin Waffeln. Gibt sie dem Jungen.

HINKEMANN: Deine Schwester ist erst dreizehn Jahre alt ... Und wie alt bist du?

KLEINER JUNGE: Sieben Jahre ... *Beginnt die Waffeln zu essen.* Dank auch schön ... Aber mit Ihnen zu reden hat keinen Zweck ... Ach, Sie sind so dumm ... Sie verstehen mich ja nicht ...

Der kleine Junge läuft fort. Die Laternen erhellen sich. Verkehr auf der Straße. Es kommt der Budenbesitzer im Frackpaletot und Zylinder, leicht angeheitert.

BUDENBESITZER: Was denn? Das ist doch ... das ist doch Hinkemann. Hallo Hinkemann! Stellen Sie sich nicht so öffentlich auf die Straße. Raritäten dürfen sich nicht profanieren. Mann wie Sie darf nicht ohne Entrée genossen werden. Nummer wie Sie! Mit Ihrer Nummer wird Europa erobert! Mit Ihrer Nummer wird Amerika zum zweitenmal entdeckt ... Was glotzen Sie denn so! Stehen ja da wie'n Gespenst.

Hinkemann: Herr Direktor ... Der Mord ist wieder in der Welt! Herr Direktor, sehen Sie sich doch um! Sehen Sie sich doch um! Ich bin nämlich auch sehend geworden, Herr Direktor. Mir haben sie den Star gestochen! Das grelle Licht! Nacht! Es werde Nacht! Es werde Nacht!

Budenbesitzer: Mann, kommen wohl aus Schnapsbudike? Fusel wirkt! Hinkemann, aufgepaßt! Rat erfahrenen Mannes! Lieber eine Flasche Wein als fünf Liter Fusel. Ganz gutes Geschäft für Besitzer, so'ne Schnapsbudike, aber verteufelt schlechter Handel für Kunden.

Hinkemann: Nee, Herr Direktor, der Besuch hat sich gelohnt. Mir haben sie den Star gestochen. Ich bin sehend geworden! Bis auf den Grund sehe ich! Bis auf den nackten Grund. Die Menschen sehe ich! Die Zeit sehe ich! Herr Direktor, der Krieg ist wieder da! Die Menschen morden sich unter Gelächter! Die Menschen morden sich unter Gelächter!

Budenbesitzer: Na denn schön, wenn Sie sehend geworden sind. Dann müssen Sie auch sehen, daß kein Mensch mehr an Krieg denkt. Mit Kriegsgreuel-Panoptikum verdienen Sie heute keine zehn Pfennig mehr. Aus! Jetzt ist Kultur Trumpf in Europa! Hundertprozentig kann man dran verdienen! Wie das sich wieder regt. Wie das tanzt und juchzt und sich auf Schenkel klatscht! Machen Sie nur Augen auf. Man muß was leisten! Leistung! Das ist Schlüssel zu unserer Zeit! Gleichgültig was! Weltboxer! Volksführer! Valutaschieber! Wettbankdirektor! Sechstagerenner! Borgeschgeneral! Shimmytänzer! Fachminister! Revancheagitator! Sektfabrikant! Prophet! Meistertenor! Völkischer Wotanidenhäuptling! Judenfresser! Geschäft blüht! Man muß Konjunktur ausnützen! Selbst mit schwarzer Schmach kann man sich heute gesund machen! Nötige Quantum Ethos bekommt man gratis geliefert. Haha! Mal in Hamburg ne Negerin gekitzelt ... Rasse, sage ich Ihnen! ... Also morgen wieder pünktlich!

Hinkemann: Herr Direktor, damit ist es aus.

Budenbesitzer: Er macht Witze! Köstlich! Jetzt wo Sie so schön im Zug sind! Jetzt wo Sie's nach Musik machen können. *Singend.* «Treulich geführt» ... ratsch! Den ersten Biß! ... *Singend.* ... «Ziehet dahin!» ... meine Herrschaften, hier wird Blut geleckt! ... *Singend.* «Wo euch der Se-e-egen der Liebe bewahr» ... Wer will noch mal, wer mag noch mal? ... Homunkulus, Katzenjammer ausgeschlafen!

Hinkemann: Nichts für ungut, Herr Direktor ... ich kann nicht mehr kommen ... Ich habe auch noch Vorschuß, Herr Direktor. Es muß alles geordnet werden ... Mir soll man nicht nachsagen, daß ich fremde Menschen um Geld betrogen habe. Alles muß seine Ordnung haben.

Budenbesitzer: Was? Ihr Spleen da ist Ernst? Nee, Freundchen, Spaß bleibt Spaß, und Ernst bleibt Ernst. Wer hat Kontrakt unterschrieben für die ganze Saison? Sie oder ich? *Brutal.* Mann, ich lasse Sie durch Polizeigewalt zur Arbeit zwingen. Mann, Kontrakt: das Fundament bürgerlicher Gesellschaft. Mann, Sie tasten heiligste Güter der Nation an. Mann, Staatsmacht steht hinter mir. Da wird nichts draus, Mann! Entweder Sie sind morgen pünktlich zur Stelle oder Sie kommen per Polizeischub. *Die Stimme verändernd.* Keine Sperenzchen, Hinkemann, ich meins gut. Ich will Sie vorm Gefängnis bewahren.

HINKEMANN: Sehen Sie, Herr Direktor, Sie sprechen vom Gefängnis. Die Ratten und Mäuse, denen ich die Kehle durchbeißen mußte, sitzen im Gefängnis, bevor sie aufs Schafott kommen. Und manche Menschen sind in Freiheit und sitzen doch im Gefängnis und haben nichts verbrochen ... wie die Tiere im Käfig. Ist ein vergittertes Fenster und läßt kein Licht rein. Sind Mauern, daran stirbt das Leben. Sind Ketten, die wachsen ins Fleisch. Mich können Sie nicht schrecken, Herr Direktor. Und überhaupt, Herr Direktor ... *Schreiend, haßerfüllt.* Sie ... Sie sind der Satanas! Der Satanas sind Sie! Sie füttern die Menschen mit Blut! Sie nehmen den Menschen die Scham! Ich ... ich ... och ich ... aber werden andere kommen, die werden Sie! die werden Sie!! ... Wissen Sie auch, daß es eine Frau gibt, die lachte über Homunkulus? Und die Frau ist meine Frau. *Verbissen.* Hat am längsten gelacht, das Weib. Wird jetzt weinen, das Weib. Aber ... Wachs ist in den Ohren, Wachs ... aus Gelächter geknetet und aus Spott.

BUDENBESITZER *verdutzt:* Seh sich einer das an! Tapert Kerl die Zeit umher, als ob er keine drei Silben sprechen könnte, und jetzt hält er Hetzreden! ... Was tu ich? Was bin ich? Ich nütze dem Staat wie jeder solide Geschäftsmann ... *Jovial.* Sind ja nicht ernst zu nehmen, Hinkemann. Sind ja berauscht, Hinkemann. Morgen sprechen wir uns wieder. Rin ins Vergnügen und gestrampelt! Oder man kommt unter die Räder. Mensch mit Ihren Talenten! ... Auf morgen, Sie Clou der Saison! Auf morgen!

Der Budenbesitzer geht davon.

HINKEMANN *allein:* Morgen ... wie er das sagt ... Morgen. Als ob es ein Morgen geben müßte. O ich sehe! ich sehe! O das Licht! O meine Augen ... meine Augen ...

Hinkemann bricht zusammen.

Das Folgende muß sich wie ein Traumalb Hinkemanns abspielen. Alle Gestalten scheinen Hinkemann zu bedrängen und, vom Dunkel aufgesaugt, sich von ihm zu lösen.

Von allen Seiten kommen, konzentrisch angerückt, etliche einarmige und einbeinige Kriegsinvaliden mit Leierkästen. Unbekümmert singen sie das folgende Soldatenlied:

Plötzlich bleiben sie stehen. Schlag auf Schlag ruft einer nach dem andern: Mein Revier!

Nicht einer macht Miene, in eine andere Richtung zu gehen. Alle zusammen brüllen: Mein Revier!

Einige Sekunden Stille. Da keiner weicht, setzen sich alle, wie auf einen Befehl hin, wieder singend und spielend in Bewegung und marschieren aufeinander los. Als ob sie, revolutionsentflammt, eine Barrikade der Reaktion stürmen wollten, singen sie, dabei fanatisch orgelnd, das Lied:

«Nieder mit die Hunde, nieder mit die Hunde,
Nieder mit die Hunde von der Reaktion!»

Die Leierkästen rumpeln unter Getöse gegeneinander. Vom Aufprall zurückgeschleudert, marschieren die Männer von neuem aufeinander los. Einige Polizisten kommen gelaufen. Man hört die Rufe der Polizisten:

Ruhe und Ordnung!

Staatsautorität!

Alte Soldaten!

Jähe Stille, als ob ein wohlvertrauter Laut, der Ruhe heischt, an die Ohren der Invaliden drang. Militärische Kehrtwendung! Nach den verschiedensten Richtungen, aber immer im gleichen Radius, marschieren die Invaliden in strammer Haltung davon. Dabei dudelnd und martialisch singend:

«Siegreich wolln wir Frankreich schlagen . . .»

Zeitungsjungen laufen über die Bühne.

ERSTER ZEITUNGSJUNGE: Extrablatt! Große Sensation! Eröffnung der Viktoriabar! Nackttänze! Jazzband! Französischer Sekt! Amerikanische Mixer!

ZWEITER ZEITUNGSJUNGE: Abendausgabe des Generalanzeigers! Letzte Sensation! Judenpogrome in Galizien! Brand der Synagoge! Tausend Menschen bei lebendigem Leibe verbrannt!

EINE STIMME: Bravo! Alle Juden nach Galizien!

DRITTER ZEITUNGSJUNGE: Tria Trei! Schönste Filmdiva des Kontinents! Tria Trei spielt Hauptrolle im Verbrecherdrama ‹Lustmörderin der vierzig Männer›! Sensationell! Brutal! Peitscht Gefühle!

VIERTER ZEITUNGSJUNGE: Pest in Finnland! Mütter ertränken ihre Kinder! Sensationelle Berichte! Rebellion des Proletariats! Unsere Regierung entsendet Hilfe zur Aufrechterhaltung Ruhe und Ordnung! Hundert Panzerautos auf Weg nach Finnland!

FÜNFTER ZEITUNGSJUNGE: Neuer Geist in Deutschland! Wiedererwachen sittlichen Empfindens! Unsere Zeit im Zeichen Christi! Aufführung rührenden Filmdramas ‹Passion unseres Herrn Jesu Christ›! Berühmte Glin Glanda Hauptrolle Heiland! Film kostete zweihundert Millionen Mark! Als Einlage Boxkampf zwischen Carpentier und Dempsey!

SECHSTER ZEITUNGSJUNGE: Größte Erfindung zwanzigsten Jahrhunderts! Levizit! Wunder der Technik! Unerhörtes Giftgas! Fliegergeschwader imstande, größte Stadt mit Menschen und Tieren vom Erdboden zu tilgen! Erfinder zum Ehrenmitglied der Akademien aller Länder ernannt! Vom Papst in Adelstand erhoben!

SIEBENTER ZEITUNGSJUNGE: Dollar sinkt! Dollar sinkt! Geburtenzuwachs in Aussicht! Letzte Berechnungen Statistischen Amts! Großer Jubel bei Bevölkerungsprofessoren!

ACHTER ZEITUNGSJUNGE: Wettbank fürs arme Volk! Hundert Prozent Dividende! Lösung der sozialen Frage! Lösung der sozialen Frage!
Zwei alte polnische Juden gehen über die Bühne.

ERSTER JUDE: Was soll ich Ihnen sagen? Se haben uns geschlagen, se haben uns gerissen aus de Betten bei schwarzer Nacht, se haben genommen unsere Frauen und Mädchen ... Gott hat uns geschlagen mit Leiden.

ZWEITER JUDE: Wie heißt Leiden? Wir sind das auserwählte Volk! Heißt mer ä auserwähltes Volk! Auserwählt! Auserwählt fir Leiden! Was fir ä gute Gnade hat uns gegeben Gott!
Vorüber.

EIN LIEBESMASCHINCHEN: Er war so nett, so naiv ... da blieb ich die ganze Nacht ... ich habe mich mit den paar Mark begnügt ...

IHR KONTROLLZÄHLER: Paar in die Fresse, wenn du nächstes Mal wieder wie ne Pastorentochter bloß aus Liebe ...

LIEBESMASCHINCHEN: Aber wo ich doch krank bin ...
Vorüber.

DIE ALTE WAFFELVERKÄUFERIN: Verleumden Sie nicht den neuen Messias, lieber Herr, verleumden Sie ihn nicht. Er gibt uns alten Weibern die Hoffnung wieder. Die Morgenröte geht auf. Das verheißene Zionsreich ist nahe.

KÄUFER: Und nimmt Ihnen Ihre letzten Spargroschen.

DIE WAFFELVERKÄUFERIN: Was liegt daran, lieber Herr, was liegt an dem Papierplunder. Kann es einem alten Wrack wie mir noch viel schlechter gehen? Mich schrecken die Plagen dieser Welt nicht. Ich habe sie gekostet bis zur Neige. Oh, meine Seele dürstet nach Erlösung. Ich weiß, daß das Zionsreich nahet ...

Vorüber. Ein Händler drängt sich an einen Stehumlegekragen mit Monokel.

HÄNDLER: Neuestes Mittel gegen Männerschwäche «Der Mensch ist jut».

STEHUMLEGEKRAGEN MIT MONOKEL: Äh ... ich frequentiere «Jemeinschaft».

HÄNDLER: Wird nicht mehr fabrizeirt. Hat sich als unrentabel erwiesen. Eiweißloser Zimt. «Jemeinschaft» heute Schutzmarke für Stiefelwichse.

Vorüber.

RUFE: Hier liegt ein Mann! — Ein Schlaganfall! — Polizei!

EINE STIMME: Das ist Homunkulus vom Rummelplatz! Das macht das viele Rattenblut! Das ist kein Wunder nicht!

EIN GUMMIKNÜPPEL: Wohl so'n Spartakistenbiest ... In Mittelborussien ... äh ... kurzer Prozeß ... dem Aas einen Revolver in die Hand gedrückt ... Mußte sich erschießen oder eins mit dem Kolben! Vorher auf Befehl ‹Deutschland, Deutschland über alles› ... Hähähä ... Gesindel muß wieder parieren lernen ... Stiebel ins Genick ...

EIN FLAMMENWERFER: Unser Freikorps auch nie Jefangene gemacht. Befehl: Auf den nächsten Acker ... Tritt auf die Zehen, daß er aufsprang ... eins in den Dez ... nachher eben Fluchtversuch gewesen ...

Von allen Seiten laufen Straßendirnen herbei.

ERSTE DIRNE: Homunkulus kann bei mir schlafen. Bringen Sie ihn zu mir. Ich geb ihm Wein, da erholt er sich.

ZWEITE DIRNE: Nein ... zu mir bringen Sie ihn!

DRITTE DIRNE: Zu mir! Zu mir!

VIERTE DIRNE: Du olle Nutte! Zu dir am allerletzten! Du hast ja nich mal ein Kontrollbuch nich! Mach du, daß du dich schwingst!

Dritte und vierte Dirne prügeln sich. Aus einer Nebenstraße gewittert Militärmusik. Erst Trommeln und Pfeifen. Dann Blasmusik mit großen Pauken. Präsentiermarsch.

GEKREISCH: Soldaten! Soldaten! Hurra! Hurra!

Alle verlassen Hinkemann und rennen fort. Die Straße ist völlig leer. Selbst die Laternen sind ob des Soldatenereignisses klein und dunkel geworden. Die Militärmusik verklingt in der Ferne. Hinkemann erhebt sich.

HINKEMANN: Und über mir der ewige Himmel ... Und über mir die ewigen Sterne ...

Bühne verdunkelt sich.

Angedeutet: Wohnung Hinkemanns. Max Knatsch steht wartend am Tisch. Hinkemann kommt, in der Hand einen eingewickelten Gegenstand. Seine Augen haben einen fiebrigen Glanz, seine Gesten sind im Gegensatz zu früher fahrig.

MAX KNATSCH: Ich hab auf dich gewartet, Hinkemann ... Ich wollte dir die Gründe sagen, warum ...

HINKEMANN: Hats nicht nötig, Herr Nachbar. Gründe überzeugen nicht. Hier beweist das Gefühl ... Weißt du, was ich hier in der Hand trage?

MAX KNATSCH: Wie sollte ich ...

HINKEMANN: *Den* Grund! Keine Gründe! *Den* Grund! Ich bin an einem Schaufenster vorübergegangen, und wie ich hineinblicke, weiß ich nicht, ob ich auflachen soll oder aufweinen. Ich mache meine Augen zu, weil ich denke, ich träume vielleicht. Als ich sie wieder aufmache, liegt das Ding immer noch im Schaufenster. Ich gehe in den Laden und frage, warum sie das ins Schaufenster tun. Das ist ein Priapus, sagt der Verkäufer. Und als ich nicht verstehe, meint er, den hätten die alten Griechen und Römer als Gott angebetet. Wohl die Frauen, frage ich. Nein, antwortet der Mann, Frauen und Männer. Ob er verkäuflich wäre? Ja. Auf Abzahlung? Abzahlungsgeschäfte kennten sie nicht. Ich entschuldige mich, man ist das so gewohnt als Arbeiter. Ich habe meine Uhr dagelassen und habe den Gott erstanden.
Hinkemann hat aus der Papierhülle einen kleinen erzenen Priap entnommen. Stellt ihn auf den Herd. Zündet eine Kerze an und stellt sie daneben.

MAX KNATSCH *gutmütig zuredend:* Du fühlst dich nicht wohl, Hinkemann ... man siehts dir an ... Du bist krank ...

HINKEMANN: Sehr wohl.

MAX KNATSCH: Weißt du ... ich meine doch ... ich bleibe bei dir, bis deine Frau kommt.

HINKEMANN: Wenn zwei übers Kreuz ... stirbt ein Jud.

MAX KNATSCH: Wie meinst du das?

HINKEMANN: Gleich! Hast du schon mal Menschen auf der Straße gesehen?

MAX KNATSCH: Komische Fragen legst du einem vor.

HINKEMANN: Immer geht man durch die Straßen wie ein Blinder. Und auf einmal *sieht* man. Knatsch, es ist furchtbar, was man sieht. Die Seele sieht man. Und weißt du, wie die Seele ausschaut? Nichts Lebendiges ists. Die eine Seele ist ein Speckgenick, die zweite eine Maschine, die dritte ein Kontrollzähler, die vierte ein Stahlhelm, die fünfte ein Gummiknüppel ... Hast du schon mal einem Distelfinken die Augen geblendet? *Ohne Knatschs Antwort abzuwarten.* Die Sünden der Mütter rächen sie bis ins vierte Glied. Heißt es nicht so? ... Gute

Nacht, Knatsch. Nichts für ungut ... Ich weiß schon, ich weiß schon ... Der Grund ... Die Gründe ...

MAX KNATSCH: Es wäre vielleicht besser, ich bliebe.

HINKEMANN: Geh nur ... geh nur ... Grete kommt gleich ... Im Wirtshaus, das war nur der Schnaps ...

MAX KNATSCH: Dann ... gute Nacht, Eugen.

HINKEMANN: Gute Nacht, Max ... Eine Frage noch. Wie lange bist du verheiratet?

MAX KNATSCH: Dreiundzwanzig Jahre.

HINKEMANN: Du wolltest dich einmal scheiden lassen?

MAX KNATSCH: Den Gedanken hatte ich wohl. Aber man hat sich aneinandergewöhnt. Die Kinder sind der Kitt.

HINKEMANN: Der Kitt – die Kinder ... Scheidung, das ist Trennung von Bett und Tisch, nicht wahr?

MAX KNATSCH: Es lautet so.

HINKEMANN: Und deine Frau ist fromm?

MAX KNATSCH: Sie versäumt keine Messe ... Was will man tun? Gut, soll sie in die Kirche gehen, wenns ihr Spaß macht ... *An der Tür.* Gute Nacht, Eugen.

Max Knatsch geht. Hinkemann allein.

HINKEMANN: Es ist kein Gott außer dir. Wie sie sich belügen und betrügen und sich weismachen, sie beten den Gekreuzigten an. Zu dir beten sie! Jedes Ave ist dir geweiht, jedes Vaterunser ein Rosenkranz um deine Nacktheit, jede Prozession ein Tanz zu deinen Ehren! Du trägst keine Maske, du hüllst dich nicht in heuchlerische Worte, du bist das A und das O, der Anfang und das Ende, du bist die Wahrheit, du bist der Gott der Völker ... Du hast deinen Knecht verstoßen, mein Gott, aber dein Knecht hat dir einen Altar errichtet ... Ha, ich glaube, er lacht! Lach zu, lach immer zu! Die Menschen haben über mich gelacht und hatten keinen Grund. Nun lache du ... immerzu! Du hast das Recht zu lachen.

Geräusch auf der Treppe.

HINKEMANN: Grete kommt ... Es wird Nacht, und blind werden meine Augen ...

Die alte Frau Hinkemann tritt ein.

DIE ALTE FRAU HINKEMANN: Guten Abend.

HINKEMANN: Du bists ... Guten Abend, Mutter. Was führt dich her zu dieser späten Stunde? Seit wann gehst du am Abend auf die Straße? Lockt dich die warme Sommernacht? ... Die Schwalben flogen heute tief. Es wird Gewitter geben.

DIE ALTE FRAU HINKEMANN: Er ist zurückgekommen.

HINKEMANN: Wer?

DIE ALTE FRAU HINKEMANN: Der Vater.

HINKEMANN: Welcher Vater?

DIE ALTE FRAU HINKEMANN: Dein Vater.

HINKEMANN: Mutter, was redest du? Mein Vater ist gestorben, als ich ein halbes Jahr alt war. Wie oft hast du es mir erzählt!

DIE ALTE FRAU HINKEMANN: Ich habe dich belogen. Wohl ist er gestorben. Für mich ist er gestorben. Ein halbes Jahr warst du alt. Ich nährte dich noch an dieser Brust, die welk und runzlig heute ist. Da kam er eines Abends nach Haus. Angetrunken. An seinem Arm ein Weibsbild. Eine, die er auf der Straße aufgelesen hat. «Weib», schrie er mich an, «geh heute zu deinen Eltern und schlafe dort. Ich brauche junges Blut ins Bett. Mich friert bei dir, seit du ein Junges geworfen hast» ... Ich habe ihn angestarrt. Und plötzlich ... da stand nicht mehr mein Mann vor mir, da stand ein Tier, ein fremdes Tier und wollte mir wehe tun und wollte mein Kind mir nehmen. Ein Küchenmesser packte ich und hielt es ihm vor die Brust ... Er lachte mich aus, nahm sein Mensch und ging davon. Er ist nicht wiedergekommen in dieser Nacht. Er kam auch die nächste Nacht nicht wieder. Er hat mich zurückgelassen, als ob er mich nie gekannt hätte. Ich ging auf die Straße ... um Brot zu verdienen für dich. Ich war nicht häßlich in meiner Jugend. Und heute ...

HINKEMANN: Heute?

DIE ALTE FRAU HINKEMANN: Kam er zurück. Verlumpt, zerfleddert, verfilzte Fetzen auf dem verlausten Leib. Aufgedunsen, krank, zitternd tastete er in meine Kammer. Ich habe ihn am Schritt erkannt, als er die Treppe heraufstieg. «Was willst du bei mir nach neunundzwanzig Jahren», fragte ich ihn. «Wirst du mich nicht schlagen?» lallte er wie ein böser Narr. Und dann: «Ich bin zurückgekommen, um bei dir zu sterben.»

HINKEMANN: Und was hast du ihm zur Antwort gegeben, Mutter?

DIE ALTE FRAU HINKEMANN: Er solle sich ausziehen und sich ins Bett legen. Reine Wäsche finde er in der Kommode, warmes Wasser auf dem Herd, Seife in der Schublade.

HINKEMANN: So hast du ihm vergeben, Mutter?

DIE ALTE FRAU HINKEMANN *hart:* Nein, und ich werde ihm nicht vergeben. Ich will ihn pflegen bis an sein Ende. Das ist meine Pflicht als Mensch. Wenn er dann stirbt, will ich ihm die Augen zudrücken, kein Fremder soll es mir tun ... Aber wenn sie ihn im Leichenwagen zum Friedhof hinausfahren, dann will ich die Fenster verhängen und die Türen verschließen und nicht hinter seinem Sarg hergehen. *Triumphierend.* Fremde Menschen sollen ihn begraben! Das wird meine Rache sein für das, was er mir angetan!

HINKEMANN *nach einer Pause:* Was war das Bitterste, Mutter? War es, daß er den Lohn vertrank, während du Hunger littest?

DIE ALTE FRAU HINKEMANN: Nein.

HINKEMANN: War es, daß er eine fremde Straßendirne sich nahm?

DIE ALTE FRAU HINKEMANN: Nein.

HINKEMANN: War es, daß er in dein Bett mit ihr sich legen wollte?

DIE ALTE FRAU HINKEMANN: Nein.

HINKEMANN: So war es, weil er lachte, als deine Seele sich wehrte im großen Schmerz?

DIE ALTE FRAU HINKEMANN: Das war es, Eugen.

HINKEMANN: So tust du recht, Mutter. Ich will den Vater nicht sehen, und ich will wie du nicht hinter seinem Leichenwagen hergehen.

Stille.

DIE ALTE FRAU HINKEMANN: Eugen ... ich brauche einen Anzug für den Vater.

HINKEMANN: Hier nimm mein Sonntagsgewand, Mutter.

Hinkemann entnimmt dem Schrank einen Anzug. Gibt ihn der alten Frau Hinkemann.

DIE ALTE FRAU HINKEMANN: Er wird ihm passen ... Weißt du, der Vater war immer sehr eigen mit seinen Anzügen ... Ist Grete zu Haus?

HINKEMANN: Sie wird wohl bald kommen, Mutter ... Mutter, du trägst dein Leid, und ich trag meins. Du kannst es sagen ... aber ich, ich kann es nicht einmal sagen, ich müßte fürchten, ausgelacht zu werden.

DIE ALTE FRAU HINKEMANN: Jeder muß sein Leid tragen. Es wird ihm nichts geschenkt. Das Leben ist stärker als wir, Eugen. Ich muß nach Haus. Der Vater wird hungrig sein. Gute Nacht.

HINKEMANN: Gute Nacht auch, Mutter.

Die alte Frau Hinkemann geht.

HINKEMANN: Das war das Bitterste, daß er über sie gelacht hat, als ihre Seele wund sich wand in Not. Hast dus gehört, du großer Gott? Bist du zufrieden? Zwei Menschen haben dir geopfert ... Der Vater wurde dein Ritter von der Hurenschleppe, das Weib dein gurrendes Lachtäubchen. Sollen wir Freudentänze aufführen? Befiehl nur! Ich kann alles! Rattenblut trinken für zwanzig Pfennig Eintritt, tanzen für zwei Menschenleben. Hahaha!

Hinkemann beginnt mit schlenkernden Armen, erst langsam, dann in rasendem Tanzrhythmus vor dem Priap von einem Bein auf das andere zu springen.

HINKEMANN: Lustig! Lustig! Hoppla! Hoppla! Immer herein, meine Herrschaften! Kassa! Kassa! Die Menge machts! Hohoho! Hohoho!

Hinkemann sinkt auf einen Schemel nieder. Nach einer Weile tritt Fränze ein.

FRÄNZE: Guten Abend. Grete nicht hier?

HINKEMANN: Nein.

FRÄNZE: Wie du traurig dasitzest ... Die Luft weht süß im warmen Sommerabend ... Ich geh jetzt tanzen ... willst du mitkommen?

HINKEMANN: Du Mensch! Ach so, entschuldige ... ich war mit meinen Gedanken nicht hier.

FRÄNZE: Du, Eugen ...

HINKEMANN: Ja.

FRÄNZE: Du, Eugen ...

HINKEMANN: Sprich!

FRÄNZE: Bist immer noch der Stärkste von allen ... der Schönste ...

HINKEMANN: Und?

FRÄNZE: Ich meine nur so ...

HINKEMANN: Und?

FRÄNZE: Wenn man die Grete betrachtet ... wie die launisch geworden ist ... Ist ja meine Freundin, aber ich beneide dich nicht ... *Nahe bei Hinkemann.* Du, Eugen ... Du, Eugen ... komm doch mit. Sagst nachher der Grete, hättest eine Parteiversammlung gehabt, sagst ... ach, so versteh mich doch!

HINKEMANN: Wollen wir ... wollen wir beisammenbleiben heute nacht? Das meinst du doch? Der Abend ist warm. Auf den Treppengängen stolpert man über brünstige Katzen. Im Stadtpark weht die ... Luft ... süß ...

FRÄNZE: Es ist so warm, daß man auf den Bänken im Stadtpark schlafen kann ... Du, Eugen ...

Fränze schlängelt sich um Hinkemann, küßt ihn. Hinkemann stößt sie fort, lacht laut auf.

FRÄNZE *wütend:* Glaubst du, daß ich dir nachlaufe?

HINKEMANN: Lauf dir nur selber nach, Weibchen. Im Stadtpark laufen viele Männer. Kater und Katzen, Hunde und Hündinnen sind läufig. Die Luft weht süß.

FRÄNZE *keifend:* Ein andermal kommst du zu mir!

Fränze läuft hinaus.

HINKEMANN: Hahaha! Der tote Hinkemann ist noch ein Gott! Auf dem Marktplatz steht ein nackter Bronzemann. Wie Fliegengeschmeiß mögen sie ihn umgirren! ... Immer herein, meine Herrschaften! Sie sehen Überraschungen! ... Und ich soll ein gesetzlicher Scheidungsgrund sein!

Einige Sekunden Stille.

Grete tritt ein.

GRETE HINKEMANN: Guten Abend, Eugen.

HINKEMANN *ohne aufzublicken:* «Da sprach der Herr zu Kain: Wo ist dein Bruder Abel? Er sprach: Ich weiß nicht, soll ich meines Bruders Hüter sein?»

GRETE HINKEMANN: Ich bin es, Eugen.

HINKEMANN: «Er aber sprach: Was hast du getan? Die Stimme deines Bruders Blut schreit zu mir von der Erde.»

GRETE HINKEMANN: Ich habe dir ein paar Blumen gekauft, Eugen ... es ist unser Hochzeitstag heute ...

HINKEMANN: Es gibt Menschen, die haben eine Larve, daß sie über einen lachen können und dann schöntun in einem Atemzug ... Ich danke dir, Grete. Du bist sehr freundlich, Grete. Wie bunt die Astern! Wie wohl einem die Farben tun! Es war schön, unser Hochzeitsfest ... unsere Brautnacht ... es war sehr schön.

GRETE HINKEMANN: Es war Frieden.

HINKEMANN: Ja, und dann war Krieg. Du hast gesagt, ich bin stolz auf dich, daß du bei der Garde dienst. Und als ich in den Krieg zog, hast du geweint. Weintest du aus Freude, daß ich bei der Garde diente?

GRETE HINKEMANN: Was für Hoffnungen wir uns machten!

HINKEMANN: Ja, Hoffnungen so bunt wie die Astern. Aber wenn im Krieg irgendwo in einem Garten Astern blühten und Menschen schossen Granaten in den Garten, dann war es aus mit der Buntheit. Ist bei Pflanzen so wie bei Tieren und bei Tieren so wie bei Menschen. Kein Unterschied ... Ich war ein strammer Kerl und hab gelebt und hab mir keine Gedanken gemacht. Du warst immer eifersüchtig.

GRETE HINKEMANN: Ja.

HINKEMANN *hart:* Aber heut brauchst du nicht mehr eifersüchtig zu sein, heute kannst du ... lachen!

GRETE HINKEMANN *beginnt zu weinen.*

HINKEMANN: Na, lach nur zu! Du weinst? Spiel kein Theater! Lache, Weib, lache! Du hast das Lachen gelernt. Du kannst lachen, wenn einer seine nackte, schwielige Seele in den Straßenkot legt! Spar dir dein Weinen auf! Ach so ... erst muß ich singen! *Singt mit Fistelstimme.* «Vilja, o Vilja, du Waldmägdelein.» Warum lachst du nicht? *Erschöpft.* Ich habe doch auf den Knopf gedrückt.

GRETE HINKEMANN *mit flachen Händen, deren Finger angstvoll gespreizt sind, abwehrend:* Mann, wie du mich anschaust ... Mann, ich fürchte mich vor dir ...

HINKEMANN: Fürchten? Unsinn! Wie kannst du dich vor mir fürchten vor mir, der gar kein ... der gar kein ...

GRETE HINKEMANN *hastig, demütig:* Nein, nein, ich fürchte mich auch gar nicht. Ich habe dich lieb, und wie sollte ich mich da fürchten?

HINKEMANN: Weib, die Wahrheit!

GRETE HINKEMANN: Ich will sie sagen.

HINKEMANN: Ich weiß alles.

GRETE HINKEMANN: Ich war schlecht, Eugen.

HINKEMANN: Du lügst nicht?

GRETE HINKEMANN: Ich war schlecht. Ich bin ein schwaches Weib. Es hat mich überkommen. Ich habe dich liebgehabt und habe dich doch nicht liebgehabt. Es war Unrecht von mir. Ich weiß nicht, ob du mich noch liebhaben kannst ...

HINKEMANN: Daß du mit Paul gingst, wie kann ich da etwas dreinreden? Es war dein gutes Recht, wenn du ihn liebst.

GRETE HINKEMANN *nicht begreifend:* ... So liebst du mich nicht?

HINKEMANN: Weil ich dich liebe.

GRETE HINKEMANN *nicht begreifend:* Nein ... nein ...

HINKEMANN: Aber du mußt schnell gehen, Grete, schnell! ... Oder nein ... ich gehe ... Ich stelle keine Ansprüche. Die Möbel gehören dir. Adschö.

GRETE HINKEMANN: Eugen! O du! ... Du mein lieber armer Mann! Ich habe dich verraten für ein paar Silberlinge ... Ich habe an dir gehandelt wie ein schlecht Mensch!

HINKEMANN: Du! ... Du! ... Du Weib du! Wer hat dich das Lügen gelehrt in diesen letzten Wochen? Oder war ich taub früher? Wußte ich nicht, wer in meinen Wänden wohnt? Hat sich die Natur verkehrt? Einen Schmetterling glaubte ich zu beherbergen, und ward Wurm daraus! Ein Wurm mit Augen, die heucheln können wie eine arme Straßenhure, die so tun muß um ihrer Notdurft willen. *In Raserei.* Faß mich nicht an! Laß meine Hände los! Du magst dich geekelt haben vor meinem zerschossenen Körper, aber jetzt, Weib, jetzt ekle ich mich vor dir! Deine Hände: Kröten, eklig und schleimig! Deine Brüste, deine runden, vollen, kleinen Brüste: wie fauler Schlamm! Dein Mund, dein roter, süßer Mund: eine stinkende Kuhl! Deinen Körper, deinen gesunden Körper, deinen gesunden blühenden Körper ... ich mag ihn nicht mehr sehen! In all seiner Gesundheit verwest er! Wie totes Aas ist er vor meinen Augen!

GRETE HINKEMANN *auf den Knien:* Schelte mich! ... schelte mich! ... schlag mich! ... schlag mich! ... ich habs verdient!

HINKEMANN: Wie du da vor der Jahrmarktsbude standest und hörtest, wie man deinen Mann ausstellte gleich einem wilden Tier ... wie dein Mann kleinen unschuldigen Tieren die Kehle zerbiß ... um Geld zu verdienen für dich! Lebendigen Tieren die Kehle zerbiß! ... Da standest du mit deinem Beischläfer vor der Bude und hast ... gelacht! gelacht!

GRETE HINKEMANN: Das ist nicht wahr ... bei Gott nicht wahr!

HINKEMANN: Ich mag kein Wort mit dir sprechen. Du lügst nicht wie ein Mensch. Du lügst wie ein Teufel. Adschö.

Hinkemann wendet sich zum Gehen.

GRETE HINKEMANN: Sprich, Eugen, sprich ... nur bleib hier ... Ich will alle Schuld auf mich nehmen ... ja, ich habe gelacht vor der Jahrmarktsbude ... ich habe gelacht ... so: Hahahaha! ...

HINKEMANN: Und dafür mußt du sterben, Weib. Nicht dafür, daß du einen anderen nahmst — das war dein Recht ... nicht dafür, daß du mich belogst — das nahmst du dir als Recht ... sterben mußt du, weil du mich verlacht hast vor der Jahrmarktsbude! Eine Mutter kann ihr Kind erwürgen, und keiner braucht einen Stein auf sie zu werfen. Würde sie aber ihr Kind erwürgen und dann höhnisch lachen, weil dem Kind die geschwollene Zunge aus dem Halse hängt ... Qualen sollten sie brennen bis ans Ende aller Tage! Ich bin gnädig mit dir, Weib. Ich lasse dich nicht leiden bis ans Ende aller Tage ... Was kniest du nieder vor mir! Vor dem knie nieder ... vor dem, der dein Gott ist. Bete zu ihm! ... bete!

Hinkemann schleift Grete vor den Priap. Sein Atem ist ein Ächzen geworden.

HINKEMANN *nach einigen Sekunden:* Was ... was starrst du mich so an? ... Wie blicken deine Augen drein? ... Ich will kein Mensch heißen, wenn in deinen Augen ein Falsch ist! ... Die Augen kenne ich! ... Die Augen habe ich gesehen in der Fabrik ... die Augen habe ich gesehen in der Kaserne ... die Augen habe ich gesehen im Lazarett ... die Augen habe ich gesehen im Gefängnis. Dieselben Augen. Die Augen der gehetzten, der geschlagenen, der gepeinigten, der gemarterten Kreatur ... Ja, Gretchen, ich dachte, du bist viel reicher als ich, und dabei bist du ebenso arm und ebenso hilflos ... Ja, wenn das so ist, wenn das so ist ... dann sind wir Bruder und Schwester. Ich bin du, und du bist ich ... Und was soll nun werden?

GRETE HINKEMANN: Ich will dich nie mehr verlassen.

HINKEMANN: Das ist nicht die Frage, Grete. Das liegt jetzt hinter uns. Was haben wir damit zu schaffen. Wie gleichgültig, wenn du mit einem andern gehst, wie gleichgültig, wenn du mich belügst, wie gleichgültig, wenn du über mich lachst. Es hilft dir nichts. Und wenn du in seidenen Kleidern gingst und hättest eine Villa und kämest aus dem Lachen gar nicht mehr heraus – alles gleich, du bleibst eine ebenso arme Kreatur wie ich. In dieser Stunde habe ich es erkannt ... Laß mich allein, Grete ...

GRETE HINKEMANN: Jetzt soll ich dich allein lassen?

HINKEMANN: Immer mußt du mich allein lassen. Und immer muß ich dich allein lassen.

GRETE HINKEMANN: Was soll denn nun werden?

HINKEMANN: Einmal, vor sechs Jahren, ging es mir arg schlecht. Der Hunger ließ mir das Wasser im Munde zusammenlaufen, wenn ich einen Menschen essen sah! Was für ein Gefühl, Grete, wenn ich über die Kinderspielplätze in den Stadtbezirken der reichen Leute ging und vor mir ein kleiner Junge mit zufriedenem Mund in sein großes Butterbrot biß! Wie einem da die Gier kam! Wie dann der Hunger auf einmal gar nicht mehr so weh tat! Der Junge, der kaute, brachte mich zum Rasen! Ich wäre fast ein Mörder geworden, nur um den Jungen nicht mehr kauen zu sehen!

GRETE HINKEMANN: Eugen, was heißt das alles? Ich verstehs nicht mehr.

HINKEMANN: Ich bin lächerlich geworden durch eigene Schuld. Als ich mich hätte wehren sollen, damals, als die Mine entzündet wurde von den großen Verbrechern an der Welt, die Staatsmänner und Generale genannt werden, habe ich es nicht getan. Ich bin lächerlich wie diese Zeit, so traurig lächerlich wie diese Zeit. Diese Zeit hat keine Seele. Ich hab kein Geschlecht. Ist da ein Unterschied? Gehen wir jeder unsern Weg. Du den deinen. Ich den meinen.

GRETE HINKEMANN: Eugen, was heißt das alles?

HINKEMANN: Daß ich nicht weiß, wie lange das bei mir anhält, was ich da erkannt habe. Die lebendige Natur vom Menschen ist stärker als sein Verstand. Der Verstand, ein Mittel zum Selbstbetrug.

GRETE HINKEMANN: Und was wird mit mir?

HINKEMANN: Du bist gesund. Ein Kranker hat hier nichts zu suchen auf dieser Erde, so wie sie da eingerichtet ist ... in der jeder nur gilt, was er *nützt*. Entweder ist er gesund, dann hat er auch eine gesunde Seele. Das sagt der gesunde Menschenverstand. Oder er ist im Gehirn krank, dann gehört er in eine Irrenanstalt. Es stimmt nicht ganz, aber es ist auch nicht falsch. Ein Kranker kann nichts mehr tun, er ist wie gelähmt in seinem Blut. Seine Seele, die ist wie der tote Flügel einer Lerche, wie ein Adler in den Schaugärten, dem man die Sehnen zerschnitt ... leb wohl, Grete, ich wünsch dir ein gutes Leben.

GRETE HINKEMANN: Was hast du vor, Mann ... Was hast du vor? ... Du willst mich allein lassen? ...

HINKEMANN: Es ist nicht um meine Krankheit ... es ist nicht um meinen zerschossenen Leib ... Ich bin durch die Straßen gegangen, ich sah keine Menschen ... Fratzen, lauter Fratzen. Ich bin nach Haus gekommen, ich sah Fratzen ... und Not ... sinnlose, unendliche Not der blinden Kreatur ... Ich habe die Kraft nicht mehr. Die Kraft nicht mehr zu kämpfen, die Kraft nicht mehr zum Leben. Der Schuß, der war wie eine Frucht vom Baume der Erkenntnis ... Alles Sehen wird mir Wissen, alles Wissen Leid ... Einst wurde mir alles Leid: Wille ... *Ich will nicht mehr.*

GRETE HINKEMANN: Du willst dir ein Leids antun! ... Eugen ... Eugen ... ich habe gar nicht gelacht! Eugen! So hör doch! Ich habe gar nicht gelacht. Du ... Ich bleib bei dir. Immer! Immer! Alles wird wieder gut. Wir zwei. Keiner wird frieren. Ich bei dir. Du bei mir ...

HINKEMANN: Du hast nicht gelacht ... Schau mich an, Grete ... Ich glaube dir, Grete ... O du. *Küßt sie zärtlich.* Alles wird wieder gut ... Ich bei dir ... Du bei mir ...

GRETE HINKEMANN *sich an ihn schmiegend:*
Sommer wird sein und Stille im Wald ...
Sterne und Gehen Hand in Hand ...

HINKEMANN *sich von ihr lösend:*
Herbst wird sein und Welken im Laub ...
Sterne ... und Haß! ... und Faust gegen Faust!

GRETE HINKEMANN *aufschreiend:* Eugen!

HINKEMANN *müde:* Ich weiß zuviel.

GRETE HINKEMANN *wie ein hilfloses Kind weinend:* Laß mich nicht allein ... Ich gehe irre im Dunkeln ... Ich tu' mir weh ... Ich falle ... Alles ist wund an mir ... Wie es schmerzt! Wie es schmerzt! ... Oh ... Oh ... Oh ... Ich habe solche Angst vorm Leben! Denk doch! *Allein!* Im Leben allein! In einem Wald voll gehetzter Tiere allein! ... Keiner ist gut heute. Jeder nagt an deinem Herzen ... Nicht allein lassen!! Nicht allein lassen!!! Gott hat mein Schicksal bestimmt. Ich gehöre zu dir.

HINKEMANN: Was gegen die Natur ist, kann nicht von Gott sein. –

Versuch es, Grete, versuch es ... kämpf du ... du bist gesund ... fang ein neues Leben an ... kämpf für eine neue Welt ... für unsere Welt ...

GRETE HINKEMANN *mit zuckenden Schultern:* Wenn ich ... wenn ich selbst wollte ... ich kann es nicht mehr ... Ich hab nicht den Mut, ich bin wie zerbrochen. *Verzweifelt.* Mein Gott, ich finde mich nicht mehr zurecht. Wir sind in einem Netz, Eugen, in einem Netz. Eine Spinne sitzt da und läßt uns nicht los. Sie hat uns eingesponnen. Ich kann meinen Kopf kaum noch bewegen. Ich versteh das Leben nicht mehr ... ach erlöse uns von dem Übel, du mein Heiland Jesu Christ ...
Geht mit schweren Schritten hinaus.

HINKEMANN *allein:* Wo ist der Anfang und wo das Ende? Wer will das bei einem Spinngewebe sagen?
Hinkemann packt den Priap und wirft ihn in den Herd.

HINKEMANN: Du Lügengott! Du armseliger Schlucker! ...
Nach einer Pause. Wenn die Dinge so stehen, wer hat ein Recht, den anderen zu richten? Jeder ist verdammt, sich selbst zu richten ...
Erlösung! Erlösung! Auf allen Straßen der Welt schreien sie nach Erlösung! Der Franzos, der mich zum Krüppel schoß, der Neger, der mich zum Krüppel schoß, schreit vielleicht nach Erlösung ...
Ob er noch leben mag? Und *wie* wird er leben? ... Ist er blind, ohne Arm, ohne Bein? Er tat mir weh, und ein anderer tat ihm weh ...
Wer aber tat uns allen weh? ...
Ein Geist sind wir, *ein* Leib.
Und es gibt Menschen, die sehen das nicht. Und es gibt Menschen, die haben das vergessen. Im Krieg haben sie gelitten und haben ihre Herrn gehaßt und haben gehorcht und haben gemordet! ... Alles vergessen ... Sie werden wieder leiden und werden wieder ihre Herrn hassen und werden wieder ... gehorchen und werden wieder ... morden. So sind die Menschen ... Und könnten anders sein, wenn sie wollten. Aber sie wollen nicht. Sie steinigen den Geist, sie höhnen ihn, sie schänden das Leben, sie kreuzigen es ... immer und immer wieder ...
Wie ist das sinnlos! Machen sich arm und könnten reich sein und brauchten keine himmlische Erlösung ... die Verblendeten! Als ob sie so tun müßten im blinden Wirbel der Jahrtausende! Nicht anders könnten. Müßten. Gleich Schiffen, die der Mälstrom an sich reißt und *zwingt*, einander zu zermalmen ...
Draußen Stimmengewirr. Die Tür wird aufgerissen. Ein Haufen Menschen dringt ein. Allen voran Max Knatsch.

MAX KNATSCH: Auf'n Hof ... auf'n Hof ... auf'n Hof ... deine Frau ... hat sich heruntergestürzt ... Kiek nicht hin ... Kiek sie nicht an ... es ist ... furchtbar ...
Leute tragen in eine Decke gehüllt die Leiche von Grete Hinkemann herein.

HINKEMANN *mit starrem Blick und mechanischen Gebärden:* Laßt mich allein, laßt mich allein ... laßt mich allein mit meinem Weib ... *Flehend.* Ich bitt euch drum.

Alle verlassen das Zimmer. Hinkemann geht an die Tischschublade. Entnimmt ihr einen Knäuel Bindfaden. Mit sachlicher Ruhe knüpft er die Bindfäden zu einem Strick.

HINKEMANN: Sie war gesund und hat das Netz zerrissen. Und ich steh noch hier ... ich steh hier, kolossal und lächerlich ... Immer werden Menschen stehen in ihrer Zeit wie ich. Warum aber trifft es mich, gerade mich? ... Wahllos trifft es. Den trifft es und den trifft es. Den trifft es nicht und den trifft es nicht ... Was wissen wir? ... Woher? ... Wohin? ... Jeder Tag kann das Paradies bringen, jede Nacht die Sintflut.

Bühne schließt sich.

VORMORGEN

An die Freunde

Was ist ein Jahr, und was ist eine Stunde
Im Acker Zeit, der brach zu unsern Füßen liegt.

VERSE VOM FRIEDHOF

Der Ringende

Mutter, Mutter,
Warum bist Dus nicht?

Kann ich nicht jene Frau,
Die mir mit ihrem Blute
In dunklen Nächten Herzschlag lieh,
Aus frommem Herzen Mutter nennen,
So will ich weite Wege wandern.
O, daß ich einst vom Suchen nicht ermüdet,
An stachlichen Ligusterhecken träumend,
Dich, Mutter, fände.

Bin ich nicht selbst mir Mutter?
Du, Frau, gabst stöhnend
einmal Leben mir,
Ich starb so oft seit jenem Tag,
Ich starb
Gebar mich
Starb
Gebar mich
Ich ward mir Mutter.

Marschlied

Wir Wandrer zum Tode,
Der Erdnot geweiht,
Wir kranzlose Opfer
Zu Letztem bereit,

Wir Preis einer Mutter,
Die nie sich erfüllt,
Wir wunschlose Kinder
Von Schmerzen gestillt,

Wir Tränen der Frauen,
Wir lichtlose Nacht,
Wir Waisen der Erde
Ziehn stumm in die Schlacht.

Geschützwache

Sternenhimmel.
Gebändigtes Untier
Glänzt mein Geschütz,
Glotzt mit schwarzem Rohr
Zum milchigen Mond.
Käuzchen schreit.
Wimmert im Dorf ein Kind.
Geschoß,
Tückischer Wolf,
Bricht ins schlafende Haus.
Lindenblüten duftet die Nacht.

Gang zum Schützengraben

Durch Granattrichter,
Schmutzige Pfützen,
Stapfen sie.
Über Soldaten,
Frierend im Erdloch,
Stolpern sie.

Ratten huschen pfeifend übern Weg,
Sturmregen klopft mit Totenfingern
An faulende Türen.
Leuchtraketen
Pestlaternen . . .

Zum Graben zum Graben.

Konzert

Marmorpfeiler gischten zu kristallnen Säulen,
Decke wölbt sich zum bestirnten Firmament,
Vom Sturz der Töne überflutet
Versinkt Parkett, Getäfel flackernd brennt,
Menschen kleben nackt auf Strohgeflechten,
Gesichter fließen, leuchten fernem Traum,
In fruchtbeschwerten Augen kreist Gebären,
Geschicke brodeln hüllenlos im Raum . . .

Leichen im Priesterwald

Ein Düngerhaufen faulender Menschenleiber:
Verglaste Augen, blutgeronnen,
Zerspellte Hirne, ausgespiene Eingeweide,
Die Luft verpestet vom Kadaverstank,
Ein einzig grauenvoller Wahnsinnschrei!

O Frauen Frankreichs,
Frauen Deutschlands,
Seht Ihr Eure Männer!
Sie tasten mit zerfetzten Händen
Nach den verquollnen Leibern ihrer Feinde,
Gebärde, leichenstarr, ward brüderlicher Hauch,
Ja, sie umarmen sich.
O schauerlich Umarmen!

Ich sehe, sehe, bleibe stumm.
Bin ich ein Tier, ein Metzgerhund?
Geschändete . . .
Gemordete . . .

Alb

Auf einer Stange morsch und faul
Hockt das Völkergewissen,
Um die Stange tanzen drei Kinderknochen,
Aus dem Leib einer jungen Mutter gebrochen,
Es blökt den Takt das Schaf bäh bäh.

Ich habe Euch umarmt

Ich habe Euch umarmt mit Flammenhänden,
Worte wurden blutdurchpulste Speere,
Die Euch
Zum Lichte, rauschendem, erlösten.
Ihr Tausende, fabrikgemartert, Arbeitssielen,
Ihr wurdet einzig strahlend Auge,
Ihr wurdet einzige gestraffte Hand,
Die ich ergriff in brünstiger Umklammrung –
Ich spreche Ich?
Sprach ich zu Euch?
Der Mensch,

Der farbige Ellipsen um Sonnenbälle fliegt,
Er sprach zu Euch.
Der Mensch!
Der Mensch!

Über meiner Zelle ...

Über meiner Zelle
Stapfen schwere
Nägelbeschlagne Schritte
Hin und her.
Immer ...
Ruhelos ...

Bruder, möchte ich rufen.
Wird er mich hören?
Ein kleines Mädchen
Bog ängstlich sich fort
Und versteckte sein Köpfchen.

Deutschland

Durch das Gitter meiner Zelle
Seh ich Kinder spielen.
Eingespannt in enge Zelle,
Kerkerjahre ... Marterjahre ...

Deutschland,
Deine Söhne werden
Viele Jahre
Nicht mit Kindern spielen.

Schlaflose Nacht

Metallne Schritte in die Nächte fallen,
Die Posten buckeln durch die Höfe ohne Rast,
Wir lauschen schlaflos in das starre Hallen,
Ein schwarzes Schweigen wächst im schwarzen Glast.

Uns alle wirbelt Zwang durch die Gezeiten,
Uns alle eint der Kreaturen Qual,
O Fluch der Grenzen! Menschen hassen ohne Wahl!
Du Bruder Tod wirst uns vereint geleiten.

Durchsuchung und Fesselung

Nackten Leib brutalen Blicken preisgegeben,
Betastet uns ein schamlos Greifen feiler Hände,
In Fratzenbündel splittern graue Wände,
Die Pfeilen gleich gen unsre Herzen streben.
Pflockt Arm und Fuß in rostge Kette,
Brennt Narben ein den magren Händen,
Ihr könnt, ihr könnt den Leib nicht schänden,
Wir stehen frei an der verfemten Stätte!
So standen vor uns die Geweihten,
So starben sie am Rand der Zeiten.

Wälder

Ihr Wälder fern an Horizonten schwingend,
Vom abendlichen Hauche eingehüllt,
Wie meine Sehnsucht friedlich euch erfüllt,
Minuten Schmerz der Haft bezwingend.

Ich presse meine Stirn an Eisensäulen,
Die Hände rütteln ihre Unrast wund,
Ich bin viel ärmer als ein armer Hund,
Ich bin des angeschoßnen Tieres Heulen.

Ihr Buchenwälder, Dome der Bedrückten,
Ihr Kiefern, heimatliche, tröstet Leid,

Wie wobet ihr geheimnisvoll um den beglückten
Knaben der fernen Landschaft wundersames Kleid . . .

Spaziergang der Sträflinge

Sie schleppen Zellen mit in stumpfen Blicken
Und stolpern wie geblendet im Quadrat,
Gehetzte, die im Steinverlies ersticken,
Gehetzte, die ein Paragraph zertrat.

Im Eck die Wärter träge lauern,
Von Sträuchern rinnt ein trübes Licht,
Das kriecht empor an starren Mauern,
Betastet schlaffe Körper und zerbricht.

Der Himmel öffnet sich wie rote Wunde,
Die brennt und brennt und brennt.

Begegnung in der Zelle

Dinge, die erst feindlich zu Dir schauen,
Gleich in Späherdienst gezwengte Schergen,
Laden Dich zu Fahrten ein als gute Fergen,
Hegen Dich wie schwesterliche Frauen.

Leise rufen all die kargen Dinge:
Schmale Pritsche und die blauen Wasserkrüge,
Schemel flüstert, daß er gern Dich trüge,
Wintermücken wiegen sich wie Schmetterlinge.

Gitterfenster selbst, das Du verloren
Anstarrtest, während Deine Arme hilflos brachen,
Gitterfenster ruft: Nun, Lieber, schaue,
Wie ich aus Wolken Dir ein Paradies erbaue.

Lied der Einsamkeit

Sie wölbt um meine Seele Kathedralen,
Sie schäumt um mich ein brandend Meer,
Der Gosse sperrt sie sich wie eine Wehr,
Und wie ein Wall beschützt sie meine Qualen.

In ihr fühl ich die Süße abendlicher Stille,
Auf leeren Stunden blüht sie sanftes Feld,
Ihr Schoß gebiert das Wunder der geahnten Welt,
Ein stählern Schwert steilt sich metallner Wille.

Mauer der Erschossenen

Vor Schrei und Aufschrei krümmte sich die Wand.

Wie aus dem Leib des heiligen Sebastian,
Dem tausend Pfeile tausend Wunden schlugen,
So Wunden brachen aus Gestein und Fugen,
Seit in den Sand ihr Blut verlöschend rann.

Weißes Morden raste durch die Tage,
Erde wurde zu bespienem Schoß,
Gott ward arm und nackt und bloß,
Doch die Wand in starrer Klage,
Mutter allem Menschenschmerz,
Nahm die Opfer leise an ihr stummes Herz.

Schwangeres Mädchen

Du schreitest wunderbar in mittaglicher Stunde,
Um Deine Brüste rauscht der reife Wind,
Ein Lichtbach über Deinen Nacken rinnt,
Der Sommer blüht auf Deinem Munde.

Du bist ein Wunderkelch der gnadenreichen
Empfängnis liebestrunkner Nacht,
Du bist von Lerchenliedern überdacht,
Und Deine Last ist köstlich ohnegleichen.

Schwangeres Mädchen II

Wer wird die Hand Dir halten am verheißnen Tag,
Da sich Dein Leib aufbäumt in roten Bränden?
Ich seh Dein Auge, das vom rohen Wort erschrak,
Ich seh die Nächte irren auf den tauben Wänden,
Ich seh die Wärterin, die ohne Scham
Das heimatlose Kind von Deinen Brüsten nahm.

Besucher

Augen sind vom Schrei der Mauern
Verstörte Tauben, die ein Marder überfiel,
Und die verschüchtert flattern ohne Ziel.
Herz klammert sich an des Gefangnen Hand,
Immer schlägt es wie verbannt,
Seit Waffenknechte ihn umlauern.
Er aber wuchs aus Last erstarrter Zellen.
Entrückt dem Kreise kleinen Lebens,
Schaut er nach innen, trinkt an Gottes Quellen –

Und der Besucher friert, er kommt vergebens.

DAS SCHWALBENBUCH

In meiner Zelle nisteten im Jahre 1922 zwei Schwalben

Festungsgefängnis Niederschönenfeld
Gewachsen 1922 · Geschrieben 1923

Ein Freund starb in der Nacht.
Allein.
Die Gitter hielten Totenwacht.
Bald kommt der Herbst.
Es brennt, es brennt ein tiefes Weh.
Verlassenheit.

O dumpfer Sang unendlicher Monotonie!
O ewiges Einerlei farblos zerrinnender Tage!
Immer
Wird ein Tag sein
Wie der letzte,
Wie der nächste,
Immer.

Zeit ist ein grauer Nebel. Der setzte sich in die Poren Deiner unendlichen Sehnsucht.

Das Stückchen blauer Himmel ist gespießt von rostigen Eisenstäben,
Die aus dem Gitterloch Deiner Zelle aufbrachen,
Auf Dich zuwanderten
Zu
Wanderten
Zu
Wanderten . . .
Erst wehrtest Du Dich,
Aber die Gitterstäbe waren stärker als Du.
Nun wachsen sie in Deinen Augen,
Und wohin Du blickst,
Überall
Überall siehst Du Gitterstäbe.
Noch das Kind; das im fernen, ach so fernen lupinenblühenden Feld spielt,
Ist gezwängt in die Gitterstäbe Deiner Augen.
Oh –

Deine Nächte, Deine Traumnächte verzweifelte Harlekinaden.

Deine Nägel kratzen am Sargdeckel tauber Verlassenheit.

Nirgends blüht das Wunder.

Musik ist

Wälder sind

Frauen sind

Es blüht irgendwo die Geberde eines sanft
sich biegenden Nackens
Es wartet irgendwo eine Hand, die sehr
zärtlich ist und voll süßester Wärme

Nirgends blüht das Wunder.

Kalt wurde das Buch in meiner Hand,
So kalt, so kalt.
Die schwarzen Lettern schwarze Berge, die zu wandern begannen im Geäder meines Herzens.
Die raschelnden Blätter Schneefelder am Nordpol endloser Ohnmacht.

Ich friere.
Die Welt gerinnt.
Es muß schön sein einzuschlafen jetzt,
Kristall zu werden im zeitlosen Eismeer des Schweigens.
Genosse Tod.
Genosse, Genosse . . .

Zirizi Zirizi Zirizi
Zizizi
Urrr

Daß man, nahe der dunklen Schwelle,
Solche Melodie vernimmt, so irdischen Jubels, so irdischer Klage trunken . . .
Träume, meine Seele, träume,
Lerne träumen den Traum der Ewigkeit.

Zirizi Zirizi Zirizi
Zizizi
Urrr

Fort fort, Genosse Tod, fort fort,
Ein andermal, später, viel später.

Über mir über mir,
Auf dem Holzrahmen des halbgeöffneten Gitterfensters,
  das in meine Zelle sich neigt in erstarrter
  Steife, so als ob es sich betrunken hätte
  und im Torkeln gebannt ward von einem
  hypnotischen Blick,
Sitzt
Ein
Schwalbenpärchen.
Sitzt,
Wiegt sich! wiegt sich!
Tanzt! tanzt! tanzt!

Weichet zurück Ihr schwarzen Berge! schmelzet Ihr Schneefelder!
Sonne Sonne, zerglühe sie! zerglühe sie!

Mütterliche!

Welche Landschaft wächst aus den verstaubten melancholischen
  Zellenecken?
Tropische Felder, Farbenrausch sich entfaltender Orchideen!
Regina Noctis! —

Und darüber darüber
Mein Schwalbenpaar.

Das Wunder ist da!
Das Wunder!
Das Wunder!

Tanze meine atmende Brust,
Tanzet Ihr wunden geketteten Augen,
Tanzet! Tanzet!
Nur im Tanze brecht Ihr die Fessel,
Nur im Tanze umrauscht Ihr die Sterne,
Nur im Tanze ruht Ihr im Göttlichen,
Tanzet! Tanzet!

Im Tanze träumt das heilige Lied der Welt.

Von den Ufern des Senegal, vom See Omandaba
Kommt Ihr, meine Schwalben,
Von Afrikas heiliger Landschaft.
Was trieb Euch zum kalten April des kalten Deutschland?
Auf den griechischen Inseln habt Ihr gerastet,
Sangen nicht heitere Kinder Euch heiteren Gruß?
Warum nicht bautet Ihr Tempel in des Archipelagos
Ehrwürdigen Locken?

Zu welchem Schicksal kamet Ihr?

O unser Frühling
Ist nicht mehr Hölderlins Frühling,
Deutschlands Frühling ward wie sein Winter,
Frostig und trübe
Und bar der wärmenden
Liebe.

Den Dichtern gleichet Ihr, meine Schwalben.

Leidend am Menschen, lieben sie ihn mit nie erlöschender Inbrunst,
Sie, die den Sternen, den Steinen, den Stürmen tiefer verbrüdert sind als jeglicher Menschheit.

Den Dichtern gleichet Ihr, meine Schwalben.

Wo soll ich Euch eine Stätte bereiten, Vögel der Freiheit?
Ich bin ein Gefangener, und mein Wille ist nicht mein Wille.
Sing ich ein Lied der Freiheit, meldet der Wächter:
Der Gefangene sang ein revolutionäres Lied.
Das dulden die Paragraphen nicht.
Mächtige Herren sind die Paragraphen, die die Menschen über sich setzten, weil sie den Sinn verloren. Ruten tragen sie in Händen. Die Menschen sagen: Ruten der Gerechtigkeit.
Dieses Hauses Ruten heißen: Einzelhaft Bettentzug Kostentzug Hofverbot Schreibverbot Sprechverbot Singverbot Leseverbot Lichtverbot Zwangsjacke.

Ihr, meine Schwalben, wißt nichts von Gerechtigkeit und nichts von Ungerechtigkeit. Darum wißt Ihr auch nichts von Paragraphen und von Ruten . . .

Wie soll ich Euch ein Brettchen holen?
Wohl ist das Haus, das mir die Menschen als Wohnung wiesen, bajonettbehütet und stacheldrahtumwehrt. Wohl hallen Tag und Nacht die Höfe von des Wächters ruhelosen Schritten. Aber die Rutenträger sagen, ein Stückchen Holz sei gefährlich.

Gefährlich der Ordnung und Ruhe und Sicherheit des Hauses.

Hilfreicher Freund!
Ein Stückchen Pappe halfest du mir über die Zellentür fugen.

O bleibt Gefährten mir, Schwalben!

Die lockende Bucht umflattern
Ängstlich die Schwalben.
Eine berührt sie.
Das Männchen!
Schon kenn ichs
Am länger sich pfeilenden
Schwanz, am roten
Spitzigen Brustmal.
Jäh erschrickt es.
Fliegt davon.
Das Weibchen schrill schreiend
Mit ihm.

Ahntet Ihr,
Wohin ich Euch locken wollte?

Ach wer sollte freiwillig
Einkehren in eine
Gefangenenzelle?

Sechs Schritt hin
Sechs Schritt her

Ohne Sinn

Ohne Sinn

Die Schwalben sind zurückgekehrt.

Sie bleiben! Sie bleiben!

Nach Osten blickt meine Zelle.

Nach Osten!

O Europa, wie arm Du bist!
Die Tiere Deiner Häuser sind wie Deine Menschen,
Geduckt und häßlich, verkrüppelt und verschnitten.
O ihre traurigen Augen!
Wo Du sie krönst, krönst Du Rekorde.
Wie Du deiner Menschen Rekorde krönst –
Und nicht ihr Leben! Und nicht ihr Leben!

Wann wachsen sie ihr Leben?
Wann?
Sie übergeben es einem Götzen, der eine Uniformmütze trägt, der ordnet es, katalogisiert es, befiehlt Pflichten, schreibt Geburtsscheine, Militärscheine, Trauscheine, Sterbescheine, setzt ein Kreuz hinter ihre abgespulten Namen, trägt den vollgeschriebenen Registerband in die Registratur, So muß es sein, So dienst Du Gott, In Ewigkeit, Amen.

Brecht auf Ihr Völker des Orients und verkündet die seligen Hymnen Eurer Gebenedeiten Muße!!!

Ein Tier aber lebt in Euren Häusern, Ihr Menschen Europas, das ließ sich nicht zähmen und züchten,
Das ließ sich nicht fangen von Eurer süßlichen Lockung und Eurer herrischen Drohung,
Das blieb
Frei!
Frei!
Frei!

Kommt zu mir dem zwiefach Gefangenen:
Gefangener eingekerkert von Gefangenen . . .

In dieser Nacht
Schlief das Schwalbenpärchen in meiner Zelle.

Baumeister gotischer Kathedrale,
Zügle den Stolz!
Quadern brauchtest Du und kunstvoll gemeißelte Steine,
Pfeiler, Pilaster, Rosetten und farbige Scheiben,
Mörtel war Dir
Das Elend der Menge, das billig sich feilbot,
Weihtest Dein Werk
Dem Jenseits,
Dem Tode.

Siehe die Schwalben:

Aus Schmutz, aus Schlamm, aus Halmen, aus Haaren der Pferde

Bauen sie fromm ihr edel gewölbtes Nest,
Weihens
Der Erde,
Dem Leben.

Am Morgen, wenn der Wächter kommt,
Schreck ich zusammen.
Entdeckt er das Nest,
Reißt ers mit harter Geberde zu Boden.

O im vorigen Sommer der Kriegszug auf junges Getier!
Gegen Dachrinnen, Firste marschierte man Sturm.
Als ich zum Hof ging,
Ging ich über ein Schlachtfeld.

Hilflos kreisend die klagenden Mütter.

Paragraph X: Es widerspricht dem Strafvollzug, Vögel zu dulden im Hause der Buße.

Menschen   Menschen

Ich sah Schmetterlinge spielen
Im sonneflirrenden Mittag.

Wo aber,
Wenn die Sonne sinkt,

Wenn Nachtstürme
Über die Erde rauschen
Mit schwarzem Gefieder,
Wo, lieblichste Kinder der göttlichen Mutter,
Schlafet Ihr dann?

Ich glaube,
Es öffnen sich Euch
Die Kelche der Blumen,
Ich glaube,
Es wiegt Euch zur Ruhe
Der Blütenklang im Dom der Kastanien.

Im Nest,
Gebettet in weiße daunige Federn,
Liegen
Fünf braungesprenkelte Eier.

Fünf festliche Tempel keimenden Lebens.

Die Menschenmütter,
Ach sie sind nicht mehr
Festliche Tempel keimenden Lebens.

In meiner Mutter Hände
Kerben sich Runzeln.
Als sie mich trug,
War ihr Blut
Beschattet von täglicher Not.
Träumend
Wuchs ich
Im Dunkel des wärmenden Schoßes . . .
Meine Milch Schwermut.
Mein Herzschlag Trauer.

Das Lied in Moll
Wahre der Mensch
Im hymnischen Chor der Welt.

Weißt Du, wie eine Schwalbe fliegt?

Ich sah
Im Kriege Gefangene wandern
Durch klagende Täler zerschossener Dörfer.
Den Reihen der Gaffenden
Entkrümmte sich
Ein Weib.
Hände gekrampft lösten sich,
Stiegen steil in Äther schwärzlichen Himmels,
Stiegen! Stiegen!
Schwebten!
Jauchzten!
Und einer Stimme seraphischer Jubel:
André!!!

Aber es war nicht wie der Flug einer Schwalbe.

Ich sah
Im Gefängnis gefesselte Menschen
Schlafend ...
Träumend ...
O Antlitz sternenstrahlend!
Gefesselte Menschen
Träumend!
Du seliger Sieger Traum!!!

Aber es war nicht wie der Flug einer Schwalbe.

Der Schwalbe Flug – wie Unnennbares nennen?
Der Schwalbe Flug – wie Unbildbares bilden?
Lebte ein Gott,
Sein Zorn:
Der Schwalbe schnellendes Pfeilen,
Sein Lächeln:
Der Schwalbe innigweises Spiel,
Seine Liebe:
Der Schwalbe trunknes Sichverschenken.

Europa preist seine Äroplane,
Ich aber, ich Nummer 44,
Will mit den schweigenden Akkorden meines Herzens
Den Flug der Schwalbe preisen.

Wer preist mit mir den Flug der Schwalbe?
Alle lade ich ein!
Wer kommt?

Ein ältliches Mädchen.
Ein buckliges Kind.
Ein Narr.

O lächerliche Trinität menschlicher Güte!

Wir preisen! Amen.
Wir singen! Amen.
Wir beten an! Amen.

Wir preisen den Flug der Schwalbe,
Aber so heißt ihres Fluges Offenbarung:

Das Tier ist heiliger als der Mensch. Amen.
Die Blume heiliger als das Tier. Amen.
Erde heiliger als die Blume. Amen.
Aber am heiligsten der Stein. Sela. Sela. Sela.

Morgens putzt sich das Schwalbenmännchen
Mit feiner Grazie
Sein bläulich blitzendes Gefieder.
Immer ist die Schwälbin unzufrieden,
Schilt ihn, zankt ihn, plappert, poltert
Ein scheckiges Kauderwelsch.
Würdig beendet das Männchen
Seine Morgenfrisur,
Antwortet kaum den keifenden Lauten.
Dann — heidi!
Fliegts in die tauigen Himmel.
Aber nicht lange,
Sitzts auf dem Fensterrahmen,
Zwitschert der brütenden Gattin
Ein fröhliches Morgenkonzert.
Zirizi, Zirizi,
Zizizi,
Urrr.

Ich stehe am nächtlichen Gitterfenster.

Träumend zwitschert die Schwälbin.
Geweckt vom liebenden Ruf
Regt sich leise das Schwalbenmännchen.

Ich bin nicht allein.

Auch Mond und Sterne sind mir Gefährten
Und die schimmernden schweigenden Felder.

Menschen wie arm Eure Feste!
Jazztänze schrill von verruchter Zeit!
Eure Lebensangst
Ankurbelt die Autos der Selbstflucht,
Illuminiert
Die Seele
Mit Lampions elektrischer Gier
Und wähnt:
Sie sei geborgen.

Aber sie ist nicht geborgen

All Euer Lärm, Euer Gekreisch, Euer Gekrächz,
  Euer Freudeplakatieren, Lustigsindwir:
  Hahaha —
Übertönt nicht
Das leise kratzende
Nagen
Der drei heimlichen Ratten
Leere   Furcht   Verlassenheit

Aber schon schaue ich Dich,
Gewandelte Jugend der Revolution.

Deine Tat: Zeugung.
Deine Stille: Empfängnis.
Dein Fest: Geburt.

Opfernd
Im todnahen Kampfe heroischer Fahne,
Schreitend
Im reifenden Felde träumenden Frühlings,

Jauchzend
Im bindenden Tanze gelöster Leiber,
Ahnend
Im magischen Schweigen gestirnter Nacht.

Schon schaue ich Dich,
Gewandelte Jugend der Revolution.

Ihr meine brüderlichen, Ihr meine tapferen Schwalben
Auf dem Hofe steh ich.
In morgendlichen Lüften segelt, spreitend die mächtigen
Flügel mit Würde, ein Sperber.
Ich höre gelle Schreie spielender Schwalben.
Von allen Seiten antworten Rufe.
Scharen von Schwalben fliegen herbei.
Wer gab das Angriffssignal?
In gepfeilter Wucht stürzen sie auf den königlichen Vogel,
Der in seinen Fängen einen jungen Sperling krallt.
Ihr meine brüderlichen, Ihr meine tapferen Schwalben!
Doch welch ungleicher Kampf!
Gelassen, mit bewegterem Flügelschlag, wehrt der Angegriffene.
Kaum achtet er der winzigen Verfolger.
Armer Sperling!
Immer wieder greifen die Schwalben den Räuber an.
Bedrängen ihn mit feuriger Leidenschaft.
Schon werden seine Flügelschläge hastiger, unbeherrschter . . .
Die Schwachen haben den Starken besiegt!!
Zornigen Schreis, bezwungen von verbündeter Kraft, öffnet der Sperber die kerkernden Fänge.
Zitternd entflattert der betäubte Spatz.
In seligen Flügen feiern die Schwalben den Sieg der Gemeinschaft.

Wann endlich, Tiere, bündet Ihr Euch
Zum Bunde wider die Menschheit?
Ich, ein Mensch,
Rufe Euch auf!
Euch Nachtigallen, geblendet mit glühender Nadel,
Euch Hammel, gewürgt in Kasematten vergaster Übungsschiffe,
Euch Esel, sanfteste Tiere, zusammenbrechend unter Peitschenhieben,
Euch Strauße, zuckenden Atems gerupft und fühlenden Herzens,

Euch Pferde, sonnenlos werkend in verpesteten Schächten,
Euch Bären, dressiert auf glühender Eisenmatte,
Euch Löwen, gezähmt im Zirkus von stählerner Knute,
Euch Alle Euch Alle
Rufe ich auf!
Erwachet!
Rächen wollen wir
Die Opfer des Menschen:
Tiere für Gaumenkitzel atmend gefoltert,
Tiere für Modelaunen lachend geschunden,
Tiere berauschten Arenen eitel geopfert,
Tiere in Kriegen sinnlos zerfetzt . . .

Ich will mich an Eure Spitze stellen,
Ich, ein Renegat der Menschheit,
Will Euch führen gegen den einen Feind
Mensch.

Tiere der Wüste: Brüllet Alarm!
Tiere des Dschungels: Heulet Sturm!

Keine Unterscheidung lassen wir gelten.
Weiße und Schwarze, Gelbe und Braune,
Alle alle Erdschänder! Muttermörder! Sternenräuber!

Auf dem gebuckelten Nestrand
Sitzt die Schwälbin.
Schaut mit ernsten, erwartenden Augen
(Wie wenig kennen die Menschen
Eure Augen, Tiere!)
Auf die heilige Stätte der Wandlung.
Ab und zu
Klopft sie mit knackendem Schnabel
An kalkumpanzerte Welten
Trächtigen Lebens.
Lauschend verweilt sie

Unsäglich zärtlicher Laut!
Eilig fliegt das Männchen herbei,
Aufgeregt, geschäftig, betriebsam
Umkreist es plaudernd das Nest.
Gleich in schelmischer Freude
Wehrt die Schwälbin

Dem forschenden Flug.
Endlich hält sie inne.
Sehr sanft wird ihr Blick,
Sehr weich und gelöst
Ihre Geberde.

Und das Schwalbenmännchen
Erschaut
Sich,
Sich in fünf winzigen
Blinden, atmenden
Gesichten.

Laßt mich teilnehmen
An Eurer Beglückung,
Gefährten.
Pate will ich den fünfen sein,
Mitsorgender, helfender Schützer.

Ich gratuliere! Ich gratuliere!

Schwälbchen, der Morgen, der Morgen ist da!
Nachts hat Mutter Euch Märchen gezwitschert,
Jetzt sucht sie Brot zum Schnäbleinstopfen,
Schwälbchen, der Morgen, der Morgen ist da.

Schwälbchen, der Morgen, der Morgen ist da!
Sonne pocht an und will Euch begrüßen,
Öffnet die braunen Guckäugelein,
Schwälbchen, der Morgen, der Morgen ist da.

Schwälbchen, der Morgen, der Morgen ist da!
Bald seid Ihr groß, dann werdet Ihr fliegen
Fort übers Meer zu den Negerlein,
Schwälbchen, der Morgen, der Morgen ist da.

Graue seidene Härchen
Wachsen in komischen Büscheln
Aus rosigen Leibern.
Aufgespießt auf einem dünnen
Überlangen Hals

Der Kopf ...
Reißt eins das gelbe Schnäbelchen auf,
Bleckt
Ein lächerlich wütender Rachen.

Immer bleibt das Nest sauber.
Liegt drin ein weißes Würstchen
Mit schwarzem geringeltem Schwänzchen,
Wirds von den Eltern gepackt
Und hinausgetragen.

Eifrig füttern sie
Das junge Getier
Erst wird das Futter
Im Kropf erweicht,
Mit Speichel zart bereitet,
Dann in die hungrigen Mäuler gestopft.
Hat der Vater
Das Junge zur Rechten gefüttert,
Füttert die Mutter
Das Junge zur Linken.
Geheimes Gesetz
Waltet.

Wie ein Kind, das am Bilde sich freut, am Spiele
Holderer Wesen,
Sah ich Dir zu.
Nun seh ich ein wissender Mensch.

Was trägst Du,
Gewürgt vom krallenden Schnabel,
Den hungrigen Jungen herbei?
Ein Tierchen gleich Dir,
Deine kleine Schwester Fliege.
Verkettet auch Du der Urschuld des Lebens!
Weh uns!
Was lebt, mordet.

Ich will Dich lieben mit tieferer Liebe,
Da ich weiß, was Schicksal Dich tun heißt.

Es ist ein Fluch der Erde,
Nirgends

Atmet das Lebendige
In göttlicher Unschuld.
Und noch das Tote
Muß töten.

Ei, Schwälbchen,
Was Du nicht kannst!

Zaghaft und mutig doch
Steigt eins
Auf die Borden des Nestes,
Hebt zierlich sein Schwänzchen ...
Klacks!
Hats sein Werk vollbracht,
Putzt sich
Den kleinen Popo
Mit gesträubten Flügeln,
Und eilig, erhobenen Kopfes,
Stolz wie ein Russenzar
Kriechts in sein Nest zurück.

Sah schreiten ein Mädchen
Im Weizenfeld.
Leuchtet ihr rotes Tuch,
Rotes Tuch, rotes Tuch
Oder ihr Herz

Sang fern eine Drossel
Im Fliederbusch.
Klang wie ein Liebeslied,
Liebeslied, Liebeslied
Oder auch Spott

Ein Sommer noch,
Zwei Sommer noch,
Trallalala, Trallalala

Drohte Gefahr, klagen würde die Schwälbin
Mit schrillem Pfeifen

Den Winden ihre dumpfe Angst.
Vom Fenster zum Nest, vom Nest zum Fenster
Fliegt sie gelassen.
Im Neste hocken,
Eins sich kauernd ans andere,
Die Jungen.
Über den Nestrand
Lugen die Köpfe,
Beugen sich vor, ducken zurück, wiegen sich rhythmisch
Im Takte mütterlichen Flugs.
Streichen der Schwälbin Flügel
Das wärmende Nest,
Recken sie schreiende Schnäbel,
Zärtlicher Wartung gewöhnt.
Aber gleich in ernstem Besinnen
Verstummen sie,
Und in kindlichen Augen wird wach
Ein seltsames Leuchten.

Lockende Laute zwitschert die Schwälbin,
Verweilend.

O köstliches Wunder!
Krabbelt ein Junges hervor,
Spreitet die winzigen Flügel . . .
Erhebt sich . . .
Fliegt,
Fliegt
Schwankend und dennoch voll Anmut,
Leiht seiner Angst
Die zierliche Geste edler Gesittung,
Setzt sich, klopfenden Herzens,
Neben die glückliche Mutter.

Mit Lob und leckeren Bissen
Verwöhnen die Eltern
Das mutige Junge.

Die im Neste
Erheben Geschimpf und Geschelt.

Auf den nahen Dachfirst fliegt das tapfere Junge.
Neugierig beguckts die Welt.

Beguckt zum erstenmal die Welt.
Freunde, ich sehe mit ihm zum erstenmal die Welt.
Da sitzt mein Schwälbchen. Über sich die leuchtende,
Wärmende Sonne, unter sich die blühende, atmende Erde.
Die Blumen, die Bäume, die Dachziegel,
Die fernen Wälder, die Telegraphendrähte,
Alle alle beugten grüßend
Die schweigenden Häupter.

Es rauschen die reifenden Ähren
Auch mir dem Gefangnen.
Es wölbt sich des Sommers blauender Himmel
Auch diesem gestorbenen Hof.

Ich atme
Im Mittag süßer Beglückung.

Erde! Geliebte!

Vom mutigen Jungen lernen die Geschwister.
Wie es mit schöner Geduld ihnen hilft!

Und noch ein paar Tage später tummeln sich
Draußen Alte und Junge.

In heiteren Spielen lernen die Jungen des Fluges
Festliche Kunst . . .

Abends kehrten sie nicht mehr heim.

Lausche ich Euch, Schwalben,
Lächle ich meines werkenden Tuns.

Der Mensch Mitte des Weltalls?
Warum nicht die Schwalbe!
Erhebet doch, erhebet doch
Die Schwalbe
Auf den Thron des siebenten Tages.

Um des Menschen willen
Habt Ihr Menschen gemordet,
Um der Schwalbe willen,
Vielleicht, daß Ihr den Menschen findet.
Und mehr als den Menschen.

Lausche ich Euch, Schwalben,
Lächle ich meines werkenden Tuns.
Lächle auch Du, Freund.

Und wieder richten die Schwalben das Nest.

Und wieder Tage werbender Liebe, trunkener Erfüllung.

Und wieder ward mir friedliche Beglückung.

Aber draußen kämpfen die Brüder . . .

Vier Junge, blind noch, zittern im Nest.
Immer seltener kehren die Eltern heim.
Not! Not!
Keine Nahrung für die Jungen in der Erloschenheit
Nebliger Tage.
Not! Not!
Am Abend schmiegen sich nackte Leiberchen
An die mütterliche Brust, so hilflos vertrauend,
Als schmiegten sich Sterbende ans Herz
Inbrünstig geträumter Gottheit.
Die Schwälbin weinte.

Mensch, sahest Du je ein Tier weinen?

Frost kam über Nacht
In einem Leichenmantel.

Am Morgen bin ich aufgewacht.
  Das Nest war leer . . .
  Mein Herz war leer . . .

O liebe kleine Schwälbchen

Die Schwalbeneltern trauern um ihre Jungen.
In einer sehr wehen Nähe kauern sie auf dem Draht, der sich über meinen Tisch spannt.
Eines schenkt dem andern die Wärme seines Blutes.
Anders trauert Ihr, meine Schwalben, als Menschen trauern.
Eure Klage: ein frierendes Erschauern vor dem Hauche der Unendlichkeit.
Mit Euch trauert der dämmernde Abend.
Mit Euch trauern die Dinge meiner Zelle.

Erhabenes Schweigen

Nicht trage
In Nächten der Verfinsterung
Sehnsucht
Nach Menschen.
Fürchte das Wort, das erwürgt!

Wahrlich,
Erst wen Du nennst,
Stirbt Deiner Seele ganz.

Schon wehen herbstliche Stürme
Über die schwäbischen Felder,
Taumeln in Lüften
Heimatlose Blätter.
Aus sumpfigen Moosen der Donau
Steigen die Nebel,
Brauend
Den fahlen Mantel
Unendlicher Totenklage.

Zum Winterflug
Sammeln sich die Schwalben.

Zur Winterstille
Sammelt sich mein Herz.

Ein letztes Mal noch höre ich der Schwalben Lied:

Unter Myriaden Häusern werden wir im Frühling
dieses graue Hafthaus finden
Unter Myriaden Zellen werden wir im Frühling
Deine Zelle finden

Nun habt Ihr mich verlassen, liebste Gefährten Ihr meiner Haft.
Wie war die Zelle warm von Eurer flirrenden Melodie, vom Atem Eurer Körperchen, von den tönenden Ellipsen Eures stürzenden Fluges.
Ihr kosmischen Gefährten meines Sommers,
Geliebteste Ihr,
Fernste,
Nächste,
In demütiger Dankbarkeit
Denke ich Eurer schenkenden Liebe.

Tierchen nennen die Menschen Euch,
Und es schwingt ein Überhebliches in ihrer Stimme, wenn sie Tierchen sagen.
O über ihre Torheit!
Ich habe gelernt andächtig zu werden vor Eurem unnennbaren Tiersein.

Bevor nicht die Menschen wiederfinden den Grund ihrer Tierheit,
Bevor sie nicht sind
Sind
Wird ihr Kampf nur wert sein
Neuen Kampfes,
Und noch ihre heiligste Wandlung
Wird wert sein neuer Wandlung.

MARGINALIE

Der hier aufgenommene Text von Stefan Großmann erschien erstmals in der Reihe ‹Umsturz und Aufbau› im Rowohlt Verlag, Berlin, 1919, und wird hier als Ergänzung zu Tollers autobiographischem Bericht abgedruckt.

Stefan Großmann

DER HOCHVERRÄTER ERNST TOLLER

Die Geschichte eines Prozesses

EINLEITUNG

Als ich im Januar 1919 von einem spartakistischen Dachschützen ins Schienbein geschossen wurde, schrieb mir eine zarte Seele, die mich vor zwanzig Jahren gekannt hat, sie bedaure das Schüßchen, aber eigentlich hätte sie mich selber auf den Dächern erhofft. Die ältliche Freundin bewies, daß sie mich auch vor zwanzig Jahren nicht gekannt hat, denn ich bin niemals, auch nicht einen Tag lang, maschinengewehrgläubig gewesen.

Richtig ist, daß es mir widerstrebte, im November eine allzu pompöse rote Nelke anzustecken, und daß ich auch im Januar mich nicht entschließen konnte, den Zwanzigjährigen zu spielen. Im Gegenteil: Ich errötete, wenn ich einem dieser plötzlich rot gewordenen Literaten begegnete, aber nicht für mich. Nichts Widerwärtigeres als diese jähe Revolutionsseligkeit der passiven Mitbürger, die bis nun von den Samtstühlen ihrer Zuschauerloge dem Ringen der anderen zugeschaut hatten. Applaudieren zur Revolution — ist dies eine manneswürdige, geschweige denn eine revolutionäre Beschäftigung? Und gibt es eine kläglichere Unwissenheit über sich selbst, als mit vierzig Jahren den Zwanzigjährigen darzustellen?

Aber ich hatte den rechtschaffenen Willen, in die Seele der hinter mir kommenden Generation zu schauen, und dieser Versuch, den Hochverräter Ernst Toller zu begreifen und sein inneres Wesen als ein repräsentatives aufzuzeichnen, ist eine Probe dieses guten Willens. Ich spüre sehr wohl die Distanz zwischen mir und Toller, aber ich weiß, daß diese Distanz mit jedem Tag kleiner wird. Nicht, indem ich mich künstlich jünger und unreifer gebe, sondern indem er mit jedem Tag nüchterner und klarer wird.

Hersching, am Ammersee, 25. Juli 1919 *Stefan Großmann*

I

Ernst Toller, Student der Nationalökonomie und mehr noch der Literatur, stand 1914, als der Krieg ausbrach, im 21. Lebensjahr. Die Augusttage überfallen ihn in Grenoble. Instinktiv packt ihn das Bedürfnis, schnell nach Deutschland zurückzukommen. Er schlägt sich zur Grenze durch und stellt sich in München bei einem Fußartillerieregiment. Er zittert, daß er zurückgewiesen werde, denn er ist kein robuster Mensch, sondern ein zarter, schmächtiger. Als Kind hat er an Herz- und Nervenstörungen gelitten, doch welcher junge Mensch erinnerte sich im August 1914 anderer Leiden als jener um Deutschland, das als überfallen galt. Der Arzt, der ihn musterte, fand ihn tauglich, und Toller sendet eine Jubeldepesche nach Hause. Die Mutter, die in Landsberg an der Warthe ein stilles Leben führt, mag die Botschaft mit gesenktem Haupt aufgenommen haben. Er steht in Frankreich als Fußartillerist, aber das genügt seinem Opfertrieb noch nicht, Infanterie hat es noch schwerer; er meldet sich zur Infanterie, und auch dies ist seinem Tatendrang noch nicht genug: der Infanterist Toller bittet, einer Maschinengewehrabteilung zugewiesen zu werden. Er nimmt Teil an den blutigsten Kämpfen im Priesterwald. Nicht nur Kameraden haben den Soldaten Toller gerühmt, es liegt auch der freudig anerkennende Brief seines Leutnants vor, der später auch als Reichswehroffizier sein Gedächtnisbild nicht verdunkelte. Regimentsbrüder rühmen ihn als hilfsbereiten Nebenmenschen und als «unerschrockenen, aufopferungsbereiten Kameraden». Er bringt es bis zum Unteroffizier. Im Mai 1916 bricht er zusammen, Herz und Nerven sträuben sich gegen das Kriegserlebnis. Er kommt in ein bayrisches Sanatorium, wird dann in eine Genesungskompagnie gesteckt, aber im Januar 1917 als Kriegsbeschädigter, dauernd arbeitsverwendungsfähig, entlassen. Der Student geht nach Heidelberg. Er möchte seine Doktorarbeit schreiben, aber gibt es nichts Wichtigeres auf der Welt zu tun? Er gründet mit anderen Studenten einen Bund, das Kriegserlebnis brennt in seinem Herzen. Treibt er Literatur? Nein, es treibt ihn zur Literatur. Er schreibt eine dramatische Dichtung, auf deren erster Seite die Worte stehen:

Das Theater ist ein kurzer Steg,
Ihr selber, nur ihr selber Weg!

Wie seinen Weg, den Weg zum Frieden finden? So gläubig wie er 1914 zum Heer kam, tritt er nun an die Führer heran, die dem Inferno auf Erden ein Ende machen wollen. Er nähert sich Friedrich W. Foerster, er kommt zu Max Weber, er sucht die Führer der Sozialisten in Berlin auf. Eine Jüngernatur, so nennt ihn Weber. Aber wem kann er Jünger sein? Der Studentenbund, den er gründet, ist ein erstes Tasten. Die Armut soll abgeschafft, die Erotik entmaterialisiert werden. Aber alle Programme sind ihm nicht wichtig, wichtig ist ihm der Friede, das Ende des Inferno, des tobenden Draußen in der sichtbaren, des herzzuschnürenden Drinnen im verstörten Geist. In Berlin lernt er Kurt Eisner kennen, der kein Professor, aber ein führender Mensch war. Eisner ist im Begriffe, aus der sozialdemokratischen Partei herauszuspringen. Auch in Eisner sind dichterische Elemente, aber sie sind vermählt und durchsetzt mit seinen heroisch-sozialistischen Gesinnungen.

Vor dem Künstler Toller spricht Eisner in der Sitzung des «Provisorischen Nationalrats» am 3. Januar 1919 die erlösenden Worte: «Kunst erfordert ein ganzes Leben, größte Kunst erfordert sogar Verzicht auf das Leben. Die Kunst kann nicht so ungefähr ausgeübt werden wie die Sonntagsjagd und die Sonntagsreiterei. Der große Künstler ist besessen, er ist der Märtyrer seiner Kunst.»

In derselben Rede — der stenographische Bericht dieser neunten öffentlichen Sitzung des provisorischen Nationalrates des Volksstaates Bayern verdient aus dem Archivdunkel geholt zu werden — sprach Kurt Eisner: «Ich glaube, es war Bismarck, der gemeint hat, daß Regieren eine Kunst wäre, und ich glaube allerdings, Regieren ist genau so eine Kunst, Politik treiben ist genau so eine Kunst wie Bildermalen oder Streichquartette komponieren. Der Gegenstand dieser politischen Kunst, der Stoff, an dem diese politische Kunst sich bewähren soll, ist die Gesellschaft, der Staat, die Menschen. Deshalb möchte ich glauben, daß ein wirklicher Staatsmann, eine wirkliche Regierung zu niemand ein stärkeres inneres Verhältnis haben sollte als zu den Künstlern, seinen Berufsgenossen.» (Der Leser fühlt die leichte Entgleisung Eisners auf einem richtigen Wege, denn die Berufsgenossen, sind sie denn in diesem höchsten Sinne Künstler? Viel mehr ist der schöpferische Gelehrte Berufsgenosse des Staatsmannes als der Herr Kollege Künstler.) Eisner verläßt das blinde Geleise und fährt fort: «Ich bin mir darüber nicht im mindesten im Zweifel, ein deutscher Staatsmann, der im Verdacht steht, ein Gedicht machen zu können, ist hinreichend verdächtig, von Politik keine Ahnung zu haben (Heiterkeit). Aber das ist ein deutsches Reservatrecht, das daraus entstand, daß, ich glaube, seit den Zeiten des seligen Humboldt überhaupt in Deutschland keine Künstlernatur jemals in der Regierung gewesen ist, vielleicht mit Ausnahme des (reaktionär) künstlerisch begabten Otto Bismarck.» Die Klammern um das Wort reaktionär habe ich eingefügt, weil sie Eisners Gedankengang verdeutlichen. Auf der Höhe dieser Rede steht Eisners Bekenntnis: «Unser klassisches Zeitalter flüchtete aus dem Reich der unmöglichen Politik in das Reich des Schönen. Daß Freiheit nur im Reich des Schönen gedeihen könne und nicht in der Welt, war ein Dogma, ein Dogma verzweifelter Resignation. In der heutigen Zeit scheint es mir, als ob diese Flucht in das Reich des Schönen nicht mehr notwendig sein sollte, daß die Kunst nicht mehr ein Asyl für Verzweifelte am Leben sein soll, sondern daß das Leben selbst ein Kunstwerk sein müßte, und der Staat das höchste Kunstwerk.» Das war Musik für Ernst Toller. Das Chaos in seinem Jünglingsherzen klärte sich bei Eisners Worten: «Ich habe neulich in einer Versammlung von Künstlern gesagt: Der Künstler muß als Künstler Anarchist sein, und als soziales Mitglied, als ein auf die Befriedigung der Lebensnotdurft angewiesener Bürger Sozialist. Der Staat kann dem Künstler nichts anderes raten, als daß er frei und unabhängig seinem innersten Trieb folge, und das ist die größte Förderung, die der Staat der Kunst, nicht dem erwerbstätigen Künstler, angedeihen lassen kann, er gibt ihm die vollkommene Freiheit seiner künstlerischen Betätigung.» Dieser Auffassung der Kunst als Gottesdienst fügt er die Warnung vor der Kunst als Gewerbe hinzu: «Ich habe gesagt, der bildende Künstler sollte nur in den Feierstunden seiner Inspiration schaffen, er solle nicht die Kunst zur Ware machen unter dem Zwange wirtschaftlicher Existenznotwendigkeit. Er sollte z. B. nicht die Notwendigkeit haben, sich zu wiederholen, nur um auf den Markt Ware zu werfen. Ich habe in diesem Zusammenhang gesagt, daß vielleicht ein Schriftsteller, der mehr als sechs Bücher in seinem Leben schreibt, sich schon wiederholt und daß große Kunstwerke nur aus innerstem Zwange in höchst beschränkter Anzahl produziert werden. Deshalb habe ich den Gedanken aufgegriffen, ob gerade der bildende Künstler nicht von seinem Handwerk ausgehen soll, ob er seine wirtschaftliche Existenz nicht auf sein Handwerk gründen soll, der Bildhauer z. B. als Steinmetz arbeiten und nur in den Feierstunden seiner Inspiration am Kunstwerke schaffen soll, das er dann nicht in der Hast, um leben zu können, in 24 Wochen machen, sondern an dem er jahrelang arbeiten könnte. Ich glaube, daß dieser Gedanke gar nicht utopisch ist, sondern daß er eine Rückkehr zu früheren gesunden Kunstzuständen ist. Ich irre auch doch wohl nicht, wenn ich mich erinnere, daß hervorragende Kunstlehrer und Kunstkenner unserer Zeit diesen Gedanken lebhaft propagiert haben, schon um auch der bildenden Kunst die solide handwerkliche Grundlage zu sichern. Das ist das Aufwerfen des Problems, wie der bildende Künstler heute überhaupt leben kann, ohne von der Kunst zu leben. Für die Kunst soll er leben.»

Diese Stimme hat den 24jährigen Ernst Toller bezwungen. Er wurde Mitglied der Münchener USP.

II

Im November 1918 sprengten die Parteien den Panzer der Erstarrung, der sie umgibt, und wurden glühend-flüssiges Leben. Für wie lange? Das Zentrum von gestern wurde nicht die Partei der echten Christen, sondern die Bayerische Volkspartei, die Freisinnigen wurden nicht die Gemeinschaft des republikanischen Bürgertums, sondern die kapitalistische Demokratie. Die Sozialdemokratie glaubte bleiben zu können, was sie war, und niemand in ihr erkannte, wie korpulent und schwer beweglich der Leib der bequem gewordenen Partei geworden. Die Partei, längst älter geworden als eine normal gebaute Wahrheit, der Ibsen nur dreißig Jahre Lebenszeit einräumt, barg keine Jugend mehr in sich, Bezirksgrößen, mittleres Parteibeamtentum, der eingeölte Routinier herrschten, und das Fehlen jedes Fünkchens heroisch-revolutionären Grundgefühls hatte alle Jugend in die Flucht getrieben. In dieser Stunde bitterster Verarmung mußte eine neue sozialistische Partei entstehen.

Kurt Eisner stampfte sie in München aus dem Boden. Als er in den ersten Novembertagen die Wittelsbacher absetzte – wieviel hundert Leute standen damals hinter ihm? –, da war er mit einem Schlage mächtiger als die große oder vielmehr die dicke Partei mit ihren Hunderttausenden Wählern und Mitgliederbücheln. Eisner kam aus dem Gefängnis. Ein Landesverratsprozeß hatte über ihm geschwebt, denn er hatte es nicht länger vermocht, dem Inferno mit stumpfer Passivität zuzuschauen, er sammelte das Menschenmaterial, das in den Kriegsbetrieben wartete, er rief zum Streite gegen den Krieg. Noch war Toller kaum in der sozialistischen Geisteswelt heimisch, da war ihm schon ein Landesverratsprozeß auf den Buckel geladen. Man setzte ihn im Winter 1918 ins Militärgefängnis, man steckte ihn wieder in den Soldatenrock. Wie konnte er der Militärgerichtsmaschine entgehen? Herz- und nervenkrank, wie ihn der Krieg hergerichtet hatte, fühlte er sich berechtigt, Symptome seines überreizten Zustandes zu übertreiben. Der Psychiater Professor Rüdin erklärte ihn daraufhin als Hysteriker, natürlich – er arbeitete fürs Militärgericht – voll verantwortlich, aber immerhin infolge gesteigerter Reizbarkeit und Sensibilität milder zu beurteilen. Der Reichsanwalt, milder als der Psychiater, stellte das Verfahren ein. Im September ließ man Toller frei. Jetzt erst, nach dieser Feuertaufe, gehörte er ganz der Revolution, jetzt erst glauben die Arbeiter an ihn. Im November 1918 ist Toller in Berlin, die Revolution bricht aus.

Wieder sendet er ein jubelndes Telegramm ab, ein zweites Mal kriegsfreiwillig, diesmal an den Führer der bayerischen Revolution, den «landfremden Berliner», wie die Einheimischen höhnten, ohne zu wissen, wie sie ihrer selber damit spotteten und zugaben, daß von ihrer bequemen Bierbank keiner aufgesprungen war. Eisner rief Toller zu sich. Dank der alten Partei, die höchstens auf die Ausbildung gehorsamer Rekruten bedacht war, gab es in Bayern fast keinen sozialistischen Nachwuchs. Kein Wunder also, daß Toller schnell in die Führerfront geschoben wurde, ohne daß er es wollte, vielleicht sogar, weil er es nicht wollte. Zweimal wird ihm eine führende Stellung angeboten, auch das Amt des Volksbeauftragten wird ihm dargebracht. Toller, im Bewußtsein unzureichender Qualitäten, lehnt ab. Das Mißtrauen, menschlich eine klägliche Eigenschaft, ist politisch eine Tugend und der wichtigste Schutz des Proletariers. Dieses Mißtrauen hat Toller überwunden, dank dem Militärgericht, dank seiner Weigerung. Er sitzt im provisorischen Nationalrat, aber seine Stimme bleibt noch im Hintergrund, Eisner ist ja da, und die bayerischen Sozialdemokraten haben ihr Vertrauenskapital noch nicht ganz aufgebraucht. Einmal berichtet Toller in der Nationalversammlung über die Eindrücke einer amerikanischen Lebensmittelkommission, die er, um sie von der fälschenden Hotelperspektive zu befreien, so lange durch Münchener Arbeitsquartiere geführt hat, bis sie, von Elendseindrücken erschöpft, gestehen: «Ich kann nicht mehr.» An die Schilderung dieses Jammers fügt er die Worte: «Heute wandern viele

Menschen zum Isenheimer Altar des Meisters Mathias Grünewald in der alten Pinakothek. In jeder Proletarierwohnung werden sie alle das Elend zusammengeballt finden, das in diesem Gemälde so wunderbar und erschütternd gestaltet ist. In jeder Wohnung finden sie Gekreuzigte, nackte gekreuzigte Menschen.» Gute Ohren werden in diesem herbeigeholten Vergleich einen falschen Ton hören, ärgerlich banale Rhetorik, aber für Tollers Streben, Kunst- und Lebenseindrücke zu vereinigen, ist der Satz charakteristisch. Auch für seine Unreife, denn Grünewald ist kein Elendsmaler und, wahrhaftig, ein Hungriger ist noch kein Christus. Der stenographische Bericht, der an Beifallskundgebungen nicht arm ist, verzeichnet hier nicht einmal ein spärliches Bravo. Es gibt übrigens in keiner späteren Rede Tollers einen ähnlichen Rückfall ins sentimentale Literatentum.

Eisner wird erschossen. Der Landtag läuft auseinander, der Ministerpräsident schickt eine Postkarte an seinen Genossen Nikisch, worin er die Regierung für ziemlich tot erklärt. Die einzige ordnende Gewalt ist jetzt der Arbeiter-, Bauern- und Soldatenrat. Er wählt die Volksbeauftragten. Toller lehnt ab. Aber in der USP fällt ihm unwillkürlich das Erbe des seelenverwandten Eisner zu. Wie Eisner muß er politisch zwischen der Sterilität der bayerischen Sozialdemokratie und der dogmatischen, gegen Blutopfer gleichgültigen Verranntheit der Lewien und Leviné steuern. Der Rätegedanke wird von den alten Sozialdemokraten als nicht in ihrem alten Wörterbuch stehend abgelehnt, die Kommunisten aber propagieren eine Kopie des Lenin von vorgestern, eine proletarische Diktatur, die dem Bürgertum Lebensmittel und Lebensmöglichkeiten entziehen will. Toller, immer das Erbe Eisners verwaltend, will die Voraussetzung produktiver Räteherrschaft schaffen, die Einigung der drei sozialistischen Parteien. Gelingt es nicht, die drei Ströme in ein Bett zusammenfließen zu lassen, so fehlt die zum Aufbau unerläßliche Konzentration der Kräfte, der Demagogie nach drei Seiten wäre allzuviel Spielraum gelassen. Es kommt am 7. April zur ersten Ausrufung der Räterepublik, weil eine Nacht lang eine Einigung der drei Parteien wahrscheinlich schien. Aber Lewien zieht zu seinen Leuten und verlacht die Gläubigen des Einigungsfimmels, der Minister Schneppenhorst zieht nach Nürnberg und holt sich Militär. Toller, in der Mitte stehend, von Anfang an zweifelnd, wird zum Vorsitzenden des revolutionären Zentralrates gewählt. Diesmal kann er sich nicht verweigern. Jetzt ist er, mindestens als Hemmung, unentbehrlich. Es werden Revolutionstribunale eingesetzt – sie haben übrigens gar nicht böse gewirtschaftet –, Toller verhindert, daß das Revolutionstribunal Todesurteile fällt, ohne daß der Zentralrat sie bestätigt. Es gibt kein Todesurteil. Dutzende von Haftbefehlen werden ihm vorgelegt, besonders von erbitterten Spießern, die bei dieser guten Gelegenheit lästige Nebenmenschen los werden wollten, Toller zerreißt die Haftbefehle. Rasende Burschen wollten Arco, den gelähmten Mörder Eisners, und den schwerverletzten Minister Auer aus der Klinik holen. Toller verhindert die Besuche der Soldaten. Es ist kein Blut geflossen in dieser ersten Periode der Räteherrschaft. Der Zweifel saß schon damals in Tollers Kopf, schon damals versuchte er mit dem Ministerium in Bamberg zu verhandeln. Es kommt nach acht Tagen zur Ausrufung der zweiten Räterepublik, Lewien und Leviné sind jetzt die Herren. Das Proletariat wird bewaffnet. Toller, der die Torheit einer Schlacht bei München keinen Augenblick verkennt, wird, weil er offen verhandeln will, von Leviné ein «grüner Junge» genannt. Er hört es kaum. Plötzlich wird er zum Kommandanten der roten Armee in Dachau gemacht. Er weiß, wie aussichtslos dieser Kampf ist, eben deshalb darf er den Leuten nicht nein sagen. Er geht nach Dachau mit dem Vorsatz, sofort Verhandlungen anzuknüpfen. Lewien will ihn verhaften lassen. In Dachau verhindert er vor allem Artilleriekämpfe. (Wenn je ein Ehrenbürgerrecht verdient war, so Tollers um Dachau.) Er läßt Feldgendarmen kommen, um «Requirierungen» zu verhindern. (Indes schießen die roten Garden mit Maschinengewehren auf Hühner und Schweine.) Er erhält von München den Befehl, gefangene Offiziere sofort zu erschießen, er zerreißt den Befehl. Dreimal versucht er zu verhandeln. Aber seine Truppen gehen eines Tages auf eigene Faust los. Toller hat (öffentlich) keinem verraten, was er von der Institution der roten Garde hält, er ist nicht genug Militarist, um jetzt den selbstverklärenden Beruf des Memoirenschreibers zu ergreifen, aber ein Satz, der in der stillen Zwiesprache mit seinem Verteidiger, der sich als sein politischer Gegner erklärte, gesprochen hat, wirft ein wenig Licht in seine Seele: «Ach was, ich bin mein eigner Gegner.» Seine letzte Tat ist die Befreiung von sechs Geiseln, die er in einem Keller des Luitpoldgymnasiums rechtzeitig entdeckt. Er läßt sie durch die Kellerluken ans Licht ziehen. Dann versucht er zu den roten Garden, die auf aussichtslosem Posten stehen, vorzudringen. Es gelingt nicht. Nun beschließen die Betriebsräte, er solle sich verbergen. Er färbt sich die Haare rot und versteckt sich vor den Truppen, die sich mit Gustav Landauers Leichnam begnügen mußten. Entdeckt, wird er vors Standgericht gestellt. Als Hochverräter.

III

Zur Verhandlung wurde ein möglichst kleiner Saal im Amtsgericht ausgesucht. Hinter der Barriere finden drei Dutzend Leute Platz. Die Hälfte der Hörer sind blutjunge Soldaten, einige Leute in Zivilanzug verraten behördliche Funktionen. Nur ein paar junge Gesichter, in deren Augen Glut brennt, repräsentieren Volk und Öffentlichkeit.

Den Vorsitz führt ein weißhaariger Landgerichtsdirektor, Herr Stadelmeier, der das Todesurteil über Leviné gesprochen hat, ein dürres, pedantisches Männchen, das unfroh und zänkisch aussieht. Die beiden jüngeren Richter schauen mit gesunder, pausbäckiger Teilnahmslosigkeit in die Welt. Die beiden glattrasierten Offiziersgesichter an beiden Seiten des Richtertisches verraten am ehesten inneres Leben. Die Physiognomien sprechen ein «Schuldig», noch ehe der Prozeß eröffnet wird. Warum werden fürs Standgericht nicht wenigstens undurchsichtigere Gesichter ausgewählt? Aber wollen diese Richter denn ihre Voreingenommenheit verstecken? Als Toller sich bei der Angabe seines Nationales konfessionslos nennt, antwortet Herr Stadelmeier, der Richter: «Aber Sie sind doch nicht konfessionslos zur Welt gekommen?» Eine plumpe, eine dumme Frage, denn wir alle kommen konfessionslos zur Welt. Auch Ihnen, Herr Stadelmeier, war der Taufschein nicht auf den Podex geklebt, als Sie dem Mutterschoß entglitten. In diesem Stil wollte Herr Stadelmeier, der Standrichter, das Verhör leiten. Das politische Gemälde, das Toller entwerfen mußte, unterbrach er durch die Frage: «Sie sollen aber auch Gelder unterschlagen haben?» Toller antwortet mit einem bescheidenen Lächeln. Es ist, als ob er sich für den anderen schämte. Nicht ein Zeuge hat späterhin den Vorwurf der Unterschlagung auch nur erhoben, geschweige denn erwiesen; dagegen wurde festgestellt, daß Toller in Dachau, im Tohuwabohu dieses Feldlagers dafür gesorgt hat, daß über Einnahme und Ausgaben genaue Bücher geführt werden. Ein Bohemien hätte andere Sorgen gehabt. Im ganzen hat der Vorsitzende nicht viel Hirnschmalz verbraucht. Er knüpfte mit außerordentlicher Sorgfalt ein Aktenbündel nach dem anderen auf und verlas die gedruckten Proklamationen, die Toller als Vorsitzender des Zentralrates unterzeichnet hatte. Das Beweisverfahren bestand für den Richter darin, daß er jedesmal, wenn er ein solches Plakat verlesen hatte, den Angeklagten fragte: «Haben Sie das unterschrieben?» Toller leugnete das nicht, und so konnte der Vorsitzende mit dem Gefühl, den Spitzbuben überführt zu haben, die Bindfäden wieder um die Aktenbündel knüpfen. Nur ein Aufruf trug die Unterschrift des Angeklagten nicht, und hier konnte er bei aller Bereitwilligkeit, das Verfahren abzukürzen, das erwünschte Ja nicht sagen. Es handelte sich um den Aufruf, der die Proklamation der ersten Räterepublik enthielt. Diesen hat Toller nicht unterschrieben, aus einem kleinen, dem Gericht verdrießlichen Umstand: Seine Überzeugung hat ihn daran gehindert, Toller hielt nämlich die Ausrufung der Räterepublik für einen Fehler, mindestens solange die drei sozialistischen Parteien nicht einig waren. Nun beschuldigte ihn die Anklage des Hochverrats, weil er mit Gewalt gegen die bestehende Verfassung und Regierung die Räterepublik herbeigeführt habe. Er konnte nachweisen, daß er am 7. April gegen die Errichtung der ersten Räteherrschaft war, weil er die Vorbedingungen nicht für gegeben erachtete, und er konnte nachweisen, daß er bei der Ausrufung der zweiten Rätediktatur am 14. April gar nicht in München, sondern auf der Reise nach Berlin begriffen und in Nürnberg von der Kunde überrascht worden war. Ein Nürnberger Parteigenosse, der ihm an politischer Erfahrung überlegen war, mußte ihn erst zur Heimreise nach München bewegen. Und wie wurde ihm bewiesen, daß er sein Vorhaben «mit Gewalt» ausgeführt hat? Allerdings war ihm eines Abends das Dachauer Kommando auf die Schultern gelegt worden. Aber es gelang ihm durch Dachauer Zeugen, vor allem durch den Leiter der Pulverfabrik in Dachau, zu beweisen, daß er zwar die Gewalt besessen, aber nicht mißbraucht, d. h. gebraucht habe. Und wo war die bestehende Verfassung, gegen die er sich bewußt aufgelehnt hatte? Noch hat Bayern in den Tagen, da diese Schrift vollendet wird, so wenig wie das Reich seine definitive Verfassung, die den chaotischen Zustand der Revolution erst rechtlich beendet. Die provisorische Verfassung aber, die das Ministerium Hoffmann am 17. März erließ, war geknüpft an die Vereinbarung mit dem Rätekongreß, der sich aus der Fülle seiner existierenden Macht ein Vetorecht gegen Gesetzesvorlagen der Regierung zusprechen konnte. Gewiß war Toller subjektiv der Überzeugung, die Revolution sei noch lange nicht beendet. Wer, der im Frühjahr 1919 in München gelebt hat, konnte glauben, der große Trennungsstrich sei schon gezogen? Beiläufig: Gibt es einen Sozialisten in Deutschland, der sich und anderen den Schulbüchertext vorsagen wollte: «Die deutsche Revolution begann am 5. November 1918 und wurde am 17. März 1919 beendet.» So dürr ist keines Parteigenossen Seele, wie ruhe-süchtig mancher Altgewordene auch sei. Wenn sich aber die sozialistische Natur gegen die Oberlehrer- und Amtsrichterannahme der am soundsovielten beendeten Revolution sträubt, warum stellen dann die Hochverräter von gestern die Hochverräter von heute vor ihre Richter? Gesetzt, diese Regierer wären Oberlehrerseelen und empfänden den Zustand ihrer kümmerlichen geistarmen Macht wirklich als neue staatliche Ordnung, dann müßte sie eine Art von Pietät für das eigene Revolutionserlebnis davor bewahren, die Schlinge des Hochverratsparagraphen, dem sie selbst eben entschlüpften, einige Wochen später über andere zu werfen. Ziemt den unzweifelhaften Hochverrätern von gestern unnahbare Strenge gegen die vermeintlichen Hochverräter von heute? Ach, ihr Eifer stimmt bedenklich und mißtrauisch. Vielleicht gehen sie nur deshalb so beherzt gegen ihren jüngeren Bruder los, weil sie sich nur als Verwandte ausgegeben haben? Den bratenrockbekleideten Festrednern der Revolution ist vielleicht nichts Wesensferner als der leibhaftige Revolutionär?

IV

«Da lob ich mir mein Preußenland.» Als ein tückischer Oberkellner die Thyssen und Stinnes wegen Hochverrates bei den Volksbeauftragten Haase und Scheidemann denunzierte, da verweigerten diese die Verfolgung wegen Hochverrats gegen die ihnen sonst nicht sehr sympathischen Herren, sie fragten sich zögernd: gibt es schon Hochverrat an uns Hochverrätern? Auch der Berliner Staatsanwalt, der Ledebour vor die Geschworenen, nicht vor ein Standgericht stellte, sträubte sich, das Wort Hochverrat in die Anklageschrift zu setzen, der Paragraph steht im Strafgesetz allzu nachbarlich neben der Majestätsbeleidigung. Es gibt, vom juridischen abgesehen, auch in der Politik, ein sehr entscheidendes Gefühl für Takt. Politische Trampeltiere wissen das noch nicht. Aber selbst ein sozialkonservativer Geist wie Wolfgang Heine spürte diese Regungen. Deshalb schrieb der preußische Minister des Innern am 7. Juni 1919 an den General von Oven in München:

Euer Exzellenz
bitte ich unter Beziehung auf das gleichzeitig abgesandte Telegramm noch einmal, zugunsten des verhafteten Studenten Toller ein Wort einlegen zu dürfen. Ich kenne Toller persönlich und kann über seinen Charakter nur Gutes sagen.

Wenn Toller auch zeitweise die Rätetruppen in München geführt hat, so kann man ihm doch nicht die Schuld an den blutigen Ereignissen beimessen. Toller ist während der kurzen Zeit seines Kommandos immer des Glaubens gewesen, alles gütlich schlichten zu können. Daß dies sein Glauben war, kann durch Zeugen bestätigt werden und ist jedem, der Toller kennt, begreiflich. Toller ist ein unverwüstlicher Optimist und Friedensgläubiger, und verwirft jede Gewalt.

Für den Richter wird vielleicht nicht ohne Interesse sein, wenn ich als mildernde Umstände, abgesehen von Tollers Jugend und Weltfremdheit, dies anführe: Die ganze Politik, die die bayerische Regierung seit dem November 1918 geführt hat, war geeignet, die Grenzen zu verwischen, die zwischen einer neuen legalen Staatsordnung und einem Zustand gewaltsamer Untergrabung und Zerstörung gezogen werden mußten. Diese Politik zeigte keinen Willen zu einer neuen Ordnung, sondern war ein Umsturz in Permanenz, ein fortwährendes Hinabgleiten von einer Stufe zur anderen, bis zur Räterepublik, der Tyrannei der roten Garde. Eine derartige politische Entwicklung muß in einem jüngeren, politisch unreifen Kopf, einer Dichterseele, Verwirrung anrichten, und das Gefühl für die Pflicht, Ordnung und Arbeit herzustellen, vernichten. Toller ist kaum persönlich verantwortlich zu machen, wenn er auch in seinem überstiegenen Idealismus sich berechtigt hielt, die Verfassung, die niemals rechtliches Leben gewonnen hatte, weiter revolutionär umzugestalten.

Die Schuld, daß es so weit gekommen ist, liegt bei ganz anderen Stellen. Eine Hinrichtung Tollers könnte bei den vielen Freunden, die er sich erworben hat, nur die unglücklichsten Wirkungen haben.

gez. Heine
Minister des Innern

Dieser Brief, nach Levinés Erschießung geschrieben, ehrt nicht nur den Menschenfreund, der Jurist Heine konzipiert hier in aller Geschwindigkeit eine Urteilsbegründung, die man verstaubten, weißblau angestrichenen Richterautomaten dreimal hätte vorlesen müssen.

V

Die Untersuchungsakten wider Toller füllen neun dicke Bände. Tollers Leben ist vom Staatsanwalt bis in den letzten Seelenwinkel durchschaut worden. Oft habe ich mir gedacht, als ich der ungenierten Umstülpung und öffentlichen Ausleerung dieses Daseins im Gerichtssaal beiwohnte: Wie wenn man das Leben dieser korrekten Richter, wie wenn man das des Staatsanwalts oder auch mein eigenes Leben so durchsiebte und ausleerte? In einem Untersuchungsprotokoll fand ich die freundliche Anfrage an Toller: «Haben Sie in München eine Geliebte gehabt?» Dem Eifer des Staatsanwalts war es gelungen, von einem Zeugen feststellen zu lassen, daß Toller einmal eine Quecksilbersalbe benutzt und damit ein Bettlaken beschmutzt habe. Dieser gravierenden Tatsache konnte Toller zum Glück die Adresse des Arztes gegenüberstellen, der ihm die Salbe gegen eine Bartflechte verschrieben habe. Und ein Sachverständiger wurde nun vernommen, um zuzugeben, daß Quecksilbersalbe durchaus nicht nur bei luetischen Erkrankungen verschrieben werde. Ja, der Angeklagte Toller konnte feststellen, daß dem Dienstmädchen für die Reinigung des Lakens ein Trinkgeld verabfolgt worden war ... Das Gerücht, Toller habe in Dachau von requirierten Weinen getrunken, wurde genau geprüft und festgestellt, daß Toller einen Befehl gegen alle Requirierungen erlassen, Feldgendarmen zum Schutz gegen Demoralisation nach Dachau kommandiert und selber nicht einen Schluck vom Wein der anderen getan habe ... Professor Sauerbruch, in dessen Klinik der gelähmte Arco, Eisners Mörder, und der schwerverletzte Auer lagen, wurde nicht bloß darüber vernommen, wie Toller für die Sicherheit der zwei, den Kommunisten verhaßten Patienten bemüht gewesen, sondern der ausgezeichnete Erfinder künstlicher Beine und Arme wurde auch in die Rolle des psychologischen Sachverständigen geschoben. Er hatte Toller etwa eine Viertelstunde lang gesprochen und unter Eid festgestellt, daß Toller außerordentlich eitel, zur Pose geneigt, seiner Rolle nicht gewachsen und im Format zu klein gewesen sei. Bedenkt man, daß die kurze Unterhaltung Sauerbruchs eine gesellschaftlich-korrekte in Gegenwart einer Dame war, daß sie sich fast nur um die Sicherung der Sauerbruchschen Klinik vor Überfällen gedreht hat, so muß man den intuitiven Seherblick des künstlichen Beinfabrikanten bewundern ... Der Vorsitzende wollte feststellen, daß die Löhnungen der roten Armee mehr als 200 000 Mark gekostet haben. Er konnte mit aufregender Umständlichkeit ein dickes Geschäftsbuch aufblättern und mit gravierender Strenge die verausgabten Summen addieren. Letzter ungewollter Eindruck: Toller hatte in Dachau kühlen Kopf behalten und für geordnete Verrechnung gesorgt. Bei welcher Revolution hat es exakter geführte Hauptbücher gegeben? ... Das Gericht lechzte nach einer Hetzrede Tollers. Aber nicht ein Zeuge dafür war aufzutreiben. Dagegen stellten die Ausgefragten fest, daß Toller den Betriebsräten aufwühlende Tatsachen verheimlicht habe (z. B. die Festnahme dreier Parlamentäre, die er zu Verhandlungen mit den Regierungstruppen entsandt hatte), und ein Bauer, von dem man vielleicht ein pfiffig-natürliches Volksurteil gegen Toller erhofft hatte, sagte vor Gericht: «Er war's grade Gegenstück von an Hetzer.» Ein Spitzbube, der sich im April tollertreu gebärdete, um später Hoffmannstropfen zu nehmen, der belastendste Zeuge, wurde vom Staatsanwalt im letzten Augenblick aus guten Gründen abgesagt. So ergab die Durchhechelung und Durchleuchtung dieses Lebens wider den Willen des Gerichtes die allmählich immer deutlichere Kontur einer sittlichen Persönlichkeit. Ohne Ruhmredigkeit konnte Toller vor Gericht feststellen: «Ich habe nie eine Hetzrede gehalten. Das ist kein Verdienst, das ist Erfordernis meiner Mentalität.»

Das Tohuwabohu der Räteherrschaft, der es an sachlichen Köpfen fehlt, hat Toller in ungeschminktem Bilde den Betriebsräten vorgeführt, in dem mutigsten Akt, den er als Revolutionär gewagt hat. Er rief den Betriebsräten am 26. April zu, die Wirtschaft der neuen Herren sei ärger als die Ludendorfferei.

Wäre der Vorsitzende des Standgerichtes dem Problem Toller geistig gewachsen gewesen, er hätte dieses Dokument als das entscheidendste hervorgehoben. Ich höre hier die Stimme aus der geheimsten Herzenskammer des Revolutionärs, der kein Demagoge ist. Freilich fürs Standgericht war dieses Dokument nicht verwertbar. Zeigt es doch den Revolutionär, den die bürgerliche Gesellschaft immer nur an der Spitze der Massen sieht, umgewendet, mit dem Gesicht zu seinen Anhängern, in seiner wichtigsten Funktion: Als Zügler und Former anonymer Kräfte! Ein Zeuge hat von Toller gesagt: «Ihm fehlte nie der Wille, aber ihm fehlte die Kraft zur Durchsetzung seines Willens.» Aber ist nicht Tollers Kraft mit jedem Tage gestiegen? Ist nicht seine letzte Kundgebung, jene tapfere Warnung vor denen, die Revolution als l'art pour l'art betreiben, seine stärkste Leistung? Zum Vulgärpolitiker mag der moralisch empfindliche Geist nicht geeignet gewesen sein, die demokratische Nüchternheit mag diese moralische Kraft als «in Gottes Zorn zum Politiker geschaffen» ansehen. Der Instinkt der Massen war wohlberaten, als er sich diesen Jüngling erkor, der sittlich nicht aus Vorsatz, sondern aus Naturgebot war. Sollen die Deutschen ihre Revolution innerlich meistern, so wird ihnen der nichts als praktische Mittelstandspolitiker nicht genügen. Die Hingegebenheit, das Verantwortungsgefühl des Typus Toller wird uns vonnöten sein!

VI

In der Gerichtsverhandlung standen einige Männer auf, um für Tollers Dichtungen zu zeugen: Thomas Mann, Björn Björnson, Carl Hauptmann, Max Halbe, Max Martersteig, eine bunte Reihe. Sie stellten fest, daß Tollers Dichtungen stärkstem Ethos entspringen. Aber, dachte ich, Gutachten, ritterliche Regungen für einen von Standrichtern Bedrohten, und erinnerte mich an Nestroys Satz: «'s is ein schwerer Stand vor Standrichtern, wenn auch ihr Urteil nicht standhält.»

Am Abend vor dem Urteilsspruch saß ich mit einigen Freunden in einem Münchener Hotelzimmer und las mir selbst und ihnen Tollers dramatische Dichtung ‹Die Wandlung› vor. Zwei Stunden saßen wir beisammen, nicht minder unbarmherzige Richter als jene anderen, und unsere Verhandlung war ergebnisreicher als das kleinlich-peinliche Verfahren drüben. Von Rechts wegen, von höheren Rechts wegen hätte ich auch Herrn Stadelmeier, den Vorsitzenden und seine Mitbeamten, zu unserer Sitzung laden müssen, wenn nicht eine Seelenneugier, die dem Richter eignen müßte, sie selbst dazu getrieben hatte, in Tollers Werke zu schauen, das ihn bis in die Tiefe und durchsichtiger offenbarte als die Angabe des Stubenmädchens über den Gebrauch der Bartflechtensalbe. Ich schlug die erste Seite der Dichtung auf, ebenso bereit, den Dichter Toller freizusprechen und zu begrüßen, wie ihn zu verurteilen und schweigend sein Werk beiseite zu legen. Zudem hatte er ein Vorurteil gegen sich, daß es, nach dem Krieg, billig geworden ist, gegen ihn zu singen. Ja, wir haben sogar schon eine Literatur der Verleumdung des Kriegserlebnisses.

Bald war es feierlich still in unserem Hotelzimmer. Ich hatte gefürchtet: Zuviel Gesinnung und zuwenig Gestaltung. Hier aber fand ich ein symphonisch aufgebautes Werk, von innerstem Ernst getragen und doch nie monoton, eine große Auseinandersetzung mit sich selbst und doch nie steriler Monolog, sondern eine wiedergeborene, leuchtende und wieder verfinsterte Welt. Das Erlebnis des Krieges, nicht in unverdauten Brocken jählings ausgespien, sondern einverleibt einer vielstimmigen Phantasie, die vom bittersten Gelächter bis zum heiligsten Jünglingsernst reicht. Plötzlich stand ein Satz aus der Zeugenschaft Thomas Manns im Gedächtnis auf: «Dies ist eine Art Gebet, dieser Dichter ist auf seine Weise fromm.» Nichts Subjektiv-Zufälliges ist in diesem Werk, nichts Kleinlich-Naturalistisches, diesem Dichter ist die Lust an der großen Linie gegeben, er hat die angeborene Kraft, diese Epochen, der er sich ohne klägliche Künstlervorsicht hingegeben, aus seinem Kopfe wieder auferstehen lassen.

Die Dichtung führt den Untertitel «Das Ringen eines Menschen», sie ist geteilt in Stationen, Haltestellen und Rückschauen auf einem langen Weg. Aber der Weg ist festgehalten in dieser Dichtung, der Weg von 1914 bis 1920, will sagen: Von einem sterbenden Zeitalter in ein eben geborenes. Mittelpunkt der Geschehnisse ist Friedrich, ein Jüngling, der

Ernst Toller heißen, aber auch einer von den hunderttausend anderen sein könnte. Die Geschichte eines inneren Werdens. Friedrich, Sohn jüdischer Eltern, ans deutsche Wesen innerlich gebunden, unschlüssig, wo er sein Schicksal suchen soll, begrüßt den Krieg als die große Gelegenheit, sich zu beweisen. Beginnt die Dichtung mit einem sanften Dialog zwischen der mütterlichsten Mutter und einem mild-unerbittlichen Sohn leise und seelenhaft, so wird sie schon im nächsten Bilde bilderreich und unnaturalistisch. Ein Kriegertransport im fahrenden Zug, dürftig beleuchtet, der Gesang der halbschlafenden Krieger hat hier seine tiefere Melodie gefunden: «Ewig fahren wir.» Die nächste Station führt in ein Wasserloch der Kriegswüste. Während Todesgefahren unbedingte Lebensgemeinschaften herstellen sollten, wird Friedrich von Kameraden angesprochen: «Du Fremder.» Das Wort fährt in die Seele. Dennoch ist Friedrichs letztes Wort: «So will ich für mein Vaterland kämpfen, trotz euch. Ich will — trotz euch.» Die pathetische Szene, Toller kann komponieren, wird abgelöst durch eine skurrile, Gespräche der Skelette zwischen den Drahtverhauen, ein Totentanzhumor schnurrigster Art. Das nächste Bild gibt die Kriegslazarettsatire, den Arzt, der für alle nicht Liebe, aber Rizinus hat, und in dem nächsten Dämmerbild den großen Chirurgen, der nur mehr Techniker seines Berufes ist. Wieder ein phantastisches Scherzo: Exerzieren der Krüppel mit künstlichen Gliedmaßen, aber der grausige Spott ist nur Präludium zu einem erschütternden Chorus der Getroffenen, der Blinden, Verschütteten, Gasvergifteten. Unter ihnen wandelt die Schwester, Schlaftabletten verschenkend, ein herzaufwühlender Massenschrei umloht sie: «Wir wollen nicht mehr erwachen.» Dazwischen die kleinwinzige Episode, daß Friedrich mit dem Eisernen Kreuz versehen wird. Einen Moment lang wirkt die Auszeichnung: «Nun gehöre ich zu ihnen.»

Friedrich, in seine Werkstatt heimgekehrt, arbeitet an einer Statue, die den Sieg des Vaterlandes darstellen soll. Aber in ihm arbeitet längst ein anderes Motiv. Ein irrsinniger Kriegskamerad tritt ein und damit das in ihm wühlende Motiv ans Licht. Er zertrümmert die Statue, sein Zweifel findet Worte: «Hat sich das Vaterland an den Staat verschachert?» Wieder ist die Schwester, Trostgestalt, bei ihm, sie weist ihn über die Statue, über den Sieg des Vaterlandes hinaus und damit hat er die entscheidende Station, seine Wegwende erreicht.

Nun folgen die helldunklen Bilder aus seinem anderen Kämpferleben. Als Schlafbursche, in einem prachtvoll zusammengefaßten Bild, erlebt er proletarisches Großstadtschicksal. Er nähert sich im dunklen Nebel einem Gefängnis, das mit Gold gepflastert ist, es ist eine Fabrik. Aber unversehens vermischen sich die Unterschiede, plötzlich steht doch ein Zellengefängnis vor uns, eilige Richter, stöhnende Gefangene, stumpfe Wärter. Ein sterbender Gefangener mit Friedrichs Antlitz spricht zum Volke:

Vielleicht gekreuzigt kann es sich befreien,
Aus seinen Malen wachsen lichte Kräfte,
Vielleicht gekreuzigt kann es sich erlösen,
Zu hoher Freiheit auferstehen.

Man achte auf dieses «Vielleicht», nur ein Vielleicht, ein zagenderer Ton, als ihn der Politiker Toller je ausgesprochen. Ein dichterischer Einfall, der aus dem Allegorischen hinausführt, beendet diese Szene. Ein Kind ist da, im schwärzesten Leben, und die Gefangenen, dunkel sich erinnernd, murmeln:

Wie lange ist es her,
Daß wir mit Kindern spielten.

Die nächste Station: Die Volksversammlung. Ein alter Herr spricht Erkenntnisse von 1870, ein Professor gibt erstarrte Wissenschaft, ein Pfarrer Glauben, der nicht mehr geglaubt wird, und ein Kommis aufreizenden Vulgärsozialismus. Es ist ein Gespensterreigen. Dem Aufruf des Kommis, zu marschieren, antwortet Friedrich: «Wartet bis zum Mittag.» Der Mittag findet das Volk vor der Kirche, es wartet auf den, der ihm den Glauben an den Menschen geben soll. Wieder wächst die Szene über das Sinnbildliche hinaus. Wieder ein Scherzo, ehe der brausende symphonische Schluß einsetzt, die große Rede Friedrichs, die in dem Satze gipfelt: «Ihr alle seid nur verzerrte Bilder des wirklichen Menschen, ihr Eingemauerte, ihr Verschüttete, Gekoppelte und Atemkeuchende, ihr Lustlose und Verbitterte, ihr habt den Geist vergraben.» Ein tausendstimmiger, aus Erstaunen geborener Chorus antwortet ihm:

Daß wir es vergaßen:
Wir sind doch Menschen!

Und durch die Luft zittert der Ruf der über sich selbst Verwunderten:

«Wir sind doch Menschen!»

Mit diesen innerlich Gewandelten will auch er marschieren. Jetzt ist sein Mittag da, jetzt ist Warten nicht mehr nötig, jetzt hat er die Lust, den Willen, die Festigkeit zur Revolution. Es ist Musik in dieser Mittagsstunde.

VII

Der Normalrichter lebt vom vorliegenden Akt. Das Drama Tollers gehörte nicht zu den Akten, und so war es nicht auf der Welt. Den heißen Drang, bis zum inneren Wesen des Angeklagten vorzudringen, kennt der normale Gerechtigkeitsbeamte nicht. Deshalb ertrug der Vorsitzende die Sachverständigen Thomas Mann, Carl Hauptmann, Max Halbe, Max Martersteig, Björn Björnson mit resignierter Passivität. Wurde ein neuer Zeuge namhaft gemacht, so sandte Herr Stadelmeier einen beredten Blick zum Himmel, und seine lautgewordene Sorge war: «Wann werden wir denn fertig?» Es drohte die Gefahr, daß der Prozeß in zwei Tagen nicht zusammengedrängt werden konnte. Nur schnell, schnell, schnell! Das ist ja immer die Tendenz des durchschnittlichen Justizhandwerkers, nur verbergen sie klügere, mehr auf ihr Ansehen bedachte Richter ein bißchen besser, weil ein Funke noch nicht erloschener Rechtsleidenschaft ihnen einsagt, daß die im Äußeren steckenbleibende Paragraphenjustiz sich in keiner Handlung so nackt enthüllt wie in dieser expeditiven Hast. Solchen Richtern fehlte natürlich der Drang, in die Dichtung Tollers einzudringen. Und doch hätten sie dort das klarste Bild auch des Politikers Toller empfangen können!

Das politisch entscheidende Wort, das Friedrich Toller zu den Massen spricht, die der Kommis in Aufregung gebracht hat, heißt *Wartet!* Wartet bis zum Mittag! Das ist auch des Politikers Toller entscheidendes Wort gewesen. Er hat sich geweigert, die erste Räterepublik mitzumachen, weigerte sich, die Proklamation an das bayerische Volk zu unterschreiben, und riet zum Warten. Er hat die Ausrufung der zweiten Räterepublik ohne Glauben aufgenommen, wollte sofort verhandeln und fühlte: Wir hätten warten sollen. Nie ist er zum Kommis der Massen geworden! Nie hat er die Menge zu den Taten gedrängt, für welche er sie innerlich nicht reif gefunden. In der Stunde des scheinbaren Siegs in München, als Leviné und Lewien von dem gefährlichsten Applaus betrunken wurden, ist in seinem Kopf der bitterste Zweifel eingezogen. Kein eindringlicheres Wort hat er zu den Massen gesagt als jenen letzten Bericht an die Betriebsräte, worin er mit vollkommener Nüchternheit das Durcheinander dieser Gewaltherrschaft schlimmer als alle Ludendorfferei bezeichnete. Es ist kein zufällig gebrauchtes Wort, das er hier fallen läßt. Er muß in dieser tragischen Stunde gefühlt haben, wieviel Maschinengewehrglaube noch in dieser Revolution steckte, wie tief die fixe Idee des militärischen Systems sich in den Nerven dieser Revolutionäre eingenistet hatte. War mit solchen Genossen schon das neue Reich aufzurichten? Konnte er von diesen verstörten Gesichtern, aus diesen noch heiseren Stimmen seinen Ruf vom neu entdeckten Menschen hören? Trifft Toller eine Schuld – ich meine keine kriminelle, sondern eine geistige –, so ist es die, daß er im Sturm der Ereignisse seinen eigenen Ruf, zu warten, überschreien läßt und dem Mittag, den andere ausriefen, schweigend sich unterordnete. Aber wer, der in Wirklichkeit, nicht nur in Ideen lebt, kennt diese tragische Verstricktheit nicht? Nie wird der eine revolutionäre Wirklichkeit meistern, der nur denkend am Ufer steht. Auch der Irrtum gehört zur revolutionären Wartezeit, ja, er gibt erst die mit Blut und Leiden bezahlte innere Reife.

Es gilt nur, im reißenden Strom der Geschehnisse sich selber treu zu bleiben und durch den brausenden Lärm die Stimme des Geistes nicht übertönen zu lassen. Die große Mittagsstunde, die der Verharrungspolitiker in unendliche Ferne verlegt, muß der Revolutionär immer wieder zu früh ansetzen. Dafür bleibt ihm das große Erschrecken nicht erspart, doch der innerlich Gefestigte überdauert den Zusammenbruch und kann auferstehen, Toller hat diese Stunde des Entsetzens an dem Abend erlebt, an welchem er vor die Leichen der erschossenen Geiseln geführt wurde. «Ich möchte mir eine Kugel durch meinen Kopf schießen», sagte er und – ging ans Werk, um die letzten eingesperrten Geiseln durch ein Kellerfenster ans Licht zu ziehen.

VIII

Nach dem Tage, an dem wir ein beglückendes Urteil über den Dichter Ernst Toller gesprochen, verurteilten ihn die Standrichter zu fünf Jahren Festung. Auch das Gericht, dieses Gericht, rührte nicht an Tollers ehrenhaften Motiven. Wir, die wir die wichtigere Verhandlung im Hotelzimmer erlebt, wußten, daß der Dichter der ‹Wandlung› moralisch nicht zu verurteilen war, denn die sittliche Persönlichkeit ist einheitlich, sittliches Wesen, das sich in der Dichtung kundgibt, kann sich im Leben nicht verleugnen. Keine Trauer über den Festungsspruch! Ist Toller der, als welcher er sich in seiner Dichtung ankündigt, dann wird seine Festungseinsamkeit nur eine äußere sein, und sie wird mehr Leben und Reichtum in sich schließen als der Jubel und Trubel von Versammlungen, durch die der Freigesprochene geschleift worden wäre.

Ehe die fünf Jahre um sind, wird ein froher Zug den befreiten Häftling vor dem Tor erwarten. Wird es die große Mittagsstunde sein? Oder erst ein Vormittag? Ist Werden und Warten unser Schicksal? Laßt uns rüsten zum Sonntag vor der neuen Kirche! Vielleicht – denkt an das Tollersche Vielleicht! – ist dieses innere Rüsten wichtiger als die Erfüllung, Saat mehr als Ernte, Vormittag reicher als Mittag!

BIBLIOGRAPHIE

Die hier folgende Bibliographie der Werke Ernst Tollers berücksichtigt ausschließlich seine wesentlichen dramatischen, lyrischen und epischen Arbeiten. Nicht aufgenommen wurde Publizistisches und Tollers politischer Journalismus, von dem zahlreiche Zeitschriften- und Zeitungsartikel Zeugnis geben. Auch von der Aufnahme kleinerer erzählerischer Arbeiten, wie etwa der Erzählung *Grabbed by the Tail* aus *New Statesman and Nation* vom 17. August 1935, u. ä. wurde abgesehen, sowie von der Nennung von Filmen (zum Beispiel nach ‹Pastor Hall›, den James Roosevelt 1939 drehte).
Die hier abgedruckte Bibliographie basiert auf den Arbeiten von William Anthony Willibrand ‹Ernst Toller and his Ideology›, Diss., University Iowa City 1945, und von Martin Reso ‹Der gesellschaftlich-ethische Protest im dichterischen Werk Ernst Tollers›, phil. Diss. Jena 1957.

Ernst Toller, *Die Wandlung*, 1919, G. Kiepenheuer Verlag, Potsdam, 94 Seiten
—, *Gedichte der Gefangenen*, 1921, Kurt Wolff Verlag, München
—, *Masse-Mensch*, 1922, G. Kiepenheuer Verlag, Potsdam, 82 Seiten
—, *Die Maschinenstürmer*, 1922, E. P. Tal & Co., Leipzig, 119 Seiten
—, *Der deutsche Hinkemann*, 1923, G. Kiepenheuer Verlag, Potsdam, 61 Seiten
—, *Hinkemann*, 1924, G. Kiepenheuer Verlag, Potsdam, 60 Seiten
—, *Das Schwalbenbuch*, 1924, G. Kiepenheuer Verlag, Potsdam, 54 Seiten
—, *Der entfesselte Wotan*, 1924, G. Kiepenheuer Verlag, Potsdam, 60 Seiten
—, *Vormorgen*, 1924, G. Kiepenheuer Verlag, Potsdam, 62 Seiten
—, *Die Rache des verhöhnten Liebhabers*, ein galantes Puppenspiel in zwei Akten, 1925, Paul Cassirer Verlag, Berlin
—, *Justizerlebnisse*, 1927, E. Laub'sche Verlagsbuchhandlung GmbH., Berlin W 30, 145 Seiten
—, *Hoppla, wir leben!*, 1927, G. Kiepenheuer Verlag, Berlin, 141 Seiten
—, *Bourgeois bleibt Bourgeois*, gemeinsam mit Walter Hasenclever nach Molière. Aufgeführt am 20. 2. 1929 am Berliner Lessing-Theater, ungedruckt
—, *Verbrüderung*, ausgewählte Dichtungen (Geleitwort von Walter G. Oschilewski), 1930, Arbeiterjugendverlag, Berlin, 73 Seiten
—, *Quer durch*, Reisebilder und Reden, 1930, G. Kiepenheuer Verlag, Berlin, 296 Seiten
—, *Feuer aus den Kesseln* (mit Anhang: Historische Dokumente), 1930, G. Kiepenheuer Verlag, Berlin, 167 Seiten
—, *Feuer aus den Kesseln* (Bühnenfassung), 1930, Oesterheld & Co., Bühnenvertrieb, Berlin
—, *Wunder in Amerika*, Englische Fassung *Mary Baker Eddy*, gemeinsam mit Hermann Kesten, etwa 1931
—, *Die blinde Göttin*, 1932; Englische Fassung *The blind Goddes*, 1936
—, *Eine Jugend in Deutschland*, 1933, Querido Verlag, Amsterdam, 293 Seiten
—, *Briefe aus dem Gefängnis*, 1935, Querido Verlag, Amsterdam, 262 Seiten
—, *No more Peace*, 1937, Farrar & Rinehart, Inc., New York, übs. v. Edward Crankshaw und bearbeitet von H. W. Auden, 166 Seiten. Deutsche Fassung (nur Teile als Vorabdruck) in ‹Das Wort›, Moskau 1936
—, *Blind Man's Buff*, 1938, J. Cape, London, 125 Seiten, Übersetzung und Bearbeitung von *Die blinde Göttin* von D. Johnston
—, *Die Feuerkantate*, 1938, in ‹Das Wort›, Jourgaz Verlag, Moskau, Jahrgang 1938, Heft 6
—, *Pastor Hall*, 1939, Random House, New York
—, *Pastor Hall*, 1947, Bruno Henschel Verlag, Bühnenvertrieb, Berlin (einzige deutsche Ausgabe, gedrucktes Bühnenmanuskript)
—, *Seven Plays: The Mashine Wreckers, Masses and Man, Hinkemann, Hoppla, such is Life!, The blind Goddes, Draw the Fires, Mary Baker Eddy* (by Ernst Toller and Hermann Kesten) New York, Liveright Publishing Corporation, o. J. 434 Seiten — ebenso: John Lane, London 1935

INHALTSVERZEICHNIS

931/2